D1620276

Licht und Schatten

Umschlagfoto vorn:
Leontine Sagan, um 1930
Deutsche Kinemathek, Fotoarchiv

In Kooperation mit

© 2010 Hentrich & Hentrich Verlag Berlin
Inh. Dr. Nora Pester
Wilhelmstraße 118, 10963 Berlin
info@hentrichhentrich.de
http://www.hentrichhentrich.de

Redaktion: Rolf Aurich, Wolfgang Jacobsen
Satz: Barbara Nicol
Druck: freiburger graphische betriebe GmbH & Co. KG

1. Auflage 2010
Alle Rechte vorbehalten.
Printed in Germany
ISBN 978-3-941450-12-7

Leontine Sagan

Licht und Schatten

Schauspielerin und Regisseurin
auf vier Kontinenten

Herausgegeben und kommentiert von
Michael Eckardt

Mit einem Vorwort von
Wolfgang Jacobsen

Reihe
»Jüdische Memoiren«
Herausgegeben von Hermann Simon
Band 16

HENTRICH &HENTRICH

*Leontine Sagan am Schauspielhaus Frankfurt am Main
Mitte der 1920er*

Inhalt

Wolfgang Jacobsen

Jede Versuchung fängt in der Vorstellung an

Leontine Sagan, Schauspielerin und Regisseurin auf vier Kontinenten, Jüdin und Emigrantin, vertrieben aus Deutschland, ja, aus Europa, beginnt ihre Erzählung mit einem kleinen Trick. Eine geheimnisvolle, verschlossene Kiste steht vor ihr, das Schloss lässt sich nur mühsam aufsperren. Wie im Märchen beginnt es. Tagebücher liegen aufgeblättert da, eine Frau beginnt zu lesen und wagt eine Begegnung mit sich selbst. Sie lässt sich vom Lesen zum Schreiben verführen. Schritt für Schritt tastet sie sich voran. Zunächst erkennt sie sich nicht wieder, sieht ein Mädchen, das sie einmal war, scheu und misstrauisch. Begegnet einer jungen Schauspielerin, die sich auf der Bühne neu erfinden und im Leben zu sich finden will. Beschreibt eine Regisseurin, die Erfolge hat und dennoch um jede Inszenierung kämpfen muss. Entdeckt an anderen eine Harmonie, die ihr, der Jüdin, fehlt. Sie ist anders. Die Frage nach dem, was ihr Anderssein bestimmt, ist das Leitmotiv ihres Erzählens. Sie geht im Licht und im Schatten. Sie sieht ihr Leben als Irrfahrt, erzählt von Verzicht und Gefährdung, vom Exil und von Heimkehr. Ein weiblicher Odysseus. Wie er bleibt sie fremd in der Fremde und fremd in der Heimat. Das hat sie immer wieder bemerkt. Und wie er kann und darf sie sich in einem friedvollen Moment und unter zivilen Bedingungen erinnern, sich bekennen und erzählen: »Ich bin Odysseus.« Ich sagen – Leontine Sagan.

Eine selbstbewusste und kluge Frau tritt den Lesern in dieser Autobiografie entgegen. Zeitgenossen beschreiben sie als brillant, geistvoll, aber auch als zuweilen arrogant. Sie selbst weiß, dass sie abweisend wirken kann. Man nimmt sie als elegante Erscheinung wahr, modisch gekleidet, einfach schick. Sie fällt auf. Ihr Gesicht fasziniert. Als Schauspielerin reüssiert sie schnell. Sie ist begabt. Arthur Hellmer engagiert sie ans Neue Theater in Frankfurt am Main. Ihr Debüt gibt sie in der Spielzeit 1911/12. Zunächst muss sie sich in die Rolle der Zweitbesetzung fügen. Hellmer setzt oft Stücke jüdischer Autoren auf den Spielplan, man spricht davon, dass am Neuen Theater eine »Jüdische Dramaturgie« gepflegt wird. Das mag Sagan geprägt haben. Desto empfindlicher reagiert sie auf den spezifisch österreichischen Antisemitismus, dem sie zwischenzeitlich an der Neuen Wiener Bühne ausgesetzt ist. In Frankfurt spielt sie sich in die erste Reihe. Ihr Rollenfach »Salondame« beengt sie, doch schaut man allein auf ihre Frankfurter Rollen, so wird deutlich: Leontine Sagan war vielfach einsetzbar – Trauerspiele, Komödien, Lesungen, Schwänke. In mehreren Uraufführungen von Stücken Georg Kaisers ist sie besetzt. Sie gehört zu jenen Ensemblemitgliedern, die, von Hellmer gefördert, Karriere machen. Wie ihre männlichen Kollegen Otto Wallburg, Paul Graetz und Eugen Klöpfer, mit denen sie auf der Bühne steht. Ihr Rollenspektrum bleibt breit angelegt, auch als sie nach Berlin wechselt und dort an verschiedene Bühnen verpflichtet wird.

Mit dem Film »Mädchen in Uniform« beginnt 1931 ihre zweite Karriere, die jedoch abbricht, bevor sie beginnt. Sie kann sich als Filmregisseurin nicht durchsetzen. Der Filmbetrieb ist auf eine Frau hinter der Kamera nicht eingerichtet. Selbst die wenigen Kritikerinnen der Weimarer Republik reagieren eher erstaunt und im Urteil konventionell auf den Film. Takt und Ernst, das schreibt man ihrem Film zu, auch erotisches Raffinement. Gute Dialogführung, so heißt es häufig. Da erkennt man die handwerklich versierte Theaterfrau. Ein Film, in dem nur Frauen mitspielen, das wird als ein »Kuriosum im Thematischen«, wie Kurt Pinthus anmerkt, wahrgenommen. Dass »Mädchen in Uniform« ein »Frauenfilm« sei, das ist die ungewöhnlichste Bezeichnung. Sie stammt von Lotte H. Eisner, doch auch sie benennt neben der Regisseurin den Mann Carl Froelich, der die künstlerische Oberleitung hat. Sagans Film »Men of Tomorrow«, 1932 im englischen Exil entstanden, wird ein künstlerischer Misserfolg. Dennoch gibt ihr der amerikanische Produzent David O. Selznick im gleichen Jahr einen Vertrag für Hollywood. Obwohl sie für einen Augenblick den amerikanischen Filmtraum träumt, bleibt ihr, ausgestattet mit einem klugen Realismus, Hollywood nur als der Ort, wo man einen Finger durch die Wand stecken kann. Bei George Cukors Charles-Dickens-Adaption »David Copperfield« ist sie für das vierte Regie-team verantwortlich. Das ist ihr nicht genug. Nur einmal noch, 1946, wieder in England, ist sie wohl an einem Film mitbeteiligt: an »Gaiety George«, einer Biografie des Impresarios George Edwards.

Ihre Welt ist und bleibt die Bühne. Auch im Exil, zu-nächst in England, kann sie weiter am Theater arbeiten. Der Schauspieler und Autor Ivor Novello engagiert sie als seine bevorzugte Regisseurin. So bleibt ihr, bei aller Not, erspart, was andere Emigrantinnen schultern müssen, um sich und ihre Familien über die Runden zu bringen. Leontine Sagan muss nicht unterhalb ihres professionel-len Status arbeiten. Und sie hat Erfolg mit ihren Insze-nierungen. Als erste Frau darf sie am legendären Theatre Royal Drury Lane Regie führen. Novellos Biograf, W. Macqueen-Pope, beschreibt, wie insistierend, perfektio-nistisch geradezu ihr Regiestil gewesen sei. Sie war den Schauspielern eine Freundin, konnte charmant sein und motivierend, aber unnachgiebig, wenn es darum ging, ihre Rollenvorstellung durchzusetzen. Hinter vorgehalte-ner Hand nannte man sie »Madame Hitler«. Das muss für die Emigrantin bitter und verletzend gewesen sein, obwohl es nur ihre »preußische« Beharrlichkeit bei den Proben charakterisieren sollte. Leontine Sagan war ein Star – doch ohne Öffentlichkeit.

Wie persönlich und intim darf eine Autobiografie sein? Angesichts der Katastrophen des vergangenen Jahrhunderts reagieren Leser durchaus misstrauisch auf das Ideal der Persönlichkeit. Und doch gilt die Autobiografie nach wie vor auch als eine Möglichkeit der Geschichtsschreibung. Man mag Leontine Sagans chronologischen Lebensbericht für traditionell halten, doch sie sprengt diesen Rahmen und weitet ihre persönliche Geschichte durch einen politischen Blick und das beständige Reflektieren eigener Identität. Sie tut das frei von falscher Ehrsucht und Eitelkeit. Allenfalls eine stolze Selbstbehauptung kann man wahrnehmen. Sagan zeigt sich in den Passagen, in denen sie über ihre Profession reflektiert, von großer Bildung, und sie vermag zu objektivieren. Unverkennbar ist sie eine Intellektuelle. Das bloße Plaudern ist ihre Sache nicht, stattdessen gründen ihre Geschichten immer unmittelbar in der Wirklichkeitsfülle, die sie ausbreitet. Eine Jüdin erzählt von ihrer Hingabe an die deutsche Kultur. Der Drang zum Theater, der sie antreibt und ein Leben lang motiviert, gleichsam am Leben erhält, der Durchbruch zur Poesie, er folgt einem humanistischen Ideal. Sagan gelingt eine Selbstkultivierung ihrer intellektuellen und moralischen Fähigkeiten und eine außergewöhnliche Selbstverwirklichung in künstlerischer Tatkraft.

Diese Autobiografie ist Zeugnis und Dokument, Selbst- und Zeitdeutung. Vor allem aber ein literarischer Text, in dem – mit Heinrich Mann gesprochen – ein Zeitalter besichtigt wird. Virtuos in der Sache, mit kammerspielhaften Schattierungen, entwickelt Sagan eine intime Geschichte von Kunst und Leben. Sie erzählt mit der Erfahrung jenes gesteigerten Identitätsproblems, das Georg Simmel als »Fremdsein« analysiert hat. Ohne ihr Judentum aufzugeben oder zu verleugnen, zeigt sich Leontine Sagan auch als eine Künstlerin, die eine »zivile Religion«, wie Rousseau es genannt hat, erstrebt: die

Identifikation mit der Nation. Doch es stellt sich die Frage: mit welcher? In Budapest geboren, im deutschen Sprachraum aufgewachsen, in Europa zuhause, mit einer besonderen Liebe zu England, leidet sie unter zu vielen Heimaten – und träumt von Südafrika, jenem Ort ihrer Kindheit, von dem sie nicht loskommt und an dem sie schließlich ankommen wird. Am Ziel einer langen Reise, nun ganz bei sich.

Leontine Sagan in den 1930er Jahren

Tagebuchgedanken

In einer großen Kiste, deren rostiges Vorhängeschloß sich nur schwer öffnen ließ, als wollte es sich meiner Torheit widersetzen, Verborgenes ans Licht zu bringen, fand ich, bis an den Rand gepackt, Tagebücher und eng beschriebene lose Blätter aus der eigenen Vergangenheit. Zusammen mit unserem Mobiliar und Hausrat war sie aus England angelangt. Mein Mann und ich hatten während des Krieges in London gelebt, in schäbigen, möblierten Behausungen, unter steter Gefahr von Bombenangriffen. Noch weitere drei Jahre nach dem Kriege sollte es dauern, bis wir endlich in Südafrika ein eigenes Heim gefunden hatten. Von der Höhe des Hügels, auf dem unser kleines Haus lag, sah ich in das Land, das mir so lieb war, das Land meiner Kindheit und Jugend. Die neue Heimat war Pretoria. Unsere Beglückung, ein »zu Hause« zu haben, erfüllte uns mit neuem Lebensmut, und da glaubte ich mir den Luxus gestatten zu dürfen, jene Kiste auszupacken, die seit Jahrzehnten unberührt geblieben war, denn ein unbestimmtes Gefühl der Angst hatte mich stets davon abgehalten, Vergangenem nachzusinnen. Verklungene Freuden, überwundenes Herzweh, Enttäuschungen und Erfüllungen, all die Requisiten eines gelebten Lebens – fängt man erst an, daran zurückzudenken, dann packt das Alter einen auch schon beim Genick und man wagt nicht mehr, an eine Gegenwart oder an eine Zukunft zu glauben. Jedoch mit der Rückkehr in dieses weite, besonnte Land, in dem meine Kindheit begann, verblaßte die Furcht vor dem Dunkel des Alterns und ich ward versucht, den überwachsenen Weg zu erforschen zwischen dem Einst und Jetzt.

So saß ich denn, inmitten von Koffern und angehäuftem Packpapier, in einem Winkel der Garage und öffnete das Schloß zu der verhängnisvollen Kiste. Beim ersten Blick hätte man denken mögen, der Inhalt sei der Rest-

bestand einer Sekretariatsschule, denn all diese Lebens-
aufzeichnungen waren in »Pitman's Shorthand Note-
Books« niedergeschrieben, und was auf losen Blättern
überströmte, war auf rot-liniertem Konzeptpapier verzeichnet. Diese nüchtern geschäftsmäßige Schau erklärte
sich dadurch, daß ich schon in früher Jugend in einem
Bureau tätig war und mir Stenographiehefte und Ge-
schäftspapier »kostenlos« aneignete und in diesem Dieb-
stahl eine Genugtuung fand für die mir verhaßte Büroarbeit. Es war immerhin ein pikanter Kontrast, meine
seelischen Geheimnisse auf sozusagen »offensichtlichem«
Papier zu notieren. Auch ließ sich dieses »corpus delicti«
unauffällig unter Diktaten und Berichten verstecken, da
ich es mir nun einmal zur Gewohnheit gemacht hatte,
während der Bureaustunden in mein Tagebuch zu schreiben.

In diese, mit Vergangenem angefüllte Kiste, tauchte ich
also eine zögernde Hand und zog aufs Geratewohl ein
Blatt heraus. Dank meiner kommerziellen Schulung waren Tag, Monat und Jahreszahl pedantisch verzeichnet.
Ein rascher Überschlag meiner Jahre ergab mein damali-
ges Alter von fünfzehn Jahren. Und ich las:

»Da sitz' ich schon wieder bei Papier und schreibe, das
ist meine einzige Lust – mich frei von der Leber her-
unterzureden, denn unter Menschen lüge ich ja immer,
ich lüge zu Hause, ja, ich lüge mich selbst an, bis ich
nicht mehr weiß, was Wahrheit und Lüge ist. Ewig bin
ich im Kampf gegen mich selbst und gegen die andern.
Nun habe ich noch eine neue Tonart des Leids erfahren:
Demütigung! Aber diesen Stachel reiße ich mir aus
dem Herzen. Mich demütigen lassen von diesen Menschen! Das würde mir nur selbst ein Armutszeugnis
ausstellen; man muß sich nicht so tief herunterdrücken
lassen, sondern sich so hoch über die Andern stellen,
daß man die Demütigungen nicht mehr empfindet.
Nicht stumpf werden aus lauter Scham und Schmerz,

sondern sich eine heitere Philosophie anerziehen, welche diese kleinlichen Dinge wegscheucht, die einem den Lebensmut für etwas Schönes und Großes rauben. Man darf nicht in jeder Fliege gleich eine Lebensgefahr sehen. Ich muß es lernen, dieses leichte oberflächliche Lächeln, das nur auf den Lippen spielt und nichts verrät. Aber wie ekelhaft, ekelhaft ist doch alles, dieses Leben erdrückt mich in seinen Klauen; ich weiß nicht was wollen, was tun. Selbst der Schmerz wird zur Gewohnheit. Alles zersplittert, das Einzige was bleibt, ist die Phantasie.«

Dieser erste Schritt auf dem Weg zurück in die Vergangenheit machte mich etwas beklommen und gab mir zu denken. Nicht, daß ich die Wehklage der Fünfzehnjährigen tragisch nahm, noch war ich stolz darauf, in so jungen Jahren die Bitterkeit des Lebens bereits intensivst empfunden zu haben. Nein, mit mehr Neugierde als Mitgefühl versenkte ich mich in dieses zerknitterte Blatt, in dem ich, wie in einem vergilbten Spiegel, die verblaßten, aber veränderten Züge meines Wesens wieder erkannte.

Beunruhigend, ja beschämend war die Erkenntnis, daß angeborene Eigenschaften stets sieghaft bleiben. Wie einfach wäre es doch, wenn dieses Leben, das uns als freies Eigentum gegeben, organisch aufgebaut werden könnte, fester und sicherer in jeder Altersstufe, gezimmert in Reife und Erfahrung; wenn diese eigensinnigen Charaktereigenschaften uns nicht auf Schritt und Tritt eine Falle stellten. Aber nein, die Wut der Fünfzehnjährigen über erlittene Demütigungen wuchs sich bei Erwachsenen und Alternden zu einem schmerzhaften Stolz aus, der Ekel vor dem Alltäglichen war zu tief verankert, als daß Vernunft ihn hätte lichten können. Wo liegt die Grenze zwischen Angeborenem und äußeren Einflüssen? Welche Mächte treiben uns zu Handlungen, die wir gutheißen oder deren wir uns schämen? Wie und wann erkennt man die Lüge; die Lüge vor sich selbst und das unwahre Bild, das man in Selbstschutz der Außenwelt von sich gibt?

Der Wunsch, mir darüber Klarheit zu verschaffen, bildete das Hauptmotiv meiner Tagebücher, und darum trafen mich gerade die Worte: »Denn unter Menschen lüge ich immer, ja, ich lüge mich selbst an, bis ich nicht mehr weiß, was Wahrheit und Lüge ist«, die mit Bleistift auf das lose Papier gekritzelt waren, am tiefsten. Es war recht eigentlich dieses Geständnis des halbwüchsigen Mädchens, welches mich dazu bewog, die Jahre zurückzublättern und mir über mich selbst Rechenschaft abzulegen, meine Zweifel zu untersuchen, ob mein Wesen Substanz hat oder ob ich in meinem Denken, in meinen Handlungen von zufälligen Launen getrieben wurde. Zur Zeit erscheint mir alles, was ich getan, gefühlt und erlebt habe, ohne Sinn und Zusammenhang, ohne jene innere Notwendigkeit, und doch empfinde ich zutiefst, daß sich Gedanken und Handlungen aneinander schlossen und mich unerbittlich zu dem machten, was ich bin.

So habe ich denn seit meinem fünfzehnten Jahr Tagebuch geführt, aber selten wirkliche Begebnisse aufgezeichnet, vielmehr versucht, mich auseinanderzusetzen mit mir selbst, mit den Menschen meiner Umgebung. Heute weiß ich, daß es gute, freundliche Menschen waren, aber damals haßte ich sie alle, ich konnte keinen Weg zu ihnen finden. Zwischen angeborener Scheu und dem leidenschaftlichen Wunsch, mich rückhaltlos zu geben, die Kruste meiner Kälte zu durchbrechen, mein inneres Mißtrauen niederzureißen, konnte sich mein Wesen nicht gerade und harmonisch entwickeln, mein Stamm blieb stets verknotet und verzweigt. Kommt es daher, daß ich gerade und zupackende Menschen immer bewundert und beneidet habe?

Kinderjahre in Wien und Südafrika

In der Schule fing alles an... Meine Freundinnen waren Christinnen, und instinktiv spürte ich in ihnen eine Harmonie, die mir, der Jüdin, fehlte. Sie waren heller Natur, ich von dunkler. Antisemitismus existierte nicht in meiner Umgebung zur Zeit, da ich aufwuchs, auf »Rassenhass« kann ich mich also nicht berufen.

Ich kam als zehnjähriges Mädchen mit meiner Mutter und zwei meiner Geschwister 1899 nach Südafrika. Meinen Vater lernte ich als einen Fremden kennen, denn er war in sein geliebtes Afrika zurückgekehrt, als ich kaum ein Jahr alt war. Die Erziehung von uns vier Geschwistern war meiner Mutter überlassen; wir bewunderten, liebten und fürchteten sie. Ich war die Jüngste; meine Schwester war 14 Jahre älter als ich, und zehn Jahre lagen zwischen mir und meinem zweiten Bruder. Dieser große Altersunterschied machte mich wahrlich zur Jüngsten, und die behütende, beschützende Fürsorge, die mir mehr als meinen heranwachsenden Geschwistern zuteil wurde, prägte sich mir früh als eine Ausnahme ein.

Ich liebte meine Schwester Vali abgöttisch. Eigentlich war sie es, die mich erzog, als ich ein kleines Kind war, denn meine Mutter steckte stets in Geschäften, die sie zuzeiten für viele Wochen vom Hause fern hielten. Mama (die Bezeichnung »Mutter« wäre uns affektiert vorgekommen) war eine ungemein aktive, hochintelligente Frau, welche die Notwendigkeit, unseren Lebensunterhalt selbst zu verdienen, tapfer auf sich genommen hatte. Sie wurde dabei stets mehr von ihrer unverwüstlichen Energie geleitet als von Geschäftskenntnissen. Nachdem mein Vater nach Südafrika zurückgekehrt war, blieb sie mit vier Kindern allein zurück. Die junge schöne Frau stürzte sich in einen Kampf, dem sie nicht gewachsen war. Soweit ich zurückdenken kann, umschatteten pekuniäre Sorgen ihr Leben. Und doch setzte sie es durch, daß wir Kinder eine gute Erziehung bekamen, daß wir ein gemütliches, gastliches Heim in Wien hatten. Man darf nicht unter sein gesellschaftliches Niveau sinken, predigte sie den erwachsenen Geschwistern: »Ihr müßt euch solchen Menschen anschließen, die geistig und materiell über euch stehen.« In ihrem Lebenserwerb konnte sie allerdings ihrem Wahlspruch nicht folgen. Umso bewunderungswerter war es, wie es ihr gelang, Geschäft und Heim auseinander zu halten. Sie war bei der Zentrale der Wiener Molkerei angestellt und ihre Tätigkeit bestand darin, die niederösterreichischen Dörfer zu besuchen, wo sie von den Bauern Milch und Butter einkaufte. Da hatte sie mancherlei zu erzählen, was nicht auf »vornehme Gesellschaft« schließen ließ. Und kam sie nach tagelanger Abwesenheit heim, wurde rasch die Abendtoilette aus dem Schrank geholt und sie ging mit meiner Schwester auf einen Ball oder ins Theater. »Die vergnügungssüchtige Emma« nannten sie ihre Brüder, und in der Neckerei lag ein klein wenig Vorwurf, denn diese überschäumende Lebenskraft war ihnen fremd.

Meine Schwester war das gerade Gegenteil von Mama. Eine weiche, romantische Natur. Sie war das typische Wiener junge Mädchen. Musikalisch, lustig und melancholisch, unkompliziert, gewissenhaft in ihren Haushaltungspflichten und zu jeder Ausgelassenheit bereit. Von ihr war ich unzertrennlich. An ihrem Rockschoß hing ich, wenn sie mit ihren Freundinnen sonntags durch den Prater streifte, eng angeschmiegt schaukelten wir beide auf den Ringelspiel-Pferden des »Würschtelpraters«. Wenn die Herren Verehrer unsere Eskorte bildeten, durfte ich mir sogar die Wachsfiguren im Panoptikum anschauen (um mich los zu werden), und als gar meine geliebte Schwester und ein junger Medizinstudent sich heiß in einander verliebten, da wurde mir ins Ohr geraunt: »Katzerl, pflück' Blumen, ich kauf dir nachher Zuckerln.« Das war das Wien der Kaiserzeit, das Wien der Heiterkeit, das meiner Kindheit die ersten Eindrücke verlieh. In dieses Österreichertum wurde ich eingefangen mit allen Vorlieben für seine Architektur, seine Musik, seine Sprache und seine schmackhafte Küche. Zwischen meinen ersten Kindheitsjahren in Wien und meiner besuchsweisen Rückkehr für kurze Zeit lag eine völlige Veränderung der Welt, erwuchsen so gewaltige Kontraste, daß nur zutiefst wirkende Instinkte jene innere Verbundenheit erklären können. Freilich war diese Anhänglichkeit auch ein Erbteil der Familie meiner Mutter, die dem alten Österreich entstammte. Sie gehörte dem guten Mittelstand an. Ärzte, Advokaten, Ingenieure und Kaufleute, die, obgleich Juden, sich dem lebhaften, gemütlichen Bürgertum, das dem Wien der neunziger Jahre seinen Charakter gab, assimiliert hatten. Ihre Kinder besuchten Schulen und Universitäten und waren ihrer ganzen Wesensart nach ebenso »österreichisch« wie die Christen. So groß war ihre Anhänglichkeit, daß selbst die Begüterten unserer Familie, die sich einen Urlaub im Ausland hätten erlauben können, ihre Sommerferien stets im Kaiserreich verbrachten, weil sie sich von österreichischer Landschaft, von österreichischen Sitten und österreichischer Küche nicht trennen mochten.

In dieser bürgerlichen Verwurzlung mit der Heimat bildete das Schicksal meiner Mutter in der Familie eine Ausnahme. Ihre Heirat war abenteuerlich. Als zwanzigjähriges Mädchen lernte sie meinen Vater kennen, der von den Kimberley Diamantenfeldern kam und sich in sie verliebte. Nach kurzer Verlobungszeit heirateten sie und begannen ihr gemeinsames Leben in der kleinen Stadt Troppau in Österreichisch-Schlesien, wo mein Vater mit seinem vielen Gelde eine Mühle kaufte. Aber in den folgenden zehn Jahren wurde sein Geld immer weniger, unglückliche Geschäfte und Unternehmungen führten meine Eltern von Österreich nach Ungarn. Budapest war die letzte Station, ehe mein Vater, arm und enttäuscht,

Europa für immer hinter sich ließ. Ungünstige Verhältnisse trieben ihn in Südafrika von einem Platz zum andern, immer war er bemüht, eine Existenz zu finden, um unsere Vereinigung mit ihm zu ermöglichen. Aber die Jahre vergingen, ohne uns der Erfüllung dieses Wunsches näher zu bringen. Schließlich war es Mama, die ruhelose, welche eine Entscheidung erzwang. Sie beschloß, den Haushalt in Wien aufzulösen und mit meinen beiden älteren Geschwistern und mir meinem Vater in das unbekannte Land zu folgen. Mein jüngerer Bruder sollte vorerst seine Studien an der Leobner Bergakademie beenden und später nachkommen. Aber leicht war es für sie alle nicht, Verwandte und Freunde zu verlassen und die Heimat, der sie so eng verwurzelt waren, aufzugeben. Ein ganzes Jahr lang wurde der schicksalshafte Entschluß hin und her erwogen, dem Familienrat vorgelegt, dem intimen Freundeskreis anvertraut. Mir selbst wurde die Veränderung zum großen Abenteuer. Ich ging damals in die dritte Klasse der Volksschule und hatte bereits den Lehrern und Mitschülern mit großem Stolz erzählt, daß wir nach Afrika reisen würden. Auch dem Kellner des nachbarlichen kleinen Kaffeehauses, in dem meine Schwester mich zuweilen bei ihren Besorgungen warten ließ, hatte ich mich anvertraut. Der staunte mit offenem Mund bei meiner Mitteilung, daß wir zu den »Kaffern« nach Afrika reisen würden. Zu jener Zeit war dies wirklich noch ein abenteuerliches Unternehmen. Schließlich war es soweit, die Möbel waren verkauft, die Koffer gepackt und am 26. März 1899 reisten wir nach London ab.

An den Anfang dieser Reise erinnere ich mich nur wenig. Meine Schwester belehrte mich, auf der kurzen Fahrt von Hoek van Holland nach Harwich, daß das viele Wasser der »Kanal« genannt würde und noch nicht der Ozean sei. Aber mir wollte das wenig einleuchten, denn er war ja soviel breiter als unser Donaukanal, ja viel größer als die Donau selbst. In London regnete es damals wie heute. Schattenhafte Erinnerungen tauchen auf an Hansom Cabs und riesige Polizeimänner, die uns freundlichst die Richtung wiesen, wenn die schaulustige Mama mit ihrer kleinen Schar nicht mehr weiter wußte. In kleinen »Tea Rooms« (die ach so unähnlich den Wiener »Beisln« waren) nahmen wir unsere Mahlzeiten ein, ahnungslos, daß im Hotel volle Pension inbegriffen war. Und so ging es dann endlich in einem lustigen Hansom Cab hinaus nach den »Docks«, wo wir uns auf der »Tantallon Castle«, einem intermediate Dampfer der Union Castle Line, einschifften.

Mehr als London und der erste Anblick des Meeres hatte mich Madeira beeindruckt, wo wir nach einer Woche landeten. Der Zauber der Insel nahm damals mein Herz für alle Zeit gefangen. Nie vermochte bei späteren Aufenthalten die Blasiertheit der »Weitgereisten« mir die Freude an Funchals Traumhaftigkeit verderben. Das Wunder von Farben, Früchten und Blumenduft wirkte fort aus jener ersten süßen Empfindung der Kindheit.

Bei der Ankunft in Kapstadt erwartete uns die erste Enttäuschung. Mein Vater war nicht da zu unserem Empfang, nur ein Brief, in dem er schrieb, daß er die dreitägige Bahnfahrt von Klerksdorp nicht unternehmen könne, weil ihm die Mittel dazu fehlten; aber er würde uns in Kroonstad erwarten. In später Nachmittagsstunde eines südafrikanischen Wintertages kamen wir in Kroonstad an, einem kleinen Platz der Orange River Colony, der Endstation der Bahn, die von Kapstadt heraufführte. Der Zug hielt in vollkommener Dunkelheit, in der die Zurufe meiner Angehörigen und ein Stimmengewirr in fremder Sprache das Abenteuerliche unserer Ankunft betonte. Ich kannte meinen Vater nicht und stand außerhalb einer Szene, in der ich selbst keine Rolle spielte. Damals mußte wohl zum ersten Mal diese Scheu vor einem »Fremden«, die ich nie ganz überwinden konnte, in mir erweckt worden sein. Nahezu zehn Jahre hatte mein Vater seine Frau und Kinder nicht gesehen. Meine Mutter war zur Zeit unserer Ankunft 45 Jahre alt, eine schöne, stattliche Frau. Es erschien mir, dem Kind, sonderbar, daß ein fremder Herr meine stolze Mama umarmte, daß meine Schwester ihn mit »Papa« anredete. Es störte mich, ich mochte es nicht. Wir gingen in ein Hotel; es war eine Bretterbude, in der ein langer Tisch die »Table d'hôtes« vorstellte. Ein paar aufgewärmte, ungenießbare Speisen wurden uns vorgesetzt, denn die übliche »Dinner«-Zeit war lange vorbei. Mein Vater entschuldigte sich, daß in dem kleinen Burenort nichts Besseres geboten werden konnte. Mit scharfen Kinderaugen schätzte ich alles ab und wunderte mich, wie das werden sollte in unserem künftigen Leben. Ein Kindergehirn registriert manches, ohne daß die Erwachsenen es ahnen, und in dem meinen war damals ein blitzartiges Vergleichen der nächtlichen Bretterbude in der neuen Heimat mit unserer schönen Wohnung in Wien, seinen hell beleuchteten Straßen, dem Prater, der Hofoper und den Studentenbällen, von denen meine Schwester mir immer vorgeschwärmt hatte.

In dem Brief, der uns in Kapstadt erwartete, hatte mein Vater uns die Gefahr eines nahen Krieges zwischen den Buren und den Engländern angedeutet, und er bedauerte, uns nicht gekabelt zu haben, die Reise aufzuschieben. Am folgenden Tag reisten wir nach Klerksdorp, unserem künftigen Wohnort, weiter. Für die Tagesreise wurde Proviant eingekauft, die »Schwarzen« luden unter Johlen und Geschrei unser Gepäck auf, der Burenkutscher schwang sich auf den Bock und mit einem Ruck, der uns alle durcheinander schüttelte, ging es los: Erwartung sprach aus den Gesichtern meiner Mutter und meiner Geschwister, dieweil mein Vater sie mit einem gütigen, leicht ironischen Lächeln betrachtete. Nun erst konnte ich ihn mir genau ansehen. Er war ein mittelgroßer, untersetzter Mann mit grauem Haar, schönen grauen Augen von großer Güte, und über dem humorigen Mund eine stark hervorspringende Nase. Er war damals ungefähr 60 Jahre alt, 14 Jahre älter als meine Mutter. Rührend anzusehen war seine Freude und sein Stolz auf seine Familie. Meine schöne Schwester schien ihm besonders zu gefallen, oft versprach er sich und rief sie mit dem Namen meiner Mutter »Emma«, wahrscheinlich weil ihre Erscheinung ihn an die junge Frau erinnerte, die er vor so vielen Jahren hatte verlassen müssen.

Die Reise nach Klerksdorp war ein endloses Dahinrollen über die Steppe. Da und dort sahen wir Kaffernhütten in der rotbraunen sandigen Unendlichkeit des »Highveld«, das ein strahlend blauer Winterhimmel überwölbte. Maultiere und Postkutsche stolperten, schwankten und ratterten über ausgefahrene Wagenspuren und öfter noch über die harten Erdschollen, die von den Rädern erst zu Wegen gemacht wurden. Auf Kleidern, Gesichtern und Händen, ja, auf jedem Partikelchen des mitgenommenen Proviants lagerte bald eine dicke Schicht roten Sandes. Erwartung wich Müdigkeit, und je länger wir in unsere Eselspostkutsche weiter wackelten, umso länger wurden die Gesichter meiner Familie. Gewohnt an die Berge, Wälder und Flüsse Österreichs, mußten sie diese unendliche Monotonie als bedrückend und grausam empfinden. Das »Veld« lieben lernt man erst mit den Jahren – oder man liebt es nie. In dieser afrikanischen Landschaft liegt eine brütende Melancholie, eine vollständige Losgelöstheit von Menschen. Die grenzenlose Einsamkeit in den Weiten, auf den purpurfarbenen Hügeln und am Horizont kann nur beglücken, wer sich dieser Landschaft in Leidenschaft ergibt.

Wieder war es Abend, als wir am 23. April 1899 in Klerksdorp ankamen. Wenige Meilen vorher hatten wir haltgemacht bei einem winzigen Wellblechbau, dort standen zwei Frauen und begrüßten uns, Mutter und Tochter, Pragerinnen, die seit Jahren in Südafrika lebten. Frau J. hatte vor kurzem ihren Mann verloren und trug noch

Trauer. Sie war eine feine, gebildete Frau, die beim Tode ihres Mannes mit einer vierzehnjährigen Tochter mittellos zurückblieb. Sie hatte in der Nähe der Goldminen bei Klerksdorp einen Coffee-Store aufgemacht. Eine Bretterbude, in der sie Lebensmittel an die Schwarzen verkaufte. Wie so viele europäische Existenzen war auch ihre an der Sphinx Afrika zerschellt. In dem kleinen Häuschen waren Erfrischungen für uns vorbereitet, österreichische Leckerbissen, bei deren Anblick meine Schwester in Tränen ausbrach. An den Wellblechwänden hingen Photographien von Prag und Wien, auf einer wackligen Kommode standen einige Alt-Wiener Porzellantassen, welche die letzten Strahlen der untergehenden Sonne auffingen.

In der Dunkelheit rüttelte die Postkutsche weiter bis auf den Marktplatz von Klerksdorp. Mama sah sich um und deutete auf einen eisernen Stand, der in der spärlichen Beleuchtung in der Mitte des Platzes sichtbar wurde. »Spielt hier zuweilen Musik?«, fragte sie Papa. »Nein«, lachte der, »dort wird das Vieh angehängt, wenn es zum Markt gebracht wird.« Durch eine finstere, holprige Straße führte uns mein Vater zu dem Haus, das er für uns gemietet hatte. Da erinnerte er sich, daß die Schlüssel bei seinem Gehilfen im Geschäft geblieben waren und bat uns zu warten, bis er sie geholt hätte. So standen wir, umgeben von unserem Gepäck, in pechschwarzer Nacht. Geraume Zeit verging. Als mein Vater zurückkam, verriet seine Stimme wie bestürzt er war. Der Gehilfe hatte seine Abwesenheit benützt, um sich mit der Kasse und den Schlüsseln aus dem Staube zu machen. Es blieb nichts anderes übrig, als eine Fensterscheibe einzuschlagen und die Küchentüre von innen zu öffnen. Dies war der Einzug in unser neues Heim. Im Licht der Petroleumlampe sahen wir nun die Küche, über die sich ein Zeltdach spannte, der Fußboden war aus Lehm. Papa führte uns durch die drei Zimmer hinaus auf die Veranda, an die sich ein großer, verwilderter Garten anschloß. Wieder erklang sein humoriges, gütiges Lachen, als er uns erklärte, daß das »Klosett« am äußersten Ende des Gartens, »aber unter schönen Bäumen« zu finden sei. Das Haus war einfach und neu möbliert. Mama, die sonst so selbstbewußte, wurde in ihrer Verdutztheit völlig schüchtern und erkundigte sich zaghaft, ob ein Dienstbote vorhanden sei, worauf mein Vater sofort »Manni« und eine Flut von holländischen Schimpfworten in den Garten hinausrief. »Manni«, ein kleiner schwarzer Junge, hierzulande »Piccanin« genannt, erschien mit breitem Grinsen. »Dies ist Euer Mädchen für alles«, sagte Papa. Lebensmittel waren nicht vorhanden, da der entflohene Gehilfe auch die Vorräte mitgenommen hatte. Von den freundlichen Nachbarn wurde Tee und Brot ausgeliehen, Manni machte Feuer und der Kessel wurde aufgesetzt.

Für mich war das Alles eine köstliche »Hetz«. Mama, nachdem sie ihre Energie wieder gefunden, begann zu kritisieren und Verbesserungen vorzuschlagen, meine Schwester weinte und mein Bruder schwieg in völliger Verblüffung. Wunderlich muß es meinem Vater, diesem schlichten, weltfremden Menschen, zumute gewesen sein, als er sich so von seiner Familie bedrängt sah, deren gänzlich andere Lebensansprüche den seinen entgegenstanden, denn er liebte die Primitivität Afrikas. Er war ein Träumer, der sich am glücklichsten fühlte, wenn er mit seiner Pfeife am Feldfeuer saß oder mit einem Buch auf der »Stoep« (Veranda). Seine Freunde waren Buren, Engländer, Deutsche, die seine Liebe für das Land und die gleiche lässige Lebensanschauung teilten. Ihre Gespräche drehten sich um das Geschäft, die Börse, die Politik des Tages und kreisten um jenen sanften gemütlichen Klatsch, wie er jeder kleinen Stadt eigen ist.

Europa mit seinem Glanz, Theatern, Museen, Universitäten war so weit und unerreichbar wie der Mond. Man begnügte sich mit »Erinnerungen« daran, die dem Dasein einen Schimmer von Romantik verliehen, im Übrigen aber war man völlig zufrieden, in Südafrika zu leben, wo der Himmel stets blau, der Mensch frei ist und kein Ehrgeiz die Leber wegfrißt.

Klerksdorp war ein kleiner Ort mit großen schattigen Eukalyptusbäumen, umgeben von Feld und Hügeln. Ein schmaler Fluß trennte die neue Stadt von der alten, die von »Voortrekkern« begründet worden war und aus einer Kirche und einigen Farmen bestand. Wir wohnten in der neuen Stadt, wo mein Vater eine »Bar« gepachtet hatte. Es war keine Bar im gewöhnlichen Sinne, sondern eine Art »Klub der Freimaurer«-Loge, welcher Papa angehörte.

In dieses weltabgeschiedene Milieu brachten Mama und meine Schwester ihre unruhigen Temperamente und ihr bedrückendes Heimweh nach Wien. Eine so energische Natur wie meine Mutter konnte jedoch nicht lange passiv bleiben, und so nahm sie denn die Verbesserungen im Haushalt vor (»Manni« kam unter strenge Disziplin) und organisierte das gesellschaftliche Leben Klerksdorps. Auch meine Schwester paßte sich allmählich den Verhältnissen an. Ein Klavier wurde gemietet, und sie sang den entzückten Klerksdorpern Wiener Lieder vor. Ihre Verehrerschar war indessen gemischter Art. Eines Morgens erzählte sie mir, daß sie am Abend mit einem eleganten, lebhaften Partner getanzt habe, der sich später als Hotelkoch vorstellte. In dem kleinen Kreis der Europäer gab es manche feine kultivierte Menschen, deren Europäertum nun schon so verschüttet war, daß man Zeit brauchte, ihr wahres Wesen zu erkennen. Tragisch und rührend war es mit anzusehen, wie diese Leute in kleinen sentimentalen Andenken, Nippsachen auf Etageren, Ansichtspostkarten auf Fächern an die Wand gehängt versuchten, die Atmosphäre der Heimat aufrecht zu erhalten. Gegen diesen kleinen Trupp gestrandeter Kontinentaler bildeten die reichen einheimischen Burenfamilien einen komödienhaften Kontrast. Es gab einzelne, welche sogar Europa besucht hatten. Freilich war die Dame, die in einer Teegesellschaft erzählte, daß sie in Deutschland zur Pariser Weltausstellung gewesen sei, in der Geographie nicht sonderlich orientiert. Mein Vater nahm Arme wie Reiche stets gegen jede Kritik in Schutz. Es seien brave, ehrenhafte Leute und Mama und Vali seien Snobs. Wie oft hörte ich ihn sagen: Südafrika sei ein gesegnetes Land, das keine gesellschaftlichen Unterschiede kenne. Er selbst sei ja auf der schiefen Bahn herunter geglitten, und doch wurde seine Familie von allen herzlich aufgenommen und ihrer feineren Lebensart wegen bewundert und geschätzt. Nie wäre es jemandem eingefallen, ihn wegen seines bescheidenen Vermögensstandes weniger zu achten.

Der gute Papa! Viel später erst, als er lange tot war und der Ozean zwischen seinem Grab und mir lag, habe ich gelernt, ihn zu verstehen und zu lieben. Bald nach unserer Ankunft trat ich als Tagesschülerin in die Klosterschule ein. Vielleicht war ich die einzige in der Familie, die vollkommen glücklich war. Ich spürte Freiheit. Diese Weiten und Hügel, wo man sich hinter Felsen und dornigen Akazien verstecken konnte, die dramatischen Sonnenuntergänge waren neue Erlebnisse, und die stillen geheimnisvollen Nächte unter einem Himmel von Myriaden von Sternen bedeuteten mir mehr als alle Märchenbücher. Von früher Jugend an liebte ich die Natur mehr als Menschen. Die vielen Jahre, welche mein Vater vor seiner Verheiratung in der Wildnis Afrikas verbracht hatte, im Ochsenwagen das Land durchstreifend, monatelang im Freien schlafend, die tiefe Liebe, die er für dieses Land empfand, all dies muß sich auf mich übertragen haben. Österreich, die Heimat meiner Mutter, liegt mir im Gemüt, Afrika, das Schicksalsland meines Vaters, im Blut. Das instinkthafte Anschmiegen an eine große, mystische Natur gab mir früh die Neigung, allein zu sein, denn in dieser grenzenlosen Einsamkeit, die weder durch Wälder noch Bäche belebt war, wurde das Gefühl der Freiheit zum Rausch.

Das Kloster lag in der alten Stadt, auf einem Hügel in einem großen Garten. Jeden Morgen ging ich zu Fuß dort hinauf und freute mich schon am Abend auf den Weg, der etwa eine halbe Stunde in Anspruch nahm und mir zu einem lebensvollen Bilderbuch wurde. Ich überholte Ochsengespanne, in deren überdeckten Planwagen Burenfrauen und Kinder mit riesigen Sonnenhauben auf den Köpfen still über die sonnenüberflutete Steppe hinaus sahen. Ein winziger Kaffernjunge trippelte neben den gewaltigen Tieren daher und feuerte sie mit schrillen Rufen an, wenn ihr Tempo selbst für Ochsen zu langsam wurde. Dann, auf halbem Weg, kam ich an die kleine Brücke über den »Schoen Spruit« von der ich Steine ins Wasser warf, um die jungen Alligatoren aufzuscheuchen, die dort faulenzten.

Schwarze begegneten mir, halbnackt, dicke Messingreifen um Arm und Fußgelenk, schwere, knotige Stöcke schwingend. Sie sahen wild aus und lächelten harmlos, wenn man ihnen zunickte. Die katholischen Schwestern waren lieb und freundlich zu mir. Was ich bei ihnen gelernt habe, erinnere ich mich nicht mehr, aber ich muß wohl sehr glücklich gewesen sein, wie sonst würde ich so gerne an jene Zeit zurückdenken?

Wir waren sieben Monate im Lande, als am 11. Oktober 1899 der Burenkrieg ausbrach. Viele Wochen vorher schon war das Land in großer Aufregung, die auch meinen Vater und seine Freunde nicht verschonte. Es hing ja die Existenz aller Ausländer von dem Resultat des Krieges ab. Die »Uitlanders« waren dem Präsidenten Paul Kruger verhaßt. Die endgültige Ablehnung, ihnen Stimme im Lande zu gewähren, und die offenkundige Absicht, sie in eine abhängige Stellung zu drängen, mußte endlich einen Ausbruch herbeiführen. Immer mehr verdichteten sich die Nachrichten, daß ein Krieg unausbleiblich sei.

Eines Tages kam Papa zu einer ungewöhnlichen Stunde aus dem Geschäft. Er war leichenblaß, und erschrocken glaubten wir, daß er krank sei. »Was ich stets befürchtet, ist eingetroffen«, sagte er, »der Krieg ist erklärt, sämtliche Geschäfte sind gesperrt worden, auch meine Bar. Was wird nun aus uns werden?«

In Klerksdorp und den umliegenden Dörfern wurde alles mobilisiert, Tag und Nacht versammelten sich die Buren auf dem Marktplatz, Pferdegetrappel erfüllte die sonst so stillen Straßen. Die wenigen Ausländer standen müßig vor ihren Häusern und sahen bestürzt zu. Von allen Seiten drang das Gerücht, Frauen und Kinder werden die Stadt verlassen müssen, da mit der Gefahr eines Kaffernaufstandes gerechnet werde. Zweiundsechzig Jahre waren es ja erst her, seit »König Dingaan« die Weißen niedergemetzelt hatte. Würden die Eingeborenen die gute Gelegenheit ergreifen, die sich ihnen nun in den Feindseligkeiten der beiden weißen Rassen bot, um ihrerseits eine Schlacht vorzubereiten?

Die Buren zogen jubelnd in den Krieg. Sie sangen Spottlieder auf die Engländer und beschrieben die Eisenbahnwagen mit Beschimpfungen. Ihre Frauen winkten mit Fahnen und schworen Rache den »Rooineks«. Klerksdorp wurde bald ganz leer. Meine Familie konnte zu keinem Entschluß kommen. Da erhielten meine Eltern einen Brief von einem Jugendfreund, der in Port Elizabeth lebte und uns einlud, zu ihm zu kommen und seine Gäste zu sein. Port Elizabeth liegt an der Küste und war außerhalb der Gefahrenzone. So sollten denn Mama, meine Schwester und ich schleunigst dorthin reisen und dann eventuell zurück nach Europa. Mein Vater und mein Bruder wollten vorläufig noch in Klerksdorp bleiben. Unsere Wohnung wurde verbarrikadiert, Vater und Sohn richteten sich in einem Zimmer der geschlossenen Bar ein.

Die Reise nach Port Elizabeth ging über Johannesburg. Als wir dort ankamen, bot sich uns ein eigenartiges Bild. Am Bahnhof lagerten auf der Erde hunderte Männer, Frauen und Kinder, jeder irgend ein Paket oder ein

Möbelstück umklammernd. Verzweifelte Gesichter erwarteten den Zug, der sie so schnell als möglich aus dem Transvaal nach der Kap-Kolonie bringen sollte. Flucht aus Johannesburg! Die Stadt würde zum Brennpunkt des Krieges werden. Die Gloriole des Goldes, um dessentwillen dieser Krieg geführt wurde, umstrahlte sie. Die Buren hatten geschworen, sie in die Luft zu sprengen, ehe sie die Stadt den Engländern überlassen würden. Minenmagnaten und arme russische Juden, kontinentale Abenteurer und solide englische Geschäftsleute, alle wollten Hals über Kopf an die Küste. In dieses Wühlen und Drängen schrillte eine Glocke und ein Bahnbediensteter rief: »train coming«. Blindlings stürzte sich die Menschenmasse dem Zug entgegen, erkletterte Passagier-, Kohlen-, und Viehwagen, ja selbst die Dächer der Waggons. Unter wüstem Geschrei dampfte der Zug aus der Station. Mehr als die Hälfte der angesammelten Menge blieb zurück, darunter auch wir. Ein Nachzug wurde versprochen. Stunden um Stunden des Wartens vergingen. Endlich, als es bereits dunkelte, erschrillte wieder die Bahnhofsglocke. Aber diesmal nicht zur Ankündigung eines Zuges. In dürrem militärischem Kommando wurde bekannt gegeben, daß jede Verbindung zwischen Johannesburg und der Kap-Kolonie abgebrochen sei, denn die Feinde hätten die Brücken in die Luft gesprengt. Den Wartenden wurde befohlen, die Plattform zu räumen. Wo blieb unsere Rückkehr nach Österreich? Diese Stunde brachte den Wendepunkt unseres Lebens.

Für die Nacht suchten wir einstweilen Obdach in einem kleinen Hotel, das einer uns bekannten deutschen Familie gehörte, die früher auch in Klerksdorp gewohnt hatte. Wir fanden dort gastfreundliche Aufnahme. Am nächsten Morgen ging Mama mit uns in die Stadt. Die Häuser waren verbarrikadiert. Hunde liefen heulend in den Straßen umher und suchten nach ihren Herren. Von den Minen schrillten die Sirenen Warnsignale. Ihnen, dem kostbarsten

Gut des Landes, galt die größe Besorgnis der Behörden. Ein angesehener Österreicher, der in der Zeit die Konsulargeschäfte übernahm, hatte aus Privatleuten eine Minen-Polizei zusammengestellt. Zu ihm, dem Landsmann, gingen wir und fragten um Rat. Er bot uns eines der vielen leerstehenden Häuser an, in denen sogar noch Proviant vorhanden war, auch wollte er uns zwei Mann Bewachung zur Verfügung stellen. Freunde jedoch rieten uns, nach Klerksdorp zurückzufahren, solange noch eine Verbindung bestünde, denn es könnte geschehen, daß wir von meinem Vater und Bruder gänzlich abgeschnitten würden.

So reisten wir also zurück und suchten unser kleines Haus auf. Türen und Fenster waren vernagelt, wie wir es verließen. Meinen Vater überraschten wir in seinem Zimmerchen in der ebenfalls verbarrikadierten Bar. Er hatte nichts von unseren Erlebnissen gewußt und war überglücklich, uns heil zurückzuhaben. Wochen der Sorge und Ungewißheit gingen dahin. Man wartete auf Kriegsnachrichten. Zeitungen gab es nicht. Verdienstmöglichkeiten gab es nicht. Mein Bruder Feodor, der damals 21 Jahre zählte, mochte diese Untätigkeit nicht länger ertragen und entschloß sich, aufs Geratewohl nach Johannesburg zu fahren. Ein österreichischer Arzt (er wurde später unser Schwager), dem er sich vorstellte, nahm ihn sofort bei sich auf und verschaffte ihm eine Stellung bei einer Mine. Die 15 Pfund Gehalt, welche er bekam, bestimmte uns, ihm zu folgen, doch ehe wir noch in Johannesburg angekommen waren, hatte er die Stellung schon wieder verloren, und zwar aus Gründen, welche ihn und uns alle erheiterten. Er hatte nämlich das kostbare Zyanid, welches in riesigen Zisternen aufbewahrt wurde, auslaufen lassen. Trotz dieses Mißgeschicks wollten wir es wagen, nach Johannesburg zurückzukehren. Wir »requirierten« ein kleines Haus, und was an Möbeln fehlte, wurde durch Paraffinkisten ersetzt. Jeder war in der gleichen Lage, Klassenunterschiede gab es wahrhaftig nicht mehr. Das damalige Johannesburg war eine »Wellblech«-Stadt, nur ein paar vereinzelte Reiche wohnten in Ziegel- oder Steinhäusern. Aber die Wildnis der Gärten mit ihren Eukalyptus- und Mimosenbäumen folgte der Devise meines Vaters und machte keinen Unterschied zwischen Reich und Arm.

Englische Staatsangehörige mußten den Transvaal verlassen, wir als Österreicher hatten völlige Freiheit und konnten uns innerhalb der Grenzen der Stadt unser Leben nach Wunsch einrichten, dieselben Privilegien galten für deutsche und holländische Staatsangehörige. Der Burenkrieg war für den neutralen Ausländer recht gemütlich. Lebensmittel wurden mit der Zeit allerdings knapp und teuer, aber man half sich gegenseitig aus, Gaben von Mehl, Butter und Eiern waren erwünschte Hochzeits- und Geburtstagsgeschenke. Der Kriegsschauplatz war weit entfernt, und die Allgemeinheit der übrig gebliebenen Ausländer empfand weder für die Buren noch für die Engländer ein heißes patriotisches Interesse. Man war dem Lande nicht wie der eigenen Heimat verwachsen, hier galt es, Geld zu machen und es dann »zu Hause« auszugeben. Auf kulturelle Genüsse mußte man in Südafrika völlig verzichten und einzig und allein ein enger gesellschaftlicher Verkehr zwischen Deutschen und Österreichern schuf eine kleine Insel der Zivilisation.

Für meine Mutter und Schwester bedeutete der Ausbruch des Burenkrieges, und somit die Übersiedlung nach Johannesburg, ein unverhofftes Glück. Endlich waren sie in ihrem Element, da sie Freunde aus gleicher Gesellschaftsschicht fanden. Tänze, Picknicks und gemeinsames Musizieren wechselten einander ab. Nach gesetzlicher Verordnung sollte jedermann um neun Uhr abends innerhalb seiner vier Wände sein. Es blieb also oft nichts weiter übrig, als bis sechs Uhr früh durchzufeiern oder bei den jeweiligen Gastgebern zu kampieren. Auch andere Auswege gab es, die Nachtpolizei zu düpieren.

Johannesburg hatte damals noch keine Kanalisation. Den menschlichen Verrichtungen dienten Blecheimer, die dann um Mitternacht von Schwarzen auf Wagen verladen und in die große Senkgrube außerhalb der Stadt entleert wurden. Von Haus zu Haus liefen diese schwarzen Kobolde mit kleinen Laternen, und hinter ihnen her liefen die Nachtschwärmer der Lebewelt. Meine Schwester hatte wiederum ihre Verehrerschar, aus der sie sich bald einen angesehenen österreichischen Arzt zum Gefährten er-wählte. Mein Schwager hatte Brüder und Freunde im Lande, und so wurde unser Kreis auf das Angenehmste erweitert. Wie die meisten lebten auch wir von der Hand in den Mund, je nach dem Zufallserwerb meines Vaters und meines Bruders. Auch für mich bedeutete der Aufenthalt in Johannesburg eine bedeutsame Veränderung. Dem traumhaften Dahinleben in der Klosterschule war ich entzogen und es galt nun, mich an die Wirklichkeit zu gewöhnen, wo die Dinge sich im Raume stoßen.

Wenn ich den Hügel der Deutschen Schule erstieg, die als einzige den Unterricht während des Krieges aufrecht erhielt, so war es über holprige Straßen, an häßlichen Häusern vorbei und nicht mehr der beseligende Gang durchs Freie. In der Klosterschule war ich eines unter vielen kleinen Kindern und konnte mich daher leicht »unsichtbar« machen. Jetzt aber waren wir nur acht Mädels in meiner Klasse, die einander scharf beobachteten. Ich fürchtete mich vor den großen deutschen Mädchen, die so ganz anders geartet waren als ich. Auch äußerlich waren sie so sehr verschieden von mir. Ihre langen blonden Zöpfe erschienen mir soviel vornehmer als mein kurzer schwarzer »Rattenschwanz«. Sie sprachen laut, mit hochdeutschem Akzent, gegen den mein österreichischer Dialekt schüchtern klang. Und mehr: sie hatten den Mut, ungezogen zu sein, ohne sich viel um die Folgen zu kümmern, während ich für mein Leben gern draufgängerisch gewesen wäre, mich aber stets vor einer schlechten Note fürchtete. Sie hatten »Kränzchen«, die ich blöd fand, und doch gab ich mir alle Mühe, um aufgenommen zu werden. Sie bildeten eine Gemeinschaft, ich fühlte mich stets allein. Ich haßte und liebte diese Mädchen. Die Scheu, daß ich meine Gefühle verraten könnte, machte mich kalt und arrogant. Ich überlegte jedes Wort, jede Handlung und verachtete mich darum. Glühend beneidete ich die unbeschwerte Art meiner Mitschülerinnen, die wiederum mein Anderssein spürten, mich aber mit einem gewissen Respekt behandelten, weil ich bei den Lehrern als die Intelligenteste galt.

Besonders der englische Lehrer, Mr. Evans, bevorzugte mich wegen meines Interesses für Literatur und Poesie. Und er war es, der mir zu meinem zwölften Geburtstag einen ledergebundenen Shakespeare schenkte, mit einem Akrostychon meines Namens als Widmung. Trotz aller kindischen Hemmungen, wie sie in diesem Alter unvermeidlich sind, konnte ich wochenlang heiter und ausgelassen sein wie die anderen, bis ein Wort, ein Vorfall zum Warnsignal vor »Demütigung« wurde und ich zurück kroch in meine Verschanzung. In dem Schmerz des Sich-Abschließens empfand ich gleichzeitig die Wollust des Alleinseins, die Stärke der Einsamen. Das Kind, das unreife Mädchen spürte das eigene Ich im Kampf gegen die Außenwelt. Zu solchen Zeiten ging ich meiner Wege, las Gedichte und träumte mich berühmt. Das Leben meiner Familie war auch so ganz anders geartet als jenes meiner Mitschülerinnen. Mein Vater und meine Mutter verstanden einander nur wenig. Ihre Temperamente gingen zu sehr auseinander, zu lange Jahre hatten sie getrennt gelebt, als daß Gewohnheit solche Verschiedenheit hätte überbrücken können. Es waren stets Reibungen oder Schweigen zwischen ihnen. Ich litt unter dieser Atmosphäre und nahm Partei. Obzwar die tiefe Liebe, welche ich für meine Mutter empfand, mir erst in meinen reiferen Jahren voll zum Bewußtsein kam, war Mama mir doch von jeher die nähere von meinen Eltern. Ihre starke Persönlichkeit beherrschte uns Kinder völlig. Sie war eine Kämpferin und haßte Schwäche und Träumerei. Ihr glühender Ehrgeiz, sich und ihren Kindern gesellschaftliche Geltung zu verschaffen, verleitete sie oft dazu, manches Feine und Zarte in weniger starken Naturen zu übersehen. Mein Vater war müde, nach fünfundzwanzig Jahren Enttäuschungen in Afrika, er war durchaus kein Kämpfer und verlachte gesellschaftliche Ambition. Er besaß einen wundervollen Humor, sah die Komik in jeder unerquicklichen Situation, aber er war nicht stark genug, seine Weltanschauung gegen die meiner Mutter zu behaupten.

Mama war ungemein beliebt und wurde viel eingeladen, er blieb zu Hause. Bald betätigte sie sich auch im Geschäft, und ihre unentwegte Kritik, ihre gewagten Vorschläge führten zu Zerwürfnissen. Diese Atmosphäre im Hause veranlaßte mich früh, mich immer mehr in mich selbst zurückzuziehen. Manchmal, wenn ich meine Freundinnen besuchte und die Heiterkeit und das harmonische Zusammenleben zwischen Eltern und Kindern wahrnahm, erfaßte mich tiefes Unglücksgefühl. Nachher schloß ich mich in mein Zimmer ein und weinte stundenlang in Mitleid mit meinen Eltern und mir selbst. Aber in all diesen seelischen Emotionen lag stets ein guter Teil Selbstdramatisierung. Im Grunde genommen hätte ich es nicht anders haben wollen. So sehr ich das Familienleben der andern Menschen beneidete, es erschien mir doch uninteressant und alltäglich, während ich meine eigene Disharmonie und jene meiner Familie romanhaft ausgestaltete.

Bei einer Schulfeier zu Ehren Schillers Todestages wurde ich ausgewählt, einige Gedichte zu rezitieren. Ich wählte »Die Macht des Gesanges« und »Die Götter Griechenlands«. Im gestärktem weißen Kleid, das Haar fest zurückgebürstet, stand ich auf dem Podium der deutschen Turnhalle. Es war mein erstes öffentliches Auftreten. In meinem Kopf war ein wüstes Durcheinander, die Knie zitterten mir. Bei den ersten Zeilen blieb ich stecken. Nachdem sich das Chaos in meinem Kopf etwas geklärt hatte, fing ich wieder von vorne an und überließ mich dem Rhythmus der Verse, der mich wie auf Flügeln über alles Lampenfieber hinweg trug. Warum hatte ich überhaupt diese beiden Gedichte gewählt? Das erste erscheint mir heute als eine pedantische trockene Beschreibung des Gesangs, aber es muß wohl meine Schwärmerei für die Natur gewesen sein, die sich an den Anfangsversen entflammte:

> Ein Regenstrom aus Felsenrissen
> Er kommt mit Donner Ungestüm
> Bergtrümmer folgen seinen Güssen,
> Und Eichen stürzen unter ihn.

»Die Götter Griechenlands« hingegen spiegelten mir jene Zauberwelt vor, nach der ich suchte:

> Schöne Welt, wo bist du? Kehre wieder,
> Holdes Blütenalter der Natur!
> Ach, nur in dem Feenland der Lieder
> Lebt noch deine fabelhafte Spur.

Schiller war damals meine Leidenschaft. Die Verse aus »Sehnsucht«:

> Ach, aus dieses Tales Gründen,
> Die der Nebel drückt,
> Könnt' ich doch den Ausgang finden,
> Ach, wie fühlt ich mich beglückt

wurden mein Leitmotiv durch lange Jahre meiner Jugend.

Erwachsene und Mitschüler beglückwünschten mich, ich fühlte mich als Heldin des Abends. Einige Tage später besuchte die Frau des Präsidenten der Schule meine Mutter und bestürmte sie in meiner Gegenwart, mich nach Europa zur dramatischen Ausbildung zu schicken. Mama sagte ihr, daß wir nicht die Mittel dazu hätten, und die Dame erbot sich, mich mitzunehmen und mich ausbilden zu lassen, wenn sie demnächst nach Deutschland fahren werde. Sie reiste ab, aber von Mitnehmen war keine Rede mehr. Ich litt grenzenlos unter der Enttäuschung. Nicht weil ich Schauspielerin werden wollte, ich war mir eines solchen Wunsches noch gar nicht bewußt, aber nach Europa zu reisen, die Welt zu sehen und mich im verstärkten Maße zu »dramatisieren« wurde mir zur Besessenheit. Die Enttäuschung rückte mich noch mehr von den anderen ab, und ich vergrub mich in Bücher und Träumereien.

Der Burenkrieg dauerte vier Jahre. Wieweit meine Familie und deren Freunde politisch Partei nahmen, weiß ich nicht. Aber ich glaube, daß auch darin die Anschauungen meines Vaters und Mamas auseinander gingen. Papa liebte die Buren, ihre patriarchalische Schlichtheit und unkomplizierte Lebensweise war der seinen verwandt. Er sprach ihre Sprache wie sie selbst. Mama war Großstädterin und ihre Veranlagung und ihre Erziehung machten es ihr unmöglich, diese primitiven Menschen zu verstehen. Sie war nicht die Einzige. Die Engländer, Deutschen, Österreicher, sogar die Holländer, die vom Gold und den Diamanten angezogen in dieses Land gekommen waren, betrachteten es stets nur als Durchgangsstation. Die Buren als Gesellschaftsschicht blieben unter sich und die »Uitlanders« blieben unter sich. Ich kann mich nicht erinnern, daß ich oder meine Mitschülerinnen je mit Burenkindern in Fühlung kamen.

Die Verhältnisse haben sich nach der Bildung der Union im Jahre 1910 geändert, und in den darauf folgenden Jahren sah es aus, als ob eine brüderliche Vereinigung der beiden Rassen möglich wäre. Aber die Naziregierung in Deutschland hat auch Südafrika vergiftet. Der Afrikaaner steht dem Deutschen weitaus näher als dem Engländer. Er bewundert deutsche Vitalität und Rücksichtslosigkeit. Auf dieser Grundlage baut das Volk seine Politik auf. Dem Südafrikaner englischer Abstammung fehlt die animalische Selbstverständlichkeit, die dem jungen unverbrauchten Afrikaaner zueigen ist. In meiner Kindheit betrachteten wir die hageren, bärtigen Farmer, die dicken mütterlichen Frauen und die verwahrlosten Kinder als einen Teil der Landschaft. Mit dieser verbindet sie ein ungestillter Hang zu Unabhängigkeit und Freiheit. Das sind die einzigen romantischen Eigenschaften dieses Volkes. Es ist ein Volk ohne Grazie. Nüchtern, tatkräftig und im Innersten reaktionär. Wie anders dagegen das Volk der Schwarzen. Es ist ebenso mystisch, ebenso unfaßbar wie sein Kontinent. Das Leben der schwarzen Stämme, ihre Legenden und Kriegsheldentaten sind von dem gleichen Gott, der die zerklüfteten Berge, endlosen Steppen, Wüsten und Meere geschaffen hat. Märchen, Musik und Tänze liegen ihnen im Blut. Sie formen Ton und Stein zu ausdrucksvollen Gebilden. Sie haben eine Sprache, deren Rhythmus und Wohlklang die Sinne anregt. Sie bewegen sich frei in angeborener Würde, sogar in den Lumpen europäischer Kleidung. Die letzten vierzig Jahre haben allerdings arge Umwälzungen auch im Leben der Eingeborenen hervorgerufen, sie wurden hineingezogen in den unheilvollen Strudel einer Zivilisation, die sie nicht verstehen und die sie zu Mördern und Dieben macht. Nur draußen, in der Abgeschlossenheit ihrer »Kraals« findet man sie in ihrer Ursprünglichkeit wieder, unendlich heitere Kinder, versponnen in ihr eigenes Leben von Mythen und Aberglauben.

Europa: Eindrücke der Jugendzeit

Kurz nach der Friedenserklärung im Jahre 1902 reisten meine Mutter und ich nach Europa. Soweit ich mich entsinne, war es der zerrüttete Gesundheitszustand Mamas und unsere sehr unsichere pekuniäre Lage, was meinen Vater dazu bestimmte, den Haushalt aufzulösen und uns in die alte Heimat zu schicken. Alle seine Geschäfte waren den gewohnten Weg des Mißerfolgs gegangen. Wir waren nun von meinem ältesten Bruder abhängig, der sich mit zäher Energie über Wasser hielt. Aber die schweren Kämpfe seiner Jugend und eine unglückliche Liebesgeschichte hatten ihn bitter gemacht, und das Verhältnis zwischen ihm und meinen Eltern war damals nicht sehr glücklich. Das Geld für unsere Reise hatte sich Mama erspart, aber wir fuhren los ohne jeden weitern finanziellen Rückhalt. Papa zog zu meiner Schwester Vali, die in friedlichen, geregelten Verhältnissen lebte. Ich kümmerte mich wenig um die Sorgen der Erwachsenen und dachte nur an diese bevorstehende Reise. Nach grausamer Kinderart pries ich das Geschick, das meine Eltern materiell ruinierte und mich nach Europa schickte. Wir reisten um die Ostküste Afrikas. In Durban, dem Hafen, von welchem wir uns einschifften, blieben wir einige Tage, bis das Schiff geladen hatte. Natal, an der Südostküste Afrikas, ist in Klima und Vegetation völlig verschieden von dem Transvaal. Nur zehn Stunden Bahnfahrt führten uns aus der dünnen, kristallin glitzernden Luft des Highveld in die üppig-schwüle Atmosphäre einer subtropischen Landschaft. Am Meer entlang, auf den Hügeln der Villenviertel, streckten die Palmen ihre grünen Kronen steil und gebieterisch gegen den Himmel.

Über die Gitter der Gärten, an den weißen Mauern der tief versteckten Häuser rankten sich violett-rote Bougainville-Sträucher, der exotische »Kaffer-Baum«, dessen Blüten wie rotgefiederte Vögel auf nackten Ästen sitzen, war

Nachbar des blühenden Eukalyptus, dessen rote Dolden in wieder anderer Schattierung von dem reichen grünen Laub abstachen. Von den Höhen der Hügel ging der Blick über eine unendliche Kette von Bergen, die sich im Dunst der blauen Luft verlor, und dann wieder, in zauberhaftem Kontrast, über das Meer, mit seinen vielen Schiffen im Hafen, zum Leuchtturm, der kahl und weiß aus dem Dschungelbusch hervorragte. Das Hotel, in dem wir wohnten, lag an der Esplanade und sein Garten war gleichsam eine Auslese der allgemeinen Üppigkeit. Jede Stunde des Tages hatte ihren besonderen Reiz für mich. Der Morgen die Frische des Seebades und das Sammeln von Muscheln, der Mittag die schwere brütende Hitze auf der weiten Veranda, der Abend die weiche kosende Luft, der Duft der Blumen und die Lichter der Schiffe. Wenn wir endlich unser Zimmer aufsuchten, lag ich bis tief in die Nacht am offenen Fenster und dachte mir, daß in ebensolchem Gefühl und solcher Umgebung die Balkonszene in »Romeo und Julia« gespielt werden müsse. Nicht umsonst hatte mein Lehrer, Mr. Evans, mir den Lederband Shakespeare geschenkt.

Unser bescheidener, kleiner Dampfer »Kaiser« der Deutschen-Ostafrika-Linie legte an vielen Plätzen an, und wir benutzten die Stunden des Aufenthalts, um die bizarren Häfen der Ostküste zu durchstreifen. Mamas begeistertes Interesse an allem Neuen und Schönen, ihre lebhafte Schilderung des Erlebten, wenn wir aufs Schiff zurückkamen und die übrigen Passagiere sich um sie sammelten, ließen mich nicht ahnen, was damals in ihr vorging. Und erst nach dem Tode meiner geliebten Mutter las ich Briefe aus jener Zeit.

In dem bunten Maskenzug ihrer Reiseerlebnisse schlich das Gespenst der Sorge unentwegt hinter ihr her. »Ich bin eigentlich mit meinen Gedanken immer nur bei Euch. Allerhand Pläne, die ich schmiede und wieder verwerfe, durchkreuzen meinen Sinn. Von Illusionen und

Luftschlössern bin ich gründlich geheilt. Ich habe sowohl in materieller wie in seelischer Beziehung soviel durchgemacht, daß mein sonst so frohes und heiteres Gemüt noch immer bedrückt ist. Ich möchte so gerne vergessen.« Von all dem ließ sie sich nichts anmerken. Ich wurde überall mitgenommen und ermutigt, soviel aus dem Reichtum zu schöpfen, als meine dreizehn Jahre aufnehmen konnten. Sansibar machte mir »Tausend und eine Nacht« zur Wirklichkeit. Da war der Palast des Sultans, die schmiedeeisernen Gitter, durch welche verschleierte Frauen schlüpften, die Bazare mit Waren, von denen ich gelesen, aber sie nie mit Augen geschaut hatte: Gewürze des Orients, Kaschmirtücher aus Indien, kostbare Elfenbeinfiguren aus Japan und China.

Im kakophonischen Lärm menschenwimmelnder Straßen fanden sich Oasen tiefster Stille in dunklen Gängen geheimnisvoller Häuser. Aus der schiebenden und sich drängenden Menge tauchten Gestalten und Gesichter auf, die ich in Erinnerung behielt, wie man Bilder großer Maler im Gedächtnis trägt. Aber in der Zeit, da ich es wirklich erlebte, begnügte sich die Phantasie des Kindes nicht mit der Wirklichkeit, sie versetzte Menschen und Dinge in die Märchenwelt. Zarte Inderinnen, die in ihren buntfarbigen Saris wie tropische Pflanzen wirken, sitzen hinter ihren Waren. Ihre Samtaugen blicken verträumt in die Menge, die schönen Hände sind lässig gefaltet. Hat sie ein böser Geist verwunschen? Bieten sie hier Trödel feil? Später aber, wenn die Sonne sinkt und es still in den Bazaren geworden, werden sie wieder zu Prinzessinnen hinter vergitterten Fenstern? Durch einen uralten Mauerbogen reitet ein weiß gekleideter Araber auf einem Maultier, sogleich hänge ich ihm biblische Vergangenheit an. In den engen Straßen, zwischen den schmalen, hohen Häusern, in deren Schatten sich vereinzelte Europäer flüchteten, fluteten alle Rassen des Orients und Afrikas. Hohe schlanke Somalineger im weißen Burnus, die edlen

Köpfe wie römische Bronzen, Senegalneger mit den Torsi von Gladiatoren, Japaner und Chinesen, arabische Juden, uralt wie das Testament, Stämme von den Küsten, von den Bergen, aus den Wüsten. Und in diesem grandiosen Märchenbuch durfte das kleine Mädchen aus der deutschen Schule in Johannesburg nach Herzenslust blättern. Meine heißen Augen verschlangen all dies ohne Nachdenken, ohne Besinnen. Auf jener Reise erwachte die nimmersatte Sehnsucht nach der Welt. Schauen und Genießen! Die Welt von den Sinnen aus genießen, ohne Begrenzung, ohne Pausen des Nachdenkens, zeitlos in dieser unserer einzigen Welt, die Schwere des Ichs vergessen.

Suez – Port Said – Neapel. Das bescheidene, spießbürgerliche deutsche Hotel, in dem wir abstiegen, paßte freilich wenig zu dem Zauber der Umgebung. Aber wir mußten sehr sparen. »Wir haben nur noch acht Pfund«, sagte Mama. »Und davon müssen wir die Hotelrechnung bezahlen.« Trotzdem nahm sie mich mit nach Pompeji und auf den Vesuv und kaufte mir ein Eis Neapolitaine auf dem Korso.

Am Abend des zweiten Tages fuhren wir nach Rom weiter. Der Zug kam um sieben Uhr morgens an. Wir ließen unser Gepäck im Depot und machten uns sogleich auf den Weg zur Peterskirche. Die Kunstwerke Roms schleuderten mich abwechselnd in Höhen der Verzückung und Tiefen der Verzweiflung. Die Fülle des dargebotenen Reichtums vernichtete meine winzige Existenz. Ich konnte nur »fühlen« und brannte vor Ehrgeiz zu »verstehen«. Mein Gefühl erhaschte sich die Barockgestalten des Gian Lorenzo Bernini. In ihnen spürte ich »Handlung«. Dieser fliehende Körper der wunderschönen Nymphe vom Gott Apollo verfolgt, rührte an schlummernde dramatische Instinkte. Ich fühlte, wie das Mädchen der Umarmung zu entrinnen suchte, ich sah, wie es Kopf und Brust nach vorne stieß, wie sein Fuß sich in den Boden vergrub. Der Ausdruck des

Schreckens und der Überraschung auf den schönen Zügen bewegte mich. Immer wieder kehrte ich zu dieser Gruppe zurück und ahmte im Geiste die Besiegung mit meinem eigenen Körper nach.

Dasselbe dramatische Miterleben empfand ich bei Berninis Gruppe »Pluto und Proserpina«. In späteren Jahren, als »schwere Helden« auf der Bühne zu meinen Kollegen zählten, mußte ich stets an diesen mächtigen Gesellen Pluto zurückdenken. Am stärksten aber wurden meine erwachenden Sinne von der »Heiligen Therese« in der Kirche Santa Maria della Vittoria in Rom berührt. Ängstlich versuchte ich vor meiner Mutter die innere Erregung zu verbergen. Denn ich ahnte, daß diese wollüstig dahinsinkende Frau die höchste Ekstase sinnlicher Liebe ausdrückte. Die Bezeichnung im Baedeker »Die Verzückung der heiligen Therese« konnte mich nicht täuschen. Der Baedeker vermerkte, daß das verzehrende Feuer überirdischer Liebe die Heilige durchlodert mit Gluten, denen die im schwachen Körper gefangene Seele erliegt. Ihre Sinne schwinden, die Glieder versagen den Dienst, ohnmächtig bietet sie willenlos sich dem Engel. Der Autorität des Reiseführers hatte ich es zu verdanken, daß ich länger als Mama es wünschte vor der heiligen Therese stehen durfte, versunken in jenen leidenschaftlichsten Augenblick einer Frau, über den hinaus es nur noch Schwinden der Besinnung gibt. Immer wieder führte mich in späteren Jahren der Beruf der Schauspielkunst zu diesem frühen Hinschauen zurück. Ein Werk über Dekorationsmalerei kam mir in die Hände, aus dem ich erfuhr, daß Bernini selbst Theater gespielt hatte, in von ihm verfaßten Komödien, daß er eine Oper aufgeführt hatte, für die er die Bühne errichtet, die Dekorationen gemalt, die Musik komponiert und den Text geschrieben hatte. Die Dekorationen, die er erfand, sollen in ihrer täuschenden Natürlichkeit alles übertroffen haben, was bis dahin zu sehen war. Er stellte Wasserfluten und Feuersbrünste mit einer solchen Kraft der Illusion dar, daß die Zuschauer Panik ergriff und flüchteten.

Wir wanderten stundenlang durch die Säle des Vatikans. Ich konnte die Schönheit der Antike nicht erfassen, wahrscheinlich weil sie zu einfach, zu menschlich war, derweil mein überhitztes Gehirn sich bei Kunst etwas »Künstliches« vorstellte.

Der Knappheit unserer Geldmittel hatten wir es zu verdanken, daß wir Rom von einer intimen Seite kennenlernten. Die internationalen Luxushotels waren nicht für uns. Wir wohnten in einer romantischen Spelunke und nahmen unsere Mahlzeiten in billigen Trattorien. Dort lernten wir ein paar junge Studenten aus Pisa kennen, die ihren Urlaub in Rom verbrachten. Sie verliebten sich in Mama und bildeten unsere stete Begleitung. In radebrechendem Italienisch und Deutsch holperte und stolperte unsere lebhafte Konversation, während wir gemeinsam die Sehenswürdigkeiten der Stadt aufsuchten. Mit ihnen stieg ich in die Kuppel der Peterskirche hinauf und blickte von der »Flüstergalerie« in die Tiefe. Sofort kam mir der Wunsch, mich hinab zu stürzen. Da packte mich einer der Studenten am Arm und völlig ahnungslos darüber, was ich mir gerade ausgedacht hatte, sagte er: »Kluges Kopf (so nannten sie mich, was mir sehr schmeichelte) paß auf, Leute manchmal wollen springen herunter.« Etwas enttäuscht, daß ich nicht die Erfinderin dieser Regung war, ließ ich davon ab. Und schon in den nächsten Minuten empfand ich »lebendig zu sein« als die höchste Seligkeit, da wir vom Dach der Kirche aus auf Rom hinunterblickten und hinüber zu den Albanerbergen. Ich hätte ewig so stehen mögen. Diese Herrlichkeit brauchte mir nicht durch den Baedeker erklärt werden, kein Ehrgeiz zu »verstehen« mischte sich in dieses Glück des Schauens und Fühlens.

Unsere Studenten gaben uns zum Bahnhof das Geleit, als wir eines Mitternachts Rom verließen. »Kluges Kopf werd nicht zu gescheit«, riefen sie mir lachend zu, als ich mich aus dem Coupéfenster beugte und ihnen zuwinkte. Ihre guten Wünsche für mich wurden erfüllt, denn in den darauf folgenden Jahren wurde ich nichts weniger als gescheit.

Mutters Sorge schlich weiter hinter uns her. Die Kränkungen und Aufregungen während der Monate vor unserer Abreise aus Johannesburg gingen nicht spurlos an Mama vorüber. Sie hatte sich mit aller Kraft beherrscht, die Zerstreuungen der Reise belebten ihr von Natur aus frohes Gemüt, aber bei der Ankunft in Wien brach sie inmitten der Begrüßung mit ihren Geschwistern ohnmächtig zusammen. In der beglückenden Wiedersehensfreude, in all dem Begrüßungsjubel, der sich an Einladungen, Blumen und Geschenken nicht genug tun konnte, kehrten ihre Gedanken in Mitleid und Angst zu meinem Vater zurück, den sie in Briefen beschwor, »sich nicht in der Einsamkeit zu vergraben, den Mut nicht aufzugeben und zu trachten der Enge seiner Verhältnisse zu entkommen«.

Zurück in Wien

In Wien sollte ich endlich in einer Schule untergebracht werden. Tagelang lief Mama herum, um das Richtige für mich zu finden. In einer der bestrenommierten Schulen Wiens machte ich eine erfolgreiche Aufnahmeprüfung, aber man mußte dort im vorhinein eine für uns zur Zeit unerschwingliche Summe hinterlegen und so wurde ich in eine Bürgerschule getan, deren Einschreibgebühr nur 4,50 Gulden kostete. Die Erinnerung an jene Schule hat mich noch heute, nach etlichen Jahrzehnten, nicht verlassen. Sie hieß »Börsenschule«, da sie der Börse gegenüber lag. Vierzig Schüler teilten meine Klasse, zumeist Kinder aus dem unteren Wiener Mittelstand, deren Dialekt ich nur schwer verstand. Obwohl ich auch dort die Aufnahmeprüfung bestanden hatte, waren mir alle Fächer vollkommen fremd. Österreichische Geographie, österreichische Geschichte, Zeichnen, Arithmetik, Geometrie, in allem war ich hoffnungslos unwissend und es war meinen Lehrern unverständlich, was dieses Mädchen, das in Südafrika in eine deutsche Schule gegangen, eigentlich gelernt hatte. Auch mir kam zum Bewußtsein, daß ich gar nichts wußte, und mein von Natur aus ohnehin geringes Selbstvertrauen brach unter diesem Ansturm von Kritik völlig zusammen. Die Folgen meines Traumlebens ereilten mich rasch. Ich konnte mich der Wirklichkeit nicht anpassen. Freilich hatten die Lehrer einer Wiener Bürgerschule nicht den Ehrgeiz, Kinderpsychologen zu sein. Sie verlangten Kenntnisse oder wenigstens Konzentration auf die von ihnen gestellten Aufgaben, aber meine ganze Energie konzentrierte sich anstatt auf Arbeit auf Haß. Ich haßte die Lehrer, ich haßte die Mitschüler, ich haßte die Straße und das Gebäude der Schule. Wir wohnten ungefähr eine halbe Stunde davon entfernt in einem einfach möblierten Zimmer. Das Frühstück bereitete Mama auf einem Spirituskocher zu. In der eisigen Kälte des Winters standen wir um sieben Uhr früh auf, da ich um halb acht zur Schule gehen mußte. Auf diesem Leidensweg wurden mir die Erinnerungen an sonnige Morgenstunden in Südafrika, an mein Leben im Freien und in Ungebundenheit zu einer Fata Morgana. Die Börsenschule war ein Gefängnis, dem zu entkommen ich fest entschlossen war. Meine Mutter schalt mich wegen meiner Ungebundenheit und meines Unvermögens, irgendetwas zu lernen, und gab meinem Drängen, mich aus der Schule zu nehmen, nicht nach. Der Rat der Verwandtschaft wurde zusammengerufen, man schüttelte die Köpfe und erklärte, daß ich mich fügen müsse. Daraufhin begann meine erste Vorübung zur dramatischen Laufbahn. Ich erklärte Mama, daß ich mich umbringen werde, wenn sie mich zwänge, in dieser Schule zu bleiben. Ich beschrieb ihr ausführlich, wie ich mich in den Donaukanal stürzen und man mich als Leiche herausfischen würde. Ich hatte selbst solches Mitleid mit mir, daß es mir nicht schwer fiel, meine Drohungen mit Schluchzen zu begleiten. Es half. Meine Schulmisere nahm ein sofortiges Ende, die Nachbarschaft der »Börse« sah mich nicht wieder. Aber lernen mußte ich doch irgendetwas, und so trat ich denn als Tagesschülerin in ein Mädchenpensionat in der Kärntnerstraße Wien I. ein.

Wer Wien aus jener Zeit kennt, wird wissen, daß dies der vornehmste Bezirk war. Wie Mama dies zuwege gebracht hat, weiß ich nicht. Dort wurde ich mit »Sie« angesprochen und als junge Dame behandelt. In »Literatur« wurde ich sogar die erste. Ansonsten lernte ich im Pensionat ebensowenig wie in der Bürgerschule, aber man nahm es mir weiter nicht übel. Mama tröstete sich damit, daß meine Kenntnisse für Afrika genügen würden, denn dorthin würde ich ja wieder zurückkehren. Warum sollte sie mir also nicht die Freude gönnen, zwei bis dreimal in der Woche in die Oper und ins Theater zu gehen? Um sechs Uhr nachmittags holte sie mich von der Schule ab, brachte Schinkensemmeln mit, die wir dann während der Pause im Foyer verzehrten. Oft, wenn wir um halb elf mit der Elektrischen nach Hause fuhren, gab meine Schultasche Anlaß zu spöttischen Bemerkungen. »Ist das aber eine fleißige Schülerin, die kommt um halb elf Uhr nachts aus der Schule«, bemerkte ein Offizier zu seinem Kameraden. »Laß Dir nichts einfallen,« erwiderte dieser, »die hat nachsitzen müssen.« Ich lebte zweierlei Leben: das schulpflichtige meiner dreizehn Jahre und das angeregte einer zu Besuch weilenden »Ausländerin«, die jede Stunde in diesem köstlichen Europa genießen wollte. Zwischendurch gab es Ohrfeigen von Mama, wenn sie verbotene Bücher bei mir fand, aber das Besondere unseres Aufenthaltes gab mir mehr Freiheit als anderen Mädchen meines Alters. Die genußreichste Art, diese Freiheit auszukosten, bestand für mich in Spaziergängen. Wenn ich um sechs Uhr nachmittags aus der Schule kam und nicht ins Theater ging (Mama mich also nicht abholte), schlenderte ich allein über die Ringstraße nach Hause. Wir wohnten ziemlich weit, im dritten Bezirk. Um diese Stunde fing bereits der Korso auf der Ringstraße an. Bildschöne Frauen, elegante Herren, fesche Offiziere, Klatschmäuler, Studenten, Gymnasiasten und »Fratzen« wie ich, aber brav an der Hand der Mama oder Gouvernante geführt, flanierten zwischen dem Opernring und dem Stadtpark auf und ab, hell und bunt im Sommer, reizvoller noch im Winter, wenn die Schneeflocken Pelze und Muffe weiß verbrämten. Hinter den großen Spiegelscheiben der Kaffeehäuser saßen die Typen Wiens: Hofräte, Ärzte, Juristen, Offiziere (die Künstler hatten ihre besondern Kaffeehäuser in andern Teilen der Stadt) mit ihren Frauen und Töchtern, unter Kristallüstern flitzten befrackte Kellner von Tisch zu Tisch, sich sanft den Gästen zuneigend, als wäre es ihre Aufgabe, sie nicht nur zu bedienen, sondern auch zu beschützen. Hoch getürmt auf Metallaufsätzen prangten schwarz glänzende »Indianerkrapfen« und schäumige »Schmetenrollen«, die mich mehr noch faszinierten als die Buntheit des Schauspiels.

Meine glückselige Genußsucht kam durchaus von den Sinnen. Und welche Stadt sprach mehr zu den Sinnen als gerade Wien, in seiner Heiterkeit, in seiner Musik, in seinen üppigen Barockbauten und Kirchen? Aus all diesen sprach ein Geist der Grazie und des Humors, der Volkstümlichkeit und des Wohlbehagens, dem sich eine Note der österreichischen »Melancholie« beimischte und es so vor ödem Spießbürgertum bewahrte.

Nicht nur von der Ringstraßenseite besah ich mir Wien. Hinter dem Hotel Imperial verdünnte sich der Korso, an der dunklen Stadtparkseite drückten sich die Liebespaare und weiter hinunter zur Franzensbrücke wich Romantik mehr und mehr städtischer Nüchternheit. In der Dunkelheit am Zollhaus fing ich an zu laufen, aber in der Radetzkystraße kam wieder Licht durch die Scheiben der kleinen Gasthäuser, in denen der Bürger sein Krügerl Bier trank. Bei den Obst- und Gemüseständen des Marktes, an denen die Hausfrauen noch rasch fürs Nachtmahl einkauften, war es richtig hell, und da war auch die Schule, dieselbe Schule, die ich so triumphierend vor fünf Jahren verlassen hatte. An der Ecke des kleinen Kaffeehauses »Zum Radetzky« saß auf seinem Bankerl ein alter Dienstmann, der mich schon kannte und mir »Grüaß Ihna Gott, Freilein« zurief, was mir stets ein Gefühl des Geborgenseins gab. Noch ein paar Schritte um die Ecke und ich war zu Hause. Zuhause in einem möblierten Parterezimmer eines alten Mietshauses. Wir hatten uns dort einquartiert, weil es der Wohnung meines Onkels gegenüber lag, bei dem wir unsere Mahlzeiten nahmen. Meine Mutter hing ungemein an ihrer Familie, wie immer auch ihre Lebensweise und ihre Anschauungen auseinander gingen, Blut erwies sich dicker als Wasser. »Die verrückten Afrikaner« nannten sie uns und schüttelten die Köpfe über Mamas ruhelosem Streben und meiner Romantik. Mein Onkel war administrativer Direktor eines großen Kohlebergwerkes und führte ein sehr gastfreundliches Haus. Es war ein durchaus wienerisches Heim, mit viel Musik und Lachen. Die sieben Cousins und Cousinen neckten und verwöhnten mich wie ein kleines putziges Äffchen, aber ich ließ es mir gern gefallen, denn ich spürte die warme Zugehörigkeit zur Familie, zu einer Gemeinschaft zwischen Land und Menschen, Kultur und Bodenständigkeit, wie sie uns Südafrika nie geben konnte. Unser Leben dort war stets von Kontrasten erschüttert. Meine Mutter litt am meisten darunter. In Österreich war sie durch Geburt und Erziehung zu Hause, in Afrika hatte sie ihren Mann und ihre Kinder. Schon rührte sich wieder ihr nervöses ruheloses Temperament und bald nach unserer

Ankunft in Wien stürzte sie sich wieder in Geschäfte, die ihr mehr Sorgen als pekuniären Gewinn einbrachten. Sie wollte mich nicht länger unbeaufsichtigt in der großen Stadt herumlaufen lassen und schickte mich zu ihrer ältesten Schwester nach Teschen im österreichischen Schlesien.

Teschen war die Geburtsstadt meiner Mutter. Eine freundliche, lebhafte Stadt mit 20.000 Einwohnern, an der Grenze zur Slowakei, wenige Stunden Bahnfahrt von Polen und Ungarn entfernt. Slowakische Bauern, ungarische Gutsbesitzer, österreichische Offiziere, polnische Juden, alle Rassen und Nationen der alten Österreichisch-Ungarischen Monarchie konnte man in dieser kleinen Stadt begegnen. Da war eine Vielfalt von Trachten und Sprachen, die just aus einer Lehár-Operette zu kommen schien. Neben dem wuchtigen slowakischen Bauer in Nationaltracht schlenkerte der schlanke österreichische Offizier in roter oder blauer Uniform, die tschechische Bäuerin schritt kräftig aus auf hohen roten Stiefeln und schwang stolz ihren weiten plissierten Rock über unzähligen Unterröcken. Die Zöpfe der Unverheirateten wurden durch bunte Bänder um mindestens die Hälfte verlängert, während die Ehefrauen das Haar züchtig unter einem schwarzen Netz verbargen, nicht anders als die polnischen Jüdinnen, die mit dem »Scheitel« aller Eitelkeit abschworen. Die langen speckig glänzenden Kaftane der einheimischen polnischen Juden schlürften auf gemeinsamem Bürgersteig neben den nach letztem Wiener Chic geschnittenen Anzügen der Teschener Eleganz. Sie alle waren ein Teil des Stadtbildes, und niemandem wäre es eingefallen, etwas Seltsames dabei zu finden. Auch Teschen hatte seinen »Korso«, flankiert von Kaffeehäusern. Das gesellschaftliche Leben glich einer Taschenausgabe der Kaiserstadt Wien, deren Glanz in alle Provinzen drang. Die kleinen Städte Österreichs verband gemeinsames Blut mit der Mutterstadt. Es war anders als in Deutschland, wo die

Provinzstädte so grundverschieden von Berlin sind. All die großen und kleinen Bizarrheiten des Österreichers bildeten eine Gemeinsamkeit: Menschenfreundlichkeit in der Freude am »Klatsch«, Liebe zur Natur, Liebe zu Musik und Theater, Geschmack an Kunst und mehr noch Geschmack an den Vergnügungen des Magens. So waren die Christen, so waren die Juden. Und so war auch die Familie meiner Mutter. Ich wurde in ihrem Schoß liebevoll aufgenommen, und alles wäre schön und gut gewesen, wenn es Mama nicht eingefallen wäre, mich die »doppelte Buchführung« erlernen zu lassen. Die Möglichkeit bestand, daß wir bald nach Afrika zurückkehren würden, und so sollte ich mich darauf vorbereiten, meinem Vater und meinem Bruder im Geschäft dort zu helfen. In dieser meiner Bedrängnis kam im gegebenen Moment, wie das Stichwort zum neuen Auftritt, ein Kabel von meinem Vater, der uns das Reisegeld überwies. Es war in der Tat ein wichtiger Szenenwechsel, dessen weitere dramatische Entwicklung mein Schicksal vorbestimmte.

Wir waren fast zwei Jahre in Europa gewesen, doch nur am Ende dieser Zeit, wenige Tage vor unserer Abreise, wurde mir Theater zum innersten Erlebnis. Bis dahin war es spielerische Romantik, die fast jedes junge Mädchen beeinflußt. In Wien besuchte ich zumeist die Oper. Musik rückt Begebenheiten aus der Sphäre des Realen in eine Traumwelt. Auch Landschaft, selbst wenn sie nur durch Kulissen dargestellt wird, verwebt sich inniger mit der Musik als mit dem gesprochenem Wort. Traum und Natur waren die Pole meiner jungen Phantasie. In »Tristan und Isolde« begeisterte mich die Szene auf dem Söller des Schlosses, von dem aus man in die Landschaft hinaus blickte (zumal in der Phantasie), in »Tannhäuser« der Venusberg, in »Carmen« die Schmugglerbande im Walde. Ich liebte die Musik, weil sie mir »Bilder« schuf. Da geschah es, im kleinen Theater in Berlin, daß ich zum ersten Mal Schauspielkunst kennenlernte. Dort wurde

»Das Nachtasyl« von Maxim Gorki unter der Regie Max Reinhardts aufgeführt. Wir waren auf dem Weg nach Hamburg, und Mama beschloß, die Reise in Berlin zu unterbrechen, um sich und mir noch ein letztes Abschiedsgeschenk zu machen. Ich kannte das Stück nicht und saß etwas verlegen als einziges »Kind« in einem dicht gefüllten Parkett von Erwachsenen. Es währte nicht lange und ich vergaß meine Umgebung. Da oben auf der Bühne lebten wirkliche Menschen, Liebe und Haß stießen sie gegeneinander, das Schicksal riß sie in Abgründe der Armut und der Verzweiflung, sie kämpften dagegen. Sie wüteten und schrieen, sie klammerten sich an ein »Ideal«, das Ideal von Menschlichkeit, Güte, Verzeihung, aber unbarmherzig stampfte das Leben über sie hinweg. Ihre Leiden erschütterten mich. Instinkthaft fand ich mich im Bann dessen, was der ureigene Zweck des Theaters ist: Unmittelbarkeit des Erlebens. Um mich herum saßen Männer und Frauen, die ich nicht kannte. War ich zuerst verlegen, so spürte ich nun eine Gemeinsamkeit, denn sie empfanden wie ich. Wir alle gaben uns in die Macht der Schauspieler - und was für Schauspieler! Max Reinhardt selbst spielte den alten Luka, Rosa Bertens die Wassilissa, Lucie Höflich die Natascha und der unvergeßliche Wassmann den Baron. Aber »Namen« bedeuteten mir gar nichts in jener Zeit, wichtig war mir allein dies neue Erlebnis, welches mich bedingungslos gefangen hielt. Ich beneidete die Schauspieler darum, daß sie eine eigene Welt gestalten und in ihr leben durften, war es auch, wie in diesem Stück »Nachtasyl«, ein Leben des Elends und der Verzweiflung, so durften sie doch Gefühle ausdrücken, mußten ihr inneres Leben nicht verbergen und verkrüppeln in der Zwangsjacke der Konvention. Ich begriff zum ersten Mal, daß auch ich das wollte, daß auch ich meine Gefühle ausdrücken wollte, eben wie damals, bei den Kunstwerken in Italien, brummte mein armer kleiner Schädel in hilfloser Verwirrung.

Rückkehr nach Südafrika

Am nächsten Tag reisten wir nach Hamburg weiter. Kalt und stürmisch war es, als wir uns an einem Dezembermorgen wiederum auf einem Dampfer der Woermann-Linie einschifften. Diesmal fuhren wir über die Westküste, und ich erinnere mich nur an weniges. Aber doch an eines: Es war ein besonders stürmischer Abend. Mama hatte sich in unsere Kabine zurückgezogen und ich flüchtete mich in den leeren Speisesaal. Dort saß ich zusammengekauert in einem Winkel und las ein Buch, das ich mir aus der Schiffsbibliothek entliehen hatte. Es war die »Heimat« von Hermann Sudermann. Beim Lesen flüsterte ich die »Rolle« der Magda heimlich vor mich hin.

Auf dem Bahnsteig der alten Park Station in Johannesburg drängten sich Familie und Freunde an unser Coupé. Als ich hinter Mama zum Vorschein kam, erschall ein Gelächter über meine in die Höhe geschossene Erscheinung. Vor zwei Jahren war ich ein zierliches kleines Mädchen, mit langen, schlenkrigen Gliedmaßen kehrte ich zurück. Mein Vater hatte zu unserer Rückkehr ein Haus gemietet, derselben bescheidenen Art wie jenes, das wir bei Ausbruch des Krieges bewohnten. Weißgetünchte Wellblechmauern, ein rot gestrichenes Wellblechdach, darunter vier kleine Zimmer, zu denen eine breite Veranda führte (wenn es regnete oder gar hagelte, konnten wir uns einbilden, von Maschinengewehrfeuer beschossen zu werden). Im Hof hatten Papa und mein ältester Bruder eine kleine Essigfabrik eingerichtet, unser Wohnzimmer war zum Bureau gemacht worden, und hier also sollte ich »die Bücher führen«. Ich war noch nicht fünfzehn Jahre alt, und Mama bestand darauf, daß ich mich außerdem durch Privatstunden fortbilden müsse. Auf dem Berg, gegenüber der deutschen Schule, hatte eine meiner früheren Lehrerinnen ein winziges Häuschen, zu dem ich zweimal in der Woche hinaufkletterte, um Literaturstunden zu nehmen. In einem andern Stadtteil, zwischen einem Labyrinth von Wellblechbuden, inmitten verwahrloster Gärten, in denen Mimosen, Pfirsichbäume und Kakteen wild durcheinander wuchsen, lebte eine alte Französin, die mir Unterricht in ihrer Sprache erteilte.

Mademoiselle Nahon war ein Original. Ihre kleine untersetzte Gestalt trippelte flink auf abgetretenen hohen Absätzen, die üppigen Körperformen umspannte ein viel zu enges buntes Kattunkleid, aber trotz ihres Alters, der gefärbten Haare und des verwitterten Teints hatte sie den unwiderstehlichen Charme der Französin bewahrt. Niemand wußte, warum und wie sie nach Südafrika gekommen war, und sie lächelte vielsagend über ihre Vergangenheit. Ihre lebhafte Lehrmethode ermöglichte es mir bald, kleine französische Geschichten zu lesen, und es dauerte nicht lange, bis ich Hals über Kopf in den Liebesroman »Manon Lescaut«, in Murgers »La Bohême« und – es sei zu ihrer Rechtfertigung gesagt – in den Briefen der Madame de Sévigné untertauchte. Immer wider lenkte meine Lektüre mich in die Bahnen der Liebe und Leidenschaften. Diesmal bestärkte meine Lehrerin noch dazu mit besonderer Freude meine Situation in dieser Richtung. Wahrscheinlich tröstete es sie in ihrem Exil, wenigstens im Geiste in französischer Atmosphäre zu leben. In der Wildnis ihres Gartens hatte sie sich ein winziges Sommerhäuschen zurecht gezimmert, und dort saßen wir, versteckt vor der Nüchternheit Johannesburgs, und verschlangen Romane und Memoiren. Ich liebte diesen Unterricht bedeutend mehr als die Stunden bei der anderen Lehrerin auf dem Berg, die mich in deutscher Literatur unterwies. Mein Verhältnis zu den deutschen Klassikern war etwas kühl geworden. Die Schuld daran lag, wie so oft, an der Schule. In dem Augenblick, da etwas zur »Aufgabe« wird, verliert es seinen Zauber. Solange ich mich in den Wald der Poesie unbeobachtet und wild herumgetrieben hatte, waren mir die Dichter bedeutend näher, als wenn sie mir ordentlich und systematisch vom Bücherbrett herunter erklärt wurden. Die deutsche Pädagogin reihte trocken Daten an Daten, mit denen sie kein Feuer in mir entzünden konnte. Ich entschlüpfte bald ihrer Gründlichkeit und trieb mich wieder planlos in der Literatur herum. Ebenso planlos betrieb ich die »doppelte Buchführung« im Bureau meines Bruders, aber mit weniger Genuß. Die Langweile des »Soll und Haben« vermauerte mein Gehirn, ich machte alles falsch und mein armer Bruder, von geschäftlichen Sorgen geplagt, wünschte mich und meine Buchhaltung zum Teufel.

Nach der ersten Freude der Rückkehr war unser häusliches Leben wieder in jenen grauen Mißmut zurückgeglitten, der stets mit pekuniären Sorgen zusammengeht. Nur in dem Heim meiner verheirateten Schwester war es heiter; dort fanden wir die Wärme und Zufriedenheit, die wir in unserem eigenen nicht schaffen konnten. Das Leben in Johannesburg ödete mich an, der Kontrast zu Europa war zu gewaltig. Johannesburg hatte von jeher nur einem Gott gedient, dem des Goldes. Die »Börse« war sein Tempel. Alle Schichten der Bevölkerung, von den Minenmagnaten bis hinunter zu den Kleinarbeitern, die in ihren Buden billiges Zeug feilboten, waren besessen vom Teufel der Spekulation.

Gab es eine »Hausse« an der Börse, dann gingen auch alle andern Geschäfte gut, die Menschen waren fröhlich, die goldenen Pfunde rollten (damals gab es wirklich noch goldene Pfunde) und die Stadt war in einem Taumel des Erfolgs. Aber wehe, wenn es eine »Baisse« gab! Wer gestern noch Wagen und Pferd besaß, ging heute bereits zu Fuß, sein Haus, seine Möbel waren von einem Tag zum andern verkauft, und der Schiffbrüchige wanderte mit seiner Familie landeinwärts, in die Unbegrenztheit Südafrikas, oder er rettete sich in irgend einen anderen Erwerb, vom Grünzeugladen bis zum Hausierertum. Noch während sie stürzten, hatten die Gescheiterten den rastlosen Willen zu neuem Flug, denn die Börse, diese launische Metze, würde sie früher oder später doch wieder in die Arme schließen. In der Tat, es gab unzählige Existenzen, die drei, viermal die Leiter zwischen Bankrott und Erfolg auf und ab geklettert waren. Viele von ihnen waren Männer groben Schlages, aber die Mehrzahl war konventionell, und allein die Geldgier machte sie außergewöhnlich. Gemessen an europäischer Kultur und europäischen Sitten erschien diese Johannesburger Gesellschaft trostlos wie ein abgeholzter Wald. Bildende Kunst, Musik, Theater blieben leere Begriffe. Amateure konnten sich in jeder Richtung austoben, ohne mit kritischem Maßstab beurteilt zu werden. Man klimperte auf verstimmten Klavieren und kratzte auf Violinen, man spielte Theater vor wackligen Kulissen und amüsierte sich köstlich.

Der Vergnügungshunger dieser jungen Bevölkerung war so groß, daß jede Speise zum Genuß wurde. Der Dilettantismus verlor seine Ranzigkeit in diesem Mischmasch eines »Mining Compound«. Gesellschaftliche Barrieren gab es nicht. Wer heute arm war, konnte morgen Millionär sein. War eine Frau schön und reizvoll, wurde sie umworben, gleichviel ob sie Schankmädchen oder Dame war. Das gesellschaftliche Leben war auf keine Einheit von Nation gegründet. Leute aus allen Ständen Europas hatten sich hier zusammengefunden, hin und wieder auch Amerikaner und Australier. Die Engländer bewahrten in ihrem Privatleben eine gewisse Isoliertheit, ansonsten aber tummelte ein Babel durch die »Drawing Rooms« der Johannesburger Gesellschaft. Man sollte denken, daß dies zu einem kulturellen Leben der reizvollsten Art hätte führen können. Dem war aber nicht so. Die Voraussetzungen dafür fehlten. Die Mehrzahl jener Männer und Frauen waren in jungen Jahren nach Afrika verpflanzt worden, noch ehe sie Zeit gehabt hatten, die Kultur Ihrer Heimat in sich aufzunehmen. Auch waren die meisten arm, als sie sich aus irgendwelchen Gründen zur Auswanderung gezwungen sahen. Sie mußten hier draußen physisch und psychisch ein vollkommen neues Leben beginnen, und das verschlang sie mit Haut und Haar. Zuerst mag wohl in manchem der Wunsch rege gewesen sein, die kulturellen Werte Europas in der neuen Heimat neu zu erschaffen, aber die gewaltigen Hindernisse erstickten jeden solchen Versuch.

Mit dem wachsenden Reichtum der Stadt kam die Möglichkeit, Opern- und Theatergesellschaften gastieren zu lassen, die für einige Monate die wenigen Städte bereisten und wieder nach England zurückkehrten. Nicht immer waren es die besten Vertreter ihrer Kunst. Man gewöhnte sich an diese seltenen Gelegenheiten, seiner Bildung aufzuhelfen. Solche Gastdarbietungen gehörten ja auch mehr in das Reich des Amusements als in das der Kunst. Auch die ständige, übrigens recht gute Theatertruppe, unter der Leitung des tüchtigen Leonard Rayne, legte keinen Ehrgeiz darein, große Schauspielkunst zu bieten. Auf diesem Gebiete konnte also die naive, lebhafte Bevölkerung keine geistige Anregung erhalten. Die südafrikanische Landschaft wiederum mußte den Europäer mehr entmutigen als anregen. Sie ist zu gewaltig, ablehnend in ihrer Größe, so daß die meisten sie nur ertragen können, indem sie sie ignorierten und sich in ihren Gärten ein traulicheres Bild schafften. Der Kreis, in dem ich lebte, pries das Klima, beklagte aber stets die Öde der Gegend. Darin, wie in manchem andern, stimmte ich nie mit meiner Umgebung überein. Für mich hatte diese nackte Landschaft des Transvaal einen unendlichen Reiz. Grenzenlos, mystisch wie zu Beginn allen Seins.

Ich war in dem Alter, in dem man Emotionen verlangt, und so mußte mir das konventionelle Wesen der Gesellschaft zur Qual werden. Ich wußte nicht, wohin mit der Fülle, die ich mir aus Europa mitgebracht hatte. In der Ungeduld meines Herzens verachtete ich die Menschen meiner Umgebung und tobte innerlich gegen den Alltag. Dabei immer die Angst, lächerlich zu erscheinen, lächerlich vor den Erwachsenen, die die fauchende kleine Katze zum Lämmchen machen wollten.

In diesen ersten Monaten nach unserer Rückkehr verkehrte ein Freund und Kollege meines jüngeren Bruders Bruno in unserem Haus. Er war Geologe, ein welterfahrener Mann, lebhaft und geistreich im Gespräch. Er zog mich oft in die Unterhaltung und leitete mein Interesse auf das damals heftig diskutierte Problem der Frauenemanzipation. Zu meinem fünfzehnten Geburtstag schenkte er mir zwei Bücher der schwedischen Schriftstellerin Ellen Key: »Das Jahrhundert des Kindes« und noch ein anderes. Die Wirkung, die diese Bücher auf mich hatten, ermutigte mich, lange Gespräche mit ihm über die Freiheit des Leibes zu führen, in denen er mich in seiner witzigen ironischen Art zu einer immer ausgesprocheneren Revolte anregte. Unsere Freundschaft gewann an Intensität, als er mir die Romane Zolas und Maupassants lieh. Da meine Mutter mir diese Lektüre nicht erlaubt hätte, las ich halbe Nächte lang bei Kerzenlicht, und wenn ich fürchtete, daß selbst solch schwacher Lichtschein in meinem Zimmer mich verraten würde, saß ich am offenen Fenster und las in dem starken Mondlicht der afrikanischen Nächte. In Gegenwart meiner Familie behandelte mich der Freund meiner Jugend entsprechend, aber wenn wir allein waren, redete er mit mir wie mit einer erwachsenen Frau, schmeichelte meiner Eitelkeit oder tadelte lächelnd meine Unerfahrenheit. Es wurde uns immer mehr zum Bedürfnis, allein zu sein, dem Zwang des Familienkreises zu entkommen. Oft, wenn Mama mich bei meinen Lehrerinnen vermutete, hatte ich stattdessen heimliche Zusammenkünfte mit ihm. Überdies schrieben wir einander lange Briefe, die ich »poste restante« abholte. In diesen führten wir unsere Erörterungen über Bücher und Lebensanschauung fort oder er erzählte mir von seinen Reisen und seinen Erfahrungen mit Frauen. Stets war sein Benehmen zu mir zart, behutsam und bewundernd. Da unsere Zusammenkünfte auf Spazierwegen gefährlich zu werden begannen, beschlossen wir, uns in seinem Bureau in der Stadt zu treffen, immer zu einer Stunde, da mein Bruder, mit dem er inzwischen in Teilhaberschaft gegangen, abwesend war. In unseren Gesprächen zerpflückte ich die Sentimentalität aller Liebesgefühle und ironisierte die Beziehungen zwischen Mann und Frau. Je mehr er mich von der Poesie dieser Beziehungen zu überzeugen suchte, umso skeptischer wurde ich. Es war ein sonderbares Verhältnis zwischen einem fünfzehnjährigen Mädchen und einem dreißigjährigen Mann. Er erntete auf seine Art die Früchte der Bücher, die er mir zu lesen gegeben hatte, und die meinen Verstand mehr als mein Gefühl beeinflußten. Ich hielt zuerst sein Hohelied der Liebe für raffinierte Politik, mich körperlich zu gewinnen, doch später erkannte ich, daß er tatsächlich ein Idealist war. Er respektierte meine Jungfernschaft, aber durch taktvolle geistige Beeinflussung instrumentierte er meine Sinne. Ich wußte trotz aller Bücher so gut wie gar nichts über die Liebe, vor allem nichts über jenen Rausch am eigenen Körper.

Ich war gut gewachsen und hatte ein pikantes Gesicht. Er erklärte mir die Schönheit meiner Glieder, sprach über meinen Mund, meine Augen, er berührte mich, wie man ein Kunstwerk berührt, ohne Hast, zärtlich, ohne mich zu degoutieren. Ich konnte diese Art Sinnlichkeit verstehen. Auch ich trieb leidenschaftlichen Kult mit allem, was die Schönheit der Form ausdrückte. In meinem Zimmer hatte ich einige kleine, billige Bronzeabgüsse vatikanischer Skulpturen, die ich mir in Rom gekauft und die mit den Fingerspitzen zu berühren mir stets einen Schauer der Freude gab. All dies war kindlich und naiv ohne zu ahnen, was »Ästhetentum« sei. Durch ihn lernte ich, daß auch ich schön war. Es macht mich nicht eitel, nur dankbar. Ich liebte ihn nicht und im Gemüt blieb ich von unserer Beziehung unberührt, aber geistig beherrschte sie mich vollkommen. Anstatt nach Umarmung der Körper strebten wir nach immer stärkerer intellektueller Gemeinschaft. Wir schrieben einander täglich, und ich führte ein Tagebuch, in dem ich mich und ihn mit klinischer Präzision sezierte. Seine Briefe und das offene Schulheft meines Tagebuchs verbarg ich zwischen meinen Büchern.

Eines Tages merkte ich eine auffallende Veränderung im Benehmen meiner Familie. Bleiche Gesichter, Konferenzen hinter geschlossenen Türen. Schrecken durchzuckte mich, daß mein Geheimnis verraten sei. Ich suchte nach den Briefen und dem Tagebuch zwischen meinen Sachen hinter dem Bücherbrett – sie waren verschwunden. Es vergingen einige Tage der gleichen unheimlichen Stimmung, ohne daß das Richterschwert herab sauste, aber die Besuche meines Freundes im Familienheim blieben aus und mir wurde befohlen, das Haus nicht ohne Begleitung zu verlassen. Tagelang lag das »furchtbare Geheimnis« zwischen mir und meinen Angehörigen und ich war ratlos, was ich beginnen sollte. Ich wußte, daß ich mich ihnen nie verständlich würde machen können. Eines Abends brach der Sturm los. Ich war mit Mama allein im Haus. Wir saßen im Speisezimmer, ich las, sie nähte. Plötzlich sprach sie aus der beklemmenden Stille heraus, stellte Fragen, wurde dringender, schrie mir ihre Verzweiflung und Verachtung ins Gesicht, begann mich zu schlagen und im Aufzucken einer Sekunde erfaßte sie plötzlich das Brotmesser, das auf dem Buffet lag, und stürzte auf mich los. Ich schrie und raste in mein Zimmer und sperrte hinter mir ab. Sie folgte mir nicht nach, am andern Morgen war sie ruhig und kalt. Das gräßliche Erleben des Abends wurde nie zwischen uns erwähnt, weder damals noch später, und ich hoffte stets, sie habe es vergessen. Allmählich begriff ich, in reiferen Jahren, mit jeder Fiber meines Herzens jenen Verzweiflungsmoment einer leidenschaftlichen, stolzen Natur, die es nicht ertragen konnte, dieses Kind, das sie über alles liebte, so entstellt zu sehen. Ich liebte sie darum umso mehr. Sie konnte nicht wissen, daß mir dieses freundschaftlich erotische Verhältnis durchaus keinen innern Schaden antat. Meine Frühreife wäre in jedem Fall ihre eigenen Wege und Irrwege gegangen. Es war eher ein Glück, daß ich an einen kultivierten, sensiblen Menschen geraten war, der sich damit begnügte, mich ästhetisch-sinnlich zu beeinflussen, anstatt mich körperlich zu verführen. Die Monate, die diesem Sturm nachfolgten, waren schwer und bitter für mich. Ich wurde von jedem Verkehr ferngehalten, der Schlüssel meines Zimmers abgezogen, ich durfte keinen Schritt allein aus dem Haus gehen und wurde zur verhaßten Arbeit im Büro meines Bruders gezwungen. Trotzdem gelang es meinem Freund und mir, Briefe durchzuschmuggeln, und ich erfuhr von ihm endlich den weiteren Verlauf der Angelegenheit. Mein Bruder Bruno hatte eine wild erregte Auseinandersetzung mit ihm gehabt, seine geschäftlichen Beziehungen zu ihm aufgelöst und ihm verboten, unser Haus und das meiner Schwester zu betreten. Meine Familie drohte ihm sogar mit der Polizei, im Fall, er würde es versuchen, sich mir wieder zu nähern. Die dramatische Ausbeutung des Geschehenen trieb mich erst recht zum Widerstand. In der heimlichen Korrespondenz, deren »Gefährlichkeit« für mich ihren besonderen Reiz hatte, verwandelte sich unsere »Amitié Amoureuse« in ein normales Liebesverhältnis mit Heiratsversprechungen und Beteuerungen der Treue. Da ich soviel jünger war, wollte er auf mich warten. Es war bei uns beiden mehr die Reaktion auf den Schock als wirkliche Liebe. Jedenfalls wurden wir nicht auf die Probe gestellt. Wir trafen einander nie mehr, denn bald darauf wurde eine Unredlichkeit in seinen Geschäften aufgedeckt und mein Freund wanderte ins Gefängnis. Ich habe nie erfahren, was die eigentliche Ursache war, aber mehr als die ganze Familientragödie verbitterte mich diese unerwartete Wendung. Ich empfand die Lächerlichkeit, die sie meinem Erlebnis gab, wie Peitschenhiebe. Dabei sollte es nicht sein Bewenden haben. Kurze Zeit darauf begegnete ich einem Bekannten in der Stadt, der mit forschend ironischen Lächeln zu mir sagte: »Wissen Sie, daß Ihr Freund S. an einem Herzschlag gestorben ist?« Tot! Ich konnte es nicht fassen. Ich murmelte ein paar Worte und eilte davon. Draußen, auf dem Feld, zu dem ich immer meine Leiden und Freuden trug, warf ich mich zu Boden und stöhnte und schluchzte. Nun glaubte ich, ihn geliebt zu haben, ich empfand grenzenloses Mitleid für diesen Menschen, dem das Schicksal so hart zugesetzt hatte. Ich haßte meine Familie, der ich die Schuld an allem gab und sprach mit keinem von ihnen ein Wort. Wenige Monate vergingen, als eine kurze Notiz in der Zeitung erschien, die Nachricht daß S. gestorben sei, wäre ein Irrtum, er hätte Südafrika zwangsweise für immer verlassen. Nun hatte ich genug von dieser Affäre. Ich schüttelte sie in Ekel von mir ab und beschloß, meinen Unterhalt selbst zu ·verdienen, um so dem häuslichen Zwang zu entkommen. Von meiner Schwester borgte ich mir das Geld, um Unterricht in Stenographie und Maschineschreiben zu nehmen. Nach einem mehrmonatlichen Kurs bekam ich eine Stellung im österreichisch-ungarischen Konsulat.

Marksteine meiner Jugend in Südafrika

Die folgenden drei Jahre, die ich zwischen Bürotätigkeit und gesellschaftlichem Leben verbrachte, waren die Marksteine meiner Jugend in Südafrika. Die österreichisch-ungarische Monarchie war vor dem Ersten Weltkrieg noch immer ein bedeutendes Reich, und das Konsulat hatte zu jener Zeit unter der Leitung Baron Bambergs eine ziemliche Bedeutung erlangt. Es gab viele dalmatinische und montenegrinische Arbeiter im Lande, die sich bei jeder Gelegenheit an das Konsulat wandten, zwischen der Monarchie und dem aufblühenden Transvaal bestand ein reger Handelsverkehr, aber hauptsächlich war es die gesellschaftliche Stellung, welche die Diplomaten in Südafrika einnahmen, was den durch sie vertretenen Länden einen gewissen Nimbus verlieh.

Ein schwacher Abglanz fiel auch auf mich, und zumal mein Schwager und meine Schwester in denselben Kreisen verkehrten, genoß ich im Büro vom Anfang an mehr Freiheit und Privilegien als ein »Tippfräulein« im allgemeinen hätte erwarten dürfen. Aus ungeschickten, kindischen Anfängen entwickelte ich mich zu einer ganz tüchtigen Sekretärin, die, wie meine Freunde lächelnd behaupteten, die »Macherin« war. Meine Ambitionen freilich lagen nie in der Büroarbeit, die ich verabscheute, aber mehr oder weniger korrekt verrichtete, da sie mir Gehalt und Freiheit sicherte. Die Leute, die das Konsulat aufsuchten, waren eine bunte Sippe: Schiffbrüchige des Schicksals, die Hilfe verlangten oder zurückgeschickt werden sollten, österreichische Aristokraten, die von der Löwenjagd in Ostafrika kamen, kleine und große Abenteurer, verlassene Ehefrauen, Dienstmädchen und Huren.

»Rosa«, ein völlig mittelloses junges Ding, kam zu uns aufs Konsulat und flehte um Hilfe. Sie rührte mich sehr, und ich brachte sie zu mir nach Hause. Auf meine Bitten nahm Mama die Fremde als Dienstmädchen bei uns auf. Als mein Schützling bald nachher mit einigen meiner Kleider verschwand, war ich von meiner Philanthropie geheilt. Zu meinen Büropflichten gehörte auch die Lektüre von Handelsberichten und der regelmäßigen Goldausbeute, was mich aber nicht hinderte, unter den Zeitungen, deren großes Format mir sehr gelegen kam, meine eigene Lektüre zu verbergen. Denn immer noch neigte ich zu Kunst und Literatur, las wahllos und füllte die Stenographiehefte mit Betrachtungen über mein inneres Verhältnis zu Menschen und Büchern.

Johannesburg hatte sich in wenigen Jahren sehr verändert. Mit dem Aufblühen der Stadt entwickelte sich ein mehr bewußtes Standesgefühl und die Demokratie des »Mining Camp« war im Schwinden. Die Bevölkerung befand sich in ständiger Umschichtung. Es bildeten sich Abstufungen, von den Minenmagnaten angefangen über das Bürgertum der Kaufleute, zum Proletariat der russischen Juden und den »Poor Whites«. Der Rand Club Johannesburgs bildete die uneinnehmbare Festung der Minenaristokratie. Die Wohnbezirke unterschieden sich streng voneinander. Die reichen Leute wohnten in Parktown, der Mittelstand in Doornfontein und der Plebs in Fordsburg. Wir waren inzwischen aus der Stadt an die Peripherie Doornfonteins gezogen, wo mein älterer Bruder sich ein Haus gebaut hatte. Mit unermüdlichem Fleiß war es ihm gelungen, seine und unsere Existenz zu befestigen, die aber von Wohlstand noch immer weit entfernt war. Unser Haus lag in einem neuen, noch sehr spärlich bebauten Wohnviertel. Es war das letzte in einer Straße, die ins Feld überging. Von der Veranda blickte man auf die »Koppies«, die nackten, steilen Hügel, die zusammen mit dem Veld der Landschaft des Transvaal ihr Gepräge geben. Diese karge Natur erblüht zur Schönheit im Licht der verschiedenen Tageszeiten. In der durchsichtig klaren Luft des frühen Morgens erfüllt sie mit einer Lebensfreude, die das Herz gegen die Rippen schlagen läßt. In brütend heißer Mittagsstunde schließt sie sich von den Menschen ab und man versinkt in gedankenlose Müdigkeit. In der magischen Stunde zwischen Dämmerung und Sonnenuntergang hüllt sie sich in eine Melancholie, deren samtweichem Zauber man widerstandslos erliegt. Wenn ich um fünf Uhr nachmittags das Bureau verließ und zu Fuß nach Hause ging, freute ich mich auf die Stunde Weg, die mich Hügeln und Feld wieder nahe brachte. Ich konnte es kaum erwarten, meinen städtischen Hut und die damenhaften Handschuhe abzuwerfen und hinauszulaufen in die Freiheit, wo ich mich herumtrieb, bis man mir von der Veranda zurief und winkte, daß ich zum Abendbrot kommen sollte. Jeden Sonntagmorgen kletterte ich auf die »Koppies« und lagerte mich dort zwischen den großen Steinblöcken mit einem Buch, in dem ich selten las, denn es war soviel beruhigender, in der unbegrenzten Weite des Horizonts träumend zu zerfließen. In den Jahren zwischen siebzehn und zwanzig hatte sich mir eine so leidenschaftliche Liebe zu dieser Landschaft ins Herz gepflanzt, daß ich dreißig Jahre später, als ich wieder einmal von ihr Abschied nehmen mußte, in mein Tagebuch schrieb:

»…nie werde ich ausdrücken können, wie ich diese Wege und Pfade in die goldbraune Weite liebe; die Einsamkeit und Stille und das unsagbar beglückende Bewußtsein, hier zu sein. Mit dieser Natur bin ich auf geheimnisvolle Weise verbunden. Ist es, weil Papa das Land so liebte, lange vor meiner Geburt? Ich kann nicht über das Feld sehen und zu den Hügeln, ohne ein Schluchzen in der Kehle zu spüren. Viel stärker noch als die Grandiosität der Kapberge und der beiden Ozeane packt mich das Highveld. Ich muß fort, aber die Erinnerung bleibt in mir an Stunden, da ich atemlos ins Feld hinauslief, an Kaffernhütten vorbei, mich in den Schatten einer Dornakazie warf, die Hände an die rote Erde gepreßt, grenzenlos glücklich. Werde ich dies alles wiedersehen?«

Meine überspannte Liebe zur Natur und meine wahllose Lesewut wurden mir natürlich als Verschrobenheit und Backfischhysterie ausgelegt, zumal von meinen Bekannten, die nicht begreifen konnten, was ich Schönes in dieser eintönigen Landschaft sah. Meine Familie nahm es hin, wie sie so manches andere Kuriose meines Wesens hingenommen hatte. Außerdem war sie viel zu sehr mit dem

Kampf ums Dasein beschäftigt, um sich für meine »Verrücktheiten« besonders zu interessieren. Hätte ich mich meiner Mutter anvertraut, sie würde mich verstanden haben, das kleinste Zeichen von Zärtlichkeit würde mich ihr nahe gebracht haben, aber ich wollte meine Gedanken und Gefühle mit niemandem teilen. Die gut bezahlte Stellung im Konsulat hatte mich auch äußerlich unabhängig gemacht. Mein Bruder hatte neben unserem Haus wiederum seine Essigfabrik errichtet, in der er und meine Eltern 10 bis 12 Stunden am Tag arbeiteten. Ich ging zu Tänzen, und wenn Operetten- und Schauspielgruppen aus England herüber kamen, verging kein Abend, an dem ich nicht im Theater war. Meine Kavaliere, die mich dazu einluden, waren lustige junge Leute, mit etwas oberflächlicher Bildung, keiner von ihnen war besonders kultiviert, aber sie tanzten und flirteten gut. Mehr verlangte ich von ihnen nicht. Ich nannte sie »Geschlechtspuppen«, verhöhnte sie, kam aber nicht von ihnen los. Ich liebelte und äugelte, wenn mich ein Mann im Dunkeln küßte, war ich froh, sein langweiliges Gesicht nicht sehen zu müssen, denn mein bekrittelnder Verstand riß die Situation ins Lächerliche – und doch trieb ich es immer weiter. Abenteuersucht ließ aus jeder kleinsten Begebenheit Funken sprühen, ich vergaß den einen über den andern. Auf der Fahrt ins Büro, bei einem Ball, auf der Straße, irgendwo tauchte ein Männergesicht auf, das mich reizte, und schon galoppierte die Einbildungskraft mit mir los. Der Betreffende selbst wußte nie etwas davon. Durch dieses ewige Herumjagen in erotischen Gefühlen kam ich zu keinem vernünftigen Gedanken, verlor alle Geduld zum Lesen und Lernen. In Momenten des Erwachens packte mich eine rasende Angst vor der Unsauberkeit, der spießbürgerlichen Unmoral, der ich zusteuerte. In den Charak-teren der Bücher suchte ich nach Vergleichen mit mir selbst. Tschechows dahinträumenden Menschen, die sich wie in einem Nebelschleier durchs Leben tasten, Ibsens »Hedda

Gabler«, deren Egoismus, Stolz und Ekel vor dem Alltag mir so aus dem Herzen sprach, selbst dem Helden in D'Annunzios »Lust«, Sperelli, fühlte ich mich verwandt, ich schwelgte in der Üppigkeit seiner Sprache, in der sinnlichen Schilderung seiner Frauen. Ich war beglückt, daß er der Schönheit und dem Ausdruck von Händen soviel Bedeutung zumaß, denn bei Männern und Frauen blickte ich immer zuerst auf deren Hände und war sehr stolz auf meine eigenen. Überhaupt erstickte ich in Eitelkeit und konnte mich über eine Unreinheit der Haut oder auf ein paar Härchen auf den Armen grämen, als wäre mir das ärgste Leid geschehen. Dabei war ich mir klar, daß ich mich immer mehr von meinem früheren Idealismus entfernte, von meinem einstigen Ehrgeiz, durch ernsthaftes Studium der Banalität meiner Umgebung entgegenzuwirken. Aber sowie ich den Versuch machte, allen Tand abzuwerfen, empörten sich sogleich die animalischen Kräfte meiner Jugend und warnten: »Bist Du verrückt? Willst Du die Sinne in Dir abtöten, um Dich in Bücher zu vergraben? Nein, frei sein, frei sein, sich recken und strecken und das Leben durch die Adern pulsieren lassen.« Je mißtrauischer meine Familie mich umschlich, in Angst, daß ich mir die Chance einer Heirat verderben könnte, umso trotziger verfolgte ich meinen Weg, umso emsiger kreisten meine Gedanken um den Honigtopf des »Sichauslebens«. Meine Mutter, die klug, sehr klug war, wußte von meiner innern Zerfahrenheit, aber sie steckte selbst in traditionellen Sitten und behandelte mich falsch. Sie zeigte zu offen ihr Mißtrauen, sie wollte mit aller Gewalt das schwarze Schaf zur Herde zurückführen. Die ewigen häuslichen Szenen, die vielen Verbote, das Forschen und Beobachten erreichten gerade das Gegenteil. Die Stimmung im Hause wurde mir unerträglich und wir entfremdeten einander immer mehr.

In Büchern erlebte ich ein Mitgefühl, das mir das Herz zusammenpreßte, aber ich blieb eiskalt, wenn ich die

Familie von ihren Sorgen sprechen hörte. Wie furchtbar ernst sich doch die Jugend nimmt! Nichts in der Welt hätte mich von der Überzeugung abbringen können, daß ich alles Recht hatte, vom Schicksal meinen Teil Glück zu fordern. Worin dies bestand, war mir nicht klar. Ich suchte nach Ausdrucksmöglichkeiten, aber ich hatte keinerlei Begabung, in der ich mich hätte erproben können. Die Sehnsucht, Schauspielerin zu werden, war verdrängt durch die Sehnsucht nach dem Leben selbst. Las ich Theaterstücke, so erlebte ich die Begebnisse als wirkliches Geschehen, ich vermochte Kunst vom Leben nicht zu trennen. Und da mein eigenes Leben so gänzlich inhaltslos war, suchte ich Ersatz in Büchern.

Der Nüchternheit meiner Bürotätigkeit ward ich durch einen dreiwöchigen Urlaub entrissen, den ich in Durban verbrachte. Zum ersten Mal in meinen siebzehn Jahren reiste ich allein. Ich hatte Freundinnen in Durban, die für mich ein Zimmer in einer Pension gemietet hatten und die ersten Tage vergingen in einem Trubel von Vergnügungen. In der Pension ließ ich mich nur selten blicken. Eines Mittags jedoch erschien ich dort zur Mahlzeit und reihte mich sittsam in den Kreis respektabel aussehender Leute ein. Neben mir war ein Platz leer. Wir waren bereits bei der Süßspeise angelangt, als ein Herr in das Speisezimmer trat und sich neben mich setzte. Er stellte sich nicht vor, aber aus den Gesprächen erfuhr ich, daß er von Zeit zu Zeit beruflich nach Durban kam und dann stets in dieser Pension wohnte. Ich ging auf die Veranda hinaus, wo der Kaffee serviert wurde, und bald folgte der Fremde und fragte, ob er sich zu mir setzen dürfe. Er war groß und schlank und hatte den klaren, etwas kühlen Blick des Engländers, er fragte mich nicht woher ich käme, noch nach meinem Namen, ebenso wenig wie ich ihn danach befragte, und doch glitt unser Gespräch leicht und selbstverständlich dahin, als hätten wir uns längst gekannt. Wir sprachen von der Schönheit Natals, der Buntheit des indischen Marktes, der mich besonders faszinierte, und als ich endlich aufstand, um in mein Zimmer zu gehen, fragte er mich, ob ich zum Dinner in der Pension sein würde. Ich sagte schnell »Ja«, obgleich ich eine Verabredung mit meinen Freundinnen hatte, die seit Tagen geplant war. »Dann auf Wiedersehen am Abend.« Ebenso selbstverständlich wie er gekommen, ging er. Ich hätte gern gewußt, wer er sei, aber es widerstrebte mir, die Pensionsinhaberin nach ihm zu fragen.

Nach dem Dinner saßen wir wieder auf der Veranda bei unserem Kaffee. In unserem Gespräch entstanden Pausen, die mich verlegen machten. Er schlug vor spazieren zu gehen. Ich flog die Treppe hinauf zu meinem Zimmer, riß einen Mantel aus dem Schrank und flog wieder hinunter. Er fragte mich, ob ich das städtische Elektrizitätswerk sehen wolle, das erst vor kurzem errichtet wurde, er selbst sei Ingenieur, es sei ein interessanter Anblick des Nachts. Warum nicht? Mir war alles recht. Wir fuhren mit der Elektrischen in die Stadt. Er führte mich zwischen den stampfenden und krachenden Maschinen umher, half mir behutsam, steile Treppen auf und ab zu klettern und als ich, halb ohnmächtig von der Hitze, nicht mehr weiter konnte, hob er mich mit einen Ruck in die Höhe und stellte mich draußen in der frischen Luft wieder auf die Füße. Ob ich zum Strand hinunter gehen wolle, fragte er. Zum Strand, aufs Meer hinaus, in die weite Welt hinaus – wohin auch immer. Ich ging wie auf Luft durch die Dunkelheit, schnitt geisterhaft das Signal des Leuchtturms, sekundenlang erhaschte das bleiche Licht unsere Gesichter, aber wir sahen einander nicht an, keiner sprach ein Wort, keiner berührte den anderen. Um Mitternacht kehrten wir zurück in die Pension, ein geflüstertes »Gute Nacht« und mit klopfenden Herzen stieg ich die Treppe hinauf zu meinem Zimmer.

Siebzehn Jahre! Liebeskräfte schwellen und überströmen das Herz, wie eben noch die Brandung dort unten am Meer sich jauchzend überstürzte. In stillschweigendem Einverständnis verschwanden wir sofort nach dem Dinner am folgenden Tage.

Diesmal führte er mich durch schmale Wege, die zwischen den Häusern hinaus ins offene Land führten. Von der Höhe sahen wir auf die Lichter der Stadt und des Hafens, in der sinkenden Dämmerung standen die Palmen, unbeweglich wie Götzen in einem blaß blauen Schrein, in einem Tal zu unseren Füßen lagen schwer und dunkel die wuchtigen Bananenfelder. Friede, gesegneter Friede, endlich auch in mir. Zögernd begann er zu erzählen. Von sich, seinem Beruf und daß er seit einigen Jahren verheiratet sei. Dann wieder Stille, plötzlich ein Ruck beider Körper und ich klammerte mich an ihn, an ihn, den ich liebte, der das Schreckgespenst meines Johannesburger Ichs in der Umarmung bannen sollte. Zum ersten Mal war ich glücklich, so glücklich, daß sogar mein ewig kritisierender Verstand schwieg – schwieg zu seiner Verheiratung, zu meinem Stolz, zu der Lächerlichkeit unserer kurzen Bekanntschaft. Er sprach nicht von seiner Ehe und ich nicht von meinen Verehrern. Er fühlte sofort heraus, daß ich mir einbildete, etwas Besonderes zu sein und neckte mich damit. »Verdreh Dir den Kopf nicht mit Phantastereien, aber es macht nichts, Du wirst schon den Weg zu Dir finden.« Das war das erste Mal, daß jemand so zu mir sprach. Am dritten Abend unserer Bekanntschaft zog ich mein bestes und einziges Abendkleid an und wir dinierten in dem gleichen Hotel, in dem ich vor fünf Jahren aus dem Fenster meines Zimmers in die Nacht hinausgeträumt und an »Romeo und Julia« gedacht hatte. In der Stadt gastierte eine Schmieren-Theatergesellschaft mit »Charleys Tante«. Wir saßen in der ersten Reihe, und ich hätte nicht innerlich erregter sein können, selbst wenn sie »Romeo und Julia« gespielt hätten. In der Pause gingen wir fort. Wir stiegen wieder den Berg hinauf zu den Gärten, die so still und dunkel waren, daß man ganz die Häuser vergaß, die in diesen Gärten lagen, und die Menschen, die in den Häusern wohnten. Wir gingen, wie es mir schien, stundenlang, und doch hatte ich nur den einen Wunsch, daß dieses schweigende Gehen der eng aneinander gedrängten Körper nie enden würde. Als ich in meiner Kindheit Theater und Opernaufführungen sah, glaubte ich fest, daß die Wirklichkeit nie, nie so schön sein könnte, nun empfand ich die Wirklichkeit noch tausendmal schöner. Ich wußte nicht, wohin wir gingen. Endlich blieb er vor einem Gitter stehen, öffnete es und führte mich durch einen Garten zu einem winzigen Haus, das nicht anders aussah, als all die Wellblechhäuser unseres Landes. Aber für mich war es voll des Zaubers, wie eine Kulisse zu »Tristan und Isolde«. Ich fragte nicht, wem das Haus gehöre, wie wir plötzlich hierher gekommen waren, ich wollte nichts wissen, ich wollte nie wieder erwachen. Auf der Veranda stand ein großer Lehnstuhl, in dem saßen wir beide. Die Verworrenheit der Gefühle löste sich im Schlaf. Als ich erwachte lag ich zusammengekauert in seinen Armen. In der frühen Morgenstunde gingen wir in unsere Pension zurück. Er sagte mir auf dem Wege, daß das kleine Haus ihm gehöre und daß er manchmal dort wohne. Ich fragte nicht weiter. Mir blieb noch eine Woche bis zu meiner Rückkehr nach Johannesburg. Einen Tag vor meiner Abreise machte er mir den Vorschlag, alle Brücken abzubrechen und zusammen mit mir Afrika zu verlassen. Ich hatte nicht den Mut. Ich kehrte zurück zu meiner Familie, zum Konsulat, zu meinen Verehrern, zu der Routine meines gewohnten Lebens.

Die Routine war die gleiche, aber ich war eine andere. Ich war nichts weniger als stolz darauf, daß ich mir die Kostbarkeit meiner Jungfräulichkeit bewahrt hatte. Daß ich meinen Körper nicht gegeben, erschien mir klein und schäbig. So war ich also wie die andere Bande, die ich theoretisch verachtete: die Mädchen, die etwas erleben möchten, aber den Mut dazu nicht haben. So warten sie bis sie heiraten, dann betrügen sie ihre Männer, weil sie vor der Konsequenz ihrer Abenteuer gesichert sind, oder sie werden brave, ehrbare Hausfrauen. Als ich fünfzehn Jahre alt war, hatte ich mich gegen jede Besitznahme gewehrt, weil ich nicht liebte, diesmal verlangte mein Körper ebenso nach Hingabe wie mein Herz. Mein Gefühl bestürmte mich: »Warum bist Du mir ausgewichen, nur die Liebe gibt Erfüllung.« Der Verstand zischte wie ein empörter Zuschauer: »Du bist ja toll, einem Menschen wolltest Du Dich ausliefern, von dem Du nichts weißt, der verheiratet ist, mit ihm ›entfliehen‹ wie eine billige Romanheldin und vielleicht Deine ganze Zukunft verpfuschen?« Meine Zukunft ging mir über alles, für sie lernte ich, für sie sammelte ich Erfahrungen, sie war die Sparkasse, in der ich meine armseligen Münzen aufbewahrte, mit denen ich mir in späteren Jahren ein Königreich kaufen würde. Und wieder mischte sich das Gefühl dazwischen und fragte: »Was für ein Mensch bist Du denn, daß Du nur in der Phantasie das Leben packen und festhalten willst, aber bei der ersten Gelegenheit feige unter die Decke des Erlaubten kriechst?«

Das war ja so wie in der Schule, wo meine Instinkte mich zu wilden Streichen trieben, der Verstand aber, noch ehe es dazu kam, die »schlechte Note« präsentierte. War es mein ureigenster Verstand oder war es der jüdische Verstand, der alles analysierte und kritisierte? Was ich bei meinen jüdischen Bekannten haßte: das ewige Zersetzen, die Ironie, Mangel an Ausgeglichenheit, all diese Eigenschaften verankerten also mich selbst in meinem Volk?

Das Erlebnis in Durban war abgeschlossen. Den goldenen Siegelring, den er mir gegeben hatte, nahm ich nach einigen Monaten vom Finger, verwahrte ihn in einem alten Portemonnaie und beschloß, mich meiner gegenwärtigen Umgebung anzupassen. Im Konsulat hatte ich Gelegenheit, Männer kennenzulernen. Zwischen Han-

delsberichten, Briefdiktat und der Ausstellung von Paß-
visen fand ich genügend Zeit, mich in einem bunten Kreis
von österreichischen Aristokraten, ungarischen Exporteu-
ren und englischen Finanzleuten herumzutummeln. In
unserem Büro gingen diese Herren ein und aus. Von meiner Familie und deren Freundeskreis hielt ich mich möglichst fern. Mein allmählich wachsender »schlechter Ruf«
war mir eine große Genugtuung, damit rächte ich mich
für das ewige Mißtrauen.

Im Grunde genommen waren meine Flirts harmlos,
aber ich wollte ihnen den Anstrich des Gefährlichen
geben. Die Freunde und Bekannten des österreichisch-
ungarischen Konsuls betrachteten das Konsulat als eine
Art Rendezvous-Platz, wo man zur Teestunde um elf Uhr
vormittags und vier Uhr nachmittags gemütlich über
Geschäfte und Gesellschaftsklatsch plaudern konnte. Da
ich die einzig weibliche Angestellte war, fiel mir die Rolle
der Gastgeberin zu. In dem großen Kreis meiner Herren-
bekanntschaften schloß ich mich nur einem näher an, dies
war der Attaché d'Affaires, der von Kapstadt nach Johannesburg versetzt wurde, um während des Konsuls Abwesenheit in Europa die Konsulargeschäfte zu übernehmen.
Seine Eleganz, sein Witz und seine Liebenswürdigkeit
machten ihn zum »Löwen« der Johannesburger Gesellschaft. Die Frauen waren vernarrt in ihn. Ich hatte seinen
gesellschaftlichen Kalender zu führen und besorgte die
»Billets Doux«. Er erzählte mir seine Liebesgeschichten
und ließ sich sogar von mir beraten. Baron Rémy war der
österreichische Aristokrat par excellence. Charmant,
großzügig, oberflächlich, frivol ohne vulgär zu sein,
Ehrenmann ohne Spießertum. Seine Gestalt war eher
klein, von nachlässiger Eleganz, seine Stimme, die mich
am meisten fesselte, hatte den weichen Klang des vornehmen Wieners. Unter seiner Herrschaft nahm unser Büro
die Atmosphäre der beschwingten Kaiserstadt an. Um
zehn Uhr trat er ein. Der Schwung, mit dem er die Türe

öffnete und sein »Guten Morgen« ins Zimmer schmetter-
te, ließ uns drei, Sekretär, Bürodiener und mich, vor
Vergnügen in die Höhe schnellen. Um halb elf ging die
Klingel und ich wurde zum Diktat gerufen. Auf seinem
Schreibtisch lag aufgehäuft die Geschäftskorrespondenz.
Ich saß vor meinem Pitman-Heft, den Bleistift gezückt.
»Ach, ist das alles langweilig«, seufzte er und schob die
Briefe nachlässig durcheinander. »Wir wollen erst mal ein
bissl von Wien reden«, lachte er, und dann erzählte er mir
von den Hoffestlichkeiten, von den Ballettdamen der
Wiener Hofoper, von Praterfahrten und Ausflügen in den
Wienerwald. Es verging eine halbe Stunde mit Schwatzen
und Lachen, bis wir endlich mit dem Diktat begannen. An
anderen Tagen beschäftigte er sich mit mir, lobte oder
tadelte meine Kleidung, neckte mich mit meinen Tagebüchern (er hatte sofort herausgefunden, daß ich diesen
kostbaren Schatz in meinem Zimmer unter den Zeitungen verbarg). Aus Neckereien wurde ein Flirt, aus dem
Flirt eine ernsthafte Liebe, die zwei Jahre dauerte: Unter
seinem Einfluß wandte ich mich ab von aller Schwer-
blütigkeit und genoß unbekümmert die leichte, elegante
Art des Lebens, die ihm eigen war.

Zu Hause mußte ich »schauspielern« und verwickelte
Geschichten erfinden, um Mamas Argwohn zu beschwich-
tigen. Schließlich machte mir die Erfindung meiner Lügen
fast ein größeres Vergnügen als deren Ursache. Trotz aller
Prahlerei hatte ich mich im Innersten nie gänzlich von
meiner Familie losgelöst, und wenn Mamas fragende
Augen auf mir ruhten, hätte ich mir die Seele aus dem
Leibe reißen mögen vor Sehnsucht, zu ihr zurückzukehren. Aber die Freiheit, die ich mir einmal erobert hatte, gab
ich nicht wieder her. Der Preis, den ich dafür bezahlte,
waren Lügen und abermals Lügen. Hätte man mir ohne
Szenen und ohne Eifersucht gestattet, meine eigenen Wege
zu gehen, ich wäre wahrscheinlich sehr viel ruhiger
geworden und es wäre mir nicht eingefallen, jene fantasti-

schen Märchen zu erfinden, die mein Beisammensein mit Rémy verhüllten. Freilich hatten meine Leute guten Grund mißtrauisch zu sein, nach den Erfahrungen, die sie bisher mit mir gemacht hatten. Aber ich mußte meinen Weg gehen, wie abweichend von den ihrigen die Pfade auch waren. Mein Temperament verlangte nach Erleben in irgendeiner Form. Viel später wurde ich Schauspielerin und erkannte, daß nun das Vorhergegangene den Boden dazu bereitet hatte. Es gibt Leute, die glauben, das schauspielerische Talent bestünde in gutem Deklamieren, in der Leichtigkeit, sich in eine fiktive Person versetzen zu können, kurz, »im Schauspielern«. Wie eng begrenzt ist solch eine Auffassung der schauspielerischen Persönlichkeit! Sie muß aus der eigensten Natur geboren werden, und diese Natur bedarf der »Düngung«, ebenso wie ein Blumenbeet oder ein Kartoffelacker. Es gibt keinen Zufall. Der entscheidende Moment mag durch einen Zufall herbeigeführt werden, aber dann ist auch schon alles vorbereitet.

Die ersten Boten des Theaters

Eine englische Schauspielerin, Mrs. Brown Potter, gab mit ihrer Truppe ein Gastspiel in Johannesburg. In ihrem Repertoire waren: »Die Kameliendame«, »School for Scandal« und »Lady Frederic«. In der Johannesburger Gesellschaft war es üblich, daß die jungen Männer die Damen ihres Kreises ins Theater einluden (ohne Begleitung ins Theater zu gehen, verstieß gegen die gute Sitte) und danach zu einem Tee im Palm Court des Carlton Hotels. Auch mir fehlte es nicht an solchen Einladungen, aber schon nach den ersten Vorstellungen lehnte ich ab und ging lieber allein zu Matineen, wo ich mich ungestört ausweinen konnte, ohne die Verhöhnungen und Neckereien meiner Kavaliere erdulden zu müssen. Ich sprach zu niemandem über diese Theatererlebnisse, ich sah die

Stücke drei bis viermal und überwand sogar meine grenzenlose Scheu soweit, daß ich mich unter die Neugierigen
mengte, die beim Bühnenausgang auf Mrs. Brown Potter
warteten. Es war weniger die Schauspielerin als die Frau
– ihr Gang, ihre Stimme –, die mich faszinierten. Ich verfolgte sie überall hin. Ich fuhr in den Country Club,
wohin sie oft von ihren Freunden gebracht wurde und wo
ich selbst Mitglied war, und beobachtete sie von einem
unauffälligen Platz aus. Die hohe, schlanke Erscheinung,
das schmale Gesicht mit den dunklen Augen, das rote
Haar, das verschleierte Organ – ich hatte noch nie eine
solche Frauenschönheit gesehen, mein Verstand war wie
weggeblasen, es war mir gleichgültig, ob sie eine große
oder mittelmäßige Schauspielerin war, ich betete sie an.

»Warum macht sie mich so unendlich glücklich, so
unendlich unglücklich. Ich bin nicht mehr dieselbe seit
sie hier ist; diese ganze innere Maschine, die so schön
glatt und gleichmäßig funktionierte, ist außer Rand
und Band; es ist nicht allein, wie die ›Kameliendame‹
stirbt, oder daß sie stirbt, was mich so erschüttert. Jede
Bewegung dieser Frau geht mir bis ins Innerste. Und
da sitzt die Menge und gafft und bekrittelt und ist fast
zu faul zum klatschen. Oh, wie ich sie hasse, diese
Bande, die nichts fühlt, die nicht mit einem Gedanken
daran denkt, daß die Schauspielerin ihre ganze Seele
vor die kläffende Menge hinwirft, die daran herum-
schnüffelt und herumnörgelt.«

Die ersten Boten des Theaters! Endlich schrieb ich ihr und
sandte den Brief mit einem großen Strauß Rosen in ihr
Hotel. Sie antwortete mir am nächsten Tag und lud mich
ein, zu ihr zu kommen. Ich war so aufgeregt, als ich mich
über ihre Hand beugte und sie küßte, daß mir die Tränen
kamen. Diese hysterische Verehrung muß der Engländerin
sehr komisch vorgekommen sein. Mit keinem Wort erwähnte ich, daß ich selbst Schauspielerin werden wollte.
Sogar der Gedanke daran war etwas so Gewaltiges, daß er

mir Angst machte. Ja, im abgeschlossenen Zimmer Ibsen lesen und mich in diese Gestalten zu versenken, aber zu jemandem darüber sprechen? Niemals... Mrs. Brown Potter reiste ab und ich schluchzte acht Tage lang des Nachts in meine Kissen. Es war eine herrliche Verrücktheit. Keine meiner Verrücktheiten möchte ich missen. Es gibt Menschen, die sich ihrer Jugendschwärmereien schämen, und mit ironischem Lächeln seufzen sie: »Gott, wie war man jung!« Oder sie schämen sich überhaupt jedes leidenschaftlichen Gefühls, als wenn es ein Aussatz wäre, den man verbergen muß. Sie sprechen von einem Schleier, den sie über die Vergangenheit breiten. Warum? Gehört sie nicht zu uns als ein Lebendiges wie unser Körper, den wir durchs ganze Leben tragen? Im Rückblick auf die Vergangenheit gestaltet sich das Willkürliche des eigenen Lebens zu künstlerischer Rundung, die in der unmittelbaren Gegenwart nicht sichtbar ist. Mit ihrem Duft und Zauber und ihren Lehren, klingt sie in den Alltag wie eine Musik, die uns weicher und versöhnlicher stimmt, denn Gott hat uns Menschen die Gnade erwiesen, das Schöne zu erinnern und das Häßliche, wenn auch nicht zu vergessen, so doch mit geklärterem Blick zu betrachten. Und dann, oh Glück, verbindet sie uns mit unseren geliebten Toten, die nur weiter mit uns leben, wenn wir sie in unser ganzes Leben einschließen.

Der feurige Ausbruch meiner Leidenschaft für die Schauspielerin folgte als »Andante Furioso« dem lustigen »Allegretto« meiner Beziehungen zu dem liebenswürdigen Baron Rémy. Kurz darauf wurde er nach Südamerika versetzt und unsere Freundschaft nahm dadurch ein Ende. Ich verblieb weiter im Büro unter der strengeren Zucht des von seiner Würde sehr überzeugten Herrn Konsuls. Nun sah ich das Amt, wie es wirklich war: in der einen Ecke die Schreibmaschine, der große Aktenschrank, an den Wänden einige Kalender und Reklamebilder, zwei Holzstühle und in jedem Winkel glotzende Langeweile.

Vorbei die lustige Verspieltheit, vorbei imaginäre Reisen durch die Welt – denn das war eine der Hauptvergnügungen von Rémy und mir: zusammen »auf Reisen zu gehen«. Er hatte natürlich darin Erfahrung und trieb das Reisespiel so lebhaft, daß ich mir einbilden konnte, in Wien, Paris oder Rom zu sein. Wir reisten selbstverständlich nur Erste Klasse und stiegen in den besten Hotels ab. In späteren Jahren, als ich diese Städte in Wirklichkeit besuchte, waren mir die Namen der Hotels noch geläufig, nur mußte es dabei sein Bewenden haben, denn ich hatte nicht die Mittel, mir solchen Luxus zu erlauben. Unsere Reisen führten uns zumeist nach dem Kontinent und nach Nordafrika hin, immer dort, wo es am internationalsten war. England und die Engländer mochte Rémy nicht leiden. »Diese faden, trockenen Insulaner«, schimpfte er, »Dein Freund Brandon Davis ist auch so einer, stopft Dein ohnehin verschrobenes Hirn mit bleichsüchtigem Ästhetentum an, daß Du mich nur ja nicht mit dem betrügst, wenn ich nicht mehr hier bin.«

Brandon Davis war ein junger englischer Anwalt, der oft ins Konsulat kam, besonders nach der Abreise Rémys nach Südamerika und Baron Rambergs Wiederaufnahme der Konsulargeschäfte, denn er zog den langen, kühlen Baron Ramberg dem kleinen quecksilbrigen Baron Rémy vor. In der Gesellschaft zumeist kontinentaler Männer, die sich auf unserem Büro zur Plauderstunde zusammenfanden, wirkte er wie eine stilisierte Lilie unter wildwachsenden Blumen. Die Gegensätze all dieser Männer zu studieren war amüsant und lehrreich wie eine Moliéresche Komödie. Da war der Berliner Bankier, ein untersetzter häßlicher Jude, der ein Feuerwerk von beißend witzigen Bemerkungen in die Unterhaltung sprühen ließ. Man sagte, seine Bosheit sei ein Panzer gegen die Gerüchte, daß seine Frau – eine wunderschöne Russin – ihn betrog.

Von seiner kleinen »Mealie Farm« im Westen des Transvaal kam Graf Revertera zuweilen in die Stadt.

Es war ein rührend weltfremder Sonderling, dem man nicht ansah, daß seine Familie einem der ältesten Adelsgeschlechter der Monarchie angehörte. Ich verbrachte einmal ein Wochenende in seiner ländlichen Abgeschiedenheit, wo er nicht anders als wie ein Buren-Farmer lebte, in dem üblichen Wellblechhaus, dessen Mobiliar zumeist aus Kisten zusammengestellt war. Sah man sich jedoch auf den rohgezimmerten Etagèren die Familienbilder an, die in schweren silbernen Rahmen gegen die rostigen Mauern lehnten, entdeckte man Herren in Generaluniform und Damen in zeremonieller Hoftoilette. Graf Revertera war ein einfacher, lieber Mensch, den eine Jugenddummheit aus dem glänzenden Wien in die Einsamkeit Südafrikas verschlagen hatte. Einen gänzlich anderen Typus stellte sein Landsmann, Baron Paulsberg dar. Dieser Sprößling eines jüngeren Adelsgeschlechtes, hatte den Unternehmungsgeist, feiwillig in ein fremdes Land zu gehen, um sein Glück zu versuchen. Sein Titel, seine Kultur und Bildung sicherten ihm ein Ehrenplätzchen in der Johannesburger Gesellschaft, die er im Grunde verachtete, wenn auch seine tadellosen Manieren seine wahre Gesinnung nie verrieten. Er war ein liebenswürdiger Gesellschafter und machte bei Abendgesellschaften eine glanzvolle Figur, in deren Hintergrund niemand das kleine möblierte Zimmer vermutet hätte, das so gar nicht der Eleganz seines gesellschaftlichen Auftretens entsprach. Aber die unbedeutende Position in einem Goldminenkonzern erlaubte keinen großen Aufwand. Die Hochfinanz Johannesburgs liebte es, ihre Salons mit den Söhnen vornehmer Familien zu dekorieren, war jedoch vorsichtig, sie in den Stellungen, welche sie in ihren Unternehmungen innehatten, nicht zu übermäßig zu bezahlen. Zu jener Zeit gab es in der »Goldstadt« erstaunlich viele Aristokraten, über deren Vergangenheit ein Dunst des Geheimnisvollen schwebte, mit Ausnahme unseres Konsuls, Baron Ramberg, dessen

Lebenstafel Rechtschaffenheit und Bürokratentum verzeichnete.

Mit Ramberg freundete sich der von meinem Freund Rémy verpönte junge englische Advokat Brandon Davis an, was ihn in meinen Augen nicht sonderlich anziehend machte. Seine Besuche im Konsulat wurden immer häufiger, und schließlich ahnte ich, daß sie zum Teil mir selbst galten. »Und warum dieses Interesse?« fragte ich ihn, als er mich zum Lunch einlud. »Aus Neugier«, lachte er, »man spricht über Sie, Sie haben einen schlechten Ruf und niemand kann etwas beweisen.« Die Anspielung auf meinen schlechten Ruf träufelte süß auf meine Eitelkeit. Bewies sie doch, daß er mich nicht mit dem »Spießerkreis« identifizierte, in dem meine ehrbare Familie verkehrte. So konnte ich also einen Schritt weitergehen und enigmatisch erklären, daß es nichts zu beweisen gäbe, denn die Männer, welche mich mit ihrer Aufmerksamkeit beehrten, hätten scheinbar einen solchen Respekt vor meiner Gutbürgerlichkeit, daß keiner den Mut aufbrächte, mich zu verführen.

»Wollen Sie verführt sein?«

Es reizte mich, die Rolle der Lebedame zu spielen und dieses Kreuzverhör weiter auszuspinnen. »Verführen läßt sich ein Dienstmädchen, mir wäre es interessanter, aus eigenem Mut den Mann zu nehmen, der mir gefällt.«

Die von mir erwartete Wirkung des »Schocks« blieb aus. Er schüttelte nur ironisch den Kopf, als wäre er über die Unart eines Kindes belustigt.

»So etwas tut eine Dame nicht.«

»Ich bin keine Dame, ich bin eine Frau.«

»Sie sind weder die Eine noch die Andere. Sie sind eine Wilde, ich werde Ihre Erziehung in die Hand nehmen.«

Du mußt Schauspielerin werden

Und er tat es wirklich. Er brachte mir Bücher: Stevenson,
Henry James, George Meredith, George Eliot – etwas solide englische Kost für mich, die in der letzten Zeit an
Schnitzler, Felix Salten und die Feuilletons der »Neuen
Freien Presse« gewöhnt war. Er wünschte, daß ich literarischen Stil kennen lernen sollte, anstatt mich an Liebesgeschichten zu berauschen. Vor allem aber hatte ich es
ihm zu verdanken, daß mein Interesse für Malerei und
Skulptur wieder erwachte. So verschlossen und pedantisch er in seinem Benehmen war, so sehr konnte er sich
für Kunst begeistern. Er selbst besaß eine kleine Sammlung von Originalradierungen berühmter Meister, und in
seiner Bibliothek befanden sich viele wertvolle Kunst-
bücher. Brandon Davis war der jüngste Teilhaber der
angesehensten Advokatenfirma in der Stadt und bezog
ein gutes Einkommen, außerdem war er von Haus aus
vermögend, er lebte jedoch höchst bescheiden in einem
Privathotel. Alles Ostentative war ihm verhaßt. Er war
Jude, gestand es aber ungern ein, weniger aus Snobismus
als aus dem Mißbehagen, das ihm das aufdringliche
Benehmen der reichen Johannesburger Juden verursachte. Die alte Rasse verleugnete sich jedoch nicht in seinen
Gesichtszügen, deren geistreiche Feinheit eine leichte
Ähnlichkeit mit den Bildern Heinrich Heines hatten. Er
war durchaus Ästhet, stolz auf seine Oxforder Erziehung
und auf seine leidenschaftliche Bewunderung alles Schönen. Nebst der Beeinflußung meines Intellekts befaßte er
sich ernsthaft, wie eine Gouvernante, mit meinem äußeren Benehmen. Ich durfte nicht so laut lachen, ich durfte
die Gesellschaft nicht durch meine Frivolitäten irritieren,
ich mußte mich einfacher kleiden, kurz alles, was meine
Familie herbeisehnte, gelang ihm bei mir. In den lustigen
Tagen mit Rémy speiste ich täglich in irgendeinem der

Restaurants, Brandon Davis zeigte sich nur selten mit mir in der Öffentlichkeit, um mich nicht zu kompromittieren, wie er meinte – um sich nicht selbst zu kompromittieren, wie ich behauptete.

»Sie brauchen mich nicht zu heiraten«, sagte ich gleich zu Anfang unserer Bekanntschaft, denn es erboste mich, daß die Familie und Freunde hofften, ich würde diese »glänzende Partie« machen und endlich geborgen sein. Eheliche Bindungen hatten durchaus keinen Reiz für mich, und unter meinen vielen Fehlern war gewiß nicht die kühle Berechnung, eine »gute Partie« machen zu wollen. Nein, es war etwas anderes. Die Worte, die ich ihm vor wenigen Wochen leichtsinnig an den Kopf geworfen hatte: ich möchte den Mut haben, mir den Mann zu nehmen, der mir gefällt, schnellten wie ein Bumerang auf mich zurück. Er gefiel mir, und ich hatte natürlich nicht den Mut, es ihm zu sagen, denn seine Zurückhaltung schüchterte mich ein. Bis dahin war ich es stets gewesen, die beherrschte, die Launen hatte, die sich zum Mittelpunkt in der Gefühlswelt anderer machte, nun mußte ich selbst alle Nuancen des verletzten Stolzes erfahren, sogar der Eifersucht. Meine jeweiligen Temperamentsausbrüche parierte er kühl und ironisch, wenn ich mich daraufhin von ihm zurückzog, kamen Bücher, Blumen, ein geistreicher, zärtlicher Brief und das Spiel begann von Neuem. So lernte ich durch ihn nicht allein die Freude an Dichtung und Kunst, sondern auch die Bitterkeit der Liebe, was vielleicht eine gute Zusammenstellung ist.

Die Verhüllung der Gefühle kann ein Zauber der Liebe sein, aber ebenso ein Gift, das die Beziehungen der Liebenden zerstört. Man liebt und begehrt, umkreist Tag und Nacht das ersehnte Ziel, wendet sich von aller Freude ab, denn Sehnsucht wird zum Krampf, und doch würde man sich eher die Zunge abbeißen, als die paar Worte sagen, die aus dem Gefängnis des Herzens zur Freiheit führen. Schließlich wird die Verschwiegenheit zur Selbstverachtung, weil sie auf dem gleichen Mangel an Mut beruht, der auch sonst die Beziehungen zu den Menschen versperrt. Darum gerade ist die Schauspielkunst eine solche Erlösung, denn sie schafft Gefühlen Ausdruck, ohne sich nackt zeigen zu müssen. Brandon Davis und ich waren einander sehr ähnlich im Charakter, wenn auch nicht im Temperament. Wir waren beide große Egoisten. Er aus Lebenserfahrung, ich aus Lebenshunger. Beide stellten wir persönliche Freiheit und Begeisterung für Kunst über die Familie und Bürgerlichkeit. Jedoch eine angesehene Position verlieh seiner Freiheit selbstverständliche Würde, und kulturelle Bildung gab seiner Kunstbegeisterung Richtung, während ich hart um meine Freiheit kämpfen mußte – und zu welchem Zweck? Immer zu heimlichen Rendezvous zu gehen, in ewiger Angst, verraten zu werden, in ewigen Gewissensbissen, meine Mutter zu belügen, in wachsendem Zweifel, ob soviel Aufwand an Nerven überhaupt dafür stünde. Das Häßliche, und was mich noch viel mehr anwiderte, das Kleinbürgerliche meiner Eskapaden, sah ich endlich in klarem nüchternem Licht, ebenso ungeschminkt wie meine armselige Schulbildung.

Zu einer friedlichen Stunde zwischen uns (die nicht sehr häufig vorkam) sagte er unvermittelt zu mir: »Du mußt Schauspielerin werden. Es ist sinnlos, daß Du Deine Jugend und Dein Temperament hinter der Schreibmaschine vergeudest.« Ich hatte durch Jahre, bewußt und unbewußt so sehr im Schauspielerischen gelebt, nicht nur um meine junge Abenteuerlust zu verbergen, sondern auch im Lesen von Theaterstücken und im geheimen Studium von Rollen, daß mich seine Worte nicht unvorbereitet trafen.

»Woher weiß ich, daß ich Talent habe? Wen kann ich in dieser Stadt darüber befragen, der ein Urteil darüber haben könnte, bei dem ich Unterricht nehmen könnte?« Er zuckte die Achseln in der gewohnten »vornehmen«

Art, die mich rasend machte, eben weil sie mich, wie so vieles andere an ihm, faszinierte und sagte:

»Talent kommt nicht von Unterricht. Du bist Schauspielerin aus Deiner Natur heraus.«

»Ich glaube es selbst, meine quälende Unbefriedigtheit muß doch irgendeinen Grund haben.«

»Übrigens, Deine Freundin, Mrs. Brown Potter war eine mittelmäßige Schauspielerin.«

Es ärgerte mich, daß ihm die Gerüchte meiner grandiosen Schwärmerei bekannt waren. Ich selbst hatte seither oft darüber nachgedacht, ob sie eine gute oder schlechte Schauspielerin war, denn solange ich unter dem Einfluß ihrer Schönheit war, konnte ich mir die »Kameliendame« und die »Lady Frederic« nur in ihrer Gestalt, mit ihrer Stimme vorstellen. Seine abfällige Kritik rührte alte Wunden auf.

»Sie war herrlich.«

«Sie war herrlich anzuschauen, aber sie ist eine mittelmäßige Schauspielerin.«

»Warum?«

»Sie spielt sich selbst. Sie spielt ihre geschmeidige Figur, sie spielt ihre schönen Augen, ihr rotes Haar, alles, nur nicht den Charakter, den sie darzustellen hat. Sie gestaltet nicht.«

»Was ist gestalten?«

»Erleben.«

»Und glaubst Du, daß ich erleben kann?«

»Nach den Proben, die Du bisher von Deinen Liebschaften abgegeben hast, wäre anzunehmen, daß Du dramatisches Talent besitzt, jedenfalls genügend Phantasie, um aus einer Maus einen Elefanten zu machen.«

Wie gut er mich kannte. In den überhitzten Reaktionen zu Menschen und Begebenheiten lag die Ursache für meinen Selbstbetrug. Flirts wurden zu Abenteuern, Abenteuer zu Dramen, Zwist in der Familie zu schicksalsschwerem Verhängnis. Wenn es wenigstens das goldene Licht gewesen wäre, in dem die Dinge sich verklären, aber mein Zauberspiegel reflektierte zumeist Menschenfratzen, Ungerechtigkeiten, finsteren Pessimismus. Die Vorstellungen, die ich mir von mir selbst machte, waren nicht weniger falsch. Ich bildete mir ein, etwas Besonderes zu sein, wie ein Hypochonder, der sich in einer interessanten Krankheit gefällt, bis es endlich in mir tagte, daß meine »Symptome« die gleichen waren wie die von unzähligen anderen frühreifen jungen Menschen, die nicht begreifen, daß die Mitwelt nicht bereit ist, ihre eigene tolle Lebenssehnsucht zu teilen. Würde ich weiter in diesem Inferno der Jugend brennen, bis Erfahrung und Alter das Feuer losch? Weder die eine noch die andere Aussicht war verlockend.

Einige Monate vor meinem einundzwanzigsten Geburtstag teilte mir meine Mutter mit, daß ich an dem Tag meiner Volljährigkeit eine Versicherung ausbezahlt bekommen würde und daß ich das Geld nach eigenem Gutdünken verwenden könnte. Es war ihr Geld, sie hatte sich auf eine kleine Summe versichern lassen, die ihr an meinem einundzwanzigsten Geburtstag ausbezahlt wurde. Es war nur ein bescheidener Betrag, ich glaube, es waren 150 Pfund, aber ich war überglücklich und beschloß sofort, dieses Geld für eine Europareise zu verwenden. Mama war damit einverstanden, und Brandon Davis bestärkte mich außerordentlich in diesem Vorhaben. Um meine knappen Geldmittel zu vermehren, schenkte er mir einige Minenaktien, für die ich weitere 100 Pfund einlöste. Damit konnte ich meinen sechsmonatigen Urlaub möglich machen. Die Stellung im Konsulat blieb mir offen. Ich begann, mich nun fieberhaft auf diese Reise vorzubereiten, die ich als ein Wunder des Entkommens aus dem Gesellschaftsspiel der Liebe sah, wie ich es in den vergangenen Jahren betrieben. Bücher über italienische Kunst wurden aus der Bibliothek herbeigeschleppt, ein Lehrbuch der italienischen Sprache studiert, die Reiseroute entworfen. Bei all diesen Vorbereitungen war mir Brandon Davis Berater und Freund, der an meiner Reise ebenso lebhaftes Interesse nahm, als führe er selbst nach Europa. Unsere Beziehungen wurden inniger und harmonischer, er versprach mir, bald nachzufolgen und mein Führer durch die Museen und Galerien Europas zu sein. Der nahe Abschied brachte mich auch wieder meiner Familie näher, besonders meiner Mutter, der ich unendlich dankbar war. Sie, deren ewiges Mißtrauen mich verbitterte, öffnete mir selbst die Tore zur Freiheit. Am 13. Februar wurde ich einundzwanzig Jahre alt, und fünf Wochen später reiste ich über die Ostküste Afrikas nach Europa ab.

Tagebuch: Auf der Europareise.
Ich fühle nichts, rein gar nichts, ich bin stumpf und leblos in dieser Vielfalt neuer Eindrücke. Grenzenloses Heimweh. Was soll mir diese Reise, wenn ich nichts dabei empfinde? Wo ist jene erste schöpferische Eindruckskraft der Kindheit? Vielleicht ist meine Leblosigkeit nur geistige Faulheit, die vorübergehen wird, ich kann und will nicht glauben, daß meine Empfindungen abgestorben sind. Mein vergangenes Leben zieht an mir vorüber. War es recht, war es unrecht, daß ich meine Jugend zu einem Idol gemacht, dem ich alles Feinere opferte, daß ich mich so rückhaltlos in Genüsse stürzte, die einen Katzenjammer zurückließen? Ich versuche zu lesen, ich spreche ein paar Worte mit den Passagieren, aber ich kann nicht zur Ruhe kommen.

Beira.
Ich schloß mich in meine Kabine ein und weinte. Am Abend, nach dem Dinner fuhr ich mit einigen Passagieren zur »Dover Castle« hinüber, um Baron Ramberg zu begrüßen, der von Europa zurückkommt. Wie gerne würde ich auf seinem Schiff sein und wieder in die Heimat fahren!

Dar-Es-Salaam.

Ich erhielt heute bereits das dritte Kabel von Brandon Davis. Ich bin glücklich, ich fühle endlich die Sicherheit einer innigen Gemeinschaft. Die Deutschen sind ein ordnungsliebendes Volk (Dar-Es-Salaam war die Hauptstadt der damaligen Kolonie Deutsch-Ostafrika). Im Eingeborenenviertel ist der Erdboden reingefegt wie in einer »guten Stube«. Die Kinder grüßen in deutscher Sprache, es fehlte nur noch, daß sie einen Knicks machen. Und doch vermag diese Pedanterie dem Zauber der Tropen nichts anzutun. In den Palmenwäldern wurde ich vor den Schlangen gewarnt, die sich in die Kronen der Bäume schlingen und zuweilen damit belustigen, einem Vorübergehenden auf den Kopf zu plumpsen. Im Botanischen Garten ist die Farbenpracht so wild, daß Einem vom Schauen ganz schwindlig wird. Ich streckte die Hand nach einer Blume aus, schon stand ein strammer Askari neben mir und schnarrte preußisch: »Pflücken verboten!«

An der Küste Tangas entlang.

Die Segelboote flattern wie rot- und gelbgefiederte Vögel auf den Wellen. Schmal und weiß dehnt sich die Küste, ich wende den Kopf nach der anderen Seite und schaue auf das glasig-grüne Meer, das in seiner Stille furchterregender wirkt als bei Sturm. Soviel Schönheit, soviel Schönheit! Bin ich es wirklich, die hier faul und bequem im Streckstuhl liegt und in der Herrlichkeit Gottes endlich Frieden findet? Ich, die noch vor kurzem im Gefängnis des Bureaus erstarrte? Bin ich dieselbe, die in den jüngst gespielten Komödien die Hauptrollen spielte? Die »Grande Amoureuse«, die »Grisette«, die »Dame«, das »Tippfräulein«, alles Rollen, die ich mir selbst zuteilte. Und es war doch eine Lust, Theater zu spielen. Aber nun ist's zu Ende und es ist Zeit auszuruhen. Brandon Davis war mein letzter Partner, ich möchte ihn gerne als Freund

behalten. Mein Tagebuch will ich für einige Zeit schließen, um mich nicht durch Selbstanalyse zu zerstören.

Meine darauf folgende Reise durch Italien war eine Enttäuschung. Dies lag nicht an Italien sondern an mir selbst.
Ich war stumpfer und konventioneller in meinen Wünschen als bei meiner Kindheitsreise vor acht Jahren. Ich
grämte mich, daß ich mir nicht teure Kleider kaufen
konnte und schielte neidisch nach den eleganten Englän-
derinnen und Amerikanerinnen vor den großen Hotels.
Ich war immer allein und wagte nicht, Bekanntschaften
anzuknüpfen. Von abenteuerlichem Mut war keine Spur
mehr in mir. Wenn mich ein Mann auf der Straße an-
sprach, raste ich zurück in mein schäbiges Hotel und saß
ratlos in meinem Zimmer. Und eines Tages reiste ich nach
Wien weiter. Die Verwandten nahmen mich sehr lieb auf,
aber ihre behagliche Bürgerlichkeit hatte den Reiz für
mich verloren. Schon nach wenigen Tagen fuhr ich nach
Berlin.

Auf der Reinhardtschule in Berlin

Ich wußte kaum, was ich anstrebte, die Zeit verging, mein
Geld verflüchtigte sich und ich hatte noch nicht das
»Überwältigende« gefunden, das ich mir in Johannesburg
versprochen hatte. Ich wohnte bei einer Cousine, die
zusammen mit ihrem Mann mir alles zu bieten suchte,
was in den Sommermonaten in Berlin noch zu haben war.
Wieder besuchte ich Museen und Bildergalerien, in denen
ich wenigstens zeitweise Ruhe fand. Die eigentliche
Theatersaison war zu Ende, es spielten nur vereinzelte
Sommerbühnen. Reinhardts Deutsches Theater in der
Schumannstraße war für die »tote Saison« an eine andere
Direktion vermietet, und man spielte dort ein Schauspiel
»Liebeswalzer«. Den Inhalt des Stückes habe ich verges-

sen, nur die Erinnerung bleibt an ein dunkles, halbleeres Auditorium, in dem mich plötzlich dieselbe Erschütterung erfaßte, die ich seinerzeit im »Nachtasyl« erlebt hatte, und diesmal noch verstärkt durch das Thema der Liebe und meiner eigenen erwachten Sinne. Ich krampfte die Hände ineinander, die Tränen stürzten mir aus den Augen und ich duckte mich zusammen, um meinen lächerlichen Zustand zu verbergen. Während der Pause las ich im Programm die Namen der beiden Hauptdarsteller Ellen Neustädter und Paul Otto. Sie sagten mir nichts, ich wußte nicht, ob sie anerkannte Größen oder bloß »Sommergarnitur« waren. Nach Schluß der Vorstellung ließ ich mir vom Bühnenportier die Adresse von Ellen Neustädter geben, nahm ein Auto und fuhr zu ihrer Wohnung. Als ich vor der Haustür stand, klopfte mir das Herz bis zum Hals herauf und ich war nahe daran, wieder fort zugehen, aber ich bekämpfte mich rasch, indem ich den Finger auf die elektrische Klingel drückte. Ein Stubenmädchen öffnete und fragte nach meinem Begehr.

»Ich wünsche Frau Neustädter zu sprechen.«

»Die gnädige Frau ist soeben aus dem Theater gekommen und ist nicht zu sprechen. Wollen Sie bitte ein andermal wiederkommen.«

Ich wußte, daß ich ein zweites Mal nicht den Mut haben würde, und so sagte ich, es sei sehr dringend, ich sei auf der Durchreise und brächte Frau Neustädter eine Mitteilung von Freunden. Das Mädchen verschwand, kam bald darauf zurück und führte mich in ein einfaches gemütliches Wohnzimmer mit vielen Büchern und bat mich zu warten. In diesen wenigen Minuten, ehe die Schauspielerin das Zimmer betrat, war mein Kopf vollkommen leer, meine Aufregung wich Apathie, sogar einer gewissen Langweile. Ich trat ans Fenster und sah auf die belebte Straße hinunter und überlegte, ob ich nicht heimlich entwischen könnte, da ging die Türe auf und Frau Neustädter trat ein, eine junge

Frau von 25 bis 26 Jahren, häßlich, sympathisch, schlank und anmutig in ihren Bewegung. Verlegen sahen wir einander an. Ich entschuldigte meine Lüge und erzählte hastig, daß ich aus Südafrika käme und zur Bühne gehen wolle. Ich hätte sie am Nachmittag im »Liebeswalzer« gesehen und dabei die Empfindung gehabt, daß sie die richtige Lehrerin für mich wäre. Sie fragte, ob ich bereits Stunden genommen oder je Theater gespielt hätte, und da ich beides verneinte, forderte sie mich auf, etwas vorzusprechen. In meiner Verwirrung fiel mir nichts ein, was ich auswendig hätte vortragen können, keine Rolle, kein Gedicht, nichts, endlich schlug ich schüchtern Gedichte von Heine vor, wenn sie mir das Buch geben könnte. Mit zitternden Händen blätterte ich darin herum und fand endlich den »Alten König« und die »Wallfahrt nach Kevlaar«. Meine Angst mußte mich mit dem richtigen Ton begnadet haben, dann als ich geendet hatte, sah Frau Neustädter mich erstaunt an und sagte »Sie haben ›etwas‹, das ich im Augenblick nicht definieren kann, außerdem ist es schwer, aus der Rezitation von Gedichten ein Urteil über schauspielerische Begabung zu geben.« Ich bat sie, mich als Schülerin aufzunehmen, aber da sie gerade vor einem schon festgelegten Urlaub stand, empfahl sie mir, in die Reinhardtschule zu Dr. Paul Legband zu gehen und ihn um Rat zu fragen. Am nächsten Tag rief ich dort an und wurde für den Nachmittag bestellt. Die Schule war bereits geschlossen, aber der Direktor, Dr. Paul Legband, war zugegen, da er das Herbstprogramm vorbereitete. Die Zusammenkunft mit ihm war recht verschieden von der mit der zarten, feinfühligen Ellen Neustädter.

Ich traf einen blonden Mann mit Brille, Typ des deutschen Philologen, mit scharfem norddeutschen Akzent und jenem aggressiven forschen Wesen, wie man es so häufig in Norddeutschland findet. Er nahm ein förmliches Kreuzverhör mit mir vor, als wenn ich auf der Anklagebank säße. Schließlich forderte er mich auf, etwas vorzusprechen, und da ich wieder die Gedichte von Heine vorschlug, lehnte er mit der Begründung ab, jedes romantische junge Mädchen könne Heine rezitieren (wie recht er hatte!). »Studieren Sie drei Rollen verschiedener Art; die ›Julia‹, ›Maria Stuart‹ und die ›Eboli‹ aus ›Don Carlos‹ und dann kommen Sie wieder. Ich werde noch einige Wochen in Berlin bleiben, bevor ich meinen Sommerurlaub antrete, und bis dahin kann vielleicht etwas über Sie entschieden werden.«

Ich raste zurück zu meinen Verwandten, verblüffte sie mit meiner Neuigkeit, lieh mir die Klassiker aus ihrer Bibliothek und begann zu studieren. Die Schwierigkeiten erschienen mir unüberwindlich. Immer wieder bohrte es in meinem Schädel. Hast Du Talent? Manchmal glaubte ich es, oft auch nicht. Ich war an meine Rollen geschmiedet wie ein Galeerensklave. Ich forschte und schürte nach der endgültigen Wahrheit in der Interpretation und erstickte Begeisterung in selbstquälerischem Zweifel. Besonders rang ich mit der »Julia«, die mir wesensfremd war, denn ich besaß weder Hingabe noch Zärtlichkeit. »Maria Stuart« fiel mir leichter, denn Stolz, Empörung und Haß konnte ich nachfühlen. Am leichtesten fiel mir die »Eboli«, denn die heuchlerische Koketterie und die durchdachte Intrige waren Eigenschaften, deren Verständnis meine frühreifen Abenteuer möglich gemacht hatten. Aber die Julia! Alles hing von ihr ab. Die Erinnerungen an die Tropennächte in Durban wurden herbeigeholt, Erinnerungen an Liebesschmerz der so nahen Vergangenheit, ich wollte meinen Gefühlen in der Rolle eigene Realität zugrunde legen. Auch meine Stimme störte mich. Sie hatte einen weichen, melodiösen Klang, aber keine vibrierende Zärtlichkeit des Tons, wie ihn die Julia verlangte. Mein Verstand, auf den ich mir soviel einbildete, war das gerade Gegenteil von der glühenden Ursprünglichkeit der vierzehnjährigen Italienerin. Immer und immer wieder arbeitete ich an dieser

Rolle. Ich wählte die Stunde der Mitternacht für die Liebesszenen, die graue Morgenstunde für den Giftmonolog, ich löste den Vers in Prosa auf, ich schwang mich in die Schaukel des Verses, aber ich kam der Rolle darum doch nicht näher. Die beiden anderen Rollen lernte ich auswendig, verstand sie und begnügte mich damit.

Der Tag der Prüfung kam heran. Dr. Legband bestellte mich in seine Privatwohnung, und in der Stille seines Arbeitszimmers sprach ich die Rollen vor. Er war diesmal viel persönlicher und sympathischer und beruhigte mich lächelnd. Ich selbst ermutigte mich innerlich mit der Überzeugung, daß mir meine Eltern ohnehin nicht erlauben würden, Schauspielerin zu werden, daß ich also jederzeit nach Afrika zurück könne, und mit dieser logischen Folgerung fing ich die Balkonszene aus »Romeo und Julia« an. Als ich endete, murmelte Dr. Legband: »Weiter.« (Diese beklemmende Einsilbigkeit hatte er, wie ich später erfahren sollte, seinem Meister Max Reinhardt abgehorcht). Weiter also kam »Maria Stuart«. Als ich auch damit zu Ende war, rückte er seine dicken Brillengläser zurecht, blinzelte mich an und schnarrte: »Die Eboli«. Ich hatte natürlich die Briefszene mit Carlos gewählt. Sie fing weich und schmeichlerisch an:

»Wie schön ist diese Hand! Wie reich ist sie - Prinz, diese Hand hat noch zwei kostbare Geschenke zu vergeben, – ein Diadem und Carlos Herz – an Eine? Beinahe für eine Sterbliche zu groß! – Wie Prinz, wenn Sie zu einer Teilung sich entschlössen? Ein Thron dächt' ich wär für ein Mädchen viel – was will sie mehr die stolze Kaiserstochter – die Königinnen lieben schlecht, ein Weib das lieben kann, versteht sich schlecht auf Throne, drum besser Prinz, Sie teilen, und gleich jetzt, gleich jetzt – wie – oder hätten Sie wohl schon? Sie hätten wirklich? O, dann umso besser! Und kenn ich diese Glückliche?«

Das ging. Wie ein kräftiger Schwimmer stieß ich hinaus in die Wellen der Leidenschaft, bis es endlich zu dem heftigen, wogenden Schluß kam:

»Himmel, wie schrecklich hab' ich mich verstrickt?

Den Brief! Heraus damit! Ich muß ihn wiederhaben!«

Dr. Legband las nun den Carlos.

Carlos: Vom König Briefe? Und an Sie?

Eboli: Den Brief, im Namen aller Heiligen!

Carlos: Der einen Großen mir entlarven sollte? –
   Diesen?

Eboli: Ich bin des Todes, geben Sie!

Carlos: Der Brief, der kam vom König?

Ja Prinzessin, das ändert freilich alles schnell! Das ist ein unschätzbarer – schwerer – teurer Brief, den alle Kronen Phillips einzulösen, zu leicht, zu Nichts bedeutend sind. Den Brief behalt ich.

Eboli: Großer Gott! Ich bin verloren, wenn Sie der Niederträchtige sind!

Carlos: Wenn ich der Niederträchtige bin, Prinzessin - dann – erlaub' ich Ihnen - dann und eher nicht - für die vergangene Stunde zu erröten.

Ich umklammerte einen Stuhl, welcher den triumphierenden Carlos darstellte. Dr. Legband war hinter seinem Schreibtisch verschanzt und sank erschöpft zu Boden. Sowie der Ausbruch vorbei war, schämte ich mich der zur Schau gestellten Gefühle und wünschte mich in den entlegensten Winkel Afrikas. Dr. Legband schien zufrieden.

»Die Julia«, sagte er »war schlecht«, die »Maria Stuart« besser, aber die Stimme zu schwach, nicht genügend metallisch für das Fach der jugendlichen Heroine, die »Eboli« gut, zuweilen sogar sehr gut. »Sie würden unter das Fach der jugendlichen Salondame kommen.« Ich hatte keine Ahnung, was diese Klassifizierung bedeutete und empfand ein leises Mißtrauen bei dem Wort »Salondame«, aber die Hauptsache war, daß er sich bereit erklärte, mir bis zu seiner Abreise einige Stunden zu geben.

Dr. Legband war kein idealer Lehrer, er hatte nichts von der feinfühligen Intuition, dem Sichversenken in eine andere Persönlichkeit, welche Lehrer und Regisseur haben müssen, wenn sie bis ins Innerste eines schauspielerischen Talentes dringen wollen. Aber er kannte sein Theater, er hatte viele Jahre im Kreise der besten Schauspieler und Regisseure gelebt, und was er mir zu geben hatte, war für mich von großem Wert. Vor allem eröffnete er mir Verständnis für die Kraft und Schönheit der deutschen Sprache, die ich bisher nur dem häuslichen Gebrauch nach kannte. Die Architektur eines Satzes, die Bedeutung der Interpunktionen, den Rhythmus des Verses, alle diese so wichtigen Voraussetzungen der Schauspielkunst nahm ich gleich von Anfang an in mir auf.

Die Reinhardtschule war geschlossen und Dr. Legband erteilte mir den Unterricht in seiner Privatwohnung. Inzwischen lernte ich auch seine Frau kennen, Else Oppler-Legband, die Leiterin einer großen Kunstgewerbeschule in Berlin war. Ich fühlte mich zu der schönen gebildeten Frau besonders hingezogen. Die Eheleute waren äußerlich und innerlich sehr verschieden und obgleich ein glückliches Einvernehmen zwischen ihnen zu bestehen schien, fiel mir im Laufe der vielen Abende, die ich bei ihnen verbrachte, manches auf, das auf das Gegenteil schließen ließ. Sie gehörte einer Berliner jüdischen Patrizierfamilie an, ihre Schönheit war orientalisch, ihre Kleidung der eigenen Persönlichkeit angepaßt, schwere kostbare Stoffe und Schmuckstücke nach künstlerischem Entwurf. Legband kam aus armer friesischer Familie von der Waterkant und hatte sein Studium in Berlin durch Stundengeben ermöglicht. Ich hatte ihn stets im Verdacht, »instinkthafter« Antisemit zu sein. Meine Mischung von Altklugheit und Natürlichkeit schien ihnen zu gefallen und sie forderten mich auf, mit ihnen zusammen die Ferien auf der Insel Sylt zu verbringen, wo ich gleichzeitig mein Studium fortsetzen könnte. Ich nahm ihren

Vorschlag mit tausend Freuden an und folgte ihnen nach Wenningstedt, einem kleinen nordfriesischen Fischerdorf, eine Stunde von dem fashionablen Wester-land entfernt. Ich nahm mir eine Wohnung in einem uralten Friesen-haus, das ein kleiner üppiger Dorfgarten einschloß, rings herum lag die blühende Heide und von den Dünen her klang das Brausen der Brandung. Ich war glücklich. Ich lebte ganz in der Gegenwart, denn sie war wundervoll, angefüllt von Kraft und Bewegung. Die Legbands lachten über mich, weil ich immer lief oder sprang, weil ich bei Regen über die Heide rannte und bei Sonnenschein mich in den weichen Sand vergrub, um eins mit der Natur zu sein, wie Dr. Legband spöttisch neckte. »Wenn sie nur die gleiche Begeisterung für ihre Rollen aufbrächt«, fügte er dann hinzu. Dies rüttelte an meinem Gewissen. Oft mußte ich mich zu ihnen zwingen, denn das auswendig gelernte Zeug erschien mir erbärmlich in dieser Um-gebung von Meer und Heide.

In all den kleinen Dörfern auf der Insel waren Künst-lerkolonien von Malern, Bildhauern und Schauspielern. Ich lernte viele von ihnen kennen, sie beschnupperten mich mit Interesse und Wohlgefallen, denn mein künfti-ger Schauspielerberuf führte mich als Dazugehörige in ihre Kreise ein. In diese romanhafte Existenz platzte ein Brief meiner Eltern, die mir energischst empfahlen, die »Dummheiten« aufzugeben und zu Beginn des Herbstes nach Südafrika zurückzukehren. Dem Brief lag auch ein Schreiben meines Schwagers bei, um ihrer Mahnung be-sonders Nachdruck zu verleihen, denn er stand wegen seines Charakters und seiner Bildung hoch im Ansehen der Familie. Er schrieb mir freundschaftlich-väterlich, hob die Gefahren des Schauspielerberufes hervor und die verhältnismäßige Aussichtslosigkeit, die »Höhen« zu er-reichen. Die Gründe seiner ruhigen Ablehnung überzeug-ten mich fast. Ich befand mich in einer verzweifelten Lage. Es konnte keine Rede davon sein, meinen Willen gegen den Widerstand meiner Familie durchzusetzen, denn ich hatte ja fast gar kein Geld, gerade noch genug, um bis zu meiner Rückkehr meine Auslagen zu bestreiten. Meine Eltern hätten mir in keinem Falle helfen können, ich war ja schon vor meiner Europareise auf meinen Verdienst angewiesen und steuerte davon zum Haushalt bei. Die Legbands wußten von alledem gar nichts, im Gegenteil, es war naheliegend, daß sie mich für vermögend hielten. Ich bezahlte pünktlich den ansehnlichen Betrag für meine Privatstunden, ich trug hübsche Kleider, und Jedermann, der aus Afrika kam, wurde eo ipso als reich angesehen. Sie nahmen als selbstverständlich an, daß ich am 10. September in die Reinhardtschule eintreten würde, ich stand bereits auf der Liste. In einem Brief an meinen Freund Brandon Davis in Johannesburg beichtete ich meine verzwickte Lage. Sofort nach Erhalt meines Briefes kabelte er mir, daß ich unbedingt in die Reinhardtschule eintreten solle und daß er einstweilen für meinen Unterhalt sorgen würde. Seine generöse Handlung wurde bestimmend für mein Leben. Ein paar Tage später reiste ich mit Legbands nach Berlin zurück, mietete in einer Pension ein Zimmer und am 10. September 1910 trat ich wirklich in die Reinhardtschule, In den Zelten 21, ein. Es war das ehemalige Haus der Mathilde Wesendonck, Richard Wagners Freundin, ein vornehmer Biedermeierbau in einem großen Garten mit alten Bäumen. Den ersten Stock bewohnte Max Reinhardt mit seiner ehemaligen Frau Else Heims und seinen beiden kleinen Söhnen, eine Treppe höher, Edmund Reinhardt, sein Bruder und Geschäftsführer.

Wir waren also alle unter einem Dach. Unser Schulzimmer war ein langgestreckter Raum (das einstige Musikzimmer der Wesendoncks) mit hohen französischen Fenstern, die auf den Garten hinausgingen. Am oberen Ende dieses Raumes war eine kleine Bühne angebracht, mit Vorhang und Rampenbeleuchtung, wie in einem wirklichen Theater. Verschossene Damasttapeten bedeckten die Wände und die wenigen Möbel waren echte Stücke besten Biedermeier-Stils. Das Alter der Schüler variierte zwischen 15 und 18 Jahren, ich kam mir mit meinen einundzwanzig recht »pasée« vor. Da waren junge Leute aller Gesellschaftsklassen, zumeist Schauspielerkinder, aber auch Töchter und Söhne von Gelehrten, Großkaufleuten und solche aus kleinbürgerlichen Verhältnissen. Zwei junge Frauen waren bereits verheiratet, die eine die Gattin eines hohen Stabsoffiziers, die andere die eines reichen Fabrikanten in Wien. Die beiden letzteren wurden nicht als »Kolleginnen« angesehen und ich sollte bald ihr Los teilen. Man vermutete in der exotischen Ausländerin mit den Manieren der »Dame« die Dilettantin und gab mir zu verstehen, daß ich nicht zum »Theater« gehöre. Ich wiederum, die so ganz aus der mir gewohnten Umgebung herausgenommen war, fürchtete mich vor ihrem Spott und baute eine Wand von Reserve zwischen mir und ihnen auf. Ihr Theaterjargon, ihre Unbändigkeiten reizten mich, denn im Grunde war ich neidisch, ebenso wie ich als Kind in der Schule auf die Zusammengehörigkeit der christlichen deutschen Mädchen neidisch gewesen war. Es dauerte geraume Zeit, bis ich mir aus dieser Gesellschaft einen eigenen Freundeskreis schuf.

Mein eigenes Wesen schien eine vollkommene Umwandlung durchzumachen. Von der Johannesburger Lebedame waren nur die äußeren Zeichen übrig, ich kleidete und bewegte mich gewandter als meine Boheme-Kollegen, aber innerlich war ich scheu, verwirrt und zweifelte an meinem schauspielerischen Talent. Wenn es mich nicht weiter als bis zum elenden Komödiantentum führen sollte? Wenn ich wirklich die Berufung hätte, würde ich auch das Selbstvertrauen haben, daß ich einmal etwas Großes leisten werde? Ein Zorn packte mich, wenn ich im Spiegel mein besorgtes, blasses Gesicht sah.

»Wenn die Kunst einen solchen Jammerlappen aus Dir macht«, sagte ich mir, »dann wäre es besser, Du kehrtest an Deine Schreibmaschine zurück«. Dazu kam Heimweh nach Südafrika. In den trüben, nassen Tagen des Herbstes flatterte ich wie ein Vogel im Käfig und sehnte mich krank nach der sonnigen Weite des Veldes. Während der Dämmerstunde saß ich in meinem Pensionszimmer, in das der rhythmische Lärm der Großstadt heraufhallte, und träumte mit geschlossenen Augen von der Landschaft des Transvaal. Ich spürte die grenzenlose Stille, ich roch den Rauch des Holzfeuers, an dem die Schwarzen saßen und ihren Meali kochten. Meine Brust war erfüllt von Liebe und Sehnsucht nach dieser Vergangenheit, und ich zweifelte, ob ich die Ausdauer haben würde, das selbstgewählte Studium fortzusetzen. Neben mir auf dem Tisch lagen die »Rollen«, die ich zu lernen hatte. Ich empfand sie fremd und feindlich, ebenso wie die kalte, tosende Stadt, deren Geräusche zu mir heraufdrangen. Ein Klopfen an der Türe, das mein Abendbrot ankündigte, unterbrach dann den quälenden Widerstreit von Erinnerungen, Ehrgeiz und Mutlosigkeit. Nach dem Essen im konzentrierten Licht der Arbeitslampe machte ich mich an mein Studium, langsam und beharrlich baute ich mir aus der Rolle ein zweites Ich auf, vereinte mein Wesen mit dem der Dichtergestalt, die ich zu verkörpern suchte. Wenn meine Blicke eine Weile über die Seiten des Buches geglitten waren, fing ich an, die Worte zu sprechen und mußte nach der großen Stille stets erst eine gewisse Angst vor meiner eigenen Stimme überwinden. Ich sprach leise vor mich hin, unpersönlich, ohne die Saiten meiner Phantasie allzu stark anzuschlagen. Zwischendurch stand ich auf, ging durchs Zimmer und wiederholte herausgerissene Sätze laut und mit Nachdruck und rückte die Möbel der Handlung entsprechend zurecht. Allmählich kam mir der Mut zur Gestaltung, ich spürte Wort, Ausdruck, Bewegung wie Ton unter meinen Fingern, den ich formen mußte. Unzählige Male wiederholte ich Worte, Sätze und Gestaltung des Ausdrucks, kämpfte mit ihnen, schmeichelte ihnen, raste gegen sie, um ihnen endgültige Wahrheit abzutrotzen. Von dem stillen Lesen einer Rolle bis zur Gestaltung durch Stimme und Körper ist ein langer Leidensweg. Die beflügelte Phantasie eilt voraus, die Schaffenskraft humpelt hinterher. Endlose Geduld ist erforderlich, um beide in gleichem Schritt zu halten. Bis spät in die Nacht arbeitete ich so, oft verzweifelt, oft berauscht.

Am nächsten Tag, in der grausamen Realität der Unterrichtsstunde, hieß es dann, die Phantasiegespinste der Nacht zu wirklicher Lebendigkeit umzugestalten. Wie oft glaubt man im anregenden Schein der Lampe, eine Dichtergestalt erfaßt zu haben, in ihr Wesen eingedrungen zu sein, um am nächsten Tag mit Schrecken erkennen zu müssen, daß sich alles verflüchtigt, wenn die Mitwelt der anderen Schauspieler in die eigene Welt eindringt. Der Ensembleunterricht in der Reinhardtschule war darum von ganz besonderem Wert. Vereinigend, ausgleichend und doch unsere Individualitäten bewahrend, führten und lenkten uns die Lehrer, von denen die bereits erwähnte Ellen Neustädter mir am teuersten war. Die grenzenlose Scheu, die ich zu überwinden hatte, wenn es galt, starkes Gefühl zum Ausdruck zu bringen, gab vielen meiner Lehrer und meiner Mitschüler scheinbar recht, wenn sie an meinem schauspielerischen Talent zweifelten. Dieses Mißtrauen verletzte mich so sehr, daß ich überhaupt nichts herausbringen konnte. Ich wußte zutiefst, daß das Gefühl bestand, aber ich konnte mich nicht überwinden, ihm rückhaltlos Ausdruck zu geben, und diese Scheu verließ mich mein ganzes Leben lang nicht. Nicht immer gab es solche Stimmungen. Wenn es zu Oscar Wilde und Bernard Shaw kam, fühlte ich mich auf sicherem Boden. Darum wurde ich anfangs von allen als intelligente Schauspielerin abgestempelt, was in den Augen der Kollegen etwas Minderwertiges bedeutete. Ungebrochene Vitalität sollte die einzige Berechtigung für die Bühne sein. Reinhardt selbst, dessen Theater damals den Höhepunkt der Schauspielkunst repräsentierten, war bekannt dafür, daß er kühne, starke Naturen den besonnenen, intellektuellen vorzog. Heute denke ich wie meine Kollegen und der große Meister von einst. Das wahre Talent ist ungebrochen und kennt keine Hindernisse, weder innere noch äußere. Solche Kraft ist freilich grundverschieden von der Anmaßung der kleinen Mitläufer.

In der Schule gab es viele Liebschaften, alles paarte sich und Moral wurde verlacht. Ich selbst hielt mich von all dem fern, weil mich die unreifen Jünglinge langweilten. Das Interesse an der Liebe war mit einmal ausgelöscht in mir. Aber es lag in der Natur unseres Berufes und der Umgebung, daß man ohne Liebe nicht glaubte zu sich selbst gelangen zu können und auf der Suche nach diesem »Selbst« war jedermann in der Schule. Ich machte einmal den Versuch: angeregt durch eine Liebesszene, die wir geprobt hatten, nahm ich meinen jungen bildschönen Partner mit in meine Pension. Er las mir Gedichte vor und ich mußte mich zu seinen Füßen lagern, was mir durchaus lächerlich vorkam und mir des staubigen Teppichs wegen höchst unangenehm war. Programmgemäß zog er mir die Nadeln aus dem Haar und wühlte darin. Ich versuchte angestrengt, mich in jene »jähe und vitale Leidenschaft« zu versetzen, die stets von mir verlangt wurde, konnte aber über das fatale Haargezerre nicht hinwegkommen. Zugleich war ich überzeugt, daß dieser schöne dunkeläugige Bursche ebenso wenig Liebe für mich spürte wie ich für ihn, und daß wir beide ziemlich schlecht Theater spielten. So endete diese Episode sehr rasch, da sie uns beiden zu langweilig wurde.

Die Mehrzahl der jungen Schüler war sexuell lüstern und schnuppernd auf der Fährte nach sinnlichen Erlebnissen. Die verdorbenste unter ihnen war ein junges Ding von 15 Jahren. Sie hatte seidig blondes Haar und die Gestalt einer Elfe. Eines Tages wurde sie in einem wenig romantischen Raum in flagranti ertappt, der Skandal wurde jedoch rasch unterdrückt, denn das Mädel war so begabt, daß es eine Sünde gewesen wäre, sie zu entlassen. Sie wurde später eine große Künstlerin, ihre Wendla in »Frühlings Erwachen« war das Zarteste und Unschuldigste, das man sich denken konnte. Im allgemeinen kümmerten sich die Lehrer wenig um unsere Moral. Wir waren auf der Schule, um die Schauspielkunst zu erlernen, und unsere Leistungen sollten unsere Persönlichkeit enthüllen. Tatsächlich offenbaren sich Charakter und Temperament nie deutlicher als in der Schauspielerkunst. Sie durchleuchtet das Wesen eines Menschen wie Röntgenstrahlen. Der begabte Künstler muß, ob er will oder nicht, aus der eigenen Seele schöpfen, und diese ist nur wenig von geschlechtlichen Gelüsten oder Verirrungen beeinflußt.

Die große Welt des Berliner Theaterlebens spiegelte sich in der kleinen Welt unserer Schule wie in einem Taschenspiegel wieder. Wir lernten das Rollenrepertoire der großen Künstler, wir ahmten ihnen nach in Bewegung, Gang und Kleidung. Unsere Lehrer bekämpften diese Jüngerschaft, die sich ohnehin bald verflüchtigte, sowie wir mehr Vertrauen in uns selbst und kritisches Urteil gewannen. In den ersten Monaten meiner Schulzeit sprach und bewegte ich mich wie Irene Triesch, andere unter uns erinnerten an Paul Wegener, Albert Bassermann, Alexander Moissi, Lucie Höflich, Tilla Durieux, Gertrud Eysoldt, kurz aller jener großen Künstler des Deutschen Theaters in der Schumannstraße. Wir durften Vorstellungen und Proben besuchen. An Premierenabenden saßen wir auf der Galerie, zusammengepfercht über die Brüstung hängend – die »Enfants Terribles« des Theaters. Wir wurden verwöhnt oder beschimpft. Nach glanzvollen Theaterabenden pflegte Reinhardt seinen Künstlern und Freunden ein Bankett in den Gesellschaftsräumen des Theaters zu geben, derweil wir Schauspielschüler im »Keller« des Theaters feierten, in einer Bierbude, zusammen mit Kutschern und sonstigen biederen Männern aus dem Volke. Bei solcher Gelegenheit stießen die verschiedenen Ansichten über die eben gesehene Vorstellung heftigst aufeinander und endeten zumeist in Streit, dem tagelange Feindschaft folgte. Es gab in dieser jugendlichen Horde viele hochintelligente, witzige Köpfe, deren Kritik scharf und konstruktiv war, manche haben später den Schauspielerberuf aufgegeben und sind Kritiker oder Schriftsteller geworden. Da war vor allem ein junger Mann aus der Rheinpfalz, der nach Berlin auf die Reinhardtschule gekommen war, um Regie zu studieren. Er war einige Jahre älter als die anderen und von verschlossenem Wesen. Hugo Ball war schon damals in seiner frühen Jugend ein außergewöhnlicher Mensch, daß er sich mir mehr als den anderen anschloß, hätte mich dankbar machen sollen, aber vorerst schauderte ich, wenn ich seine schlechtsitzenden Anzüge sah und seine ausgetretenen Schuhe. Daß sich unsere Freundschaft durch die Jahre festigte, eine Freundschaft, der ich geistig unendlich viel zu danken habe, war allein ihm zuzuschreiben, denn es gehörte viel Geduld und Humor dazu, meine angeborenen und angenommenen Fehler zu verzeihen.

Ich glaube, Humor muß jedes Herz bezwingen, wie immer es sich verschanzt. Humor war auch die sicherste Waffe gegen die Bosheit und Eifersucht der Kollegen bei den wöchentlichen Szenenabenden, an denen wir einzelne Akte oder Szenen aus klassischen und modernen Dramen auf der Schulbühne aufführten, ohne Behelf von Kostüm und Schminke. Diese Abende waren ein Ereignis für uns. Wir luden Verwandte und Freunde dazu ein, deren »ehrliche Kritik« wir anforderten, aber böse waren, wenn sie negativ ausfiel. Obgleich wir keine Theatergarderobe trugen, durften wir uns nach eigenem Gutdünken kostümieren, um den Charakter der Rolle auch äußerlich zu zeigen.

Dies regte unsere Phantasie an und übte unser Verständnis für das Wesentliche im Kostüm. »Das Kostüm ist wie die Klavierbegleitung zum Liedergesang, sie darf nicht zu laut und nicht zu leise sein«, pflegte meine Lehrerin zu sagen. Die Vorstellung begann um acht Uhr, und in den winzigen Garderoben hinter der Bühne herrschte eine Aufregung, als handelte es sich um eine Reinhardt-Premiere. Die jeweiligen Kostümbehelfe wurden mit eifersüchtigen Augen gemustert und streng wurde aufgepaßt, daß man sich nicht zuviel maskierte. Bei diesen Vorführungen zeigten sich die verschiedenen Temperamente der Spieler in allen ihren Schattierungen. Die beneidenswerten Vollblutschauspieler, die mit selbstverständlicher Verve ihre Rollen ins Publikum feuerten, die charmanten Amoureusen, die sich selbst spielten, und die linkischen Spröden, die man boshaft belächelte. Wir durften unsere Rollen selbst wählen. Ich wählte mir als erste »La Gioconda« von D'Annunzio. »Afrika berauscht sich wieder mal an dem italienischen Zuckerbäcker«, höhnte ein 18-jähriger Kollege, der die »Heldenväter« spielte. Er hatte nicht ganz unrecht. Ich stand damals im Bann der bildhaften Sprache und zog die Romantik dem Naturalismus vor, aber es war hauptsächlich die Gestalt der Gioconda, welche mich bewegte, diese Frau, der ein grauenvolles Schicksal die wundervollen Hände zerschlägt, zu spielen. »Bin schon neugierig, wie sich unsere Afrikanerin bekleiden wird. Sagan, Sie sind schlau, Sie haben eine Rolle gewählt, bei der sie nichts mit den Händen tun müssen.« Ich hatte mir die Bekleidung sorgfältigst ausgedacht und nahm einen großen Seidenschal mit langen Fransen (das ehemalige Brauttuch meiner Großmutter), den drapierte ich um mich und versteckte die Hände unter den Fransen. Drapierte Gewänder waren überhaupt meine Leidenschaft. Als ich an einem anderen Abend die Mrs. Cheveley in Oscar Wildes »Ein idealer Gatte« spielte, wickelte ich mich von Kopf bis Fuß in eine weiche, seidene Bettdecke und man gratulierte mir zu meiner schlangenhaften Erscheinung. Unsere Werkstatt umfaßte das gesamte dramatische Repertoire von »Charleys Tante« bis zu »König Lear«. Den letzteren spielte mein Feind, der jugendliche Heldenvater. Es war eine gute Gelegenheit, mich für seine Bosheiten zu revanchieren. »Wissen Sie, Herr Kollege, Sie haben mein literarisches Wissen bereichert. Ich wußte wohl, daß Shakespeares Genius fremde Länder umfaßte, Italien, Sizilien, Griechenland, aber erst heute Abend, nach Ihrer Darstellung des Lear erkannte ich, daß ihm auch Cottbus nicht fremd gewesen sein kann.« Dieser Pfeil traf, denn er kam aus Cottbus, was in den Augen der Künstlerwelt gleichbedeutend mit Schmierentum war.

Die Reinhardtschule war, als ich dort eintrat, im fünften oder sechsten Jahr ihres Bestehens. Reinhardt selbst unterrichtete nicht mehr, da er durch seine beiden Theater zu sehr in Anspruch genommen war. Ein einziges Mal kam er zu einer Ensemblestunde, und die Kränkung, die mir dabei widerfuhr, ist mir in Erinnerung geblieben. Wir arbeiteten an Gorkis »Nachtasyl«. Ich spielte die Wassilissa, jenes Teufelsweib von Pech und Feuer. In der Szene, die gerade geprobt wurde, lungern die elenden Asylbewohner mürrisch herum, die Wirtin Wassilissa fegt in die Stube und fragt nach ihrem Geliebten »Pepel«. Niemand will ihr Auskunft geben, alle hassen sie und mit wütendem Geschrei stürzt sie aus dem Zimmer. Inmitten dieser Szene sah ich am anderen Ende des Saales Reinhardt mit Dr. Legband eintreten und auf die Bühne zukommen. Ich, ja wir alle, waren wie erstarrt vor Schreck und hörten auf zu proben. Reinhardt setzte sich in die erste Reihe und sagte in seiner charakteristisch näselnden Stimme: »Bitte weiterspielen«. Zwischen den Sätzen schielte ich zu ihm hinunter und sah ein gelangweiltes, gleichgültiges Gesicht, den Blick zerstreut auf die Anderen gerichtet. Mir blieb das Herz stehen. »Unbegabt, unbegabt, unbegabt« sauste es mir in den Ohren. Was tue ich, um seine Aufmerksamkeit auf mich zu lenken? Ich überschrie meine Stimme, ich stemmte die Hände in die Seiten, um mir die Erscheinung einer elementaren Frau aus dem Volke zu geben, aber Reinhardts berühmter »blauer Blick« blieb teilnahmslos. Er stand bald auf, murmelte »Danke« und ging. Ich war zerschmettert. Daß auch meine Kollegen keinen Erfolg erzielten, interessierte mich nicht. Für sie stand nicht soviel auf dem Spiel, dachte ich. Aber was soll aus mir werden? Was fange ich an, wenn meine Begabung nicht ausreichen sollte? Zur Schreibmaschine zurückkehren? Zu dem früheren dürren Leben, das mir nach dem Jahr in Europa nur noch unerträglicher sein würde?

Freilich sehnte ich mich nach der afrikanischen Landschaft, aber Sehnsucht war keine Lebensaufgabe. Wieder war es Hugo Ball, der mich aufrichtete, der mir verständlich machte, daß meine nichts weniger als robuste Gestalt, mein schmales Gesicht und meine österreichische Stimme nicht zu der russischen Megäre paßten, daß man nicht alles spielen könne und daß es feige von mir sei, mich so unterkriegen zu lassen. Von der Zeit an konnte ich an Reinhardt nur mit Angst denken. Als ich ihn nach 26 Jahren bei einem ihm zu Ehren gegebenen Bankett in New York traf, und er mir seine Anerkennung über »Mädchen in Uniform« aussprach, war ich ebenso ängstlich nervös wie seinerzeit auf der Bühne seiner Schule.

Die Ausstrahlung seiner künstlerischen Persönlichkeit streckte sich weit über die großen Städte hinaus, sie wirkte bis in die entferntesten Provinztheater. Wo Reinhardtschüler engagiert waren, entstand auch sogleich eine Rebellion gegen das Abgeschmackte, das Konventionelle der alten Schule. Max Reinhardt hatte das Theater, das vor ihm in hohler Pose erstarrt war, dem Leben zurückgegeben, er hatte aus der Schauspielerei eine zusammenfassende Kunst von Drama, Musik und Malerei gemacht. Er besaß das Genie, sich wie kaum ein anderer in die Seele des Dichters einzufühlen und aus ihr heraus zu gestalten, wie es der Dichter erträumt. Die Fähigkeit des Juden, seelische Schwingungen zu erfassen und zu analysieren, vereinte sich bei ihm mit dem Temperament des Österreichers, dem der Sinn für Musik angeboren ist. Wer seine Aufführung der »Fledermaus« nicht gesehen hat, weiß nicht, was Schwung, Rhythmus, Heiterkeit und herrlicher Blödsinn ist. In Hoffmannsthals »Der Schwierige« wiederum erlebte man die bittersüße Melancholie Alt-Österreichs. In Raimunds Dichtungen die fantastische Satire des Biedermeiertums, in Lernet-Holenias »Österreichische Komödie« die Tragik des sterbenden Kaiserreichs. Immer dann fand ich Reinhardts Inszenierungen am feinsten, wenn er ganz Österreicher sein durfte. Aber er erfüllte die Eigenart jedes Dichters in intuitiver Weise, sei es Shakespeare oder Pirandello. Als Schauspielschülerin war ich bei der Generalprobe von »König Ödipus« im großen Schauspielhaus. Ich blättere zurück in meinen Tagebüchern aus dem Jahr 1910:

»8. November. Gestern Nacht war die Generalprobe von König Ödipus. Sie dauerte von 1 bis 4 Uhr früh. Es war das Gigantischste was ich je gesehen. 600 Menschen im Chor, ein Fluten und Drängen von Leidenschaften und Raserei; ein grandioses Meisterstück, diese Masse von stumpfen Statisten in ein *Volk* zu verwandeln.«

Auf der nächsten Seite steht:

»Persönlich ist mir ein Ibsen-Drama lieber als ein Ödipus oder eine Elektra. Die modernen psychologischen Erlebnisse liegen mir näher als das riesenhaft Tragische der alten Klassiker. Diese Völkeransammlungen, das Wehgeschrei jagt mir wohl ein Grauen und Entsetzen durch den Leib, komme ich aber dann auf die Straße heraus, so ebbt der Eindruck ab und ich fühle es nur mehr als das, was es war – Theater. Dagegen kann mich das Schicksal einer Ellida Wangel oder einer Rebekka

West weiter verfolgen durch den Lärm der Straßen-
bahnen, durch das leere Geschwätz der aus dem Zuschauerraum strömenden Menge.«

Ich saß auf der Galerie des Deutschen Theaters, als »Sumu-
run« zum ersten Mal aufgeführt wurde. Das Berliner
Publikum schrie, tobte und johlte vor Begeisterung. In
meinem Gedächtnis sind unauslöschlich eingegraben der
holde Reiz der Leopoldine Konstantin, die Grazie der
Grete Wiesenthal, die knabenhafte Erscheinung Moissis
und Wintersteins drohender Scheik. Es war das Erlebnis
einer künstlerischen Dreieinigkeit: Das Genie Reinhardt,
der Zauber der schauspielerischen Persönlichkeiten und
das Verständnis des Berliner Theaterpublikums. Das Berlin jener Zeit verstand den Genuß des Theaters. Alle Klas-
sen der Gesellschaft waren vertreten: im Parkett und in
den Logen die Aristokratie und Hochfinanz, in den oberen Rängen der intellektuelle Mittelstand, auf der Galerie
die Jugend und das Volk, Klassenunterschiede waren für
die Dauer eines Theaterabends ausgelöscht, das Auditorium repräsentierte ein Forum der Gemeinschaft. Und was
für ein Sternenbild von Schauspielern leuchtet aus der
Dunkelheit der Vergangenheit zu mir herüber! Albert
Steinrücks Stimme in »John Gabriel Borkmann« grollte
dumpf von der Bühne in die Stille des Zuschauerraums,
wie ein Tier im Käfig ging der stiernackige Borkmann im
Zimmer auf und ab. Bis zur Galerie herauf fühlte man den
kalten grauen Blick der Augen. Albert Bassermann in
»Baumeister Solness«: jedes Wort, das er in seinem langsa-
men Mannheimer Dialekt sprach, durchdrang den Hörer,
denn damals lauschte man noch auf Worte, auf Pausen, in
denen soviel Schicksalshaftes lag.

Irene Triesch als Ellida Wangel in »Frau vom Meer«. Sie
trug ein weiches, helles Gewand, ihr Gang war verschwe-
bend, ihre Stimme dunkel, sehnsuchtsvoll. Ich hätte mich
damals dem Teufel verkauft, um so schweben, so sprechen zu können. Diese Schauspieler waren Meister im

Verhüllen und Enthüllen. Ibsen hatte ihnen die Tore zu einer neuen Welt des Ausdrucks geöffnet. Hier war geistige Durchdringung in Stimme, Blick und Spiel der Hände. Dauerhaft blieb der Einfluß jener Großen auf die junge Schauspielergeneration von damals.

Im Juli 1911, ein Jahr, nachdem ich Dr. Legband in der Reinhardtschule vorgesprochen hatte, war meine Schulzeit beendet. Der Kurs dauerte eigentlich zwei Jahre, aber man sagte, ich sollte in der Praxis weiterlernen. Meine Mutter war zu Anfang des Jahres aus Südafrika gekommen, um mich heimzuholen, aber ich hatte bereits einen Kontrakt als »jugendliche Heldin und Salondame« an das Stadttheater in Teplitz-Schönau in Böhmen. Mama verstand, daß ich mir den Schauspielerberuf zum Schicksal gewählt hatte, und fügte sich. Da mein Vater kurz vorher gestorben war, beschloß sie, bei mir zu bleiben.

Bis zu Beginn meines neuen Engagements im Herbst hatte ich Zeit, in Ferien zu gehen und mein Rollenrepertoire vorzubereiten. Da kam ein Telegramm meines Freundes Brandon Davis, daß er in Neapel angekommen und mich in Venedig erwarte. Nicht eine Minute lang überlegte ich, nahm eine Fahrkarte und fuhr jauchzend nach Venedig. Mit dem gleichen Heißhunger, mit dem ich vorher Theater und Kunst verschlungen hatte, stürzte ich mich nun auf dieses Wiedersehen. Ich sollte ihn am Tag meiner Ankunft um zwölf Uhr Mittag vor der Markuskirche treffen. In diesem formellen Rendezvous erkannte ich meinen alten Freund, trotzdem hoffte ich, als mein Zug in den Bahnhof einfuhr, daß er da sein würde, um mich abzuholen. Ich nahm endlich eine Gondel und fuhr in ein bescheidenes Hotel. Es war zehn Uhr morgens. Türme und Kuppeln glitzerten in der Sonne, unverändert herrlich grüßte die Maria della Salute, die Gondel glitt vorbei an den Palästen, unter Brücken und an den schmalen Häusern, über deren Gartenmauern blühende Zweige hingen, die engen Straßen waren bunt von Menschen – es war so wundervoll, so wundervoll jung zu sein und zu lieben. In dem kleinen Albergo probierte ich meine Kleider an, um das vorteilhafteste zu wählen. Ich ging hinunter ins Vestibül, stets hoffend, daß er eintreten würde, obgleich ich mir hätte sagen müssen, daß er ja meine Adresse gar nicht wußte. Aber wenn man liebt, glaubt man an Wunder! Schließlich trieb mich meine Unruhe durch die engen Gassen, meine Gedanken einzig und allein auf das Wiedersehen gerichtet. Langsam spürte ich mich wieder in das Netz der alten Schüchternheit gezogen, in die Angst, zu zeigen was ich fühlte. Einige Minuten nach 12 Uhr – ich wollte nicht die erste sein – fand ich mich vor der Markuskirche ein. Ja, dort stand er, schmal und elegant, versunken in den Anblick der Mosaiken, ohne merkbare Erwartung im Gesicht. Als er mich erblickte, kam er mir lächelnd entgegen, faßte meine Hände und fragte neckend, ob ich Zeit gehabt habe, Tizians Assunta in der Akademie zu sehen. Wir saßen am Markusplatz bei Floriani, wir besuchten Kirchen und Galerien, er erklärte, machte mich auf besondere Schönheiten aufmerksam, erzählte mir Künstleranekdoten, wir lachten, wir waren angeregt, aber unentwegt bohrte die Frage in mir: Warum ist er anders? Verstellt er sich oder bin ich ihm fremd geworden?

Das Gespräch zwischen uns stockte nie, war es im Speisesaal des Hotel Danieli (wo er wohnte) oder bei nächtlichen Gondelfahrten. Der Kopf schmerzte mir von dem vielen Reden und Zuhören. Einmal legte ich schüchtern meinen Arm um ihn, aber er schob mich sanft zurück und zeigte auf den Gondoliere. »Aha«, dachte ich, »die Dame« und der »Gentleman«. Sekundenlang zuckte es mir durchs Hirn: wie spielt man diese Szene? Aber Herz und Sinne brannten so lichterloh, daß Schauspielerei zu Asche wurde.

Jeden Abend um zehn Uhr begleitete er mich zurück zu meinem Hotel und pünktlich am folgenden Morgen um zehn Uhr holte er mich ab, und die Odyssee durch die

Sehenswürdigkeiten der Stadt begann von Neuem. An einem Spätnachmittag am Lido, in der Stimmung eines dramatischen Sonnenuntergangs, brach ich endlich los. Ich durchbrach meine Schüchternheit und meinen Stolz und raste in einen hemmungslosen Zorn. Ich wollte wissen, was geschehen, ob ich ihn enttäuscht hätte, ob ich inzwischen häßlich geworden sei. Meine abgerissenen Fragen und Ausbrüche kochten und zischten aus mir heraus. Er wurde wohl etwas bleicher, blieb aber vollkommen ruhig, bat mich, keine »Szene« zu machen, versicherte mich seiner alten Freundschaft, aber darüber hinaus müsse es zwischen uns zu Ende sein. Mein ewiges unter Schluchzen hervorgestoßenes »Warum, warum?« ließ er unbeantwortet. Wir fuhren nach Venedig zurück, die Kuppel der Maria della Salute glänzte golden, auf den Kanälen lag ein rosa Licht, die Stadt lag wie unwirklich in ihrer Schönheit vor uns – und unwirklich erschien mir, was ich erlebte.

Am nächsten Tag reiste ich ab. Er kam noch ins Hotel, mir Adieu zu sagen, nichts würde sich in unserer Freundschaft ändern, betonte er. Er verheiratete sich kurz darauf mit einer jungen Witwe, die seinem Bildungs- und Gesellschaftskreis gänzlich fremd war. Er gab bald seine glänzende Advokatenpraxis in Johannesburg auf und ließ sich in London als Kunsthändler nieder. Sechzehn Jahre nach unserer Begegnung in Venedig beendete er sein Leben durch Selbstmord. Ich sah ihn nie wieder.

Von Venedig aus war ich in die Schweiz gefahren, wo ich mich mit meiner Mutter traf, und wir verbrachten die Wochen bis zu meinem Engagement in einem Bauernhaus in Gersau am Vierwaldstätter See. Ich arbeitete intensiv an meinen Rollen und an meiner Sprachtechnik. Jeden Morgen um sieben Uhr artikulierte und gurgelte ich meine Übungen, zum großen Vergnügen der sich ansammelnden Bauernkinder. Den größten Teil des Tages verbrachte ich mit dem Studium der Rebekka in »Rosmersholm«. Das war eine Rolle, der ich mich völlig hingab. Hugo Ball hatte einmal zu mir gesagt, als wir über schauspielerische Gefühlskraft sprachen: »Hüte Dich vor der Sinnlichkeit des Gehirns, mit Deinem Analysieren und leidenschaftlichem Ästhetentum entziehst Du Dir das Blut und machst Dein Talent kaputt«. Er wollte mich von den umwucherten Irrpfaden des Gehirns auf gerade Wege des Gefühls leiten. Aber beim Studium der Rebekka glaubte ich, sie deshalb so gut zu verstehen, weil ich selbst diese Sinnlichkeit des Gehirns durchgemacht hatte. Wo ist die Grenze zwischen dem unersättlichen Begehren aller Schönheit, sei es Mensch, Natur, Kunst, jenes wilde Verschlingenwollen, das von den Augen, den Ohren, dem Fühlen kommt und dem ruhigen Dahinströmen eines harmonischen Herzens? So war es bei der Rebekka, so war es bei der Ellida Wangel, bei der Hedda Gabler und bei Hebbels Judith – all den Rollen, die ich damals studierte. Ob diese ständige Beschäftigung mit mir selbst, dieses Nachforschen, das richtige für mich war, vermag ich auch heute nicht zu sagen. Das Studium all der Frauengestalten, die ich zu verkörpern suchte, war wie ein Labyrinth, zwischen dessen kreuz- und querlaufenden Pfaden ich verzweifelt hin und her rannte. Glaubte ich zu einem wahren Ausdruck des Gefühls gekommen zu sein, fehlte mir die reife Technik, ihn zur Wirkung zu bringen. Glaubte ich in Stimme und Bewegung Klarheit erreicht zu haben, erschien ich mir leer im Gefühl. Wer sich der Schauspielkunst ergibt, wirft sich in einen Strom, den man nicht aufhalten kann, er reißt alles in seinen Lauf. Man muß sich fest anklammern ans Leben, um nicht fortgeschwemmt zu werden vom inneren Grübeln und Spintisieren, ja, von der Phantasie selbst. Das Theater ist real, menschgebunden, verlangt nach Wärme des Herzens, den gleichmäßigen Rhythmus gesunder Funktionen.

Friedlich und glücklich war das Verhältnis zu meiner Mutter. Sie nahm intensiv Interesse an meinem Beruf, wir liebten beide die Natur und durchstreiften zusammen

Wälder und Berge. Einmal waren wir acht Stunden gewandert, hin und zurück, um uns eine Freilichtaufführung in Hertenstein bei Luzern anzusehen. Es war Schillers »Die Braut von Messina«. Jedoch die Verbindung von Theater und freier Natur hat mir nie recht gefallen. Theater gehört in den geschlossenen Raum. Die wirklichen Bäume und der wirkliche Himmel entziehen ihm die Farbe. Nur einmal erlebte ich Theaterspiel unter Sternenhimmel als Vollkommenheit. Das war »Sommernachtstraum« im alten Heidelberger Schloß. Der steingepflasterte Hof und die Ruinen des mächtigen Baus ersetzten die Theaterkulisse. Die breiten Treppen des Schloßes herunter kam der Hochzeitszug zu den Klängen der Mendelsohn'schen Musik. In den uralten Bäumen war ein Flüstern und Kichern, zwischen den Schatten des Gemäuers huschten die hellen Gestalten der Liebespaare. Auf säulengetragener Terrasse saßen Theseus und Hippolita und lachten hinunter zu Zettel und seiner Bande. In die helle Stimme der Titania drang das leise Rauschen des Schloßbrunnens. Es war wahrhaftig eine Zaubernacht. Der Regisseur war Gustav Hartung.

Erste Theaterengagements

Mitte September verließen wir unser Bauernhaus in der Schweiz und reisten nach Teplitz in Böhmen – die Reise ins erste Engagement. Voller herzklopfender Erwartungen. Auf der Anschlagsäule beim Bahnhof sah ich auf dem Theaterplakat meinen Namen in großen Lettern. Eine solche Panik erfaßte mich, daß ich Mama ernsthaft bestürmte, sofort mit mir mach Afrika zurückzureisen. Aber meine Mutter war stets mutiger als ich und jeder Situation gewachsen. Im Kurhaus im Park nahm sie Zimmer für uns. Dort wohnten wir allein in dem großen leeren Haus, denn während der Wintermonate gab es keine Kurgäste. Sie besorgte meine Garderobe, sie fand den richtigen gesellschaftlichen Anschluß in der kleinen Stadt.

Teplitz war durch Jahrhunderte für seine Heilquellen bekannt und gewann einen besondern Reiz der Berühmtheit durch die Besuche Goethes und Beethovens. In neuerer Zeit, als die Schwesterkurorte Karlsbad, Marienbad und Franzensbad internationale Berühmtheit erlangten, behielt das stille Teplitz seine liebliche Abgesondertheit. Auf den Kurpromenaden, in den Kaffeehäusern und Konditoreien spielte sich das gesellschaftliche Leben ab und gewann, besonders im Herbst und Winter, eine gemütliche Vertraulichkeit. Das Stadttheater, ein traditioneller Bau der neunziger Jahre, stand zwischen alten Bäumen des Kurparks und die Denkmäler Goethes und Schillers hielten davor Wacht. In dem angrenzenden Theater-Café sah man zu jeder Stunde Schauspieler und Schauspielerinnen, über Wiener Zeitungen gebeugt, den Spielplan der Großstadt emsig studierend. Es waren manche zerknitterte Mimengesichter unter ihnen, aber auch frische junge Menschen, die ebenso wie ich Idealismus und brennenden Ehrgeiz mitgebracht hatten. Die Bühnen solcher kleinen Städte waren das Sprungbrett zu den größeren und größten Bühnen des Landes. Die Gagen waren besonders für Anfänger gering, und ich mußte sehr sparen, aber es war ein glückliches Leben, die sorgenfreieste Zeit meiner Laufbahn.

Ich spielte alle großen Rollen, statierte in den Wagner-Opern und tanzte mit im Chor der Operetten. Man lernte den Beruf des Theaters von allen Seiten kennen und auch das private Leben der Schauspieler. Man blickte sozusagen durch die Hintertür in dieses Leben hinein. So heiter und lustig das Bühnenvölkchen nach außen schien, bald erfuhr ich von den Kehrseiten mancher Existenzen. Der »schwere Held« hatte viele Jahre Provinztheater hinter sich und mußte von seiner schmalen Gage sich und seine Familie und häufig auch die geschiedene Frau erhalten. Der »jugendliche Liebhaber«, der die Weiblichkeiten der Stadt entzückte, besaß nur zwei Anzüge. Und Hemd und Kragen wurden vom vielen Waschen fadenscheinig. Die »Hochdramatische« im Opernfach hatte einen reichen Freund in Wien, der ihre Kleider bezahlte, während die »jugendlich Sentimentale« mit ihren 250 Kronen im Monat keinen Staat machen konnte. Der »Operettentenor« hatte es am besten, denn seine Freundin, eine Gasthauswirtin, nährte ihn gut und reichlich. Ich stand mit allen gut, es waren warme, heitere Menschen. Mit der »Naiven« hatte ich mich eng angefreundet. Sie war jünger als ich und bereits vier Jahre am Theater. Oben auf ihrer Mansardenstube saß ich täglich in der Dämmerstunde, unsere Gespräche fanden kein Ende. Auf der Bühne sah man das junge Mädchen als Naive und ahnte nicht, wie tragisch diese Jugend bereits zerstört worden war durch ein »Gretchen«-Schicksal. Die »Sentimentale« des Theaters war außerhalb ihrer Rollen nichts weniger als sentimental. Sie sprühte vor Temperament und Lebenslust. Eines Tages erschien sie nicht zur Probe. Der Theaterdiener wurde zu ihrer Wohnung geschickt. Sie lag bewußtlos im Bett, mit Aspirin hatte sie versucht sich zu vergiften – aus unglücklicher Liebe.

Zwischen all diesen stürmisch bewegten Schicksalen führte ich selbst ein bürgerliches Dasein. Inmitten der schönen Natur und in dem bildhaften Reiz der historischen kleinen Stadt entwickelte sich meine Kunst zusammen mit mir. Was ich in der Schule nur begonnen, konnte ich in der Praxis weiterführen, mein Ehrgeiz litt nicht unter selbstquälerischen Zweifeln, denn ich hatte Erfolg. Das Verhältnis zwischen meiner Mutter und mir war ungetrübt innig. Ich war stolz auf sie, überall erweckte sie Respekt und Bewunderung, denn sie war so ganz verschieden von den üblichen »Theatermüttern«, wie sie in Lustspielen und Schwänken vorkommen. Sie war beliebt unter meinen Kollegen, aber ihre eigene Tochter hielt sie von deren Bohemetum fern. Mama schützte mich vor vielen Dummheiten, die ich vielleicht aus Neugier begangen hätte. Dagegen billigte sie meine Freundschaft mit Hugo Ball, der inzwischen Dramaturg an den Kammerspielen in München geworden war und mich von Zeit zu Zeit in Teplitz besuchte. Das waren dann immer besonders anregende Tage. Er brachte Neuigkeiten aus der großen Theaterwelt mit, arbeitete mit mir an meinen Rollen und steuerte meinen Ehrgeiz auf das Wesentliche: Sich nicht mit billigen Lorbeeren zu begnügen, nicht in Selbstzufriedenhalt zu versacken. Meine Mutter war ihm dankbar dafür, denn auch sie betonte stets das künstlerisch Große in meinem Beruf und bewahrte mich darum so ängstlich vor kleinen zeitraubenden Liebeleien. Ball verschaffte mir ein Sommerengagement an den Kammerspielen in München, die damals das literarische Elitetheater Süddeutschlands waren. München war das Ideal aller jungen Künstler, weil die so heitere Stadt vielartige künstlerische Anregung gab. Es war mein Debut in einer großen Stadt. Ich spielte die emanzipierte Abel in Strindbergs »Kameraden« und hatte in der exzentrischen Rolle einen großen Erfolg. Als ich am nächsten Morgen meine guten Kritiken las und sogar eine lobende Erwähnung im Berliner Tageblatt, das einen Theaterberichterstatter in München hatte, stürzte ich zu Hugo Ball und jauchzte: »Das Loben hat angefangen, das Loben hat angefangen!«

Gegen Ende des zweiten Spieljahres erhielt ich ein Engagement am Albert-Theater in Dresden. Der Direktor kam selbst nach Teplitz, um mich als »Hedda Gabler« auf der Bühne zu sehen und engagierte mich daraufhin für fünf Jahre mit einer Anfangsgage von 250 Mark im Monat. Meine Teplitzer Freunde, die mir wohl wollten, schrieen Hallelujah. Es sah auch wirklich aus wie der Anfang einer großen Karriere. Dresden galt neben Berlin, Wien und München als die bedeutendste Theaterstadt. Das Albert-Theater war zwar nur eine Privatbühne, aber man konnte hoffen, später von dort an das Hoftheater engagiert zu werden, und ein Engagement an diesem war fast gleichbedeutend mit einer Lebensstellung. Das Hoftheater war dem königlichen Schloß angegliedert und seine Vornehmheit wetteiferte mit der des Hofes. Es war bekannt, daß in Stücken des 18. Jahrhunderts – »Minna von Barnhelm«, »Clavigo« etc. – Originalmöbel und echte Requisiten aus dem Schloß verwendet wurden. Die Schauspieler trugen echten Schmuck, der aus der Schatzkammer des sächsischen Königs stammte. Und die erste Dame der Bühne war auch die erste Dame des Königs. So vornehm war das Albert-Theater allerdings nicht. Aber dafür wehte dort eine frische Luft und es gab viele junge Künstler. Auf fünf Jahre war ich engagiert. Wenn alles gut ging, konnte ich also mit 29 Jahren am staatlichen Schauspielhaus sein, und dann würden alle materiellen Sorgen ein Ende haben. Sechs Monate nach Antritt meines Engagements gab es zwischen dem künstlerischem Leiter, Direktor René, und dem Geschäftsführer der Aktiengesellschaft, die das Albert-Theater finanzierte, einen großen Krach. Martine René war vorher Schauspieler am Staatstheater gewesen und an luxuriöse Ausstattung gewöhnt. Es wurde ihm nun Verschwendung bei seinen großen Inszenierungen und Rücksichtslosigkeit gegen die Aktionäre vorgeworfen. Die Spaltung zwischen den beiden Parteien entwickelte sich immer drohender, bis schließlich das Ensemble, das aus etwa 50 Mitgliedern bestand, zusammengerufen und vor die Alternative gestellt wurde, entweder unter einem neuen Direktor am Albert-Theater zu bleiben oder aus dem Verband auszutreten. Fünfunddreißig Mitglieder erklärten sich loyal zu René, darunter auch ich. René und wir 35 Getreuen saßen auf der Straße. Er war jedoch ein höchst energischer Mensch und ließ sich nicht so leicht unterkriegen. Er mietete sofort einen großen Saal, und zwar der Billigkeit halber in der verrufendsten Gegend Dresdens, und führte dort mit uns Gorkis »Nachtasyl« auf. Für Lokalkolorit war also gesorgt. Anstatt der giftspeienden Wassilissa, die mir wenig Ruhm in der Reinhardtschule brachte, spielte ich nun die elegische Dirne Nastja, die mir besser zu liegen schien. Wir spielten auf Teilung und machten gute Geschäfte, wir bereisten später Sachsen und Böhmen, bis der Krieg im August 1914 dem allen ein Ende machte.

Patriotismus war ein bloßes Wort für mich. Ich liebte das Land Deutschland mit seinen kulturellen Zentren, seinen Wäldern, Bergen und seiner Nordsee, aber das deutsche Volk war mir gleichgültig. Ich bewunderte seine Gediegenheit und Zähigkeit, doch kein warmer Strom der Zuneigung verband mich mit ihm. Meine Freunde waren Schauspieler und Literaten, die den Krieg haßten, aus menschlichen Gründen und weil er sie aus ihrer eigenen Wirkungssphäre riß. Später redeten sie sich durch Autosuggestion und Zeitungspropaganda in Vaterlandsliebe hinein, um nicht verlegen abseits zu stehen. Ich hatte den größten Teil meiner Jugend in einem Lande gelebt, in dem englisch gesprochen wurde, aber eigentliches englisches Wesen kannte ich nicht. Ich wußte nichts von englischer Tradition und englischer Denkungsart, so daß auch das feindliche England wenig für mich bedeutete. Ich machte schüchterne Versuche, mich deutsch-patriotisch zu gebärden, doch das kam mir so lächerlich vor, daß ich es bald aufgab. Mein völlig naives Denken begriff nicht, warum ich plötzlich hassen sollte, woran ich bisher wenig oder gewiß nur mit Sympathie gedacht hatte. Es erregte mein Erstaunen, wenn ich beobachtete, wie selbst jene, die sich die »Intellektuellen« nannten, jubelnd mitjohlten, wo immer vorübermarschierende Soldaten »Die Wacht am Rhein« sangen. Und doch, ich litt in dieser Abgesondertheit, ich empfand sie als minderwertig und wünschte Eins zu sein mit den Tausenden um mich herum, die einen gemeinsamen Lebensinhalt gefunden hatten.

An der Neuen Wiener Bühne

Ich hatte kein Engagement und kein Geld. Der Rettungs-
hafen war wieder Teschen, die Heimat meiner Mutter.
Dort verrichtete ich Pflegerinnendienste am Hospital,
bis endlich im November 1914 ein Telegramm von der
Neuen Wiener Bühne in Wien kam, ob ich abschließen
wolle. Und ob ich wollte! Nie hat jemand so schnell seine
Habseligkeiten in den Koffer geworfen wie ich. Die Gage,
die ich bekam, ich glaube es waren zwei Kronen fünfzig
Heller pro Tag, erlaubte mir nur ein winziges Hinter-
zimmer, in dem nicht einmal ein Schrank vorhanden war.
In diesem lernte ich die erste große Rolle, die ich in Wien
spielen sollte. Ich lernte sie auf dem Bettrand sitzend,
denn bewegen konnte man sich in dem Raum nicht. Das
Stück war eine der Kriegsatmosphäre angepaßte Litera-
ten-Mache, hieß »Triple-Entente« und war ein Schmarrn.
Das Repertoire, das folgte, war ebenso blöd, aber was
hieß das schon? Ich war in Wien und hatte wieder einen
Beruf. Alle Theater spielten. Die Neue Wiener Bühne
zeichnete sich durch besonders interessante Kräfte aus,
Ida Roland war der »Star«. Um sie zu sehen, strömten die
Leute zum »Viererzug«, einer amoureusen Salonkomödie
von Paul Frank. Die Roland war eine große Künstlerin
mit den Launen einer Diva. Ewig hatte sie Krach mit dem
Direktor, und eines Tages schmiß sie ihm das Engagement vor die Füße und man gab mir ihre Rolle. Ich wurde
also wieder »Salondame«. Im »Viererzug« kutschierte ich
gleichzeitig vier Liebhaber, in einem anderen Stück, »Die
Blaue Perle«, durfte ich eine abenteuerliche Diebin sein.
Die Rolle verlangte außerordentliche Toiletten, und ich
besaß nicht einmal ein Abendkleid. Aber eine reiche Cousine kam zu Hilfe und am Morgen nach der Premiere las
ich in einer Zeitung: »Wien hat eine neue junge Salondame.« Die Roland kam wieder zurück und spielte mit
Arnold Korff, dem elegantesten Schauspieler Wiens, »Die

Blaue Küste«. Es dauerte nicht lange und sie verkrachte sich mit ihm. Ich wurde wieder gerufen, die Rolle zu übernehmen, diesmal auf Gastspielen in Brünn und Prag. Ich spielte diese Rollen, die mir sozusagen an den Kopf geworfen wurden, mit somnambuler Sicherheit. Ich bildete mir ein, daß Kokotten und Abenteuerinnen mir besonders lägen. Von 2,50 Kronen war ich auf zehn Kronen gestiegen, daraufhin mietete ich mir ein größeres Zimmer in einem alten Wiener Haus in der Währinger Straße. Oh, diese geliebten, herrlichen, alten Wiener Häuser! Im Gemäuer sitzen die Wanzen, aber die breiten Treppen, die großen Tore haben den Stil einer Zeit, da Schönheit der Proportionen selbstverständlich war. In meiner Behausung gab es kein elektrisches Licht. Auf den Gängen flackerten die Gasflammen. In meinem Zimmer brannte die große Petroleumlampe, in deren gelbem Kreis es sich so gut lesen und träumen ließ. Es war Krieg. Draußen, irgendwo in Polen und am Isonzo schossen sie auf einander, aber im Theater und auf dem Ring und der Kärnterstraße pulsierte das Leben.

An der Neuen Wiener Bühne jagten die Sensationsstücke weiter. »Tagarin« mit dem ungarischen Schauspieler Oskar Beregi. Diesmal war ich eine russische Abenteuerin. Der »Star« Beregi zog Proben im Hotelzimmer vor. Er war noch immer attraktiv, etwas auseinander gegangen, aber die Stimme hatte den jugendlichen Zauber behalten. Er küßt mir die Hand, er streichelt mir den Busen, man weiß nicht: ist es die »Rolle« oder privat? Könnte man eventuell durch seinen Einfluß hochkraxeln? Nein, lieber nicht. Als Kontrast zu den Salonkomödien kommt ein wildes Propagandastück an der Neuen Wiener Bühne heraus, mit einem jungen jüdischen Schauspieler, der über Nacht berühmt wurde. Er und sein Freund nehmen mich nach der rauschenden Premiere mit in einen Nachtklub. Im Wagen küssen sie mich beide und zerdrücken meinen Hut. Die sind mir beide zuwider, ich stoße sie zurück, denke mir aber: »Vielleicht können sie mir zur Karriere verhelfen«.

In den ersten Monaten des Krieges lebte Peter Altenberg noch, der Meister der literarischen Impromptüs und Apercüs. Wie ich seine Bücher liebte. Ich kannte sie auswendig, ich genoß ihre graziöse Dekadenz wie eine Liebkosung. Eine Kollegin nahm mich einmal mit zu seiner Tafelrunde. Da sah ich einen alten, unappetitlichen Mann, der ein schönes, junges Mädchen tätschelte. Was hieß das schon? Es war doch Peter Altenberg!

Es war Krieg. Aber es war auch Frühling. Im Stadtpark blühten die Bäume und die Kinder spielten auf den Kieswegen. In den Ringstraßen-Cafés saßen die schönen Frauen mit den Offizieren, die auf Urlaub heimgekommen waren. Noch war Wien auf der Ringstraße, auf dem Graben, in den Parkanlagen die alte Kaiserstadt. Aber es gab Bezirke, wo sich eine andere Gesellschaft in den Kaffeehäusern traf. Gierige, gestikulierende Juden und Arier, die »Geschäfte« machten, die Heereslieferungen zu kaufen oder zu verkaufen trachteten. An den Marmortischchen saßen Männer in schweren Pelzmänteln, die Hüte im Nacken, und lasen oder schrieben mysteriöse Kontrakte. Nie gesehene Waren gingen auf Papier von Hand zu Hand und erzielten phantastische Preise. Reelle Geschäfte und Schwindelgeschäfte, polnische Juden und arische Großkaufleute, Frauen aus dem Mittelstand und Damen der Gesellschaft waren hineingezogen in den Wirbel von Heereslieferungen. Leider Gottes war darunter auch meine Mutter. Wieder konnte sie der Versuchung nicht widerstehen, sich in Geschäfte zu stürzen. Allerdings wurde sie durch unsere Geldknappheit dazu getrieben. Wir lebten von dem, was ich verdiente, und das war herzlich wenig. Von Afrika konnten wir nichts bekommen, nicht einmal Briefe. Ich sah Mama manchmal tagelang nicht. Nach der Abendvorstellung ging ich meistens ins Kaffeehaus, und wenn ich nach Hause kam, schlief sie schon. Neben der Tasse Milch lag ein Zettel auf dem Tisch: »Gute Nacht, geliebtes Kind, Mama«. In aller Früh lief sie fort. Ich war viel zu sehr mit mir selbst beschäftigt, um mich für ihre Geschäfte zu interessieren. Eines Nachmittags, als ich von der Probe kam, fand ich sie bleich und völlig erschöpft auf dem Sofa liegen. In einem der Kaffeehäuser, wo sie mit einem Kunden eine Verabredung hatte, war eine Polizeirazzia vorgenommen worden und um ein Haar wäre sie mit hineingeraten. Sie war so verstört, daß sie sich tagelang nicht aus der Wohnung rührte, aber ihre Vitalität war nicht unterzukriegen, es bedurfte der strengsten Ermahnungen seitens ihrer Geschwister, um sie von diesen gefährlichen Geschäften fernzuhalten. Ebenso wie sie in ihren Geschäften und den dazu gehörigen Kaffeehäusern lebte, lebte ich in meinem Beruf und den zu diesem gehörigen Kaffeehäusern. Von Wien ist das Kaffeehaus nicht wegzudenken. Dort liest man die Zeitungen, dort trifft man seine Freunde, dort macht man Geschäfte, dort sitzt man versteckt in einer Ecke mit seinem Geliebten.

Im »Café Burgtheater« war ein Stammtisch von Literaten, Kritikern und Schauspielern. Ein Kollege hatte mich einmal mitgenommen, er meinte, ich könne dort Leute treffen, die mir zur Karriere verhelfen könnten, denn immer noch war ich nur eine Anfängerin »mit Aussichten«. An dem Stammtisch gab es manche, die meine Schauspielerei tadelten, sie fanden sie maniriert und aggressiv. Zu diesen Kritikern gehörte auch mein späterer Mann. Später gestand er mir, daß ihn nur mein kleiner Busen, der sich durch die dünne Bluse markierte, mit meiner damaligen Schauspielerei versöhnen konnte. Freilich war ich maniriert und aggressiv, denn ich lebte künstlerisch sozusagen von der Hand zum Mund.

Von allmählicher Entwicklung war keine Spur. Die Stücke, in denen ich spielte, waren leer und hohl. Den mondänen Damen, die ich zu verkörpern hatte, konnte man nur durch raffinierte Technik den Glanz abgewinnen, den die Schriftsteller von ihnen verlangten. Diese Technik besaß ich nicht und da ich fast all die großen Rollen der Ida Roland nachspielte, die eine blendende Technikerin war, bekamen meine Gestalten etwas hastiges, unausgeglichenes. Ich wollte die Roland nicht kopieren, besaß aber nicht genügend Eigenart für diese Rollen, um es aus mir selbst heraus zu schaffen. Meine Erscheinung war gut, darum wurden mir auch all diese Lebedamen zugeteilt, aber mir fehlten der Witz und die sprühende Verve der Ida Roland. Wie ich diese Frau beneidete. Sie hatte alles, was ich für mich selbst so glühend wünschte. Sie warf dem Direktor die Rolle hin, wenn ihr etwas nicht paßte, obgleich sie tausende Kronen dadurch verlor. Sie ohrfeigte auf der Bühne einen Kollegen, weil er ihr eine »Pointe« stahl. Nach einer Vorstellung bestrafte sie einen Kritiker mit der Peitsche, weil er sie öffentlich beleidigt hatte. Sie verliebte sich in einen jungen Aristokraten, der fünfzehn Jahr jünger war als sie und nahm sich ihn zum Mann. Sie tat alles mit kolossalem Schwung und immer wieder verzieh man ihr die Temperamentsausbrüche, weil sie eine große Künstlerin war. Solche Schauspielerinnen gibt es heute nicht mehr – eruptive Naturen mit der Schönheit eines wilden Tieres. Der Schatten ihrer Persönlichkeit stand immer zwischen mir und der Rolle.

Ich verlangte gierig nach Erfolg. »Du bist in Wien«, sagte ich mir. »Jetzt oder nie ist deine Gelegenheit.« Ich liebte Wien und wollte nicht fort. Ich liebte die alten Paläste, die engen Gässchen der Vorstadt mit den »Heurigen«, ich liebte die Mölker Bastei und das Beethovenhaus, das Schuberthaus, den Weg zum Kahlenberg, den Blick von dort oben über die geliebte Stadt. Dieses Wien blieb beständig – bis zur tragischen Zerstörung im Zweiten Weltkrieg – ich fand es wieder nach Jahren, wenn ich von Zeit zu Zeit, sei es auch nur für Tage oder Wochen, zurückkehrte.

Der Hexenkessel im Theater kochte weiter. Er kochte umso brodelnder, als man über den Krieg hinaus in keine Zukunft blicken konnte. Man riß die Gegenwart an sich in Freude und Schmerz. Unsere eigenen Erlebnisse versanken in den schicksalsschweren Ereignissen des Krieges. Da war ein junges, blühendes Geschöpf an unserem Theater. Ihr Freund kam auf Urlaub vom Kriegsschauplatz. Sie fuhren hinaus in die Donau-Auen und kamen nicht wieder. Selbstmord. Nach all den Jahren erschüttert es mich, daran zu denken, wieviele aus meinem Kreis durch Selbstmord aus dem Leben geschieden, damals und später. Ellen Neustädter, meine Lehrerin an der Reinhardtschule, verließ ihren Mann und ihr Kind. Immer wieder kehrte sie zu ihnen zurück, krank und elend, weil sie ohne beide nicht leben konnte. Viele Jahre später ließ sie sich scheiden, heiratete einen viel jüngeren Kollegen und nahm schließlich Gift, weil er sie betrog.

Der gute Bürger erfreut sich an den Leidenschaften der Schauspieler, er hält sie für künstlerische Verstellung, die im Grunde genommen wenig mit seinem privaten Leben zu tun haben, daß sie sich zwischen acht und zehn Uhr abends auf der Bühne emotional ausleben und dann zu Hause gemütlich ihr Nachtmahl verspeisen. Freilich gibt es auch solche, die ihre Rollen wie Kleider an- und ausziehen und zwischendurch befriedigt in ihrer alltäglichen Existenz weiterleben, aber es gibt auch jene, die in der Tiefe ihrer Leidenschaften untergehen.

In den ersten Kriegsjahren plagte mich zuweilen mein Gewissen, daß ich Theater spielte, während Millionen Menschen zugrunde gingen. Aber Größere als ich spielten auch Theater, und solange man sich in dessen Lichtkegel drehte, erschien es uns wichtiger als der Kriegsschauplatz. Allerdings war in meinem Rechenexempel ein Fehler: Ich spielte Theater, aber belangloses Theater. Meine schauspielerische Entwicklung stand still. Dies beunruhigte mich mehr als Mitleid mit der Menschheit.

Ich kramte in alten Kritiken, nicht einmal von so lange her, nur zwei Jahre, und las: »…ein Spiel, das in jeder Redewendung und in jeder Geste erkennen ließ, welch' ein reifes schauspielerisches Verständnis diese junge Darstellerin besitzt und wie trefflich sie es vermag, die Gestalten, die sie verkörpert, nicht nach der Schablone, sondern nach ihrem wahren innern Wesen zu interpretieren«. Das war Rebekka in »Rosmersholm«. Wo waren sie alle die Rollen, die ich gespielt? »Nora« … »Elga« … Anna Mahr in »Einsame Menschen« … »Judith«? Statt dessen prostituierte ich mich mit Abenteuerinnen, gab mehr Geld für Theatergarderobe aus, als ich mir leisten konnte und litt grenzenlos unter der Demütigung, abgelegte Rollen »nachzuspielen«. Alles schien zu Ende und ich war erst 25 Jahre alt.

Eines Abends überraschte mich Hugo Ball in Wien. Ich war besonders froh, weil der Zufall es so gefügt hatte, daß ich in einer großen Rolle auftrat mit Erotik, Raffinement, eleganten Kleidern und allem dazugehörigen Plunder. Nach der Vorstellung saßen wir in einem kleinen Weinlokal und ich wollte vor allem wissen, wie ich ihm gefallen habe. Er flüchtete sich in Komplimente über meine Erscheinung. Er begleitete mich nach Hause und als wir vor dem Tor standen und auf den Hausmeister warteten, der mich einlassen sollte, sagte Ball plötzlich: »Ich verlasse Deutschland für immer und ich bin gekommen, um Dir Adieu zu sagen.« Ich war so verblüfft, daß ich dem brummenden Hausmeister, der inzwischen erschienen war, das »Sperrsechserl« gab und mich bei ihm entschuldigte, daß ich noch einmal weggehen müsse. Er schlug das Tor zu und Ball und ich gingen die menschenleere Währinger Straße entlang. »Vom ersten Tag des Krieges hatte ich beschlossen, nicht mitzukämpfen«, fuhr er fort. »Ich erwartete, daß sie mich erschießen würden. Meine Familie verachtet mich und schimpft mich Feigling. Ich habe keine Angst vor dem Tod, aber diesen blödsinnigen Massenmord, der von den Kapitalisten inszeniert und von unschuldigen Menschen ausgefochten wird, mache ich nicht mit. Die Militärbehörden waren hinter mir her, jetzt lassen sie mich in Ruhe, weil ich kriegsuntauglich erklärt wurde. Ich reise von hier in die Schweiz. In Zürich sind Gleichgesinnte, Leonhard Frank, René Schickele und viele andere Schriftsteller, wir werden mit der Feder gegen den Krieg kämpfen.« »Und das Theater?«, fragte ich. »Das Theater? Glaubst Du wirklich noch an diesen Popanz, an diese aufgeplusterte Bagatelle, die Du mir selbst heute Abend vorgespielt hast? Ich begreife nicht, wie Du es ertragen kannst, Dich dazu herzugeben zu diesem verlogenen Puppenspiel, in einer Zeit, wo das Letzte der menschlichen Kultur auf dem Spiele steht.« »Was kann ich sonst tun?«, fragte ich. »Hör damit auf oder gründe mit anderen jungen Menschen eine Gemeinschaft zur Abwehr des Kitsches, sucht neue Formen, tut irgendetwas, aber streicht den Leichnam nicht rot an.« Gerade weil ich fühlte, daß er Recht hatte, war ich wütend. Ich warf ihm revolutionäres Windbeuteltum vor, sprach von Geduld und daß man nicht davonlaufen dürfe – ich schämte mich innerlich meiner Platitüden, wußte aber sonst nichts, das ich ihm hätte entgegenhalten können. »Und noch eines«, sagte er unvermittelt, »ich fahre mit einer Frau, sie hält zu mir, wir wollen in der Schweiz heiraten.« Er nannte mir den Namen. Ich kannte diese Frau, sie war eine der glänzendsten Erscheinungen der Münchner Literatenkreis-Kabarettistinnen und Dichterinnen. Ein großer seelischer Schmerz hatte Emmy Hennings zur Morphinistin gemacht und sie verbrachte lange Zeit in einer Anstalt. Nun war sie geheilt. Ich fragte, wie dies möglich gewesen. »Durch meine Liebe für sie«, sagte er kurz.

Wie ich ihn auf der Schauspielschule gekannt – schlicht und wesentlich –, so blieb er bis zuletzt. Er zog in die Schweiz, kämpfte tapfer mit dem Geist gegen den Krieg, zusammen mit Politikern und Literaten, die sich in Zürich niedergelassen, zog sich aber schließlich mit seiner Frau in die Einsamkeit des Tessin zurück, wo er ein bedeutendes Werk über das Leben der Heiligen schrieb. Sie lebten in asketischer Armut, taten beide unendlich viel Gutes in dem Kreis der noch ärmeren Bauern, von denen sie vergöttert wurden. Hugo Ball starb, noch nicht vierzig Jahre alt. Viele Jahre nach dem Krieg besuchte mich seine Frau, um mir seine letzten Grüße zu bringen. Sie war arm und krank, aber sie hatte die Harmonie und Schönheit eines zufriedenen Menschen.

Balls innere Loslösung von mir schmerzte sehr, aber sie änderte nichts an meiner Situation. Ich hielt zäh an meinem Beruf fest, der ordinär und wesenlos geworden war. Was sollte ich tun? Ich dachte, wenn ich fleißig das Café Burgtheater besuchte, wo Dr. Richard Rosenbaum, der Dramaturg des Burgtheaters und dessen Frau, die einflußreiche Kory Towska Cercle hielten, würde ich vielleicht durch eines der vielen Tore in das vornehme Hoftheater selbst schlüpfen können. Aber meine künstlerische Vergangenheit war viel zu kurz und mein jüdischer Stammbaum viel zu rein, als daß mir ein solches Engagement geglückt wäre. Die Stunde zwischen fünf und sechs Uhr Nachmittag in dem kleinen Café gegenüber dem mächtigen Bau des Theaters, führte interessante Menschen zusammen. An zusammengeschobenen Marmortischchen saßen zehn bis zwölf Männer und Frauen, von denen jeder einzelne der Literatur und dem Theater angehörten. Es gab solche, die »Stammgast« waren, andere tauchten meteorhaft auf und ließen sich dann lange nicht blicken. Und wenn selbst manche nicht persönlich am Stammtisch erschienen, weil sie außerhalb Wiens wohnten, wie Arthur Schnitzler, Felix Salten, Anton Wildgans, gehörten sie doch so sehr zur Gilde des Burgtheaters, daß man im Geiste mit ihnen wohl vertraut war.

An den Stammtisch kam Stefan Zweig, damals noch nicht berühmt, aber als Schriftsteller und Übersetzer von

Verlaine sehr geschätzt, es kam Siegfried Trebitsch, der Übersetzer Bernard Shaws, es kam der junge Felix Braun, Jude von Geburt, aber fanatischer Katholik, und noch mancher andere Wiener Dichter. Dieser Stammtisch bildete eine Oase innerhalb der Wüste der Kriegswelt, Patriotismus verdummte den Menschen dort nicht, ein Fenster auf die Welt von früher war offen geblieben. Die häßliche Kory Towska verschonte keinen mit ihrem norddeutschen Witz. Schauspieler kamen und gingen, darunter auch Alfred Gerasch, der »Tasso« und der »Hamlet« des Burgtheaters, Abgott Wiens, der im Kaffeehaus die besten jüdischen Witze erzählte. Ich fühlte mich geehrt, an diesem Stammtisch sitzen zu dürfen, aber ich langweilte mich oft, denn die erotische Note fehlte. Ich war die Jüngste dort und immer noch interessierte mich die Liebe mehr als die Literatur. Unter den Großen und Halbgroßen des literarischen Kreises war auch ein junger Kunsthistoriker mit auffallend schönen blauen Augen. Er war zumeist sehr still, aber wenn er etwas sagte, war es gescheit und ironisch.

Ich suchte mir manchmal Zerstreuung, wenn die Gespräche über meinen Verstand gingen, indem ich unter dem Tisch den Fuß des jungen Mannes zufällig berührte. Um halb sieben brach die Gesellschaft gewöhnlich auf, und er begleitete mich dann durch den Rathauspark ins Theater. Ich erfuhr, daß er an einem großen Kunstverlag tätig, aber vor allem Schriftsteller sei und gerade an einem Roman arbeite. Obwohl er das Signal meines Fußdruckes verstand, hatte ich noch nie einen so durchaus unverdorbenen geraden Menschen getroffen, Hugo Ball war anders. Ball brannte innerlich mit dem Feuer eines Fanatikers. Victor Fleischer hatte die Stille und Ausgeglichenheit eines Menschen, der viel auf dem Land gelebt hat. Er stammte aus Komotau in Böhmen, ganz nahe meinem Teplitz, und er sprach mit der Einfachheit eines Dichters von seiner Heimat. Mit den Literaten des Burgtheaters eng befreundet, schien er doch aus einer ganz andern Sphäre zu kommen. Seine Direktheit, über Menschen und Dinge zu urteilen, hätte zuweilen als taktlos wirken können, wenn sie nicht von so vollkommener Echtheit und Überzeugung gewesen wäre. Von Frauen wußte er gar nichts, jedenfalls so schien es, nicht von Frauen meiner Art. Er kannte viele Schauspielerinnen, aber ihr Privatleben interessierte ihn nicht. Seine geistige Abgeschlossenheit und Harmonie mochte er in langen Jahren der Krankheit erworben haben, denn er hatte als Kind eine schwere Hüftgelenkentzündung, die ein lahmes Bein zurück ließ. Ich betrachtete ihn wie ein Kuriosum. Er war das absolute Gegenteil von allen Männern, die ich bisher kannte. Er war wie ein stiller See, in den es mich gelüstete, Steinchen hineinzuwerfen, aber die Oberfläche kräuselte sich kaum. Er unterhielt sich angeregt mit mir, verriet aber in keiner Weise, daß ich ihn als Frau interessiere. Dies war natürlich der beste Weg, mein eigenes Interesse für ihn zu steigern.

Einmal rief ich ihn an einem Sonntag an und lud ihn ein, zu mir zum Tee zu kommen. Er sagte, es täte ihm leid, aber das Dienstmädchen hätte Ausgang und er wollte seine Mutter nicht allein lassen. Daraufhin rief ich durchs Telefon, er könne zum Teufel gehen. Eine Stunde darauf läutete er an meiner Türe. Er bekam den Tee und mein Herz dazu. Ich blieb noch ein halbes Jahr in Wien und in dieser Zeit schlossen wir uns immer enger einander an. Als ich im Herbst des Jahres 1916 ins neue Engagement nach Frankfurt am Main fuhr und wir am Bahnhof Abschied nahmen, wußten wir, daß es kein Abschied für immer sein würde.

Frankfurt am Main

Frankfurt am Main: Zwölf Jahre verbinden mich mit dieser Stadt. Es waren die produktivsten und wichtigsten in meinem Beruf. Als Direktor Hellmer mich in Wien für sein Frankfurter »Neues Theater« engagierte, auf drei Jahre für das Fach der verhaßten »Salondame« , war ich durchaus nicht himmelhoch jauchzend. Meine Anfangsgage betrug nur 300 Mark, wäre ich in Dresden am Albert-Theater geblieben, hätte ich bereits 500 Mark gehabt. Es wurmte mich, daß ich meine Karriere unterbrochen hatte. Wien war ein Stillstand für mich gewesen, aber ich wollte weiter nicht darüber nachgrübeln, denn hier sah ich eine glänzende Gelegenheit, mich empor zu arbeiten. Direktor Hellmer war in Theaterkreisen als ein ungemein rühriger Fachmann bekannt. Sein Neues Theater pflegte moderne Literatur im Gegensatz zu dem damals noch konservativen städtischen Schauspielhaus in Frankfurt am Main, in dessen gepolsterter Behaglichkeit ein treues Publikum zusammen mit den Schauspielern alt geworden war. Frankfurt war eine der reichsten Städte Deutschlands. Patrizierfamilien lebten seit vielen Generationen dort. Ihre Wohnhäuser mit angehäuften Sammlungen von Bildern, Büchern, kostbarem Porzellan und Stickereien hatten die Feierlichkeit von Museen.

Ich erinnere mich meines ehrfürchtigen Erstaunens, als ich zu einem Diner geladen wurde, bei dem von goldenen Tellern gespeist wurde. Auf dem herrlichen Römerberg war der Glanz der »Alten Kaiserstadt« noch immer sichtbar, und in der regen Altstadt stand Goethes Geburtshaus mit eingeschlossen im täglichen Leben, wenn man gerade in der Nähe Besorgungen machte, als besuchte man die alte »Frau Rat« selbst. Das »Haus der Rothschilds« war nicht weit davon entfernt und wiederum einige Ecken weiter der uralte Dom. Zwischen all diesen Denkmälern bewegte sich die lebendige Gegenwart.

Direktor Hellmers künstlerische Unternehmungslust stand auf realem Boden. Er erkannte Begabungen, er war immer willig, jungen Menschen den Weg zum Erfolg zu ebnen, aber er bezahlte ihnen nur soviel oder so wenig, wie die noch gänzlich Unbekannten fordern durften. Bei der Ausstattung seiner Inszenierungen herrschte äußerste Sparsamkeit, im Gegensatz zu dem städtischen Theater, das bei seinem klassischen Repertoire viel Geld für Dekorationen und Kostüme ausgab. Hellmer erzielte den Erfolg mit interessanten modernen Stücken und einem ausgezeichneten Ensemble. Das Theater selbst war unter seiner Aufsicht mit aller Kenntnis der technischen Erfordernisse erbaut worden. Der Zuschauerraum faßte 1200 Personen, die Bühne war gleichzeitig intim und geräumig. Sein neues Unternehmen hatte unmittelbaren Erfolg. Die modernen Stücke und die jugendlichen Künstler zogen ein neues Publikum heran.

Es war also für mich ein rechter Glücksfall, an Hellmers Theater Engagement gefunden zu haben. Meine Befürchtungen, daß ich, mit der Fachbezeichnung »Salondame« klassifiziert, wieder nur seichte, oberflächliche Rollen zu spielen bekommen würde, waren unbegründet. Hellmer erkannte bei mir wie bei den anderen die Richtung unserer Begabungen und besetzte die Rollen entsprechend. Am Anfang des Krieges hatte er im Theaterspielplan das leichte Unterhaltungsstück bevorzugt, aber im Jahre 1917 änderte sich dies ganz wesentlich. Sowohl in der Romanliteratur wie auch im Drama bedeutete der erste Weltkrieg, zumal in Deutschland, keinen Stillstand. Nach einem kurzen Anhalten des Atems entwickelte sich die dramatische Literatur mit rasendem Pulsschlag. Die Schleusen des bürgerlichen Lebens und seiner Ausdrucksformen waren durchbrochen und die Fluten stürzten über die Dämme des Gewohnten. Das Leben furchtbar packen wie eine Geliebte, nannte es Kasimir Edschmid in seinem 1916 erschienenen Buch »Das rasende Leben«.

Der Krieg beschleunigte und steigerte die Revolution in der Literatur – den Expressionismus. Freilich war dieser schon vor 1914, ohne seinen ominösen Titel, in den Dramen Strindbergs, Wedekinds und in den Schriften Friedrich Nietzsches vorhanden, ja, noch weiter zurück, in der Sturm- und Drangperiode, bei Lenz, Klinger und vor allem bei Büchner. Auch ihnen ging die geistige Quintessenz über die reale Erscheinung. Der Expressionismus räumte im Drama mit dem naturalistischen und dem psychologischen Theaterstück auf, das seit 1887, seit dem Eintritt Ibsens und Gerhart Hauptmanns Bühne und Gesellschaft beherrscht hatte. Es ging nicht mehr darum, Einzelschicksale einer durch Tradition bekannten Gesellschaftsklasse psychologisch durchzudeklinieren, ihre seelischen Unterströmungen fein und säuberlich in Dialogform zur Oberfläche zu pumpen. Die junge Generation, herausgestoßen ins Chaotische, warf diese Reliquien der Vergangenheit auf den Kehrichthaufen zusam-men mit anderen Überbleibseln einer zerbrochenen Welt, Gedanke wurde Leidenschaft. Sprache wurde Schrei. Die Formel war, das Wort zur Dynamik zu steigern, Seele bloßzulegen ohne Umweg über dialogisierte Psychologie und detaillierte Charakterisierung. Vom Körper wurde knappste Ausdrucksgebärde verlangt, die zum Teil das Wort ersetzen sollten. Der Expressionismus fixierte die Physiognomie des »Typs«. Er sah davon ab, Individuen zu gestalten. Die Menschen wurden als »Der Vater« betitelt, »Der Sohn«, »Die Dirne«, »Der Herr in Grau«, die »Dame in Schwarz« etc. Der Dialog war auf das Notwendigste zusammengedrängt, die Szenen lose ineinander gefügt, ohne scheinbaren logischen Zusammenhang. Monologe wurden eingeschoben und Vers und Prosa wechselten willkürlich einander ab. Das »Ich« wurde zur Omnipotenz erhoben, es schrie seine Leiden, seine Empörung, seinen Geschlechtstrieb nicht nur in die Ohren einer bürgerlichen Gesellschaft, sondern in den Weltraum hinaus. Deutschland war in dieser neuen Art Drama am weitesten gegangen. In der brutalen dynamischen Stoßkraft des Expressionismus liegt ein guter Teil des deutschen Charakters. Die radikalsten in dieser Richtung waren christliche Schriftsteller: Georg Kaiser, Arnolt Bronnen, Hanns Johst, Fritz von Unruh, Bert Brecht. Bei den Juden Paul Kornfeld und Carl Sternheim machte sich der lyrische Skeptizismus des uralten Volkes bemerkbar. Auch unter den Schauspielern waren es die wuchtigen Temperamente wie der Gerda Müller, Heinrich George und Eugen Klöpfer, die sich am raschesten in den neuen Stil einlebten.

Die Schule des Naturalismus jedoch, in der unsere Schauspielergeneration aufgewachsen, war ein mächtiges Bollwerk gegen den Einbruch des Expressionismus, zu dem wir neue Ausdrucksformen finden sollten. Von den psychologischen Dramen Ibsens, den Verslustspielen Fuldas, Salonkomödien und patriotischen Gelegenheitsdichtungen zu den ekstatischen »Denkspielen« eines Georg Kaiser, Paul Kornfeld, Hasenclever, Sternheim, Goering, Fritz von Unruh, war ein kühner Sprung.

Die erste Nachricht kam aus Mannheim, der Nachbarstadt. Dort wurde »Der Sohn« von Walter Hasenclever (geschrieben 1913) im Jahre 1916 uraufgeführt in der Regie von Richard Weichert. Wir fuhren hin. Wir sahen eine nackte Bühne im grellen Licht der Scheinwerfer an Stelle des dreidimensionalen Zimmers in der vertrauten Fußrampenbeleuchtung. Die Schauspieler bewegten sich nicht zwischen dem realistischen Mobiliar von Tischen, Stühlen und Plüschsofas, sie standen im leeren Raum, angewiesen auf ihre Sprache, auf ihre rein persönliche Ausdruckskraft.

Wir Schauspieler kamen verdutzt von diesem Erlebnis nach Frankfurt zurück und dachten: »Wann kommen wir dran?« Zu Beginn der Herbstsaison 1917 rief uns Direktor Hellmer zusammen und teilte uns mit, daß der Dichter eines neuen Stückes nach Frankfurt kommen würde, um den Proben beizuwohnen. Das Stück hieß »Die Koralle«, der Dichter Georg Kaiser. Mannheim hatte seinen Hasenclever, Frankfurt würde seinen Kaiser haben. Hellmer war ein Witzbold, er hatte den galligen Humor des Juden und die Ironie des Österreichers. Expressionismus war ihm im Grunde fremd, aber er spürte die neue Luft und öffnete stets die Nüstern weit, wenn es galt, künftige Konjunktur zu erschnuppern. Wir hatten zudem einen überaus begabten Dramaturgen, Georg Plotko, der überzeugter Expressionist war und die Verbindung des Theaters mit den neuen Dichtern begeistert förderte. Über die Persönlichkeit Georg Kaisers wußten wir so gut wie nichts, außer daß er in Magdeburg geboren und als junger Mann nach Argentinien ausgewandert war, wo er bei einem Elektrizitätswerk angestellt war. Ein tropisches Fieber nötigte ihn, in die Heimat zurückzukehren, wo er, während seiner Krankheit, einige satirische Komödien im Stile Sternheims und Wedekinds geschrieben hatte. Die Rollen des Stückes wurden ausgeteilt, Hellmer führte die Regie. Er hatte ebenso wenig Ahnung von dem Stil des Stückes wie wir. Kaiser saß im Zuschauerraum und sagte kein Wort. Wir Schauspieler erfaßten einigermaßen die soziale Idee der Handlung, auch spürten wir deren dramatische Stoßkraft, aber die Knappheit der Sätze, das völlige Fehlen realer Atmosphäre warf uns wie Schiffbrüchige an eine unbekannte Küste. Wir gingen auf Entdeckungen, wir experimentierten und schufen uns einen neuen Stil. Das Abenteuer fesselte vor allem die jungen Künstler. Dem eigenen Körper intensivsten Ausdruck abzugewinnen, die Gebärde in Knappheit zu konzentrieren, hatte mich von je her gefesselt, aber ich arbeitete hart an der Akrobatik dieser neuen Aufgabe. »Soeben habe ich mich mit der ›Koralle‹ gerauft«, schrieb ich an Victor Fleischer nach Wien. »Es sind nur zwei Bogen, aber es ist ein neues Kapitel in meiner Schauspielerei; der erste

Schritt in den Expressionismus. Die Sprache dieses Stückes ist wie das Rattern einer Maschine und kann natürlich nicht wie Sudermann gesprochen werden. Ich habe vorläufig nur ein vages Gefühl für den Rhythmus und denke mir: gesteigerte Konzentration, Hirnleidenschaften.«

Nachmittags telefonierte mich ein Kollege verzweifelt an und fragte, wie das gespielt werden soll. Das wird ein schönes Durcheinander geben. Wir Schauspieler kennen meist nur zwei Möglichkeiten: Inneres und Äußeres. Daß es verschiedene Arten von Innerem gibt, daß die Herzempfindung eine andere ist als die Hirnempfindung, leuchtet uns nur wenig ein. Nun hieß es also, neue Ausdrucksmittel zu finden, dem Wort die »Ballung« zu geben, wie es technisch bezeichnet wurde. Die Schleuderkraft der knappen Sätze fesselte mich, der Instinkt ging zurück zu den Schultagen, da ich »Die Macht des Gesanges« deklamierte und mehr den Rhythmus fühlte als den Inhalt verstand. Im Übrigen waren es zumeist nur kleine Rollen, die ich spielte, denn die zentrale Figur in den Kaiser'schen Dramen war der Mann. Eugen Klöpfer war der Protagonist des »Neuen Theaters«. Trotz der allgemeinen Unsicherheit erzielte »Die Koralle« einen großen Erfolg und die anderen Dramen von Georg Kaiser folgten bald nach. Merkwürdige Gerüchte waren inzwischen über ihn verbreitet worden, daß er seine Stücke gar nicht selbst geschrieben, daß er das Manuskript der »Koralle« in der Schublade eines sterbenden Freundes gefunden und es sich angeeignet habe, daß er ein Hochstapler sei und sonstige abenteuerliche Erfindungen, die durch seine späteren Werke, deren Stil durchaus dieselbe Prägung zeigt, ad absurdum geführt wurden.

»Von Morgens bis Mitternacht« war 1916 geschrieben und wurde bei uns 1917 uraufgeführt. In diesem Drama konzentriert Kaiser das Leben eines Bankkassiers auf einen einzigen Tag, von der Unterschlagung einer großen

Geldsumme in der Bank bis zum selbstgewählten Tod. Flucht nach Reichtum, durch das Inferno der Weltlüste. Kaleidoskopartig fliegen die Heilsarmee, Sechstagerennen, Bordelle, beschneite Felder an dem Zuschauer vorbei. In der Rolle des »Bankkassiers« wurde Eugen Klöpfer über Nacht berühmt. Georg Kaiser befestigte immer mehr seinen Platz im Spielplan. »Gas I.« folgte im Jahr 1918, »Gas II.« ein Jahr später. Die beiden bilden mit der »Koralle« eine Trilogie. Die soziale Idee in ihnen ist heute noch so neu wie zur Zeit ihrer Uraufführung. Die Grundidee ist: Weg von der Maschine, vom Gas (als Symbol der Macht, des Geldes), das Waffenfabriken treibt und Millionen Menschen zu seiner Bereitung mechanisch verbraucht. Weg von den Stätten des Todes, des Goldes und der unaufhörlichen Explosionen. – Ich spielte mit Hingabe die Frau des Werkführers, der im sausenden Rad der Maschine sein Leben verliert. Eine Brücke von nahezu acht Fuß war auf der Bühne aufgebaut, dort stand ich vornüber gelehnt, ans Geländer angeklammert, der Scheinwerfer knallte mir ins Gesicht, in rhythmischen Sätzen von lang-kurz-kurz-lang schrie ich meine Anklage gegen die Maschine in den nachtschwarzen Zuschauerraum.

Das expressionistische Drama beherrschte den Spielplan von 1917 bis 1920. Frankfurt am Main teilte sich mit anderen Städten des Reiches die Uraufführungen, Berlin wartete zumeist den Erfolg oder Mißerfolg ab, bis es sich zur Aufführung entschloß. Die süddeutschen Städte Frankfurt, Darmstadt und Mannheim waren zum Zentrum der neuen Literatur geworden, was zum großen Teil den starken Regiepersönlichkeiten der jeweiligen Theater zuzuschreiben war. Gustav Hartung am Landestheater in Darmstadt und Richard Weichert am Stadttheater in Mannheim standen im Brennpunkt des modernen Repertoires. Zwischen den beiden Städten bestand ein reger Austausch von Künstlern und Theaterenthusiasten. Der brillante Kritiker Bernhard Diebold schrieb in der Frankfurter Zeitung spaltenlange Feuilletons über epochale Uraufführungen. Trotz der bittersten Zeit des Krieges behielt das Theater seine kulturelle Bedeutung. In der Form eines Tagebuchs schrieb ich an meinen Freund in Wien:

»4.10.1917 ... vorgestern nachts um 12 Uhr saßen wir über eine Stunde im Keller und über unseren Köpfen donnerten die Bomben und Abwehrgeschütze. Gerade als wir aus dem Theater gingen, fing es zu krachen an und wir stürzten vorwärts in ein offenes Tor mit anderen Leuten hinunter in den Keller. In den Fabriksgegenden sollen 18 Bomben gefallen sein.

16.10.1917 ... gestern saßen wir nach der Vorstellung bis 12 Uhr nachts im Keller. Es sind Mondnächte, da kann man sich häuslich niederlassen.

17.10.1917 ... gestern saßen wir zur Abwechslung *während* der Vorstellung im Theaterkeller, dann gingen wir wieder hinauf und spielten weiter. Jeden Abend wartet man auf die Flieger... Im Osthafen sind 6 Bomben gefallen.«

Unser Direktor Hellmer wollte im expressionistischen Repertoire nicht zurückstehen, aber er fühlte sich mehr zu Hause bei den österreichischen Schriftstellern Arthur Schnitzler, Felix Salten, Anton Wildgans. Die Österreicher sind Impressionisten von Natur. Landschaft und Lyrik stehen ihnen näher als Ausbruch und Trieb. Wo künstlerischer Geschmack in das Volk selbst eingedrungen ist, wo die Architektur der Städte täglich zu einem spricht, wo die Sentimentalität des Herzens zum Ästhetentum erhoben wird, bleibt wenig Raum für neue stürmische Ausdrucksform.

Ich selbst liebte die Zwischentöne in den Schnitzlerschen Dramen, ich liebte die Beseeltheit Anton Wildgans' und die samtweichen Verse Hugo von Hofmannsthals. Bei ihnen merkte ich erst, wie aufgezwungen mir die Starre des Expressionismus war. Der Schauspieler muß sich jeweilig mit den konträrsten Erscheinungen identifizieren, er muß darauf verzichten, sich selbst zu bekennen, seine Aufgabe liegt darin, die Verbindung zwischen Dichter und Publikum so wahr als möglich herzustellen.

Im Verlauf der Zeit entstand dem Neuen Theater eine starke Konkurrenz in der neuen Leitung des städtischen Schauspielhauses. Dr. Karl Zeiss, der Intendant der Dresdner Hoftheaters, wurde zum Generalintendanten der städtischen Bühnen Frankfurt am Main ernannt. Er hatte einen großen Namen in der Bühnenwelt und machte es sich zur ersten Aufgabe, das vermuffelte Schauspielhaus von Grund auf zu reorganisieren. Gustav Hartung und Richard Weichert, die beiden ultramodernen Regisseure von Darmstadt und Mannheim, wurden an sein Theater verpflichtet. Damit stellte er das Schauspielhaus sofort in den Mittelpunkt des literarischen Interesses. Hartung und Weichert hatten jeder ihren eigenen Anhang unter den Dramatikern und unter den Schauspielern. Sie haßten einander und sorgten für beständige Kontraste im Repertoire. Hartung war eine dynamische Natur, glühender Vertreter des neuen Dramas, Weichert brachte farbiges Stilgefühl für die neuentdeckten Klassiker. Ihnen zur Seite stand Ludwig Sievert, der Dekorationsmaler. Die Stadt Frankfurt hatte nun ein wirklich hervorragendes Stadttheater, eine ausgezeichnete Oper unter der Leitung des Kapellmeisters Dr. Ludwig Rottenberg (später Clemens Krauss) und ein interessantes Privattheater.

Hellmer, der kommerzielle Theatermann, überließ die revolutionären Neuerungen und kostspieligen Klassiker der Konkurrenz und konzentrierte sich mehr auf das intime Spielstück. Gab man im Schauspielhaus Schillers »Don Carlos« in neuer Auffassung, so führten wir den erotisch-ironischen »Anatol« von Schnitzler auf. Schokkierte man drüben die Abonnenten mit Fritz von Unruhs Kriegsdrama »Das Geschlecht«, so fand unser Publikum seine Nerven gekitzelt bei Wedekinds »Erdgeist« und

»Büchse der Pandora«. Ich hatte keinen Schaden davon, denn mir fielen die besten Rollen zu, darunter war die Gräfin Geschwitz in der »Büchse«, Wedekinds tragische Lesbierin, Dämon der perversen Liebe. Die schauspielerischen Pole meiner Begabung waren verhaltene Leidenschaft und leichtsinnige Koketterie. Elementare Naturen lagen mir nicht, so sehr ich mir auch einredete, daß ich sie erzwingen könnte. Darum haßte ich in Eifersucht die junge Gerda Müller am Schauspielhaus, deren naturhafte Kraft wie ein Sturmwind durchs Publikum wehte. Ihr innerer Dämon machte auf der Bühne nicht Halt. Frankfurt war entsetzt über ihre wilden Liebesabenteuer, ihr wurde jedoch jedes verziehen, denn mit demselben unbändigen Temperament und innerer Wahrheit spielte sie die »Penthesilea«, die »Medea«, die Schicksalsgestalten der Klassiker und die triebhaften Geschöpfe der Dichter des neuen Dramas.

Im Jahre 1917 hatte die Lebensmittelnot ihren Höhepunkt erreicht. Mama und ich aßen uns nur selten satt: Wir nährten uns von gekochten Rüben, Stockfisch und klebrigem Brot. In der Pension, in der wir wohnten, bekamen wir nur das Allernotwendigste. Dazu gehörten weder Butter, Eier, Zucker, Kaffee, Tee und was man sonst zu normalen Zeiten als notwendig ansieht. Freunde, die dank ihrer Verbindungen und ihres Reichtums, sich eher Lebensmittel verschaffen konnten, schickten uns manchmal Freßpakete, zumeist aber ergatterten wir uns spärliche Vorräte auf unseren Ausflügen in die umliegenden Dörfer. Die Landbevölkerung hatte immer noch mehr als die Städter, aber sie wollte nichts hergeben. Mamas Überredungskunst gelang es mitunter, einer geizigen Bäuerin ein paar Eier und ein halbes Pfund Butter für teures Geld zu entlocken, die ich dann schleunigst im Rucksack versteckte, denn das »Hamstern« war streng verboten. Auf diese Weise durchstreiften wir Wälder und Ortschaften und eine kombinierte »Freß- und Kunsttour« führte uns nach Rothenburg ob der Tauber, jenem Stadtjuwel des Mittelalters in Franken. Rothenburg sah damals noch aus, wie es im Jahre 1335 ausgesehen haben mag, als es zur freien Reichsstadt ernannt wurde. Unversehrt hatte es den Dreißigjährigen Krieg überstanden und lag abseits und friedlich verschont vom Weltkrieg. Mauern, Türme und Tore umschließen die Stadt, in den Kirchen und Klöstern träumen köstliche Kunstschätze. Wer aus den Fenstern eines der alten Gasthöfe auf die steilen Giebel der Häuser blickt und darüber hinaus in den Blütennebel der Mailandschaft, dem bleibt eine Erinnerung, die nicht einmal durch die grausame Fratze des heutigen Deutschland zerstört werden kann.

Mit dem Rucksack auf dem Buckel marschierten meine Mutter und ich auf der Landstrasse gegen Dinkelsbühl zu, unterwegs in Gasthöfen und Bauernhäusern um Butter und Eier bettelnd. Wir hatten Glück und trugen schon einen schweren Packen Proviant, als wir in der Spätnachmittagsstunde in Creglingen ankamen. Die Fressalien wurden abgeladen und rasch eilten wir zur »Herrgottskirche«, um noch vor Anbruch der Dunkelheit den Riemenschneider-Altar zu sehen, der dem bescheidenen Kirchlein Weltruhm gegeben hatte. Durch die kleinen Fenster drangen die letzten Strahlen der Sonne und liebkosten das herrliche Gesicht der Madonna. Das braune Holz schimmerte weich wie Atlas, man mochte es zärtlich berühren. Überall im Frankenlande begleitet einen die Kunst des Meister Riemenschneider. In Dinkelsbühl stört nichts die Illusion des Mittelalters, die Gäßchen sind holprig, man sieht in das offene Fenster einer Schmiede, begegnet den durch das Stadttor herein schaukelnden Leiterwagen und man freut sich an dem Geplauder der alten Frauen, die mit ihren Strickstrümpfen vor ihren Türen sitzen. Wären wir nicht auf der Suche nach Lebensmitteln gewesen, wir hätten selbst vergessen, daß es Krieg gab. Solche Wanderungen mit meiner Mutter gehören zu meinen beglückendsten Erinnerungen. Wir verstanden einander in großer Innigkeit, wenn wir zusammen die Natur durchstreiften oder sonst viel Schönes sahen.

In den letzten Kriegsjahren wurde jede Gelegenheit wahrgenommen, um dem nagenden Hunger zu entweichen. Wir vom Neuen Theater gastierten regelmäßig in allen kleineren Städten West- und Süddeutschlands. Wir fuhren den Rhein hinunter bis Koblenz, wir spielten in den Städten am Neckar, an der Lahn, an der Mosel. Von Mainz bis Bamberg, von Darmstadt bis an den Bodensee, überall gab es Theater, die über die Dauer des Krieges ihr Ensemble aufgelöst hatten und zwischen deren wackligen Kulissen wir unsern Thespiskarren aufschlugen. Wir wurden mit Jubel empfangen. Im Gasthof gab uns die Wirtin nach der Vorstellung Bratwurst mit Kartoffeln oder eine Schweinshaxe mit Sauerkraut. Welch eine Wonne: essen, essen, essen. Oft wurde uns auch etwas Proviant in die Koffer gesteckt, den ich dann triumphierend zu Mama heimbrachte. Es mag sonderbar erscheinen, wenn ich sage, daß die Kriegsjahre 1916–1918 eine sehr glückliche Zeit für mich waren. Wir Schauspieler waren unserer Begabung nach entsprechend beschäftigt, unsere Gagen waren gleichmäßig klein, es gab also keinen Neid, kaufen konnte man ohnehin nichts. Wir lebten eingesponnen in unseren Beruf und das Verhältnis zwischen den Kollegen war herzlich. Ich hatte Gelegenheit mich künstlerisch zu entwickeln, das Publikum und die Kritik schätzten mich – endlich war Harmonie in mein Leben gekommen.

Die Pension, in der wir wohnten, war ein lustiger Taubenschlag. »Frau Lange in der Klüberstraße« liebte Künstler, liebte die Flasche und hatte einen goldenen Humor. Opernsänger, Kapellmeister und Schauspieler hausten dort in bohemehafter Ungeniertheit. Von den Dachzimmern bis hinunter zum Salon hörte man Skalen üben, Arien schmettern, Monologe rezitieren und Bruchstücke aus Liebesszenen, von denen man nie wußte, ob sie echt oder gespielt waren. Ich studierte einmal in meinem Zimmer die Adelheid im »Götz von Berlichingen« und wiederholte den Todesschrei etliche Male hintereinander, weil er mir nie richtig vorkam. Da stürzten Stubenmädchen und eine Näherin entsetzt zu mir herein. Sie dachten, jemand hätte mich umgebracht. Mein »Schrei« war also überzeugend. Zu jeder Stunde des Tages bis in die Nacht hinein war das Haus erfüllt von Stimmen. Wir waren daran gewöhnt und ließen uns in unserem Studium nicht stören. Wenn wir nur nicht solchen Hunger gehabt hätten. Bekam eine von uns nach einer erfolgreichen Premiere einen Kuchen oder eine kostbare Wurst geschenkt, dann wurde nachmittags zwischen fünf und sechs ein Fest gefeiert. Man saß im Zimmer der Beschenkten, auf Stühlen, Tischen, Betten und Fußboden, und verschlang gierig, was es Eßbares gab. Schön waren auch die stillen, gemütlichen Plauderstunden nach den Vorstellungen. Man mußte flüstern, denn Frau Lange verstand keinen Spaß, wenn wir nach Mitternacht ihre anderen »bürgerlichen« Pensionäre weckten. Das Schlafzimmer war kalt, denn Kohle war kostbar, so kroch man gemeinsam ins Bett und flüsterte bis in die Morgenstunden. Waren männliche Kollegen dabei, durften sie auf dem Bettrand sitzen. Manchmal schellte in der tiefen Nacht das Telefon. Ich wußte, es war für mich. Fernruf aus Wien. Es war die beste Zeit durchzukommen. Ich schlich die Treppen hinunter auf den Vorplatz, in großer Angst, Frau Langes nächtlicher Erscheinung zu begegnen, aber sie und die Pensionäre waren zumeist milde gestimmt, wenn das Telefon mitten in der Nacht klingelte, denn sie wußten alle, daß es »der Freund der Sagan« sei. Manchmal ganz nah, manchmal aus verzweifelnd weiter Ferne hörte ich Victor Fleischers Stimme: »Hast Du genug zu essen? ... Ich schicke Dir eine Wurst ... Im nächsten Brief sind ein paar Schokoladestückchen«, und nach dieser prosaischen aber höchst wichtigen Einleitung kamen noch rasch ein paar Liebesworte und dann war der Zauber der geliebten Stimme vorüber. Ich kroch zurück ins Bett und verkündete den wartenden Freundinnen »die Wurst«.

Silvester 1917 gaben wir einen Maskenball. Alles was zu Theater und Kunst gehörte, war natürlich anwesend. Wochen vorher wurde Wein und Champagner gehamstert, bis acht Uhr morgens feierten wir durch, um zehn Uhr waren wir auf unseren Proben. Dieser Überschwang an Lebenslust kam von unserer Jugend und der Freude an unserer Arbeit. Mein eigener Rollenkreis erweiterte sich zu einem reichen Repertoire. Jeden Sonntagvormittag hatten wir literarische Vorlesungen, bei denen moderne Lyrik, mittelalterliche Mystik und aus der Bibel vorgetragen wurde. Sonntagnachmittag gab es Vorstellungen zu ermäßigten Preisen, am Abend das Repertoirestück, manchmal sogar noch eine Nachtvorstellung. Es kam vor, daß wir an einem Sonntag vier Vorstellungen hatten. Natürlich schimpften und raisonierten wir darüber, klagten über »Ausnützung«, aber wenn ich heute daran zurückdenke, danke ich dem unermüdlichen geschäftstüchtigen Direktor Hellmer für die Fülle der Arbeit, die er uns gegeben hat. Können sich junge Schauspieler etwas Besseres wünschen? Ist es für ihre Entwicklung nicht vorteilhafter als jene Erfolgsstücke von heute, in denen sie monatelang dieselbe Rolle spielen, geistig ausgeleiert werden bis zum Stillstand? Für den reifen Künstler bedeutet diese Mechanisierung trostlose Öde, für den jungen, werdenden Demoralisierung, denn er bildet sich ein, etwas zu leisten, während er in Wirklichkeit rostet. Wir mußten schwer arbeiten für die kleine Kriegsgage, aber wir tauschten dafür Erfahrung und bereicherte Persönlichkeit ein. Jeder Schauspieler wünscht sich Vielfalt in seinem Beruf.

Das »Serienstück« tötet die Phantasie. Unternehmer kommen, die nichts anderes vom Theater verlangen, als daß es eine »Vergnügungsstätte« sei, sie mieten ein Haus, ein Ensemble, sie kaufen ein Stück und quetschen den pekuniären Erfolg, wenn es einer ist, bis auf den letzten Tropfen aus. Dabei entziehen sie aber auch dem Schauspieler das Blut. Der Erfolg von heute macht das Theater einseitig und unfruchtbar. Man will um jeden Preis das »Neueste« verkaufen. Stücke von gestern, von vorgestern, sind tabu. Man zuckt verächtlich die Achseln über sie, selbst wenn man sie gar nicht kennt. Die junge Schauspielergeneration wächst ohne Tradition auf, dem Publikum entgeht der Rückblick über die Entwicklung des Dramas. Konjunkturanpassung an den Film zerstört die Gesetze des Theaters – konzentriert dramatische Handlung, die sich aus der Psychologie der Charaktere ergibt. Das »Schauen« ist in den Vordergrund gerückt auf Kosten des »Hörens«. Auch die Musikalität des schauspielerischen Organs hat an Bedeutung verloren, seitdem die Mechanik des Mikrophons die Hörnerven vergröberte. Das Zuhören beschäftigt die Seele mehr als das Zuschauen, und im Erklingen der Seele liegt die Schönheit der dramatischen Kunst. Epochale Veränderungen im Theater und im Publikum traten nach dem Zweiten Weltkrieg ein.

»Judiths Ehe«, ein Stück mit nur zwei Rollen von dem Skandinavier Peter Nansen, wurde im Frühjahr 1918 von Hellmer auf eine Tournee durch Deutschland geschickt. Die »Star«-Rolle der Judith fiel mir zu, und ich durfte darin die ganze Skala weiblicher Finessen durchlaufen, inklusive neunmaligen Toilettenwechsels. Als wir die Tournee in Breslau beendeten und die Garderobenfrau meine Kleider in den Koffer packte, bat ich sie, das Hochzeitskleid der »Judith« obenauf zu legen, da ich selbst darin am nächsten Tag heiraten würde. Die gute Frau sah mich verdutzt an: hatte ich einen Witz gemacht? »Es ist wirklich wahr, Frau Gruber, heute nacht fahre ich nach Teschen, der Heimat meiner Mutter, und morgen wird dort meine Hochzeit sein.« Frau Gruber war empört. »Und dasselbe Kleid, daß das Fräulein auf der Bühne trägt, will sie nun auf ihrer eigenen Hochzeit anziehen? Wo die Judith sich doch hat scheiden lassen und überhaupt gar nicht glücklich war?« Mein Mangel an Sentimentalität betrübte die Theatergarderobiere sehr. Und so heiratete ich denn am folgenden Tage Victor Fleischer. Das Kleid der Judith brachte mir das höchste Glück. Zweiunddreißig Jahre der innigsten Verbundenheit mit meinem geliebten Mann.

Heirat mit Victor Fleischer

Nach kurzem Beisammensein mußten wir uns wieder trennen. Ich fuhr zurück nach Frankfurt, mein Mann blieb in seiner Stellung in Wien. Mein Kontrakt am Neuen Theater lief noch für ein weiteres Jahr, und obgleich es mir dort sehr gut ging, fieberte ich vor Ehrgeiz, in Berlin ein Engagement zu finden. Im Herbst erhielt ich ein Telegramm von einem Agenten, ich möchte mich einem Theaterdirektor dort vorstellen. Ich fuhr heimlich hin, erkrankte am nächsten Tag im Hotel an der epidemischen Grippe und lag wochenlang schwerkrank. Eine alte Freundin aus südafrikanischen Tagen schaffte mich in ihre Wohnung. In dem kleinen stillen Krankenzimmer in Tempelhof hörte ich das Maschinengewehrfeuer der Revolution. Ich war zu schwach, um mir darüber Gedanken zu machen. Eines Tages stand mein Mann vor mir, abgemagert und hohläugig, denn auch er hatte die Grippe gehabt. An dem Tag, da mein Arzt mir erlaubte auszugehen, fuhren wir nach dem Tiergarten. Als wir durch die große Querallee dem Reichstagsgebäude zuschritten, knallte in nächster Nähe heftiges Maschinengewehrfeuer und eine schreiende Menschenmasse stürzte uns entgegen: »Sie kommen, sie kommen!« Wir hatten keine Ahnung, wer eigentlich käme. Wagen mit Soldaten rasten an uns vorbei, Schüsse ertönten immer näher und heftiger und wir selbst wurden von der dahin stürmenden Menge mit fortgerissen. Da mein Mann seines lahmen Beines wegen zurückblieb, rief ich ihm zu, sich auf den Boden zu werfen. Ich tat das Gleiche und so blieben wir liegen, bis es um uns herum wieder still wurde. Die Leute krochen aus ihren Verstecken und schlichen nach Hause. Wir beschlossen, so bald als möglich abzureisen und zogen in ein Hotel am Anhalter Bahnhof, um zur Abfahrt bereit zu sein, denn es war ganz unbestimmt, wann Züge nach Wien und Frankfurt verkehren würden. Zwei Tage liefen wir zwischen Hotel und Bahnhof hin und her, in steter Hoffnung endlich fortzukommen aus dem Hexenkessel Berlin. Die Bahnhofshallen dröhnten von Menschen: heimkehrenden Soldaten, Verwundeten, Zivilisten. Ähnlich wie ich es als Kind im Burenkrieg gesehen hatte, lagerten sie auf dem Boden, saßen verzweifelt auf ihren Bündeln. Endlich konnte ich mich in das dichtgepackte Coupé eines Zuges nach Frankfurt hineinzwängen, mein Mann stürzte mir in letzter Minute nach. Vierundzwanzig Stunden dauerte die Reise von Berlin nach Frankfurt, die Fensterscheiben waren zerbrochen, die Soldaten fluchten oder stierten apathisch vor sich hin. Einer von ihnen schrie: »Der Krieg ist aus, Kameraden, er hat uns ausgespuckt als Krüppel und Hoffnungslose.«

Als am 11. August 1919 in Weimar die Verfassung der Republik verkündet wurde, jubelten die Intellektuellen und wir Schauspieler mit ihnen. Die Kunst war frei, hieß es, nun können sich alle gefesselten Kräfte regen, es war wieder ein Anfang, die Fenster geöffnet in die Außenwelt. Im Reich des Theaters rasten die Dramen wie wilde Pferde über die deutschen Bühnen: Georg Kaisers »Hölle-Weg-Erde« Reinhard Goerings »Scapa Flow«, Fritz von Unruhs »Platz«, Bert Brechts »Trommeln in der Nacht«,

Arnolt Bronnens »Die Katalaunische Schlacht«, Hanns Johsts »Grabbe«. Produktion auf Produktion folgten einander in den Jahren zwischen 1918 und 1924.

Wieder einmal fuhr ich nach Berlin, um mich nach einem Engagement umzusehen. Ich lief treppauf und -ab, antichambrierte bei Agenten und Theaterdirektoren, aber man wollte von der »Provinzschauspielerin« nichts wissen. Berlin hatte inzwischen einen unglaublichen Tiefstand erreicht. Alles ging drunter und drüber, die Kriegsschieber waren obenauf, Verkehrsstreik brach aus und ich war schließlich dankbar, nach Frankfurt zurückkehren zu dürfen, wo Hellmer mir einen weiteren dreijährigen Vertrag mit steigender Gage anbot. Mein Mann besuchte mich von Zeit zu Zeit, aber wir wurden beide immer ungeduldiger, diesem getrennten Leben ein Ende zu machen. Mit Hilfe von guten Freunden in Frankfurt gelang es ihm, dort einen kunstwissenschaftlichen Verlag zu gründen, und so entstand die »Frankfurter Verlagsanstalt«, ein großzügig angelegtes Unternehmen, das sich im Laufe weniger Jahre zu einem der führenden kunstwissenschaftlichen Verlage Deutschlands entwickelte.

Wir waren nun vereint, hatten einen hübschen Haushalt und verkehrten in einem Kreis anregender Menschen. Die Sommerferien verbrachten wir regelmäßig auf der Insel Langeoog in Ostfriesland.

Sie war schon damals antisemitisch. Da man mich selten für eine Jüdin hielt, sprach man in meiner Gegenwart ungeniert über die Juden und ich wußte nie, wie ich mich dazu verhalten sollte. Der erste Impuls war sofort zu erklären, daß ich selbst Jüdin sei, und es war der einzig richtige Impuls, aber ich fürchtete Menschen, mit denen ich mich sonst gut verstand, in Verlegenheit zu bringen. Mein Mann hingegen kannte solche Rücksichten nicht und erklärte jedem schlankweg, noch ehe er den Mund aufgetan, daß er Jude sei, was ich wiederum taktlos fand. Ich konnte nicht begreifen, warum intelligente Leute immer nur jene Eigenschaften sahen, welche ihnen verhaßt waren. Sie sahen nur die Extreme, die lauten, geschäftslüsternen Juden oder die »Anderen«, wie sie sie nannten, Einstein, Bruno Walter, Sigmund Freud. Aber sie wußten nichts und wollten nichts wissen von jenen Tausenden, die ihrer Tradition und Bildung nach ebenso zu Deutschland gehörten wie sie selbst. Unsere vier Sommer an der Nordsee fielen in die Inflationszeit, und es waren bestimmt nicht nur die Juden, die damals Deutschland »verunstalteten«, sondern vielmehr jene brutalen, feisten Deutschen mit ihren ungezogenen Kindern, die in der Fülle ihres neuen Reichtums alle »deutschen« Eigenschaften in höchster Potenz entfalteten. Gewiß, die sympathischen Doktorsleute, bei denen wir wohnten, verurteilten diese Art Sommergäste und sagten, es sei eine »Schande«, aber sie klassifizierten sie nicht als »Christen« oder »Preußen« oder »Bayern«, sie nannten sie einfach »ekelhafte Leute«, aber die Juden blieben die »Juden«. Solche Zwischenfälle konnten mich oft in Wut versetzen, aber sie hatten weiter keinen Einfluß auf unser persönliches Leben.

Künstlerisch und menschlich wuchsen wir eng an Deutschland heran. Unsere literarischen Freunde waren zumeist Nichtjuden, meine besten Freunde unter den Schauspielern waren Christen. Literatur und Bühne standen abseits von jenen Volksschichten, bei denen Antisemitismus stets latent war. Weder machte ich mir eine Ehre daraus, mit Christen zu verkehren, noch hätte ich aus Rassegründen abgelehnt, mit ihnen befreundet zu sein. Man machte sich überhaupt keine Gedanken darüber. Die Natur, die Dichter, die kulturellen Genüsse waren für alle da. Unsere Existenz in Frankfurt gestaltete sich so günstig, daß ich meinen Ehrgeiz aufgab, nach Berlin zu gehen, umso mehr, da mir nach Ablauf meines Vertrages bei Hellmer ein Engagement am städtischen Schauspielhaus ziemlich sicher war. Dort würde ich dann endlich auch die großen klassischen Rollen zu spielen bekommen.

Die erste Reise ins Ausland führte uns nach Florenz. Dort sah ich Eleonora Duse. Von allen künstlerischen Eindrücken, die mich in der Zeit, da ich zum Theater erwachte, beglückten, war dies der tiefste. Ohne sie je gesehen zu haben, lebte sie doch in meinem Denken wie eine Zauberformel – die Zauberformel zu allem Erhabenen und Schönen. Da kam just in den Tagen, da ich in Florenz war, die Ankündigung ihres Gastspiels als eine Erschütterung. Ich sah die Plakate und konnte es nicht glauben. Die Duse war ja schon fast eine Legende. Das Stück, in dem sie auftrat, hieß »Così sia« von Tommaso Gallarati Scotti, einem jungen Mailänder Schriftsteller, der es für sie geschrieben hatte. Es hatte in der italienischen Presse tadelnde Rezensionen, aber mir ging es nicht darum, mich literarisch zu bilden, ich wollte ihre Stimme hören, sie endlich selbst sehen. Der Abend kam. Das Theater war dicht besucht von der elegantesten Gesellschaft von Florenz: Italiener, Amerikaner, Engländer, ganz vereinzelt ein bescheiden aussehender Deutscher. Alles war freudig erregt, aber für diese Leute war es ein gesellschaftliches Ereignis, für mich war es die Erfüllung eines Traums.

Und der Vorhang ging auf. Die Duse ist schon auf der Bühne, als angstgequälte Mutter steht sie am Bett eines kranken Kindes. Aug' und Herz haben kaum Zeit, die Situation zu erfassen, denn schon bricht der erste Beifallsgruß vom Parkett und den Logen auf, widerhallt stürmisch auf den Galerien und lärmt minutenlang durch das Haus. Die Duse bleibt in ihrer gramvoll gebeugten Haltung, ein leises Heben und Senken des Kopfes, ein Augenaufschlag nur dankt für den Empfang, dann, da das Händeklatschen nicht aufhören will, richtet sie sich ein wenig auf und sinkt in ihre frühere Stellung zurück mit einem scharfen Ruck, der gleichsam gebieterisch den Applaus abschneidet. Es ist alles still geworden.

Eine Mutter, die, um ihr Kind vom Tode zu retten, ein heiliges Gelübde tut, jedes Jahr auf den Knien zu dem

Wallfahrtskirchlein der heiligen Mutter Gottes hinaufzu-
rutschen und sich gleichsam ihr Herz mit eigenen Händen
aus dem Leibe zu reißen. An der Seite eines ungeliebten,
allzu irdischen Mannes lebend, liebt sie von fern und scheu
einen anderen. Jeden Gedanken an diesen Geliebten
schwört sie auszulöschen, das qualvoll beglückende Geheimnis ihres Lebens will sie zum Opfer bringen. Das
Wunder geschieht und das Kind wird gerettet. Dies der
erste Akt. Vor dem Kinderbett in einer einfachen Bauern-
stube liegt sie auf den Knien, eine leise weiche Stimme flüs-
tert mit dem Arzt, schmale, weiße Hände flattern durch die
Luft. Kein Schrei, keine »Steigerung«, leise, ganz nach
innen geschlagen, lebt ihr Schmerz, ihre Verzweiflung um
das sterbende Kind, bis sie mit einem Aufleuchten der
»überirdisch« schönen Augen das Wunder erkennt.

Der zweite Akt spielt dreiundzwanzig Jahre später,
Mutter und Sohn treffen zufällig auf dem Hügel zum
Wallfahrtskirchlein zusammen. Sie im Bußgewande mit
Pilgerstab, er bunt und leichtsinnig mit Freunden und
jungen Dirnen, eben aus Amerika zurückgekommen,
lachend und singend die Gegend durchstreifend. Die
Mutter hat er nie geliebt, da ihr düsterer Ernst zu seiner
leichtsinnigen Natur, die ganz dem Vater nachkommt,
nicht paßte und weil er als Kind, ohne es zu verstehen,
manches beobachtet hat, was der Nachbarn Gerede dann
dem Heranwachsenden im verzerrenden Licht des Spot-
tes und hämischer Schadenfreude wieder erscheinen
ließe: daß die Mutter den Vater nicht geliebt, aber nachts
vom Fenster aus einem anderen nachgeschaut und nach-
geweint hat. Da die Mutter ihn nun von der leichtsinnigen Gesellschaft wegruft und in zerrissenem Büßerkleid
wie eine Bettlerin vor ihn steht, bricht dies alles in
Anklagen und bitteren Worten aus ihm heraus.

Und nun die Duse, wie sie ihn anruft »Giovanni«, wie
ihre Hände ihm entgegenzittern, wie ihre zarte Gestalt bei
seinen Vorwürfen zornig wächst und die Augen ganz tief

dunkel werden, das kann man nicht beschreiben, so etwas spürt man nur zutiefst im Herzen. Das ist keine Schauspielkunst mehr, das hat nichts mit einem Ex- oder Impressionismus zu tun, auch nichts mit »Charakterisierung«, das ist klopfendes Herz, heiligste Vollendung. Der Vorhang fällt, das Publikum tobt, überschüttet sie mit Blumen und nun erst sieht man eine uralte Frau vor sich, ein Greisinnen-Gesicht mit schneeweißen Haaren.

Zum dritten Mal geht der Vorhang auf. Der ganz kurze Akt spielt im Innern des Kirchleins vor dem Altar der Mutter Gottes. Das Gelübde wird eingelöst. Die irdische Mutter liegt auf den Knien vor der himmlischen und sagt ihr in einem leisen Gebet ihren mütterlichen Schmerz. Sie horcht mit geneigtem Kopf auf die Antwort Marias, und hier war die gleiche Frömmigkeit wie auf den Bildern Beato Angelicos, die stille Größe eines in Gott lebenden Gemütes. Maria nimmt sie an ihr Herz und senkt leise den Tod über sie. Auf ihre frommen Hände gebeugt, stirbt Eleonora Duse – Mater Dolorosa. Dies war das erste und einzige Mal, daß ich die Duse sah.

Schauspielkunst in so sublimster Form erlebt zu haben, machte mich stolz und dankbar, selbst diesem Beruf anzugehören. Ich kehrte mit gefestigteren Idealen nach Frankfurt zurück und stürzte mich in meine Arbeit.

1923 kam mein Vertrag ans Schauspielhaus, und damit begann eine neue Ära für mich. Zum erstenmal spielte ich die bedeutenden Frauenrollen in den Dramen der deutschen Klassiker. Nie hat man sich schauspielerisch erfüllt, wenn man die Klassiker nicht gespielt hat. Die englischen Schauspieler fühlen es bei Shakespeare, die deutschen bei Goethe, Schiller und Lessing. Die Klassiker erfordern eine breitere Ausdruckskraft. Verglichen mit den Modernen sind sie wie al fresco-Gemälde neben gerahmten Ölbildern. Die Interpretation ist unbegrenzt. Je tiefer man sich in die Charaktere versenkt, umso tiefer reißen sie einen weiter. Die soviel größere Bühne erfordert einen größeren

Stil; man darf schreiten, darf die Arme ausbreiten, man darf die Stimme dehnen und spannen. Das Kostüm der Historie gibt Plastik, die ungewöhnliche Haartracht verändert die Gesichtszüge. Nun erst fühlte ich ganz die Beglückung des Körperausdrucks. Im Expressionismus war die Gebärde beschränkt, eng und eckig, wie das Wort selbst. In den naturalistischen Dramen bewegte man sich möglichst, wie man es im Leben tut. Aber in den Klassikern erwachte man zum Stil. Die Kleiderfalten des Renaissancekostüms hängen schwer über den Hüften, man erwirbt Breite, Fraulichkeit und weltlichen Charme. Das enganliegende Gewand der Gotik gibt sofort einen anderen Gang, die Glieder strecken sich und werden schmal und keusch.

Große Rollen am Schauspielhaus und erste Lehrtätigkeit

Das Rokokokostüm mit seinen Falten und Schleifen muß graziös und lustig getragen werden. Der Fuß setzt die Zehen zuerst auf und gibt dem Körper etwas kapriziöses. Unendlich ist der Genuß, sich in solchen Kostümen zu bewegen. Auch die Sprache erfordert einen anderen Stil, sie muß breiter und rhythmischer behandelt werden. Die Dialoge sind wie ein ineinander geflochtenes Gewebe, Rede und Gegenrede fliegt blitzschnell hin und her, im gespanntesten Gespräch schleicht sich ein »beiseite« ein, das scharf und fein nuanciert gesprochen werden muß, damit dem Zuhörer der Einblick in die Geheimfächer des Charakters nicht entgeht. Die Monologe dürfen im Dahinrauschen des Verses nicht den Naturalismus der Handlung außer acht lassen.

Übergewaltig erschienen mir zuerst die Schwierigkeiten. Die drei meistgespielten Klassiker der deutschen Bühnen: Goethe, Schiller und Lessing, sind im Stil scharf von einander getrennt. Goethe hat die Klarheit und

Schönheit der Sprache, die sich wie ein Faltenwurf um die Philosophie und Tiefe des Inhalts legt. Schiller saust dahin in einem Sturmwind der Rezitation, man spannt die Segel auf und läßt sich tragen. Lessing führt durch ein Labyrinth der Psychologie. Da gibt es scharfe Kurven von Liebe zu Haß, von Freundschaft zur Intrige. Die deutschen Klassiker wurzeln vor allem im »Deutschtum«, sie haben nicht die universelle Menschlichkeit Shakespeares. Weil aber dieses Deutschtum so komplex und so verzweigt in seiner Wesensart ist, sind die Rollen schwerer zu spielen als die blutvollen Gestalten Shakespeares. Auch liegen sie zeitlich der Gegenwart näher und sind daher einer strengeren Kontrolle der Glaubwürdigkeit unterworfen. Ein König Lear, eine Lady Macbeth sind unserer sozialen Sphäre so weit entfernt, daß wir uns dem Reichtum des Universal-Menschlichen hingeben dürfen, aber in den Egmonts, Don Carlos, Marinellis steckt noch soviel Zeitliches, daß die Charakterisierung aufs schärfste herausgemeißelt werden muß, um gleichzeitig Kommentar der Zeitperiode zu sein. In Shakespeares Dichtungen lebt man wie in einer weiten Landschaft. Man atmet die Luft, man sieht die Berge und Wälder mit den Menschen darin, man wird nicht diktatorisch vom Dichter auf Einzelheiten gestoßen. Man darf sich frei bewegen und nach eigenem Gelüst seine Wahl treffen. Solche Weltharmonie findet man nur selten bei den deutschen Klassikern. Ich denke da z. B. an die Gartenszene im »Faust«: es ist Frühling... »Vom Eise befreit sind Strom und Bäche«, in der Goetheschen Lyrik spürt man das Blühen der Bäume, das Erwachen der Natur – und doch... und doch ... die beißende Ironie Mephistos und Marthes sticht in diese Stimmung wie eine Sünde. Schillers Gestalten gönnen sich überhaupt keine Ruhe, sie rennen einander an wie Gladiatoren, atemlos treibt die Handlung zur Tragödie. Lessing ist der Besonnenste, er baut seine Menschen um eine Idee. Shakespeare gehört der Welt, die deutschen

Klassiker den Deutschen. Darum können nicht-englische Schauspieler, begabte Schauspieler, Shakespeare spielen, aber nicht-deutsche Schauspieler können nicht die deutschen Klassiker spielen. Dies mag wohl ein Grund dafür sein, daß man auf ausländischen Bühnen fast nie Dramen der deutschen Klassiker aufführt.

Im Konversationszimmer des Schauspielhauses in Frankfurt hingen die Bilder der einstigen und gegenwärtigen Protagonisten, die dort engagiert waren. Für die jungen Schauspieler bildeten sie einen Ansporn, in eine Rolle zu springen, die zu den Glanzleistungen eines berühmten Kollegen gehörte und dessen Ruhm noch immer von den Veteranen des Theaters gesungen wurde. Es gab dabei oft viel Kummer und Bitternis. Als ich die Adelheid im »Götz von Berlichingen« spielte, eine der berühmtesten Frauenrollen der deutschen Bühne, hatte ich gegen ein Walhall von Vorbildern anzukämpfen. Alle Adelheids vor mir waren breit gebaut und üppig, von Rubens' Geschlechtlichkeit. Ich mußte die Rolle auf meine Facon spielen, gut oder schlecht. Ich glaube nicht, daß ich sie schlecht spielte, aber mir fehlte der große Wurf. Übrigens ereignete sich bei einer der Vorstellungen ein komischer Zwischenfall. Es war am Morgen nach der Liebesnacht mit Franz im Schlafzimmer der Adelheid. Es wurde uns befohlen, diese Szene nur anzudeuten, so saß denn Franz bereits angekleidet auf dem Bettrand. Ich war der Vorwürfe müde, daß ich nicht genügend »rubenshaft« sei und schlug meinem Kollegen in einer ausgelassenen Laune vor, sich mit mir in das Bühnenbett zu legen. Alles mußte schnell und heimlich, kurz vor Aufgang des Vorhangs arrangiert werden, denn der Inspizient hätte natürlich eine solche Vergewaltigung der Regievorschrift nicht geduldet. Wir warteten also, bis es auf der Bühne dunkel war und der schwere Bühnenvorhang hoch rauschte. Mein Kollege sprang zu mir ins Bett, dieses war aber nicht für zwei Personen eingerichtet, und gerade als die

Lichter über der neuen Szene aufleuchteten, krachte es unter uns zusammen und wir mußten uns aus einem Berg von Brettern und Decken herausarbeiten. Wir beide und das Publikum lachten so sehr, daß es Minuten dauerte, ehe wir die Szene fortsetzen konnten.

Mein neuer Wirkungskreis im Schauspielhaus bedeutete eine große Bereicherung meiner Tätigkeit. Nebst dem großen Rollenrepertoire das ich spielte, unterrichtete ich auch an der Schauspielschule, die dem Theater angegliedert war. Das war der Anfang zu meiner späteren Regietätigkeit. Die Schule stand unter einem glücklichen Stern. Kollege Carl Ebert, der nun so bekannte Regisseur der Glyndbourne Oper und Mitarbeiter von Fritz Busch, hatte sie gegründet. Sie war intimer und herzlicher als die Reinhardtschule. Vielleicht lag dies an der süddeutschen Atmosphäre. Die Auswahl der Talente war jedoch ebenso gründlich und streng. Das Lehrerkollegium bestand aus den Regisseuren und einer Anzahl von Schauspielern. Die Schule war im Gebäude des Theaters untergebracht. Die reiferen Schüler durften bei der Statisterie und in kleinen Rollen mitmachen, und auch sie hatten »Szenenabende«, wie wir sie seinerzeit auf der Reinhardtschule hatten.

Ich kann der Versuchung nicht widerstehen, hier das Urteil des Kritikers Dr. Bernhard Diebold von der »Frankfurter Zeitung« wiederzugeben, das in knappen Umrissen das Wesentlichste über die Heranbildung junger Schauspieler sagt: »Hier handelt es sich für den kritischen Zuschauer nicht um vollendete Leistungen, ja kaum um das Talent. Denn wie bei anderen Examina steht eine solche Veranstaltung im Zeichen eines grauenhaften Lampenfiebers, in dessen Schauern oft selbst die schönste Anlage verschwindet, während eine gewisse Überreiztheit wiederum zu leicht für künstlerische Leidenschaft genommen wird. Weit besser als der Kritiker weiß hier der Lehrer über seine Pfleglinge Bescheid, denn er sieht sie in ihrem ganzen Werden, kennt sie in Zivil und Kostüm, in Poesie und Prosa, in der dankbaren und in der undankbaren Rolle. Er weiß am ehesten, wo ein echter Ausdruck durch Befangenheit verdrängt wurde, wo ein Überschwang des Empfindens mehr auf Jugend als auf Gestaltungskraft beruhte, wo ein frühgewandtes Spiel über eine seelische Leere hinwegtäuscht (...). Im Anfang war das Talent. Aber drei andere Fragen stehen hier im Vordergrund: nach der Technik des Wortes, des Spieles und der Erfassung der Rolle. Denn diese drei Leistungsarten bedeuten die handwerkliche Grundlage des Schauspielers. Deutlichkeit im Sprechen, Beweglichkeit des Körpers und Verständnis des Textes. Dies alles kann einigermaßen gelehrt und gelernt werden. Und der Zweck und Sinn einer Schule ist zuerst das Lehren und Lernen; das *Können*. Was nicht gelehrt und gelernt, sondern höchstens geweckt und gefördert werden kann, das ist der urpersönliche Ausdruck durch Sprache und Mimik; das eigentliche *Talent*.«

Soviel Raum gab ein renommierter Kritiker in einem der ersten Blätter Deutschlands einer Schulaufführung. Solche Bedeutung wurde der Erziehung junger Schauspieler zugemessen. Nur in Rußland und Deutschland war das möglich. Wir liebten unsere Schule und waren stolz auf sie. Wir behielten unsere Schüler im Auge, wenn sie schon längst flügge geworden ins Engagement hinauszogen. Als ich Jahre später in Berlin den Film »Mädchen in Uniform« inszenierte, rekrutierten sich viele der jungen Mädchen aus den Reihen meiner Schülerinnen aus der Frankfurter Zeit.

Regieversuche

Ehe ich noch selbst daran dachte, Regie zu führen, wurde mir der Vorschlag von Richard Weichert gemacht, der inzwischen an Stelle des Dr. Zeiss Direktor des Schauspielhauses geworden war.

Die Veranlassung war eine von mir in der Schule inszenierte Aufführung von Strindbergs »Gespenstersonate«. Wer sich in der Literatur auskennt, weiß, daß es eines der schwersten Stücke ist. Die Menschen, die Strindberg da auf die Bühne stellt, sind äußerlich Marionetten, innerlich arme Kreaturen, vom Dichter mit Haß, Reue und Schmerz angefüllt. Ich hatte die Rolle der »Mumie« selbst gespielt, als ich noch ziemlich jung war und diese Leistung stets als eine meiner besten angesehen. Nun studierte ich das Stück mit meinen Schülern ein. Der Erfolg war überraschend. Oft sind jene Leistungen die besten, von denen man sich nur wenig verspricht. Direktor Weichert fragte mich bald darauf, ob ich je daran gedacht hätte, Regie im Theater selbst zu führen. Darauf konnte ich ehrlich »nein« sagen, denn schon der Gedanke, auf der großen Bühne unseres Theaters mit meinen arrivierten Kollegen Regie zu führen, hätte mich krank vor Angst gemacht. Ich war immer ein großer Feigling, aber wenn es zur Tat kommt, stößt mich irgend eine innere Kraft voran, die nichts mit meinem bewußten Willen zu tun hat. Die Jahre haben nichts daran geändert, denn je älter man wird, umso schwieriger erscheint einem die Schauspielkunst. Die Frage meines Direktors, ob ich Regie führen möchte, setzte sich jedoch als Stachel in meinen Ehrgeiz. Kurz vor den Sommerferien brachte er das Gespräch wieder darauf zurück. Diesmal faßte ich Mut, dankte ihm für sein Vertrauen und sagte, daß ich es versuchen wolle. Er gab mir eine Liste der für die nächste Saison in Aussicht gestellten Stücke und ich wählte mir daraus »Caesar und Cleopatra« von Shaw. Er war verblüfft und meinte, daß ich nicht eben bescheiden sei, aber ich dachte mir, wenn schon denn schon. Die Sommerwochen verbrachte ich in Heidelberg, wo ich bei den Festspielen engagiert war, und meine freie Zeit benutzte ich dazu, in der Universitätsbibliothek über Folianten ägyptischer Kultur und Kunstgeschichte zu sitzen. Ich arbeitete fieberhaft an dem Stück, wobei mir meine Kenntnis der englischen Sprache zu Gute kam. Es war allerdings eine kolossale Aufgabe für einen Neuling und ich weiß nicht, was mehr zu bewundern war: mein Mut oder Weicherts Vertrauen. Ich denke seiner immer in Dankbarkeit. Mir wurden sechs Wochen Probenzeit gegeben. Mit Ludwig Sievert, dem Bühnenbildner, wurde jedes Detail der Dekoration und der Kostüme besprochen. Meine größte Angst waren die Kollegen: Würden sie meine Autorität anerkennen? Zuerst neckten sie mich, als sie aber merkten, daß ich mit solch glühendem Ernst bei der Sache war, folgten sie mir willig: Toni Impekoven, der unvergeßliche Komiker des Schauspielhauses, pflegte mir nach der Probe die Hand zu küssen und er betonte, daß es das erstemal sei, daß er einem Regisseur solche Ehre erweise. Weichert ließ mich selbständig walten, aber ich wußte, daß er oft heimlich versteckt im Zuschauerraum saß, um zu beobachten, wie ich mich anstelle. Einmal hatte ich ungefähr 30 baumlange römische Soldaten zu dirigieren und wußte nicht, wie zum Teufel ich sie von der Bühne »militärisch« entfernen sollte. Ich versuchte rechts, ich versuchte links, aber immer begegneten sie Hindernissen. Da tönte von der dunklen Galerie herunter eine Stimme: »Leontine, versuch den Souffleurkasten.« Es war mein Direktor. Er kam herunter und half mir bei der Strategie.

»Caesar und Cleopatra« bereitete mir keine Schande. Trotzdem mußte ich lange warten, bis ich wieder vor eine neue Aufgabe gestellt wurde, denn ich war ja vorerst Schauspielerin. Das zweite Stück, welches ich zu inszenieren bekam, war gänzlich verschieden von der witzigen Shaw-Komödie. Es war ein Pogromstück: »Die Jagd Gottes« von Emil Bernhard, Rabbiner an der Grunewald-Synagoge in Berlin. Es war ein Schulbeispiel der »freien Kunst«. Im Jahre 1926, nur sieben Jahre vor Hitler, ein jüdisches orthodoxes Drama an einer staatlich subventionierten Bühne Deutschlands. Eine jüdische Regisseurin und ein eigens aus Polen engagierter Schauspieler für die Hauptrolle. Bei der Premiere gab es allerdings einige Zischlaute, aber sie wurden von Ovationen übertönt. Es ist interessant für mich heute, in der vergilbten Kritik eines christlich-sozialen Blattes zu lesen: »Antisemitische Besucher der Frankfurter Uraufführung, die offenbar aus der ganz primitiven Vorstellung, daß schon im Stoff einer Dichtung Tendenz liegen müsse, bei den Aktschlüssen ihre ablehnenden Rufe ertönen ließen, damit aber nur den ostentativen Beifall des Hauses herbeiführten, lieferten so erneut den Beweis für die Ungeistigkeit der sogenannten geistigen Kämpfe im öffentlichen Leben unserer Zeit. Denn sie hätten erkennen müssen, gegen wieviel typisch deutsches Geistesgut, wieviel Kant und Schiller, Herder und Goethe sich Ihr Protest richtete.«

Die Inszenierung der »Jagd Gottes« brachte mich dem Judentum näher als ich es je vorher gewesen war. Ich machte Studien im jüdischen Museum der Altstadt, ich besuchte die Synagogen und Bethäuser. Die Mehrzahl meiner Kollegen, die in der »Jagd Gottes« spielten, waren Christen. Ich erklärte ihnen die Charaktere, sie sahen vielleicht zum erstenmal tiefer in die jüdische Seele; die gemeinsame Arbeit war wie eine Verbrüderung. Ich wiederum hatte während der Kriegsjahre oft Gelegenheit, katholische Dichtungen des Mittelalters vorzutragen, u. a. »Ein Sang der Seele zu Gott und Gottes Widersang« der Mechthild von Magdeburg und »Aus dem Buche der göttlichen Tröstung« des Meister Eckhart. Ich war gar nicht einmal gewiß, ob die katholischen Vereine, die mich dazu aufforderten, wußten, daß ich Jüdin bin. Nach einer Aufführung von Hebbels »Maria Magdalena« gab mir der Doyen der Frankfurter Theaterkritik Geck den Spitznamen »gotische Jüdin«, was mich sehr stolz machte.

In Frankfurt hätte ich bleiben können, bis die Nazis mir ein Ende gemacht hätten. Aber schon in den letzten zwei Jahren meines zehnjährigen Aufenthaltes quälten mich Unruhe und bohrender Ergeiz, nach Berlin zu kommen. Gerade weil ich alles hatte, eine erste Stellung am Theater, ein schönes Heim, in dem meine Mutter mir alle Mühen des Haushaltes abnahm, einen Kreis von Freunden und vor allem die Liebe meines Mannes, wurde ich zeitweise von geradezu panischer Angst gepackt, daß meine Entwicklung zu Ende, daß meine Jugend im toten Gewässer versinke. Eigentlich jung war ich ja nicht mehr, 37 Jahre, aber das ist kein Alter für eine Schauspielerin, die sich erst dann künstlerisch erfüllt, wenn sie als Frau und Mensch zur Reife gelangt ist. Frankfurt konnte mir nichts mehr geben. Ich wollte nach Berlin, das aus allen Berufen die Besten anzog, das der Kampfplatz des Reiches war. Auch meinen Mann steckte ich mit meiner Unbefriedigtheit an, ich bestimmte ihn, seinen Verlag nach Berlin zu verlegen, wo er einen weitaus größeren Wirkungskreis finden würde. Ihm gelang es sogar früher als mir, dorthin zu übersiedeln. Vergrößertes Kapital ermöglichte es ihm, einen zweiten Verlag aufzukaufen und bereits im Winter 1926 übertrug er den Sitz seines Unternehmens nach Berlin. Wenige Monate später folgte ich ihm. Finis Frankfurt, finis Jugend.

Wagnis Berlin

Ich kam nicht mit einem festen Engagement dorthin und unser Haushalt war immer auf mein und meines Mannes Verdienst eingestellt. Umstände veranlaßten uns, eine viel geräumigere Wohnung zu nehmen, als wir in Frankfurt gehabt hatten. Eine der Folgen von vier Jahren Krieg war eine außerordentliche Wohnungsnot. Ein Haus oder eine Wohnung zu mieten, war nur möglich, wenn man eine andere zum Tausch zu bieten hatte. Schwierig genug, wo es sich um Tausch in derselben Stadt handelte, wurde dieser Vorgang umso komplizierter, wenn man aus einem Teile des Reichs in einen andern übersiedeln wollte. Die Spediteure allein waren in der Lage, das Problem zu meistern. Kreuz und quer, gleichsam ein Rösselsprung, ging solcher Tausch vor sich. Einmal waren wir schon nahe daran gewesen, eine Wohnung zu bekommen, die uns auf dem Kettenweg Frankfurt – Königsberg – Dortmund – München – Breslau angeboten war, aber im letzten Augenblick stimmte irgendwo in dieser verwickelten Kette etwas nicht ganz, und es war vorbei mit unserer Hoffnung. Endlich, durch einen Zufall, kam doch ein Tausch zustande. Aber wir mußten uns damit abfinden, daß die neue Wohnung eigentlich viel zu groß für uns war und entsprechend teuer und daß allerhand Anschaffungen nötig waren, sie vollkommen einzurichten. Acht Zimmer in einer eleganten Gegend, damit fingen die Sorgen an. So entschloß ich mich denn, noch ehe unsere Wohnung völlig eingerichtet war, ein zweimonatiges Tournee-Engagement mit Alexander Moissi anzunehmen. Wir bereisten Deutschland kreuz und quer mit »Hamlet«, dem »Lebenden Leichnam« und »Jedermann«.

Moissi war durch nahezu zwanzig Jahre der Abgott Deutschlands. Seine Heimat war Triest, die Hafenstadt am Adriatischen Meer, die in Moissis Jugend zu Österreich-Ungarn gehört hatte. Wundersame Rasseblüten vereinte die alte Donau-Monarchie. Als Max Reinhardt den zwanzigjährigen Jüngling entdeckte, sprach Moissi kein fehlerloses Deutsch. Italienisch war seine Muttersprache und italienisch blieb er seinem Temperament und seiner Stimme nach. Weil er die deutsche Sprache erst gründlich erlernen mußte, erforschte und erfühlte er sie bald mit größerer Meisterschaft als diejenigen, denen sie Alltagssprache war. Der Wohlklang seiner Stimme gab ihr südliches Feuer. Vom hellen Knabenton bis zum dunklen Alt des Mannes beherrschte er die ganze Skala von Empfindungen.

Vor allem war es das Knabenhafte, das ihm einen besonderen Reiz gab. Nicht die naive Burschikosität eines Schuljungen, sondern die dunkle Glut eines Renaissancejünglings. Man spürte stählerne Kraft unter den weichen Bewegungen. Seine Auffassung des »Hamlet« war die Tragödie der Jugend. Der Adel des Idealismus brannte in seinen dunklen Augen, die Verachtung der häßlichen Lüge spannte den schmalen Körper.

Die Fechtszene mit Laertes war denn auch sein Meisterstück, mit einer federnden Grazie schwang er das Florett im Kampf. Sein Temperament stand durchaus nicht hinter seiner Technik zurück. In der Szene mit der Königin stürzte er ungezügelt, wie eine aufschäumende Welle über die Bühne. Seine jähe Heftigkeit – ich spielte die Königin – machte es mir nicht schwer, unter seiner Anklage zu erzittern, und doch war er völlig beherrscht. Einmal hatte ich vergessen, das Medaillon mit dem Bild des Vaters um meinen Hals zu hängen, er merkte es im letzten Augenblick und flüsterte mir zu, mich dadurch nicht beirren zu lassen, und wirklich spielte er die Szene so, als hielte er das Bildnis in der Hand und niemand merkte die Täuschung. Seine Lieblingsdichter waren die Russen. Mit Fedja im »Lebenden Leichnam« identifizierte er sich völlig, auch die größten seiner Kollegen hielten in dieser Rolle den Vergleich mit ihm nicht aus. Im Privatleben konnte er abwechselnd abrupt und bezaubernd liebenswürdig sein, egoistisch, generös, sprudelnd vor Heiterkeit oder eingesponnen in seinen Gedanken. Zumeist war er auf Gastspielreisen und ihm selbst war, wie er mir einmal sagte, »das schäbigste Hotelzimmer lieber als eine Villa«. Er hatte viele Feinde, unter den Kritikern und den Protagonisten, aber die jungen Schauspieler wußten ihm Dank. Er lehrte sie fechten, er beobachtete ihre Arbeit und lobte oder kritisierte nach jeder Vorstellung. Sein oberstes Gebot war Verehrung für das Dichterwort.

Nach dieser Tournee im November 1926 spielten wir ein Jahr später, im November 1927, dieselben Stücke auf einer zweiten Gastspielreise, die uns nach Paris führte. Es war das erste deutsche Ensemble-Gastspiel nach dem Kriege. Wir spielten im »L'Atelier« auf dem Montmartre bei Direktor Duvivier und von Moissis Triumph fiel auch ein Teil des Glanzes auf uns. Ich war zum erstenmal in Paris und wählte mir ein kleines Hotel unterhalb Sacre Coeur, zwischen den Märkten und Gäßchen des Montmartre, deren Atmosphäre noch immer den Zauber von Murgers »Bohème« bewahrten.

Mein Französisch war nicht gut genug, als daß ich mit den Menschen in näheren Kontakt hätte kommen können, aber bei kurzen Besuchen ist es oft ein Vorteil, die Sprache des Landes nicht zu kennen, umso unmittelbarer vermag man sich der Vielfalt der Eindrücke hinzugeben, besonders in Paris, dessen Lebensrausch ins Blut übergeht. Männer und Frauen auf der Straße zu beobachten, dem nachbarlichen Liebespaar im kleinen Kaffeehaus in die verliebten Gesichter zu schauen, dem Spiel der Kinder in den Parkanlagen zuzusehen, dies gab ein fröhliches Bild. Freilich war unsere innere Disposition auf Fröhlichkeit und Dankbarkeit gestimmt, denn wir durften wieder an der großen Welt teilnehmen.

Besonders entzückte mich die Originalität des »L'Atelier«, ein uraltes Theaterchen auf dem Montmartre, eingezwängt zwischen ebenso uralten Häusern war es die

Stätte des modernsten Theaters. Direktor Duvivier hatte ein Ensemble aus jungen Menschen um sich geschart, das zweidrittel aus Russen bestand. Emigranten, die die französische Sprache zu ihrer eigenen gemacht hatten. Bühne und Zuschauerraum waren klein und primitiv. Die Garderoben kaum mehr als abgeteilte Verschläge, und als wir nach dem Klosett fragten, wies man uns »in den Hof«. Das »L'Atelier« war zur Zeit die interessanteste Experimentierbühne von Paris. Wir spielten dort den »Hamlet« intimer als in irgend einem andern Theater auf unserer Tournee. Wir waren der ersten Parkettreihe so nahe, daß wir die Zuschauer mit den Händen hätten berühren können, diese Körpernähe brachte auch zugleich eine seelische Gemeinschaft zwischen Publikum und Schauspielern. Auf den großen Bühnen Deutschlands mußten wir breiter und theatralischer spielen; das Publikum der Ruhr, des maschinenstampfenden Bochum, Dortmund, Krefeld, Duisburg, Essen, Düsseldorf hätte die Subtilität solcher Vertrautheit schon allein akustisch nicht erfaßt. Man weiß allerdings nie ganz, inwieweit das Publikum Miterleber oder bloß Zuschauer bleibt.

Applaus oder Ablehnung will nicht viel bedeuten, diese sind momentane Reaktionen. Bis ins Innerste treffen, Gefühl und Gewissen aufwühlen kann man vielleicht nur den Einzelnen in der Zuschauermenge. In den großen Städten, in künstlerischen und literarischen Zentren mag der Einfluß größer sein, aber es bleibt dort noch fraglicher als bei unvoreingenommenen Zuschauern, ob das gesprochene Wort des Dichters von der Bühne herunter den Zuschauern wirklich in Herz und Gemüt dringe.

Wieviele Menschen werden schicksalshaft von den Werken der Dichter, Maler, Musiker zutiefst berührt? In keinem Lande ist nach dem Ersten Weltkrieg soviel gegen den Krieg geschrieben worden wie in Deutschland. Von den Schaubühnen dröhnte die Mahnung zum Frieden, Romane beschworen »gut zueinander zu sein«, die Philosophen drohten mit dem Untergang des Abendlandes, die Maler symbolisierten auf ihrer Leinwand das Grauen des Krieges, die Filme folgten auf ihre eigene, banalere Weise nach. Alles umsonst – der Krieg kam wieder, noch ehe die Blätter vergilbt, die Farben eingetrocknet waren.

Nach der blauen Luft des heitern Paris mußte der Ruß und die grausame Wirklichkeit der Ruhrstädte doppelt erschrocken machen. Sie trommelten ins Bewußtsein: »Wir dienen einem Zweck – der Industrie.« Sie sind unerbittlich in ihrer Nützlichkeit. In spätern Jahren lernte ich auf Theatertourneen das Industriegebiet Englands kennen, das gewiß noch viel häßlicher, aber weniger aggressiv erscheint. Selbst die »Slums« haben eine gewisse Herzlichkeit, die von dem guten Humor des Volkes kommt.

Die Ruhr stößt gebieterisch immer wieder auf die Größe und das Wachstum des »Reiches«. Die Theater sind nach der todernsten Konstruktion erbaut, mit Bädern, Zentralheizung, einem riesigen Beleuchtungsapparat, die Hotels sind Paläste mit protzigen Marmortreppen. Nichts ist gemütlich, auch nicht die »Moral«. Als ein junges Paar aus unserem Ensemble ein gemeinsames Zimmer im Hotel verlangte, ihre Pässe sie jedoch nicht als Eheleute registrierten, wies sie der Angestellte barsch ab. Oh Paris: Wo selbst im bescheidensten Gasthof das Doppelbett eine Selbstverständlichkeit ist.

In Düsseldorf nahm der Kellner an meiner Zigarette Anstoß und erklärte kategorisch: »Damen ist das Rauchen in öffentlichen Lokalen verboten.« Was sagte der Bäedecker über Düsseldorf? »Wie kleinstädtisch eng und behaglich mag Düsseldorf noch gewesen sein, als Goethe seinen Freund Fritz Jacobi in Pempelfort besuchte. Damals zählte Düsseldorf knapp zehntausend Einwohner, heute hat es eine halbe Million. Die drei Wurzeln dieses raschen Wachstums heißen: 19. Jahrhundert, Industrie, Preußen. Neben zahlreichen Behörden erhielt es die rheinische Provinzialverwaltung, den Provinziallandtag und eine aus mehreren Regimentern bestehende Garnison mit höheren Stäben«. Da wendet sich der Gast mit Grausen. Freier atmet er im Norden, in den Städten Hamburg, Bremen, Lübeck. Dort verbindet ihn die architektonische Schönheit mit einer Vergangenheit, die nicht »preußisch« war.

Hamburg fesselte mich besonders durch sein internationales Hafenkolorit. In St. Pauli begegnet man Matrosen aller Länder, Menschen aller Länder. Es war gefährlich, nachts allein auszugehen, gerade deshalb reizte es mich, es zu tun. Einmal ging ich durch die mit Gittern versperrte Prostituiertengasse. Zu beiden Seiten der schmalen Gasse waren kleine Häuschen mit roten Lichtern, vor denen Frauen, wenig bekleidet, ihre Kunden anlockten. Die Mädchen mußten wohl in mir die »outsiderin« gespürt haben, sie lachten gutmütig ironisch hinter mir her. Ich fühlte mich in ihrem Viertel sicherer als in den riesigen Bierkellern, wo die Spießbürger in seligem Suff auf Tischen und Stühlen schwankten und mit verschlungenen Armen »Die Wacht am Rhein« grölten. In wieviel verschiedenen Stimmungen hörte ich dieses Lied singen. In Heidelberg am Neckar von tausend Kehlen, als die Weimarer Republik erklärt wurde. Ich hörte es auf der Nordsee-Insel Langeoog in brüllendem Protest der Deutsch-Nationalen am Gedenktag eben derselben Weimarer Republik.

In Bremen wurde man unwillkürlich vornehm und fein. Das Patriziertum nahm einen gefangen. Der Reichtum stellte seine vornehmen Villen in große Parkanlagen, deren Gepflegtheit auf die gediegene und kultivierte Einrichtung schließen ließ. Die langen, zweistöckigen Häuserzellen des Mittelstandes erinnerten an England, aber alles war sauberer und solider.

In Lübeck bewegten wir uns zwischen dem 12. und 16. Jahrhundert und fanden in der Marienkirche die richtige Stimmung für die Abendvorstellung von »Jedermann«.

Rostock, Braunschweig, Hildesheim, überall entzückte sich das Auge an Kirchen, Giebeln, schrägen Dächern. Begeistert tauchte man in die Vergangenheit, von der man dankbar nur die Kunst kennenlernte, denn man sagte sich, wahrscheinlich waren die Menschen früher genau so langweilig und spießig wie unsere Zeitgenossen.

Wann immer ich zwischen sechs und sieben, vor Beginn des Theaters, im Kaffeehaus saß, war ich betroffen von den ausdruckslosen Provinzgesichtern, die zu diesen köstlichen Städten gehörten. Aber wir Schauspieler sind ungeduldige Menschen und wenn wir in das Gesicht eines Menschen schauen, denken wir gleichzeitig an unsere Rollen.

Die abwechslungsreichen Eindrücke der Tournee hatten das Gute, daß man den Kampf in Berlin vergaß und die Enttäuschung eines unbefriedigten Ehrgeizes. Umso heftiger erwachte die Unzufriedenheit bei der Rückkehr.

Meine anerkannte Position in Süddeutschland konnte mir in der Metropole kein entsprechendes Engagement verschaffen. Es gab keine Stunde des Tages, an der ich nicht darüber nachgrübelte, wie ich diese chinesische Mauer überklettern könnte. Ich scheute keinen Gang und keinen Brief und litt Höllenqualen des verletzten Stolzes. Mein Mann und meine Freunde waren gegen diese entnervende Demütigungsmethode, aber ich ließ nicht nach. Selbstquälerei trieb mich von Agenten zu Agenten, von einem Versuch zum andern. Ich war durchaus keine Ausnahme. Tausende Schauspieler in allen Ländern erlitten und erlebten dasselbe Schicksal, aber es war charakteristisch für meine Laufbahn, daß ich solch unfreiwilligen Stillstand immer wieder durchmachte. Nach ansehnlichen Erfolgen stürzte ich jeweilig in das Dunkel der Arbeitslosigkeit.

Spaltenlange Artikel erschienen über mich in den Zeitungen, meine Inszenierungen liefen an großen Bühnen und ich saß zu Hause, den Kopf in den Händen vergraben, darüber nachgrübelnd, wie und wo ich neue Arbeit finden könnte. Immer wieder entglitt mir der Kontakt mit den Menschen. Meine weise Mutter behauptete, dies sei so, weil ich die Menschen nicht genügend liebe. Sofern sich dies auf Theaterdirektoren und Theateragenten bezog, die in brutaler Selbstgefälligkeit das Feld beherrschten, oder hochmütige Kollegen, die durch ihre großen Gagen blind für den Kampf der anderen geworden waren, hatte sie recht. Berlin steckte noch das Protzentum und die Vulgarität der Inflation in den Knochen. Wer nicht durch Reklame in die Scheinwerfer des Interesses gerückt wurde, lief sich vergebens die Füße auf der Suche nach einem Engagement ab. Theaterdirektoren und Regisseure verbarrikadierten sich hinter ihren Sekretären und Bureaudienern. Einer meiner stärksten Eindrücke in späteren Jahren in London und Amerika war, daß man mühelos zu einem Direktor gelangen konnte. Die Machtstellung, welche die künstlerischen und geschäftlichen Leiter der Theater in Deutschland einnahmen, ging weit über den Rahmen ihrer Bedeutung hinaus. Eine erfolgreiche Premiere rückte nicht nur den betreffenden Regisseur, den »Star« und die übrigen Schauspieler in Regionen der Unerreichbarkeit, auch das Bureaupersonal wurde arrogant und ablehnend gegen den unbekannten Außenstehenden. Die »Sekretärin« wachte wie ein Cerberus vor den Türen der Direktion, daß nur ja kein »Neuer« dort eindringen könne. Besonders wenn es sich um Schauspielerinnen handelte. Denn solche gab es auf den deutschen Bühnen in der Überzahl.

Der zähe Kampf, den ich gegen die Theatermachthaber führte, hatte auch sein Gutes. Ich lief nicht Gefahr, satt und faul zu werden. Die legitimen Bühnen Berlins waren mir verschlossen, so suchte ich Einlaß bei einer illegitimen, dem »Englischen Theater«. Eine deutsche Schauspielerin, Adele Hartwig, die mehrere Jahre in Amerika gewesen war, hatte es gegründet mit der Idee: lerne englisch ohne zu leiden. Es gab eine kleine Anzahl deutscher Berufsschauspieler, die gut englisch sprachen und diesem

Unternehmen mit Begeisterung beitraten. Die Sache begann als Kuriosum, entwickelte sich aber im Laufe dar Zeit zu einer ernst genommenen Bühne. Jacob Thomas Grein hatte ein gleiches Experiment in London ins Leben gerufen, das deutsche Unternehmen war jedoch zäher in seiner Durchführung. Als ich nach Berlin kam, führte Adele Hartwig einmal in drei Monaten ein englisches Stück auf und es lief knapp eine Woche. In spätern Jahren fanden jeden Monat Aufführungen statt und es wurden sogar Gastspiele unternommen. Ich spielte als erste Rolle Mrs. Erlynne in »Lady Windermere's Fan« von Oscar Wilde. Zurückzukehren zu dem vertrauten Idiom der Jugend und gar noch in einer großen Rolle, war für mich eine Erregung besonderer Art. Zaghaft setzte ich zuerst meine Schritte, denn während des Krieges hatte ich natürlich kein Wort Englisch gesprochen, aber umso mehr Englisch gelesen. Ich fand mich rasch wieder in die Sprache zurück und Rolle folgte auf Rolle. Endlich fiel es den Kritikern auf, daß ich in Berlin an verschlossenen Türen klopfte, denn nachdem ich Mrs. Jones in Galsworthys »The Silver Box« gespielt hatte, schrieb das »Berliner Tageblatt«: »…der man nach dieser vor allem im Mimischen vorzüglichen Leistung endlich den ihr gebührenden Platz auch an den anderen Berliner Bühnen einräumen sollte.« Meine Methode nicht nachzugeben, schien zu wirken. Ich spielte und inszenierte ein abwechslungsreiches Repertoire.

Mit »Candida« hatten wir einen amüsanten Zwischenfall. Als das Stück bereits in Probe und die Premiere angesetzt war, kam ein Telegramm von Bernard Shaw, er habe erfahren, daß deutsche Schauspieler in englischer Sprache seine Stücke spielten und er könne dies nicht dulden. Es kostete viele Telegramme und Intervention in London selbst, bis wir endlich die Erlaubnis erhielten. Der Brief seines Agenten erklärte, Shaw könne sich nicht vorstellen, daß den Stücken Gerechtigkeit widerfahren würde. Am Morgen nach unserer Premiere erschien in der »Vossischen Zeitung« folgende Kritik: »The English Playhouse. Ich kenne London und seine Theater. Ich möchte aber das Londoner Theater kennenlernen, daß eine ›englischere‹ Aufführung von Shaws ›Candida‹ aufweisen kann, als die, die man – von deutschen Schauspielern – im English Playhouse zu sehen bekam.« Was nun Mr. Shaw? Ich machte daraus ein Feuilleton und verdiente 20 Mark damit.

Durch die englische Hintertüre war ich in das Berliner Theater hereingeschlüpft. Das war zu dieser Zeit ein Jahrmarkt, auf dem alle Arten von Waren feilgeboten wurden. Immer noch verkaufte sich in manchen Buden der Expressionismus gut, aber auch die schwüle Erotik der Inflationszeit spukte noch immer herum in der genialen Maria Orska, die bereits durch Morphium so zerrüttt war, daß ihre Leistungen mehr das Interesse klinischer Studien als schauspielerischer Gestaltung hatten. Die trüben Fluten der Inflation hatten sie an die Küste des Ruhmes geschwemmt. In ihrer kleinen geschmeidigen Gestalt mit dem rassigen Kopf und der Kinderstimme fand Direktor Barnowsky im Theater an der Königgrätzer Straße die ideale »Lulu«. Wedekinds »Erdgeist« und »Die Büchse der Pandora« erlebten im Jahre 1925 eine unerhörte Renaissance. Diese Stücke, ursprünglich dem Wedekind'schen »Idealismus« entsprungen, wurden zum Leckerbissen der Berliner. Sie ergötzten sich an der Obszönität. Die Inflation wurde Maria Orska zum Schicksal im Leben wie im Tod. Die Papier-Millionen und -Milliarden, die sie verdiente, verwirrten ihre Lebensbegriffe. Dieses geistreiche junge Mädchen, das als Studentin der Medizin angefangen hatte, kannte kein Maß und Ziel mehr, der Ruhm zerstörte ihr Leben, sie vergiftete sich mit Morphium in einem Hotel in Köln.

Klüger und besonnener war Elisabeth Bergner. Ein scharfer, kritischer Verstand hielt Wache über einem ungewöhnlichen Talent. Sie verschwendete sich nicht im Chaotischen wie die lüsterne Orska. Beide Frauen waren Jüdinnen, beide klein und zart von Körperbau, beide beherrschten das Gebiet der Erotik auf der Bühne. Die Orska durch das Animalische ihrer Triebe, die Bergner durch die Andeutung des Geistigen im Geschlechtlichen. Die Orska ging unter in den Fluten, die sie emporgehoben, die Bergner wurde nach deren Tod Alleinherrscherin des erotischen Theaters.

Berlin hatte einen großen Magen und verschlang verschiedenste Speisen. Es kochte und zischte noch in den Dramen Arnolt Bronnens und Bertolt Brechts, aber eine »Neue Sachlichkeit« hielt Einzug. Aus dem wütenden Schrei nach Lebensfreiheit war kritische Betrachtung geworden. Die Stücke Ernst Tollers, Heinrich Manns »Madame Legros«, »Rasputin«, »Die Abenteuer des Soldaten Schweyk« auf der Piscatorbühne, gaben einer Zeit Ausdruck, die erwacht war zur Kritik ihres bisherigen Regierungssystems, sie tauchten auf, sie verschwanden wieder. Die mächtige Walze ging unbarmherzig über die Werte der letzten fünfzig Jahre hinweg. Das Abtreibungsgesetz fand in Döblins »Die Ehe« einen leidenschaftlichen Kämpfer für das Recht der Frau, die ungewollte Leibesfrucht zu beseitigen, wenn Armut oder Krankheit oder beide zusammen die Geburt des Kindes unheilvoll machten. Das Bildungswesen wurde ebenfalls angegriffen, nicht mehr in abstrakt zusammengedrängten Artikulationen und lyrischen Monologen, sondern in rationalen Theaterstücken wie »Revolte im Erziehungsheim« von Peter Lampel, der in breiter Volkssprache die Autorität an den Pranger stellte.

Aus der glühenden Esse des Berliner Theaterlebens kamen auch »Der Kaiser von Amerika« von Bernard Shaw, in der turbulenten, kühnen Regie Max Reinhardts, über welche die Engländer sicherlich die Köpfe geschüttelt hätten. »Hoffmanns Erzählungen«, ein Fest der Farben und Lichter im Großen Schauspielhaus, von dem die

Zeitungen schrieben: »Reinhardt, der seit bald dreißig Jahren soviel glänzende Theaterfeste gegeben hat, feiert jetzt sein üppigstes, sein rauschendstes Fest.« Der Neger-film »Hallelujah« zog das Publikum ebenso in seinen Bann wie das dekadent graziöse Stück »Der Schwierige« von Hugo von Hofmannsthal. Über alle Grenzen hinaus trieb der Strom weiter. Nach vielen Jahren Abstinenz war der Durst nach dem Ausland groß. Die englischen Salonstücke gaben Entspannung von deutschem Sturm und Drang und das französische »Dreieck« konnte immer noch auf volle Häuser rechnen.

Erster Berliner Regieerfolg

Hier durfte auch ich endlich an der Tafel mitessen. Nach monatelangem Warten, Hangen und Bangen kam die Chance. Gustav Hartung, der Frankfurter Oberregisseur, war inzwischen Direktor des elegantesten Theaters Berlins geworden. Es gab Leute, die das Renaissancetheater mit dem kostbaren Boudoir einer Kokotte verglichen. Es war eben recht für das Stück »Coeur Bube« von dem Franzosen Nathanson. Hartung, der Freund, sagte einmal zu mir: »Leontine, hast Du Mut, ein Stück bei mir zu inszenieren? Ich glaube, Du hast die Fingerspitzen dazu, für mich ist es zu delikat.« Ich schrie: »Ja, ja!« und hätte auch bejaht, wenn es gegolten hätte, das Adressbuch zu inszenieren, so ausgehungert war ich nach Arbeit. Aber »Coeur Bube« war nichts weniger als trocken.

Paris: Eine junge Kokotte und ein älterer Herr, ihr väterlicher Liebhaber sowie ein Student, ihr junger Liebhaber. Zwischen ihnen schwang das Pendel des Liebesspiels. Carola Neher war die Kokotte. Ein faszinierendes Geschöpf, Slawin, mit hohen Backenknochen, rotem Haar und einem Körper, so schön, daß man ihrer Gewohnheit, in der Garderobe nackt herumzulaufen, dankbar war.

Der ältere Herr: Max Güstorff von den Reinhardt-
bühnen mit der Eleganz eines George Alexander und der
Kultur eines französischen Aristokraten. Der Student:
Franz Lederer. Seine erste große Rolle. Er war wenig über
zwanzig Jahre alt. Noch war er linkisch und störrisch,
aber gerade recht für seine Rolle. Er spielte sie mit großem Selbstbewußtsein, als hätte er geahnt, daß er einmal
ein Hollywood-Star werden würde. Sein Erfolg war ein-
schlagend, auch der des Stücks und sogar mein eigener.
»Coeur Bube« wurde ein Serienstück, ich selbst wartete
auf neue Arbeit. Eine Frau als Regisseur erregte Mißtrau-
en bei den Theaterdirektoren. Wie verhandelte man mit
ihr? Schlief man mit ihr oder verkehrte man mit ihr wie
mit den männlichen Kollegen? Würden sich die »Stars«
ihrer Regie fügen? Wird sie hysterische Szenen machen?
»Ich höre«, sagte ein Theaterdirektor, »die Sagan ist so
intellektuell; Frauen sollen weiblich sein; mir ist das alles
zu kompliziert, ich gebe die nächste Regie doch lieber
einem Mann.« Zur gleichen Zeit schrieb meine Mutter an
meine Schwester: »Sie kränkt sich das Herz ab. Sie hatte
einen ganz großen Erfolg und kann trotzdem keine neue
Arbeit finden. Die Theaterverhältnisse hier sind lauter
Schwindel. Die Direktoren stecken bis über die Ohren in
Schulden und die Schauspieler, mit Ausnahme der paar
Großen, sind glücklich, wenn sie überhaupt zum Spielen
kommen.«

Eine Acht-Zimmer Wohnung und zwei Dienstboten
mußten bezahlt werden. Mein Mann arbeitete bis in die
Nacht hinein über seinen Büchern und ich ging weiter auf
die Suche. Ich saß auch auf den Bänkchen vor der Türe
der allerheiligsten Filmdirektoren. In ihnen lernte ich eine
neue Art Gesellschaft kennen, die Plutokraten der Kunst-
industrie. Waren die Theaterdirektoren ablehnend, so hatten sie doch wenigstens schon einmal meinen Namen
gehört und »bedauerten«, nichts für mich tun zu können.
Aber die Herren vom Film kannten natürlich nur die

Namen der Lichtreklame. Hatte man erst einmal seine Wut heruntergeschluckt, so war es ganz unterhaltsam, auf dem Wartebänkchen zu sitzen und die »Arrivierten« und die »Enttäuschten« an sich vorüberziehen zu lassen. Zuweilen kam dann auch ein bepimpelter Bureauknabe und murmelte: »Herr Direktor läßt bitten.«

Man sah sich einem mehr oder weniger korpulenten Herrn gegenüber, mit der legendären Zigarre im Munde, der zerstreut in Briefen blätterte oder auch durchs Telephon sprach. Eine müde Handbewegung begleitete die schicksalsvollen Worte: »Lassen Sie bitte Ihre Adresse im Bureau.« Nach wenigen Minuten war man wieder draußen. In die Obskurität solcher Demütigungen schoß dann ein Telegramm: »Sind Sie frei ›Coeur Bube‹ sofort hier zu inszenieren. Kammerspiele München.« Ob ich frei war? Ich stürzte mit dem Telegramm zu meiner Mutter: »Mama, ich fahre morgen nach München, soll dort inszenieren, kommst Du mit?« Wie liebte ich dieses Aufleuchten in ihrem Gesicht, wenn es galt, eine Reise mit mir zu machen. »Aber es wird sehr teuer sein, wenn ich auch mitfahre.« Auf meine ungeduldige Antwort: »Ich verdiene ja wieder Geld«, kommt ihre noch immer zögernde: »Morgen schon sollen wir fahren? Man muß doch vorbereiten, wer wird nach dem Haushalt sehen?« Mein Mann, der zugegen war, löste das Problem: »Fahrt nur los, ich werde alles besorgen.« Und am nächsten Tag reisten wir ab. Glückliche Tage der Unterbrechung, Ausflüge an den Chiemsee, zu den Schlössern Ludwigs von Bayern, Wanderungen durch die Wälder, Nachmittage im Hofgarten und zurück zu den Proben im Theater. Es war ein Aufatmen, erneuter Glaube an sich und die Welt war wieder schön.

In Berlin begann sich die Dunkelheit etwas zu lichten: Curt Goetz forderte mich auf, in seinem Stück »Der Lügner und die Nonne« die Rolle der Äbtissin zu spielen. Ich nahm das Angebot gern an. Die Rolle gab Gelegenheit, gut zu sprechen und sich eindrucksvoll zu bewegen – meine beiden Steckenpferde. Wir eröffneten Weihnachten in Berlin und spielten bis zum Frühjahr. Dann zogen wir auf Gastspiele nach Süddeutschland, mitten in den Frühling hinein. Curt Goetz und seine Frau Valerie von Martens waren entzückende Menschen. Wir nannten sie »Chef« und »Chefin«. Der »Chef« war auf der Bühne ein Charmeur, sein Lächeln und sein Schalk bestrickten das Publikum. Hinter der Bühne und auf den langen Fahrten im Eisenbahnwagen mußte er sich zuweilen davon ausruhen und dann war er – wie man sagt – vermiest. »Lache Bajazzo usw.« Manchmal ging es vorüber, manchmal zog es sich in die Länge, das Gesicht und der Zustand, je nach dem Wetter. Schien die Sonne, war unser Chef vermiest, regnete es, heiterte er sich auf, weil nämlich die Witterung auf die Theaterkasse eine umgekehrte Wirkung ausübte wie auf die Barometersäule. Die »Chefin« war süß; zierlich, liebenswürdig, hilfsbereit. Auf der Bühne spielte sie die kleinen schillernden mondänen Kätzchen, im Coupé strickte sie leidenschaftlich Jumpers. Auch in der Garderobe und vor ihrem Auftritt strickte sie, bis das Stichwort fiel. Der Inspizient mußte sehr achtgeben, denn es kam vor, daß sie durch eine runtergefallene Masche ihren Auftritt versäumte. Curt Goetz und Valerie von Martens bleiben mir in innigster Erinnerung. Wahre Künstler und humorvolle, warmblütige Menschen.

Kurze Zeit nach meiner Rückkehr von der Goetz-Tournee wurde mir ein Manuskript zugeschickt »Gestern und Heute« (daraus wurde später der Film »Mädchen in Uniform«). Die Verfasserin war Christa Winsloe. Die Unnahbarkeit der Berliner Theaterdirektoren bewirkte zuweilen, daß unbekannte Schriftsteller ihr Glück bei den Idealisten und Enthusiasten versuchten, die, wenn ihnen ein Stück gefiel, bereit waren, es ohne Bezahlung aufzuführen. Damit war dem unbekannten Autor gedient, den engagementlosen Schauspielern und dem ehrgeizigen

Regisseur. Auf diese Weise konnte vielleicht doch der Lichtstrahl einer neuen Begabung zu einem Theaterdirektor dringen.

Mir gefiel das eigenartige Stück sehr. Ich lernte Frau Winsloe kennen. Sie gehörte den höhern Gesellschaftskreisen an, kannte die »großen Leute«, und es wunderte mich, daß es sogar ihr nicht gelungen war, bei den Direktoren vorzudringen. Sie sei vorgedrungen, sagte sie mir, aber Direktor Victor Barnowsky traue sich nicht, das Stück aufzuführen, wegen des lesbischen Themas. Ich witterte dahinter die übliche Ausrede. Denn es gab zur Zeit keine Bühnenzensur und das lesbische Stück »Die Freundin« von Edouard Bourdet, um dessentwegen in New York die Schauspielerin und der Regisseur verhaftet wurden, hatte in Berlin mit Helene Thimig einen durchschlagenden Erfolg. Nein, das konnte nicht der wahre Grund sein. Ich glaubte, ihn zu erraten. »Gestern und Heute« war ein originelles Stück, ein wahrheitsgetreues Stück, aber unfertig in technischer Beziehung, anfängerhaft im szenischen Aufbau. Diese Mängel waren ein Teil seines Reizes, seiner Echtheit, wie man bei einem Kind die spröde Gebärde nicht vermissen möchte. Aber für den Direktor eines Großstadttheaters war dieses Stück ein Risiko. Die vier Wochen Proben, die man daran setzen müßte, die Gagen der Schauspieler belasteten solch ein Abenteuer zu sehr. Und wäre es denkbar, daß bei dem vielfältigen, raffinierten Spielplan, den die Berliner Bühnen pflegten, sich ein Publikum fände, das sich für die Leiden eines Schulmädchens interessieren würde? Das kommerzielle Theater konnte solch ein Wagnis nicht unternehmen, die Enthusiasten hingegen, die Schauspieler und ihr Regisseur, die ohne Bezahlung ihre Dienste gaben, hatten nichts zu riskieren. Und doch, sie hatten etwas zu riskieren, würden die vielbeschäftigten Theaterdirektoren und die maßgebenden Kritiker gerade an dem Abend frei sein, an welchem das Stück zur Aufführung käme? Denn die Selbstlosigkeit aller Beteiligten war natürlich ein Mittel zum Zweck. Ich hatte bereits angefangen, mich mit dem Stück zu beschäftigen, als Frau Winsloe mich aufgeregt antelefonierte, Direktor Barnowsky sei nun doch bereit, das Stück an seinem Theater herauszubringen und wünsche mich zu sprechen.

Unter den anerkannten Theaterdirektoren Berlins war Direktor Barnowsky vielleicht der am wenigsten »berufene«, im Sinne von Theaterbesessenheit und des aus Leidenschaft ergriffenen Berufs. Er stammte aus einer angesehenen, vermögenden jüdischen Familie, war kultiviert und gebildet und konnte es sich leisten, die anfängliche Laufbahn eines kleinen Schauspielers mit der eines Direktors zu vertauschen. Außerhalb des Theaters, im gesellschaftlichen Verkehr, war er charmant und liebenswürdig, aber innerhalb der Bühnensphäre, sei es als Direktor oder als Regisseur, verriet er eine innere Unsicherheit, die irritierend auf künstlerische Temperamente wirkte. Der Direktor von Geblüt, der »Theatermensch« wird oft ordinär und direkt, ein erboster Schauspieler kann ihm also ebenso direkt im Zornesausbruch ein paar Schimpfworte an den Kopf werfen, ohne daß auf beiden Seiten Verlegenheit entsteht, aber dem feinen Herrn »Sie Grand Seigneur« entgegen zu brüllen, verpufft gänzlich ohne Wirkung. Nebst dem Unbehagen, das ich gegenüber Direktor Barnowsky empfand, hatte ich auch Mitleid mit ihm. Er ahnte nicht, daß die Schauspieler sich über ihn lustig machten. Er rückte nicht nahe an sie heran, weil er nicht zu ihnen gehörte. Dies galt besonders von den noch nicht arrivierten. Im Verkehr mit den Erfolgreichen hingegen machte der Respekt vor materieller Sicherheit und öffentlicher Anerkennung einen andern Menschen aus ihm. Leider war diese Charaktereigenschaft vielen jüdischen Theaterdirektoren gemeinsam – und nicht nur Theaterdirektoren.

Ich folgte Direktor Barnowskys Einladung, ihn im Bureau aufzusuchen, mit nervösem Herzklopfen. Umso mehr überraschte mich die Liebenswürdigkeit, mit der er mir zum Erfolg von »Coeur Bube« gratulierte, sich nach dem English Playhouse erkundigte und mich schließlich für das Stück »Gestern und Heute« als Regisseurin engagierte. Die Proben begannen. Wir hatten ein ausgezeichnetes Ensemble, mit dem ich mich gut verstand. Leider konnte es sich Direktor Barnowsky nicht abgewöhnen, mir in meine Regie dreinzureden, und es war wenig Trost, daß mir die Kolleginnen versicherten, er pflöge diese Gewohnheit auch bei »männlichen« Regisseuren. Er hatte den Trick, meine eigenen Ideen, die er aus Gesprächen mit mir kannte, in etwas veränderter Fassung diktatorisch auf die Bühne zu kanonieren, um meine Autorität zu untergraben. Ich machte kein Hehl aus meinem Mißfallen. Vier Wochen lang folgte Krach auf Krach und es blieb mir und den anderen unverständlich, daß er mich nicht hinausschmiß oder daß ich nicht freiwillig ging. Ich hatte alle Ursache, dankbar für beides zu sein, denn die erfolgreiche Premiere war der Anfang zu dem Film »Mädchen in Uniform«, der mir die Welt eröffnete.

Als Filmregisseurin von »Mädchen in Uniform«

Im Leben der Theaterleute spielt das Telefon eine wichtige Rolle. Jeder Anruf kann die »Zukunft« bedeuten. Eines Tages klingelte mein Telefon:

»Hier Carl Froelich-Studio… Können Sie morgen vormittag nach Tempelhof herauskommen?«

Der Hörer zitterte etwas in meinen Hand.

»Wie war der Name?«

»Carl Froelich, Direktor der Deutschen Film Gemeinschaft.«

»Danke, ich werde um zwölf Uhr draußen sein.«

Ich stürzte aufgeregt in das Arbeitszimmer meines Mannes.

»Endlich bekomme ich eine Rolle im Film, man hat mich soeben angerufen. Was soll ich anziehen? Soll ich mich auf ›dämonisch‹ herrichten oder auf ›Dame?‹«

Mein Mann antwortete lakonisch: »Auf Leontine Sagan.«

Diese Person betrat mit wankenden Knien das große helle Bureau des Filmdirektors Carl Froelich. Aber ich wurde sogleich beruhigt, als ein sympathisch aussehender älterer Herr mit mir zu sprechen begann. Seine Art war heiter und humorvoll, wir sprachen über das Stück »Gestern und Heute«, er lobte meine Regie, behauptete, er hätte sogleich die Hand einer Frau herausgespürt und noch immer wußte ich nicht, warum er mich eigentlich hatte kommen lassen. Da fragte er:

»Würden Sie die Filmregie dieses Stückes übernehmen?« (Ist er verrückt? Bin ich verrückt?)

»Ich will dieses Stück für den Film kaufen und möglichst dieselbe Besetzung beibehalten. Das Filmmanuskript würde von meinen Mitarbeitern zusammen mit der Autorin unter Ihrer und meiner Aufsicht verfaßt werden. Aber ich möchte vor allem *Sie* für die Regie.«

Ich hatte die Sprache wiedergefunden:

»Herr Froelich, ich bin noch nie in einem Filmatelier gewesen, die Filme, die ich bisher gesehen habe, könnte ich an meinen Fingern abzählen. Ich habe mich nur für Rollen im Film interessiert, um Geld zu verdienen. Und dies ist mir nicht gelungen.«

»Umso besser. Sie werden frisches Blut hereinbringen.«

»Aber ich verstehe nichts von der Technik.«

»Dafür bin ich da. Außerdem werden Sie das in wenigen Tagen begriffen haben. Also wollen Sie?«

Ich mit gemachter Würde: »Ja, danke.«

Meine Würde verließ mich, als ich wieder auf der Straße war. Von Tempelhof nach dem Rüdesheimer Platz, wo ich wohnte, kann man mit der Stadtbahn, der Unter-grundbahn, dem Omnibus oder abwechselnd mit allen dreien fahren. Ich ging zu Fuß. Nein, ich *lief* zu Fuß, denn ich war zu aufgeregt, um still in irgendeinem der Vehikel zu sitzen. Zu Hause stammelte ich meine Neuigkeit expressionistisch hervor: ... Regie ... Film ... Das Winsloe Stück ...

Ich nahm mir keine Zeit, die Sätze logisch aneinander zu reihen.

Die Vorbereitungen zur Arbeit, mit Abfassung des Manuskripts und Engagement der Schauspieler, nahmen ungefähr zwei Monate in Anspruch. Frau Winsloe setze es durch, daß Hertha Thiele, eine junge Schauspielerin aus Leipzig, für die sie erfolglos bei Direktor Barnowsky in der Theaterbesetzung gekämpft hatte, für die Rolle der »Manuela« engagiert wurde. Für das »Fräulein von Bern-burg« wurden viele Filmgrößen versuchsweise photogra-phiert, die unbekannte Dorothea Wieck machte das Ren-nen. Für die Vorsteherin des Potsdamer Internats war Emilie Unda die ideale Vertreterin. Es war ein neuer Beruf, den ich erlernen mußte, und ich ging an diese Arbeit mit großer Willenskraft heran, ja, ich entdeckte zu meinem Erstaunen, daß ich Talent für den Film hatte. Was ich auf der Bühne in dem technisch schwachen Stück nicht entwi-ckeln konnte, weil der begrenzte Raum es nicht zuließ, weil die Gesetze des Theaters Beschränkung forderten, konnte ich nun voll entfalten. Carl Froelich sagte zu mir: »Notieren Sie sich jeden Einfall, fürchten Sie sich nicht, ich werde alles prüfen, wenn es wirkungsvoll ist, wird es gedreht.« Bei jeder unserer Konferenzen erschien ich mit einem Packen Notizen und Papieren, desgleichen Christa Winsloe. Sie wurden durchgesprochen, und waren sie *Film*, so gingen sie ins Manuskript. Auf diese Weise wurde das Stück an Details reicher.

Es reizte mich, der Realität ganz nahe an den Leib zu rücken, und so erschlich ich mir Zutritt in ein großes Potsdamer Internat, das als Vorbild preußischer Erziehung galt. Meinen Besuch begründete ich mit dem Vorwand, daß ich für die Tochter einer Freundin in Deutsch-Südwestafrika eine Erziehungsanstalt suchte. Daraufhin wurde ich bereitwilligst durch alle Säle geführt und konnte die Zöglinge original beobachten. Die wenig schöne Düpierung der freundlichen Vorsteherin ging auf Rechnung der Kunst. Ein andermal fuhr ich nach Potsdam, um die große Stiegentreppe zu suchen, von der herunter sich Manuela stürzen will. Ich fand sie in der alten Friederizianischen Kadettenschule. Die Behörden verweigerten die Erlaubnis, sie für Filmzwecke zu »profanieren«. Carl Froelich wollte keine Komplikationen mit dem Staat und schlug eine andere Treppe vor, aber ich war so besessen von dieser besonderen, daß ich nicht nachließ, bis wir die Bewilligung erhielten. Dieses Stiegenhaus muß eine zwingende Atmosphäre gehabt haben, denn wir erfuhren später, daß sich dort, vor zweihundert Jahren, ein junger Knabe wegen zu strenger militaristischer Disziplin in den Tod gestürzt hatte. Ob wahr oder Erfindung, die Geschichte paßte gut zu meinem Film.

Die Aufnahmen begannen, und vom ersten bis zum letzten Tag fanden wir Anregung und Freude an der Arbeit. Carl Froelich hatte recht, ich fand mich überraschend schnell in die Routine des Films. Das Manuskript war so gut vorbereitet, die Szenen so gründlich geprobt, daß die Drehzeit nur drei Wochen dauerte. Bei den ermüdenden Wiederholungen vor der Kamera, die mir persönlich grauenhaft waren, erwies sich die junge Hertha Thiele als ein künstlerisches »Medium«, das sich zu jeder Zeit in die richtige Stimmung versetzen konnte und auch beim zehnten Selbstmordversuch ihre ursprüngliche Inspiration bewahrte. Dorothea Wieck hingegen wurde zapplig und verwirrt und mußte beständig beruhigt werden. Emilie Unda, eine Schauspielerin großen Formats, beherrschte ihre Kunst so souverän, daß sie nicht der »Stimmung« bedurfte. In diesem Ensemble, das vornehmlich aus Frauen bestand, waltete eine Solidarität und eine Begeisterung, die sich auf die Leinwand übertrugen. Carl Froelich stand mir als Berater zur Seite, ließ mir aber künstlerisch völlig freie Hand. Finanziell war die Sache auf Arbeitsgemeinschaft gestellt. Carl Froelich war selbständig, er hatte nichts mit der »Ufa« zu tun und also keine Millionen zur Verfügung. Er hatte als Regisseur und Direktor der Deutschen Film Gemeinschaft bereits ansehnliche Erfolge erzielt, aber sein Studio war noch klein und bescheiden. Ich und die Schauspielerinnen waren auf Prozentualbeteiligung engagiert, und da wir alle in der großen Filmwelt unbekannt waren, stellten sich die Prozente, die uns zukamen, nicht sehr hoch. Mein Verdienst als verantwortliche Regisseurin betrug ungefähr zweitausend Mark. Diese Seite der »idealen Zusammenarbeit« war etwas weniger ideal, aber ich sah damals vollkommen ein, daß mir die Chance zu einer großen Zukunft gegeben war und daß das Geld keine Rolle spielen dürfe.

Die künstlerische Arbeit mit Carl Froelich war so befriedigend und in die Zukunft deutend, daß ich über pekuniäre Nachteile gerne hinweg sah. Wäre der Nazismus in Deutschland nicht gekommen, so hätten sich die prozentualen Einnahmen für mich automatisch gesteigert, aber ich verließ Deutschland im Jahre 1932, lange bevor der Film seine Attraktion erschöpft hatte und die schöne Gesetzgebung Hitlerdeutschlands mir die Möglichkeit nahm, über die nachträglichen Beträge zu verfügen. Die Haupterträgnisse gingen ohnehin in die Kasse von Carl Froelich. Spaßig erscheint es mir, daß ich knapp vor meiner Abreise nach England zu Beginn des Jahres 1932 von der preußischen Filmkammer in ein Komitee zur künstlerischen Zensur gewählt wurde. Die Wege des Herrn sind sonderbar. Am sonderbarsten war es, daß sie mich aus Deutschland herausgeführt hatten, noch ehe der Sturm über das Land losbrach. Freilich kam das Brausen näher und näher, und als meine Mutter eines Tages vom Spaziergang heimkehrte und uns erzählte, daß sie im Grunewald zwei junge Männer mit Hakenkreuzen getroffen und daß sie ihnen »Pfui« ins Gesicht gerufen, erschraken wir vor der Kühnheit der 75jährigen Frau. Aber im Theater und im Film vereinte die gemeinsame Arbeit noch immer Juden und Nichtjuden.

Es war gut, das ich nicht wußte, mein Leben in Deutschland würde bald beendet sein, denn der Abschied wäre mir damals schwer geworden. Ich bildete mir wie so viele andere ein, daß ich dazu gehörte. Es war ein reiches Leben, trotz Sorgen und Enttäuschungen. Im Theater hatte ich Wurzeln gefaßt und Städte und Landschaften gehörten mir wie jedem anderen. Es bleiben Erinnerungen an das Land, an Menschen, an herrliche Theateraufführungen, die sich in den Teppich meines eigenen Lebens verwoben. Vielleicht treten aus diesem die Schauspieler farbiger und körperlicher hervor als die Freunde, die man verloren hat. Mein Weltbild war immer mehr ein ästhetisches als ein reales. Duft und Farbe galten mir mehr als die Dinge an sich. Eine zeitlang wurde dieser Duft allerdings zum Gestank und die Farbe zum Geschmier, aber ich bin froh, daß ich heute imstande bin, mein vergangenes Leben in Deutschland im Spiegel meines Berufs zu sehen, des Theaters, das die Dinge abrückt von der Wirklichkeit und sie in eine höhere Sphäre versetzt. Im Theater gibt es eine Art Freimaurertum. Viele meiner früheren Kollegen mögen Nazis geworden sein, aber ich weiß, daß sie vor allem Schauspieler sind, und darum bleiben sie auch in meiner Erinnerung vor allem Schauspieler.

Abschied vom deutschen Theater

Es gab in Deutschland eine Schauspieleraristokratie, die Bedeutung und Ansehen hatte nicht nur wegen der oberflächlichen Bewunderung des Theaterpublikums. Ein großer Künstler identifiziert sich mit seinem Beruf, dem er als oberster Vertreter vorsteht. Seine Persönlichkeit verband sich mit den Dichtern, deren Gestalten er verkörperte, und ging über in das Bewußtsein der Menge. Das will nicht sagen, daß der betreffende Schauspieler nur in einer bestimmten Rolle zu seiner vollen Totalität gelangte. Von den vielen hundert Rollen, die ein großer Schauspieler im Laufe seines Lebens spielt und in denen er von seinem Publikum gesehen wird, kann nicht jede einzelne in Erinnerung bleiben. Was übrig bleibt, ist die Emanation der schauspielerischen Persönlichkeit.

Albert Bassermann beherrschte wahrhaft königlich ein Gebiet, das von Shakespeare bis zur Posse reichte. Sein »Othello« hatte den Schrei des Wilden, sein »Striese« die Komik des Schmierenkomödianten. In ihm war die glücklichste Vermählung eines stählernen Intellektes und bewegtester Leidenschaften. Aus diesem Schmelzofen kamen seine Gestalten in vollendeter Form.

Bei Ibsen und Hauptmann hatte er angefangen, die Zeitströmung führte ihn zu Sternheims Stücken, im »Snob« und »1913« stand er auf dem Gipfel seiner Kunst. Hier gab er der vom Dichter nur als Karikatur gesehenen Gestalt des deutschen Emporkömmlings eigenes Fleisch und Blut, er hob ihn über die Grenzen Deutschlands in die Bezirke der internationalen Welt. Bassermann war vor allem Mensch, aber mehr noch als bei anderen deutschen Schauspielern spürte man in seiner Persönlichkeit Europäertum, Verständnis und Gefühl für die Werte außerhalb seiner Heimat. War es Zufall, daß er eine Jüdin zur Frau hatte und es vorzog, Deutschland freiwillig zu verlassen, als die Nazis ihre Herrschaft antraten?

Paul Wegner kam aus Ostpreußen und trug in seinen Zügen einen deutlichen slawischen Einschlag. Er war schwerblütig und hatte in seinem Gesicht etwas von einem Mongolen. Immer waren es die dumpfbrütenden Menschen, die in seiner Gestaltung Vollendung fanden. Sein Holofernes in Hebbels »Judith«, Kandaules in »Gyges und sein Ring« und der unvergeßliche »Golem« im Film, dem er die Tragik eines dumpfen Tieres gab, das in der Dunkelheit des eigenen Blutes lebt und nicht zum Licht gelangen kann.

Albert Steinrück stand zwischen Bassermann und Wegner in der Kraft und Wucht einer Rodin'schen Skulptur. Bis hinauf zum eckigen Kopf mit den stahlblauen Augen und dem markigen Mund war sein Körper wie aus Stein gehauen. Aber der Kopf dachte und die Seele in dieser wuchtigen Hülle litt. Sein »Kollege Crampton« war groß und erschütternd, weil er den Verfall eines Genies zutiefst verstand. Etwas vom Wahnsinn Nietzsches war in ihm; seine Augen flackerten, und als ich bei seinem Gastspiel in Frankfurt Gelegenheit hatte, seine Partnerin in Strindbergs »Totentanz« zu sein und in »Grabbe« von Hanns Johst, fürchtete ich mich vor ihm. Unvermittelt sagte er zu mir nach einer Vorstellung: »Willst Du heute nacht mit mir schlafen?« Ich erwiderte: »Nein«. Darauf er, mit Flehen in der Stimme: »Dann komm und sprich wenigstens mit mir.« Wir gingen durch die leeren Straßen der Stadt, wortlos, er vor sich hinstierend, ich verlegen und furchtsam. In einer Anlage setzten wir uns auf eine Bank. Sein Körper sackte zusammen und bebte in Schluchzen. »Angst« murmelte er vor sich hin, »ewig diese Angst.« »Angst – wovor?« fragte ich schüchtern, obgleich ich zu erraten meinte, was ihn ängstigte. »Vor mir, vor dem Chaos, vor dem Unverständlichen.« Das war Steinrück, der Mensch im Schauspieler.

Denkt man an Werner Krauß, so hört man vor allem die Stimme. Kein »schönes Organ« im Sinne des Theaters, eher ein Instrument, auf dem er die Symphonie von Geist und Gefühl in allen Harmonien und Dissonanzen zu spielen vermochte. Diese merkwürdige Stimme versetzte reale Begebenheiten in das Reich des Fantastischen und konnte wiederum das gesprochene Wort dem Hörer so eindringlich nahe bringen, daß man sich einbildete, die Gedanken wüchsen im eigenen Kopf. Dem Zuschauer wird es wohl nie ganz bewußt, wie sehr die Stimme eines Schauspielers Voraussetzung für dramatisches Erleben wird. Und wie wenige Regisseure begreifen, daß jede Stimme eine ganz gewisse Persönlichkeit in sich trägt, daß in einer Aufführung, die nicht auf Stimmen Bedacht nimmt, die Töne falsch klingen wie Mißlaute in einem Musikstück. Eine sogenannte »schöne« Stimme kann eine Rolle ebenso zugrunde richten wie eine banale. Vollkommene Einheit mit dem dargestellten Menschen gab die Stimme des Werner Krauß. Nur so und nicht anders konnte Wallenstein sprechen. Hinter seinen Worten spürte man das Transzendentale des Helden, der aus den Sternen sein Schicksal liest. Oder die kühle Ironie des Cäsar in Shaws »Caesar und Cleopatra«, in der eine melancholische Resignation vibrierte. Es war die Stimme eines Aristokraten, für den das englische Wort »aloof« am bezeichnendsten ist.

Die Sprache nicht nur zu sprechen, sie von Innen heraus zur Trägerin des Charakters zu machen, war die große Kunst des Komikers Max Pallenberg. Aus diesem tragischen Harlekin sprudelten die Worte abgehackt, zerrissen und taumelnd heraus, die sich widerwillig zu Satzgefügen bildeten und den Zuhörer in atemloser Spannung hielten. In Spannung der Komik und in Spannung der Tragik. So war sein »Eingebildeter Kranker«, so sein »Rappelkopf« und die unvergeßlichen Pallenberg-Rollen.

Erdwarm waren die drei größten Schauspielerinnen aus der Schule des Naturalismus: Else Lehmann, Lucie

Höflich und Käthe Dorsch. Sie stellten die Dreieinigkeit dar: Mutter – Frau – Mädchen. Else Lehmann war vielleicht die größte unter ihnen, weil sie die menschlichste war. Das Wort »Mutter« hätte für sie erfunden werden können. Und diese Frau war kinderlos. Kann mehr über ihre menschliche Gestaltungskraft gesagt werden?

Lucie Höflich spielte in ihrer Jugend Goethes Gretchen, wie es nur auf deutschem Boden blühen kann. Trotz aller Gestalten, die sie in den Jahrzehnten aus ihrem großen, stark schlagendem Herzen schuf, im Bewußtsein des deutschen Publikums blieb sie ewig »Gretchen«. Vielleicht weil man so gerne an die Jugend denkt. Ihr »Weibsteufel«, ihre »Rose Bernd« waren das gerade Gegenteil vom Gretchen, aber Saft und Kraft wuchsen aus dem gleichen Boden: der deutschen Erde.

Die junge blühende Frau mit der weichen Sinnlichkeit und den lachenden Augen, das ewige Ideal des deutschen Bürgers, stellte die Münchnerin Käthe Dorsch dar. Legitim in ihrer gesunden Sinnlichkeit, lebensberauscht ohne orgiastisch zu sein, klug ohne dominierenden Intellekt führte sie zurück zur Natur, zum Glauben an die »deutsche Frau«, in einer Zeit, die stark nach der Bordellatmosphäre der Inflation roch.

Neben diesen drei Idealtypen des deutschen Volkes standen die Mischrassen, die Österreicherinnen, die Jüdinnen. Königin aller: Fritzi Massary. Diese Frau ließ das Herz der verrostetsten Spießer hüpfen. Sie hatte ein Lächeln, eine Schmiegsamkeit, die nur von Wien herkommen konnte, wo Grazie gleichzeitig Herz bedeutet. Von dort brachte sie jene Musikalität mit, die Ausdruck des Körpers und der Seele wird, und die Tatsache, daß sie »nur« Operettensängerin war, änderte nichts an der Meisterschaft ihrer Menschendarstellung. All diese »Lustigen Witwen«, »Teresinas«, »Madame Pompadours« füllte sie mit einem Temperament und einer Echtheit, die Schemen zu Gestalten umwandelte. Sie verließ sich durchaus nicht

auf die ihr von der Natur gegebenen Gaben – eine reizvolle Erscheinung und eine herrliche Stimme – sie meis-
terte diese Gaben mit technischer Vollendung. Zur Stimme gesellte sich subtile Schauspielkunst, die ihr später, als
sie zum Schauspiel überging, sofort einen ersten Platz auf
der Bühne einräumte.

Sie gab St. John Ervines »Die erste Frau Fraser« eine
Schalkhaftigkeit und frauliche Weisheit, die Shaws »Candida« nahe kam. Wer die »Massy« in Deutschland kannte,
dem mußten die Augen feucht werden, als er sie in London in Noël Cowards »Operette« wiedersah. Sie war der
Erfolg des Abends, die Kritiker erkannten ihren Wert,
aber was wußte man von dieser Künstlerin, die versteckt
hinter der Maske einer alt gewordenen Lebedame mühe-
voll englisch sprach. Wohl den Künstlern, die auf eigenen
Boden, in ihrer eigenen Sprache alt werden dürfen!

Elisabeth Bergner hatte sensationelle Erfolge im Ausland. Es kennt sie und kennt sie doch nicht. Denn auch sie
ist herausgerissen aus ihrer Sprache, die ihr so fest an den
Leib gewachsen war wie ihre Haut. Ihr Tonfall, ihre
gedehnten Vokale gehörten ihr allein. Was in der englischen Übertragung unnatürlich klang, war in ihrer eigenen Sprache unverwechselbare Eigenart.

Die grundberlinerische Lucie Mannheim mußte in
London fremd wirken, trotz ihres Erfolges in dem Reißer
»Nina«. Die Mannheim wurzelte in Berliner Volkstypen,
sie war eine deutsche Gracie Fields. So sehr hatte das
Judentum der letzten hundert Jahre das Deutschtum
absorbiert, daß eine jüdische Schauspielerin die erfolg-
reichste Vertreterin nichtjüdischer Volkstypen wurde.

Niemand konnte deutscher aussehen als die Halbjüdin
Grete Mosheim. Sie gehörte zum jüngsten und modernsten Nachwuchs. Auch sie wurde herausgeschleudert aus
ihrem heimatlichen Boden und mußte viel Herzweh in
der Fremde erleiden. Ich lernte sie erst in London kennen,
gelegentlich meiner Regie von »Two Share a Dwelling«

von Alice Campbell. Ich hatte die Mosheim aufgefordert, die Hauptrolle darin zu spielen, eine Frau, halb Madonna, halb Dirne; eine Art weibliche »Jekyll and Hyde«. Wir eröffneten in Glasgow. Ich hatte schon öfter Stücke dorthin als Regisseurin begleitet, aber nie vorher einen solch spontanen persönlichen Erfolg miterlebt, wie er der Mosheim vom Publikum zuteil wurde. Am Morgen schrieb die Hauptzeitung: »Her playing is the sort of perfection that must have been possessed by Duse or Bernhard. It seemed to grip the audience with a sad fascination that I personally have never experienced in the theatre.« Als wir nach vierwöchentlicher Tournee im St. James Theatre in London eröffneten, klatschte am Ende der Vorstellung eine begeisterte Zuschauerschar. Aber am darauffolgenden Sonntag verriß Londons maßgebendster Kritiker, James Agate, Stück und Mosheim in tausend Fetzen. Beide wurden von der Londoner Bühne weggefegt. Die Verurteilung durch einen fremden Kritiker muß eine Schauspielerin natürlich noch härter treffen als die harten Worte des heimatlichen. Die Mosheim »couldn't take it«, wie man im Englischen sagt.

Es ist für jeden von uns Theaterleuten lehrreich, die gesammelten Schriften früherer Kritiker, William Hazlitt, Charles Lamb, William Archer, Ludwig Speidel, Hermann Bahr etc. zu lesen, und jedem muß auffallen, daß diese weitaus mehr Respekt und Geduld für den Schauspieler übrig hatten als die Kritiker der letzten 30 Jahre. Ihre Äußerungen sind oft scharf, aber nicht voll persönlicher Bosheit. Heutzutage scheint der Kritiker größere Freude an seiner eigenen Macht zu haben als am Theater selbst. Freude an seiner Macht, die Opfer entweder in den tiefsten Abgrund zu schleudern oder in die Höhen eines plötzlichen Ruhmes empor zu reißen, in dessen dünner Luft der Schauspieler dauernd nicht atmen kann und, dem Gesetz der Schwere folgend, bald wieder auf seinem Allerwertesten landet. Jede Großstadt hat eine Anzahl

Kritiker, unter denen »der« literarische Kritiker unumschränkte Herrschaft ausübt. Seine Kollegen mögen klug, geistreich und gerecht in ihrem Urteil sein, aber nur der, welcher die lautesten Zischlaute von sich gibt, bleibt in der Erinnerung des Publikums haften und gräbt den Stachel seiner Feder in das Herz des Schauspielers. Es liegt im Wesen eines Künstlers, daß er dem Tadel mehr glaubt als dem Lob, aber ich möchte wissen, wieviele Schauspieler durch eine Kritik wirklich profitieren. Es wird ihnen auf so abrupte Weise gesagt, sie seien übertrieben, langweilig, konventionell, oder andererseits schlicht, interessant, originell, daß diese ihnen zugeworfenen Brocken von der Tafel eines literarischen Kritikers ihren Hunger kaum stillen können. Das Freimaurertum der literarischen Kritiker scheint darin zu bestehen, den Schauspieler als Wetzstein zu benutzen, um den eigenen Witz an ihm zu schleifen, im Lob wie im Tadel. In der Kritik über das Stück selbst, sei es noch so schlecht, ist der Kritiker in der Regel doch gezwungen, sein Urteil zu begründen und ins Detail zu gehen. Er versteht meist mehr von der Literatur als von der Schauspielerei. Jene hat er vielleicht irgendwann auf einer Universität studiert, diese beurteilt er aus der Erfahrung unzähliger Theatervorstellungen, die im Laufe der Jahre an ihm vorüberziehen. Ist es möglich, bei so vielfachen Wiederholungen ein frisches, unvoreingenommenes Urteil zu bewahren? Der Verlockung der Macht zu widerstehen, der Herde Publikum zu diktieren, was es loben, was es tadeln darf? Gewiß, es gibt Ausnahmen unter ihnen, Männer mit Verantwortungsgefühl und einer großen Liebe für das Theater. Aber sie sind selten unter den »Mode-Kritikern« zu finden. Ich bin überzeugt, daß der strebende Schauspieler sich einen Kritiker ersehnt, bei dem er Verständnis für die Schauspielkunst finden kann, ohne Zutaten von beißenden Beleidigungen. In der gläsernen Welt des Theaters ist der »Outsider« von großer

Wichtigkeit, der Mann, der in Verbindung mit der realen Welt steht und sie in Beziehung zur idealen Welt des Theaters bringt. Der Mann, der dank seiner Bildung und seiner überlegenen Stellung das Theater von einer Warte beobachtet, der rund um sich schaut und nicht, wie Schauspieler und Regisseur, eingeschlossen lebt zwischen den Mauern des Berufs.

Abenteuer London

Von meiner letzten Tätigkeit in Berlin, der Filminszenierung »Mädchen in Uniform«, zum neuen Lebensabschnitt in London war ein weiter Sprung. Alexander Korda, der eben seine London Film Productions gegründet hatte, kam nach Berlin, um sich nach Talenten umzusehen. Er hatte von »Mädchen in Uniform« gehört und wünschte mich kennen zu lernen. Scheinbar gefiel ich ihm, denn er engagierte mich nach einstündiger Bekanntschaft. Mir jedenfalls gefiel dieser geistreiche, energische Mann außerordentlich, und das Engagement nach England war für mich ein umso größeres Glück, als Hitler bereits vor den Toren stand. Im Carl Froelich-Studio war man überrascht und etwas verärgert, besonders, da ich gleichzeitig von der Londoner Film Society eine Einladung erhielt, der Vorführung von »Mädchen in Uniform« persönlich beizuwohnen und einen Vortrag zu halten. Die »begabte junge Anfängerin« war Carl Froelich sympathisch, die selbständige Regisseurin, unter deren Namen der Film in die Welt ging, gefiel ihm weniger.

Ende Februar 1932 kam ich in London an. Ich mietete mir eine kleine möblierte Wohnung in Mayfair, zusammen mit zwei Freundinnen, einer aus Wien, die mit mir gekommen war, und einer aus Südafrika, der ich nach zwei, drei Jahren zufällig wieder begegnete. Wir führten einen lustigen Bohemehaushalt.

Der Weg von meiner Wohnung in das Bureau der London Film Productions führte mich täglich über den damals noch unveränderten schönen Grosvenor Square, an den schmalen vornehmen Häusern des 18. Jahrhunderts vorbei, und täglich liebte ich diesen Spaziergang mehr. Ich verliebte mich in die Atmosphäre der Stadt, die der Phantasie dauernd Nahrung zuströmen ließ aus den Kontrasten, dem Geheimnisvollen der stillen Häuser und dem grandiosen Wogen der Hauptstraßen, das nur in der tiefen Nacht verrauschte. Innerhalb der riesigen Stadt waren viele Städte, und doch war nichts Furchterregendes dabei, kein Verlorensein zwischen einem Häusermeer. Die Weite des Hyde Parks nahm einen wohltuend auf, das Gras war schon grün und duftete wie auf den Wiesen Tirols. Man rückte sich einen Stuhl zurecht und saß in der Sonne, während das Rauschen des Verkehrs wie eine ferne Brandung zu einem drang. Ein Gang durch die Oxford Street war erregender als ein Theaterstück: eingekeilt in die dichte Menge, blickte man neugierig in die Gesichter, man erhaschte englische, indische, chinesische, ja, Gesichter der ganzen Welt. Londons Vielfalt ist ein bestrickendes Abenteuer, das den herzklopfenden Reiz der Gefahr birgt.

Aber Alexander Korda hatte mich nicht für eine Vergnügungstour engagiert. Ich sollte einen Film produzieren. Dazu war es vorerst nötig, Bureaustunden einzuhalten, amerikanische Filmmagazine zu studieren, deren Idiom mir gänzlich unverständlich war. Von Zeit zu Zeit mußte man Zeitungsberichterstatter empfangen und ihnen erzählen, was für ein außerordentliches Talent man sei und dabei die Kuriosität farbig ausschmücken, daß man in Budapest geboren und in Südafrika »bei den Wilden« aufgewachsen sei. An Konferenzen mußte man teilnehmen, bei denen es amüsanter war, die englischen Typen zu beobachten, als den von ihnen diskutierten Filmsujets zu folgen, und schließlich mußte man einen

Stapel von Romanen lesen, um einen passenden »Dreh-Stoff« zu finden. Alexander Korda war mit seiner eigenen Arbeit beschäftigt: »Wedding Rehearsal«, seinem ersten Film in dem Londoner Unternehmen. Man gab mir Zeit; ich war für sechs Monate engagiert. Irgendwo in meinem Unterbewußtsein lauerten die Zweifel, daß ich eines Tages aus diesem Traum aufwachen würde, daß dieser Zustand finanzieller Sorglosigkeit nicht von Dauer sein könnte. Unter den zahllosen Büchern, die ich verschlang, gefiel mir besonders »Dusty Answer« von Rosamond Lehmann. Es war im Thema meinen »Mädchen in Uniform« ein wenig verwandt, und eben darum riet Korda davon ab; es sei zu lesbisch. »In England muß man vorsichtig sein; der Engländer verlangt von seinen Theaterstücken und seinen Filmen mehr Englisches als der Deutsche Deutsches. Er lehnt das Problematische ab.« »Wenn dem so ist, darf ich mir ein Thema wählen, dem Erziehung zu Grunde liegt und das in den Colleges in Oxford spielt?« »Ja«, sagte er, »das wäre eine ganz gute Idee, umsomehr, da sich mit Ihrem Namen Erziehungsfragen verbinden, aber es darf nicht psychologisch oder sexuell sein. Wählen Sie eine hübsche normale Liebesgeschichte mit Frische und Unkompliziertheit der Jugend.« Ich sah die Richtigkeit von Kordas Äußerung vollkommen ein, aber es wurde mir schwer, mich zu orientieren. Persönlich und schauspielerisch waren es die psychologischen Dinge, die mich am meisten interessierten und aus eigener Erfahrung wußte ich, daß Jugend durchaus nicht unkompliziert ist.

Ich wurde unsicher in meinem Urteil und holte mir bei meinen beiden Freundinnen zu Hause Rat: »Ja«, sagte die Wienerin, »vergiß nicht, Du bist kontinentaler Herkunft und Jüdin, Du kannst die Mentalität der Engländer durchaus nicht verstehen, darum darfst Du keine Kompromisse schließen, es ist gefahrloser, wenn Du einen Film nach Deiner eigenen Überzeugung machst.« – »Nein«, widersprach die englisch-südafrikanische Freundin, »Leontine muß den Engländern etwas geben, das ihnen bekannt ist, das sich mit den Sitten des Landes verbindet.«

Ich fuhr erstmal nach Oxford und lernte ein paar Studenten der Oxford University Dramatic Society kennen. Diese jungen Leute waren allerdings naiver und unbelasteter als ihre Kollegen auf der anderen Seite des Kanals, aber dies schien kein Grund, daß sie nicht ebenso Probleme haben sollten, wenn sie auch nicht dauernd mit der Schnauze im seelischen Unrat wühlten. Sie interessierten sich brennend für das Theater und ich mußte ihnen von Reinhardt und den deutschen Bühnen erzählen. Sie beklagten den oberflächlichen Spielplan der Londoner Bühnen und bezeugten einen weitaus mehr klassisch-akademischen Geschmack in der dramatischen Literatur, als es bei deutschen Studenten der Fall war. Sie waren zivilisierter und ausgeglichener und man spürte den Rückhalt der »guten Familie«. Von ihnen wollte ich erfahren, wie Oxford sich zu einem Film über Oxford stellen würde. Sie erklärten einstimmig, daß es enorme Schwierigkeiten geben würde; vor allem mit den Behörden, die anti-Film eingestellt seien und eine Profanierung ihrer Colleges nicht dulden würden. Das wird ein umso größerer Ansporn sein, dachte ich bei mir, die friederizianische Treppe in Potsdam mußte ich mir auch erkämpfen, ich werde es ebenso mit dem Magdalen College tun, auf das ich bereits ein Auge geworfen hatte. »Und geistig?« fragte ich den »President of the O.U.D.S.«: »Es kommt darauf an, von welcher Seite Sie den Film anpacken, wenn Sie Kritik an Oxford üben, wie Sie es an Potsdam getan, dann stellen Sie sich gegen englische Tradition, und das würde ich Ihnen als Ausländerin nicht raten. Wollen Sie bloß ein Bild des Studentenlebens geben, dann müßten Sie die divergierenden Strömungen innerhalb der Universität auseinander halten, die ›Athletes‹ und die ›Asthetes‹ scharf profilieren. Aber eine solche Sonderung ist fast unmöglich, denn die Grenzen gehen ineinander über. Es ist alles so sehr mit dem englischen Charakter und der englischen Nation verwachsen. Sie müßten einen Szenarioschreiber finden, der diese Verwicklungen dramatisch kondensiert.«

Mir brummte der Kopf von solchen Komplikationen. Als vermittelnder Ausweg fiel mir die »Liebe« ein. »Und eine einfache Liebesgeschichte?« schlug ich vor. Da lachten sie, wie nur englische Jungens lachen können. »Wir sind hier nicht in Heidelberg, hier gibt es keine romantischen Liebesgeschichten.«

»Aber, wie um Himmelswillen, soll ich einen Film machen, wenn ich nicht romantisch sein darf?« rief ich aus.

»Waren Sie romantisch in ›Mädchen in Uniform‹?«, fragte der Präsident.

»Nicht im Sinne der Film-Romantik, aber da hatte ich ein Pubertätsproblem«.

»Um Gotteswillen, fangen Sie nur damit nicht an, wenn Sie sich nicht alle Hunde auf den Leib hetzen wollen.«

Meine Unruhe stieg: »Was raten Sie mir zu tun?«

Der junge, klare Mann, der heute zu den ersten Theater-Regisseuren Londons gehört, zuckte die Achseln: »Warum drehen Sie nicht einen Film über Wien oder Budapest, mit möglichst viel Romantik, das wird den Leuten besser gefallen als Oxford.« Aber schon war ich zu sehr von der Eigenart und bildhaften Schönheit der Colleges gefangen genommen, als daß ich den Wunsch, gerade dort einen Film zu machen, aufgegeben hätte. Außerdem hing es ja nicht von mir allein ab, und Korda, der sich mit einigen seiner Mitarbeiter beraten hatte, war nun ganz dafür, daß ich bei dem Thema bleiben sollte. So stöberte ich also weiter in allerhand Lektüre und ein bösartiges Schicksal führte mir das Buch »Young Apollo« von Anthony Gibbs in den Weg. Dieser Roman schien mir geeignet, einen Kompromiss möglich zu machen. Idealismus gegen Rationalismus, Auflehnung der Jugend gegen jahrhundertealte Tradition, Liebe, Eifersucht, Schule, Landschaft. Es war weder ein bedeutendes Buch noch ein »Best Seller«, die Charaktere waren verschwommen, aber es hatte Stimmung und Charme. Alexander Korda wußte nicht recht, was er dazu sagen sollte, sein literarisches Verständnis riet ihm davon ab, aber die Tatsache, daß Anthony Gibbs der Sohn des berühmten Schriftstellers Phillip Gibbs war, schien beruhigend. Anthony wurde also ins Bureau gebeten zu einer Besprechung. Herein trat der Held seines Buches: jung, schmal, blond, der Typ des »Asthete«. Niemand war mehr erstaunt als er selbst, daß wir sein Buch gewählt hatten. Ludwig Biro, der bekannte ungarische Schriftsteller und Kordas langjähriger Freund und Mitarbeiter, sollte mit Gibbs zusammen das Drehbuch schreiben. Biro war der Atmosphäre Oxfords gänzlich fremd und Gibbs der des Films, so waren also alle Voraussetzungen zu einer produktiven »Zusammenarbeit« geschaffen.

Auch sonst wachte der Engel Oxfords darüber, daß Unberufene dort nicht eindringen sollten. Denn gleichzeitig kam Alexander Kordas Bruder Zoltan aus Amerika zurück, ein heißblütiger Ungar, der mir als »Producer« zur Seite gestellt werden sollte. Bei diesen internationalen Konferenzen, die durch ausgezeichneten Kaffee angeregt wurden, gestaltete sich das Drehbuch immer chaotischer. Young Anthony blieb bald auf dem Schlachtfeld liegen, denn ihm fehlte die Kraft und Ausdauer über die »Foreigners« zu siegen. In der Eigenschaft als Producer machte sich Zoltan an die technischen Vorbereitungen, ich erhielt den Auftrag, Schauspieler zu interviewen. Dies sprach mir mehr zu, als an endlosen Konferenzen teilzunehmen, bei denen meine Vorschläge als unfilmisch oder als zu schauspielerisch oder zu psychologisch abgetan wurden. Da ich mir vorgenommen hatte, ruhig und gesittet zu bleiben, keine Temperamentsausbrüche zu bekommen und durch nichts darauf schließen zu lassen, daß ich eine weibliche Regisseurin sei, verhielt ich mich gegen meine Gewohnheit fügsam und ergeben. Ich hätte gerne meine eigene Überzeugung durchgesetzt, aber mir fehlte der Mut dazu. Ich beherrschte meinen Stoff nicht mit der gleichen Sicherheit, wie ich es in »Mädchen in Uniform« getan hatte. Man schenkte mir nicht dasselbe Vertrauen wie Carl Froelich. Mit den Schauspielern, die zu mir ins Bureau bestellt wurden, verstand ich mich besser, mit ihnen kannte ich mich aus. Bei den Probeaufnahmen zeigte es sich, daß meine kollegiale Art, die Leute vor der Kamera nicht gelernte Rollen vorsprechen zu lassen, sondern privat mit ihnen zu plaudern, am besten ihre Persönlichkeit hervortreten ließ. Die fünf Hauptdarsteller waren: Robert Donat, Emlyn Williams, Maurice Braddell, Joan Gardner und Merle Oberon. Mit Ausnahme von Emlyn Williams waren alle im Film noch unbekannt. Merle Oberon hatte weder auf der Bühne noch auf der Leinwand gespielt.

Den Hintergrund von »Men of Tomorrow« (so hieß der Film) bildeten die Studenten der Oxford University Dramatic Society, die schließlich doch Erlaubnis bekamen mitzuwirken. Die Vorbedingungen wären ideal gewesen, wenn wir ein besseres Drehbuch gehabt hätten. Dieses aber wuchs sich zu einer Hydra aus. Meine Schüchternheit bei den Konferenzen erhielt nun ihre gerechte Strafe. Als ich anfing, mit den Schauspielern die Szenen durchzuproben, entdeckte ich mit Entsetzen, daß sich diese Dialoge nicht sprechen ließen, daß sie »Papier« waren, daß die Handlung wie ein dünnes Wässerchen dahin rieselte. Es war keine Zeit mehr, einen neuen Dialog zu schreiben, neue Situationen zu erfinden, so versuchte ich zu improvisieren, wie ich es bei »Mädchen in Uniform« zuweilen getan hatte, aber Zoltan Korda, der schließlich für die Kosten verantwortlich war, fehlte der Mut zu solchen Extravaganzen. Auch ihm wankte der Boden unter den Füßen, er wollte es aber nicht wahrhaben und bestand auf sklavischer Befolgung des vorhandenen Manuskripts. Ich fühlte mich näher und näher dem Abgrund der Mittelmässigkeit und in meiner Panik schlug mein im Bureau so gesittetes Benehmen um, ich wurde aggressiv gegen den armen Zoltan Korda. Ich zahlte zurück mit Bosheit, mit ironischen Bemerkungen, und das mißliche Verhältnis zwischen uns führte zur Katastrophe. Alexander Korda, zu dessen künstlerischem Verständnis ich respektvolles Vertrauen hatte, wurde mein ärgster Gegner, denn er liebte seinen Bruder Zoltan abgöttisch. Die Sympathie, die er mir bis dahin entgegengebracht hatte, wandelte sich in eine starke Abneigung. Zu der Verkettung aller mißlichen Dinge kam das Bedauerlichste, daß ich mit dem unerfahrenen Zoltan anstatt mit dem klugen Alexander zu arbeiten hatte. Der junge Korda handhabte den Film, wie er es in der amerikanischen Schule des »stummen Films« gelernt hatte: Er bevorzugte die Breite der Knappheit. Was ich als jähe und aufzuckende dramatische Situation sah, kam in der Fotografie als »Milieu« heraus. Was mir als Satire vorschwebte, wurde zu flacher Komödie. Kurz, es ging alles schief.

Mit etwas mehr Takt und Liebenswürdigkeit hätte ich vielleicht manches durchgesetzt, aber so sehr ich diese Eigenschaften im privaten Leben schätze, so sehr entgleiten sie mir im Furor der Arbeit. Lieber eine Sache selbständig unter eigener Verantwortung verhauen, als sie unter Kompromissen zur Halbheit herunterdrücken. Und gerade dies wurde das Schicksal von »Men of Tomorrow«; ein Film, der weder gut noch schlecht war... eher schlecht, weil ohne Persönlichkeit. Nach den mutigen »Mädchen in Uniform« waren »Die Männer von Morgen« ein matter Abklatsch. Ich allein trug die Schuld. Hätte ich meinen Stoff technisch beherrscht, so würde auch das Geistige sich eingefügt haben. Wer sich in die Arena des Films begibt, muß die Technik in den Fingerspitzen haben, denn einmal »gedrehte« Fehler sind nicht wieder gutzumachen. Anders auf der Bühne des Theaters; dort kann man noch nach der fünfzigsten Aufführung Änderungen und Verbesserungen vornehmen, denn sie ist nicht begrenzt durch die Mechanik, keine Kamera und keine Mikrophone zwingen sie zum Stillstand.

Mein erster Film in England war ein Höflichkeitserfolg, meine Beziehungen zu den Kordas waren völlig zerstört, mein Prestige schien vernichtet. Aber in der Nacht der Enttäuschungen flimmerte wieder der Stern »Mädchen in Uniform« auf, diesmal als Theaterstück unter dem Titel »Children in Uniform«. Noch während ich in Elstree arbeitete, erging die Aufforderung an mich, das Stück auf der Bühne des Duchess Theatres in London zu inszenieren. Unmittelbar nach Beendigung des Films fing ich mit den Proben an. Es bewies sich wieder einmal, daß ein eindrucksvolles Stück seinen Wert in jeder Sprache behält und daß für gute Rollen gute Schauspieler zu finden sind. Jessica Tandy, Joyce Bland und Catherine Nesbitt, die Dreieinheit: Manuela, Fräulein von Bernburg und die Schulvorsteherin, standen hinter ihren deutschen Kolleginnen nicht zurück. Die warme Menschlichkeit des Stückes verbürgte auch diesmal einen spontanen Publikumserfolg. Nur ich empfand ihn anders als die Beteiligten; in der Wiederholung lag nicht der gleiche Triumph wie in dem Jahr zuvor in Berlin. Ich wollte Neues schaffen und der Fehlschlag von »Men of Tomorrow« war eine bittere Pille, die selbst der Bühnenerfolg nicht verzuckerte. Männer-Regisseure dürfen sich Mißerfolge leisten, einer Film-Regisseurin, die an sich ein Kuriosum ist, würde es als ein Makel anhaften. Selbst der »große Alexander« hatte mit seinem ersten Film »Wedding Rehearsal« keinen Erfolg, aber das war vergessen, als er später »Heinrich VIII.« herausbrachte. Ich ahnte, daß es für mich beim Film kein Später geben würde.

Am Morgen nach der Premiere ging ich ins Theater und fand Mr. Mitchelhill, den Eigentümer, auf der Treppe sitzen, die zu seinem Bureau führte, in Zeitungen vergraben. Unwillkürlich stellte ich mir Direktor Barnowsky in Berlin in derselben Situation vor. Dort war an der Türe des hohen Herrn »Eintritt verboten« angeschrieben. In Mitchelhill lernte ich den Typ Engländer kennen, wie man ihn unter den einfachen Leuten dieses demokratischen Volkes findet: humorvoll, gütig und real. Er liebte das Theater, aber sein Interesse galt in erster Linie der Organisation dieses geheimnisvollen »Theatergeschäftes«. Die künstlerische Leitung überließ er seinen jeweiligen Regisseuren und engagierte als ausgezeichneten Berater den literarischen Agenten Mr. Walter Peacock. Dieser war auch für den Kauf des Stückes »Children in Uniform« verantwortlich. Mitchelhill hatte einen klaren Kopf und studierte das Theater mit der Gründlichkeit eines gediegenen Geschäftsmannes. Das Resultat war, daß er ein vortreffliches Repertoire hatte und mit Priestleys Stücken, die »Children in Uniform« folgten (diese liefen über 10 Monate), und mit »The Corn is Green« von Emlyn Williams eines der finanziell gesichertsten Theater Londons hatte. Dieser erfolgreiche Theaterdirektor genierte sich seines »Cockney Accents« nicht, er war ganz ohne Eitelkeit und es wäre ihm nicht eingefallen, ins Savoy Hotel oder die Carlton-Bar zu gehen, weil die anderen Theaterdirektoren des West End dort zu finden waren. Alles an ihm war natürlich, besonnen und wirklich. Der famose Mensch war sichtlich enttäuscht, daß ich so wenig Freude und Dankbarkeit zeigte, als er mir strahlend die guten Kritiken entgegen hielt. Hätte ich ihm gesagt: »Der Erfolg freut mich nicht, weil er nicht mein Herz erfüllt«, er hätte mich sicher für verdreht gehalten und er hätte recht gehabt.

Sehnsucht nach Afrika

Mein Mann war zur Premiere aus Berlin herübergekommen. Nach diesem Besuch bei Mr. Mitchelhill traf ich ihn, wie verabredet, zum Mittagessen in einem Restaurant, und selbst er, der mich besser kennt als ich mich selbst kenne, war etwas verblüfft, als ich ohne Zusammenhang herausplatzte:»Ich fahre nach Rom«.»Willst Du nicht vorher die Kritiken lesen«, fragte er mit seinem gütigen, ironischen Lächeln und schob mir den Packen Zeitungen zu, den er neben sich aufgestapelt hatte. »Du könntest nachmittags mit mir zu Cook gehen, die Fahrkarte zu besorgen«, erwiderte ich böse. Inzwischen erschien der Kellner. Wir bestellten und während wir auf die Speisen warteten, beugte sich mein Mann näher zu mir und las diskret aus der »Times« vor. »One waits for such an evening as this. The play has a quality of glowing fierceness, of tears wrung from the stone of experience that is the mark of tragedy. It has too much wisdom to be bitter and too much beauty to be cruel.« Es entstand eine Pause. Ich war aus meinem verbohrten Trotz nicht herauszubringen. »Mein großes Gepäck kannst Du nach Berlin mitnehmen und in vier Wochen bin ich dann selbst dort.« Unbeirrt las mein Mann weiter, nun aus der wichtigsten Theaterzeitung, der »Sunday Times«: »(…) this lovely and courageous play is so beautifully directed and acted that it is difficult to allot praise.« Der Kellner servierte und als er sich wieder entfernte, legte mein Mann den Packen Kritiken säuberlich neben sich auf einen Stuhl und sagte nun sehr ernsthaft: »Ich halte es für verkehrt, daß Du jetzt London verlassen willst, nachdem Du einen großen Erfolg gehabt hast, der Dir Gelegenheit geben würde, Beziehungen anzuknüpfen und der Dir neue Engagementsabschlüsse in Aussicht stellt. Gerade jetzt solltest Du hier bleiben, unter Menschen gehen. Nimm einen kurzen Urlaub in England und komm' nach London zurück.« Ich erklärte ihm, daß ich die

Banalität des Film- und Theaterlebens nicht mehr ertragen könne und daß ich, wenn ich Geld hätte, mich überhaupt davon zurückziehen würde. »Die Hälfte seines Lebens bringt man damit zu, Menschen nachzurennen, die etwas für Einen tun können, von denen man etwas haben will. Ist es Wert, sich innerlich zu verstümmeln?«

»Und wenn Du Deinen Beruf aufgeben willst, wohin würdest Du gehen wollen?«

»Zurück nach Afrika. Seit Jahren sehne ich mich dorthin, nach meiner Familie, nach der Landschaft, nach meinen Erinnerungen.«

In diesem Augenblick packte mich die Sehnsucht nach der einstigen Heimat so hart an, daß ich Mühe hatte, das Weinen zu unterdrücken. Ich dachte an die Abende, da ich draußen im Veld die Stille in mich einsog, den Himmel neben mir sah, von Sternen übersät; die Reinheit der Natur, das Reich Gottes gegenüber dieser fratzenhaften Welt des Theaters. Was bot mir Deutschland? Anerkennung ohne Geld.

Was war ich in England? Eine Fremde, die durch Zufall einen Erfolg hatte. Das Stück, das mir Erfolg gebracht hatte, würde mich mehr denn je zur Fremden stempeln. Würde man mir als Ausländerin erlauben, meine Arbeit mit und unter den englischen Kollegen ohne Hast und Sensation weiter fortzuführen? Und das war es, was ich von meiner Arbeit forderte: Entwicklung und Reife. Die Engländer verwöhnen die ausländischen Künstler, solange sie Ausländer bleiben; hat sich die Neuheit erschöpft, dann ebbt das Interesse ab. So war es bei der Bergner, bei der Mannheim, bei Homolka und bei kleineren Größen. Der Krieg hatte uns an ihre Küste geschwemmt, man gab uns Gastfreundschaft, man gab uns sogar das Bürgerrecht, aber im Grunde genommen blieb unsere Art ihnen fremd. Das war logisch und berechtigt, aber es machte das Gefühl der Verlassenheit nicht weniger schmerzlich. Beim Theater traf dies am ehesten zu, denn Theater ist eine Verbrüderung der Sprache und des Temperamentes. Mein Mann begriff, was in mir vorging; er sagte begütigend: »Vorerst hast Du hier einen Riesenerfolg, warum nicht abwarten?« Aber ich wollte nicht abwarten, die Wochen im Filmatelier hatten meine Nerven arg mitgenommen, die Bitterkeit der Berliner Jahre brach urplötzlich hervor, wohin ich blickte, sah ich immer nur Kampf, Kampf, Kampf. Ich war müde. Ich hatte vergessen, daß ich selbst einmal einem jungen Schauspieler, der zu mir kam, um sein Talent prüfen zu lassen, die Mahnung erteilte: »Talent allein ist nicht genug, wenn Sie nach zwanzig, nach fünfundzwanzig Jahren Erfolg und Mißerfolg noch immer fühlen, daß Sie ohne Theater nicht leben können, dann erst können Sie sich Schauspieler nennen.« Mir fehlte zur Zeit diese Besessenheit, ich mußte in dieser Bedrängnis Luft schöpfen und es zog mich nach Rom, weil die urgewaltige Größe dieser Stadt die Kleinlichkeiten des Theaters für eine Zeitlang vergessen ließ.

Nach vierwöchigem Urlaub kam ich im Spätherbst nach Berlin zurück. In ein Berlin, das in den Geburtswehen politischer Ereignisse lag. Von diesen drang nur das Echo zu mir durch Radio und Zeitungen, denn ich erkrankte kurz nach meiner Ankunft an einer schweren Grippe und lag wochenlang zu Bett. Fieber hält wach und in schlaflosen Stunden, zwischen Abend und dem Grau des Morgens, dachte ich über unsere Zukunft nach und durchlebte meine Londoner Zeit. Der Pesthauch Deutschlands ließ mir das Leben in England nun in einem ganz anderen Licht erscheinen. Mein Mißtrauen und meine Zweifel zerstoben in der Erinnerung an dieses Land, wo der Mensch als Mensch geachtet wird, wo Millionen Verschiedenheiten zusammenströmen, wo die Beherrschung des Volkes der Knute nicht bedarf. Ich empfand keine Bitterkeit mehr darüber, »Ausländerin« bleiben zu müssen, im Gegenteil, im Locken dieser gewaltigen Stadt lag soviel Abenteuer, das meine eigene Fremdheit darin den Reiz erhöhen würde.

Es kam ein Brief von den Studenten aus Oxford, der mich einlud, für die »Literarische Gruppe« einen Vortrag über das Theater zu halten. Dies war eine glückliche Fügung. Ich hatte in diesen Wochen allerlei Anträge für neue Film- und Theaterinszenierungen erhalten, die Verhandlungen darüber zogen sich hin und mir lag nichts daran, sie zu einem Abschluß zu bringen, denn wir beide, mein Mann und ich, waren uns darüber klar, daß wir in Deutschland nichts Gutes zu erwarten hätten. Wir besprachen unsere Situation mit meiner Mutter und kamen zu dem Entschluß, daß ich zunächst nach England übersiedeln solle. Mein Mann wollte die Ereignisse noch eine zeitlang abwarten, eventuell seinen Verlag liquidieren und unsere Wohnung auflösen, während Mama einstweilen zu meinem Bruder in die Tschechoslowakei ziehen sollte. Unsere »Drei-Einheit« war gesprengt. Mit schwererem Herzen als das erste Mal fuhr ich nach England. Meine Lieben, daran zweifelte ich nicht, würde ich bald wiedersehen, und ich schämte mich fast, daß der Abschied von meiner Wohnung mir so hart wurde, der Wohnung, an deren Einrichtung wir so viel liebende Sorgfalt gewendet, daß nun fast jedes Stück eine persönliche Beziehung zu mir hatte. Ich sah meine Zukunft als ganz ungewiß. Vom Film durfte ich mir nichts erhoffen, denn mit Korda war ich völlig entzweit, was nicht zu meiner Popularität in der Filmbranche beitrug. Meine einzige Hoffnung war mein Bühnenerfolg »Children in Uniform«, der mir noch vor kurzem so wenig bedeutete. Immerhin, vorerst durfte ich mich auf Oxford freuen, wohin ich mit einem dicken Vortragsmanuskript abreiste. Die paar Tage, die ich dort verbrachte, waren auch wirklich viel glücklicher und interessanter, als die Wochen, während derer ich am Film gearbeitet hatte. Ich konnte mich freier geben, brauchte nicht die »Regisseurin« zu spielen, und auch die Studenten und Professoren waren persönlicher im Gespräch mit mir. Damals hatte die Wichtigtuerei bei den Filmaufnahmen mit endlosen Wiederholungen unbedeutender Szenen Mißtrauen und Abneigung hervorgerufen in der Stadt des Studiums und der Tradition. Die Überheblichkeit, mit der wir Filmleute es für selbstverständlich annahmen, eine Straße während des Mittagverkehrs einfach für unsere Zwecke abzusperren, paßte schlecht zu Oxford. Wie froh war ich, daß all dies so weit zurücklag.

Der Zufall wollte es, daß ich gerade zu meinem Geburtstag in Oxford war. Die Studenten kletterten mit mir um Mitternacht auf den Turm des »New College« und riefen ein: »Happy New Year« in die Stille der College-Höfe hinunter. Es gab mir Mut zu meiner künftigen Arbeit in England.

Zunächst freilich vertröstete mich mein Agent, Mr. Peacock, von Woche zu Woche, wenn ich ihn ungeduldig fragte, warum sich in meiner Sache nichts rührte. Er versicherte stets, ich müßte auf ein passendes Stück warten, etwas Ähnliches wie »Children in Uniform«. »Aber das ist es ja gerade, was ich nicht will«, beteuerte ich, »ich will ein Stück inszenieren, wie es jedem anderen englischen Regisseur gegeben werden würde.« Peacock verstand diesen Wunsch, aber vielleicht wollte er nur die Tatsache taktvoll verdecken, daß sich keine Arbeit für mich fand. Da war also wieder das Gespenst – Berühmtheit ohne Arbeit. In der Oxford Street vor der »Academy« wehte mir eine Flagge mit meinem Namen entgegen, und am Duchess Theatre prangte er in großen Lettern, aber die Trägerin saß in einem möblierten Zimmer und wartete ängstlich auf ein Engagement. Ich kannte niemanden von Einfluß, meine Mittel erlaubten es mir nicht, in die Restaurants der Arrivierten wie ins »Ivy« oder ins »Savoy« zu gehen. Wie recht hatte mein Mann gehabt, als er mir vor Monaten riet, den Erfolg warm auszunützen.

Die Engländer sind in ihrem eigenen Lande gesellig und gastfreundlich, es wäre auch jetzt nicht zu spät gewesen, Verbindungen anzuknüpfen, aber es gefiel mir, den Eigenbrötler zu spielen und die Vielfalt des Stadtbildes der Engagementsjagd vorzuziehen. Es hat einen bestrickenden Reiz, durch das Labyrinth einer Großstadt zu irren, unterzutauchen in der Helligkeit und dem Dunkel der Masse Mensch.

Die reale Welt wird zu einem Traumgebilde, in dem Erscheinungen und Erlebnisse sich blitzschnell überschneiden, ohne Zusammenhang, ohne vernunftsmäßige Gliederung. Hier schlendert man an vornehmen Häuserfassaden vorbei, streift Männer und Frauen, deren Kleidung und Haltung etwas Beruhigendes haben, indem sie auf Sicherheit und Ordnung weisen, und nur wenige Straßen weiter erblickt das Auge zerlumpte Gestalten, die wie groteske Illustrationen zu Edgar Allan Poe wirken. Von der Höhe des Omnibus blickt man auf dieses Menschengewimmel herunter, auf diese Grenzenlosigkeit von Luxus, Bürgerlichkeit und Elend, die durch ein unfaßbares Gesetz zusammengehalten wird. Wie sollte man bei solch aufrüttelnden Eindrücken die Geduld haben, einem Herrn X. oder einer Frau Y. nachzulaufen, um eventuell durch deren Einfluß bei dem Manager Z. unterzukommen? Und darin liegt das ABC der Karriere. Freilich litt ich zuweilen unter meiner Untätigkeit und die Straßen Londons führten nicht mehr ins Abenteuer, sondern in eine graue Alltäglichkeit. Dann summten Selbstvorwürfe in meinem Kopf herum und steigerten sich zu häßlichen Dissonanzen: »Warum hast du es nicht besser verstanden, mit Korda auszukommen? Warum hast du dich abgeschnitten von den führenden Leuten Deines Berufes, den West End Managers, den Protagonisten, den Schriftstellern, den Dekorationsmalern, den Mayfair Damen der Gesellschaft, kurz von all den Gliedern einer Kette, die man schleppen muß, will man in seinem Beruf vorwärts kommen?«

Eines Tages schlenderte ich in der Mittagsstunde durch die Lisle Street, Leicester Square, die mich durch ihre Sonderlichkeit von nüchterner Geschäftestraße und Prostituiertenviertel interessierte. Keines der Gewerbe schien an dem anderen Anstoß zu nehmen und die geschminkten Gesichter der Damen der Straße fügten sich gutmütig in die ausgestellten Waren der Geschäfte ein. Da sah ich an einem Gebäude die Firmentafel: »Theatrical & Variety Co. Ltd.«. Ich erinnerte mich, daß dies die Agenten für African Consolidated Theatres Ltd. in Johannesburg seien, an die ich vor Jahren, kurz nach dem ersten Weltkrieg geschrieben hatte, ob sie mir nicht eine Tournee nach Südafrika verschaffen könnten. Damals antworteten sie mir, daß meine »großen Anfangsbuchstaben deutsch aussähen (ich hatte noch keine Schreibmaschine) und sie bedauerten etc.« Aber nun war ja der erste Krieg längst vorbei. »Das patriotische Herz der Agentur mag sich inzwischen beruhigt haben«, dachte ich mir, »was liegt daran, ich gehe rauf.« Nach wenigen Minuten wurde ich bei dem Manager vorgelassen, der mich liebenswürdig empfing. Das »Sesam öffne Dich« war natürlich dem Erfolg meiner »Children in Uniform« zu verdanken. Dadurch ermutigt, improvisierte ich einen Vorschlag, dieses Stück zusammen mit mir nach Südafrika auf Tournee zu schicken. Mein Erstaunen über seine Bereitwilligkeit versteckte ich hinter einer schauspielerischen Maske, die besagte: »Ich habe nichts anderes erwartet.« Denn so lange mein Name auf den Plakaten prangte, war ich ja berühmt. Ein bißchen Erfolg, und schon beruhigen sich die Eingeweide; das Götzenbild hinter dem mächtigen Schreibtisch entpuppt sich als ein gewöhnlicher Mensch. Der Manager bat mich, in der darauffolgenden Woche wiederzukommen, bis dahin werde er die nötigen geschäftlichen Aufstellungen machen und in Johannesburg per Kabel anfragen. Wie damals nach dem Filmantrag von Carl Froelich lief ich in meiner Erregung kreuz und quer durch die Straßen und landete schließlich in der National Gallery, nicht um mir die Bilder anzusehen, nur Stille suchend, um wenigstens in Gedanken schon jetzt in das Land zu reisen, das ich als meine einzige wirkliche Heimat empfand. Was durch 23 Jahren unter Beruf, Freuden und Sorgen vergraben gelegen, tauchte auf im Licht der Wirklichkeit. Könnte man diese doch sofort anpacken, mit ihr entfliehen auf ein Schiff, jetzt, in dieser Minute und nicht erst die Ewigkeit einer Woche abwarten bis zur Entscheidung eines fremden Menschen, der Schicksal mit einem spielt. Einstweilen mußte ich mich damit begnügen, die niedlich zusammengestellten Papplandschaften zu betrachten, die Modelle im South Africa House am Trafalgar Square, die dort als Reklame ausgestellt waren, den Touristen zum Anreiz, »Come to South Africa, the land of sunshine!« Dort blickte ich auf das geliebte braungoldene Veld und die violetten Hügel am Horizont (von elektrischen Lämpchen naturgetreu beleuchtet), auf die Pyramiden der »Mine Dumps«, die Johannesburg umkränzen, auf die Früchte aus Wachs: Orangen, Pfirsiche, Aprikosen, Avocados, Guavas, die meinem Gaumen den Geschmack vortäuschten, auch die Blumen waren zu schauen, Mimosen, Protheas, Bougainvilleas, Poincettas, Jaccarandas, Aloen, allerdings nur gemalt auf Plakaten, aber es kommt ja nicht darauf an, *was* man sieht, sondern *wie* man es sieht.

Endlich war die Woche des Wartens vorbei und ich betrat wieder das Bureau des Managers. Vor ihm auf dem Schreibtisch lagen bereits der Entwurf des Vertrags, Schiffslisten, das Antwortkabel aus Johannesburg, das den Vorschlag akzeptierte. In wenigen Wochen sollte die Tournee losziehen. Zwei Stücke, »Children in Uniform« und »Nine till Six«, von der bekannten englischen Autorin Aimee Stuart, bildeten das Reise-Repertoire, mit einem Ensemble, das nur aus Frauen bestand. Die Hauptrollen und die Regie der beiden Stücke übernahm ich selbst. Verhandlungen mit den Schauspielerinnen, Proben, das eigene Rollenstudium und meine innere Ungeduld trieben die Arbeit in atemloser Geschwindigkeit vorwärts und sechs Wochen später reisten neun glückliche Weibsbilder von Southampton ab. Eine gütige Vorsehung hatte mir nicht nur ein ausgezeichnetes Ensemble zugeführt, sondern auch reizvolle Menschen; eine interessante Mischung kontrasierender Frauencharaktere, von der zarten, bildschönen »Manuela« bis zu der scharf profilierten, intelligenten »Vorsteherin des Potsdamer Pensionats«. Regielich war es nicht ohne piquanten Reiz, diesen englischen Demokratinnen den Geist der Potsdamer Disziplin einzuimpfen. Das oberste Verdeck des Schiffs wurde uns von dem freundlichen Kapitän für unsere Proben zugewiesen, und bald hatten wir ein gemischtes Publikum von Matrosen und Passagieren, denen diese sonderbare kleine Welt eine kostenlose Zerstreuung bot. Für mich selbst wären es grenzenlos selige Tage gewesen, hätte nicht der Schmerz der Trennung von meinem Mann und meiner Mutter mir das Herz beengt. Ich ließ sie beide in gefährlichen Zeiten zurück; mein Mann war nach Southampton gekommen, um mir Lebewohl zu sagen. Durch einen Schleier von Tränen sah ich sein trauriges Gesicht, als die Landungsbrücke weggezogen wurde. Wie oft in den Jahren unserer Ehe standen wir so und blickten einander wortlos an, über die Köpfe einer Menschenmenge, in dem Lärm abfahrender Züge, pfeifender Schiffssirenen oder knatternder Luftfahrzeuge. Immer war ich es, die in die Welt hinausfuhr, er blieb zurück und – wartete. Mein Beruf zog mich fort, aber oft genug war es auch die Wanderlust. Nie machte er mir einen Vorwurf daraus, auf allen Wegen begleitete mich seine große Liebe und Güte.

Erfolgreiche Tournee durch Südafrika

Auf dem Bahnhof in Johannesburg erwarteten mich die Geschwister, Zeitungsreporter, Neugierige und die Direktoren der African Consolidated Theatres. Es war ein ganz großes Heimkommen. Meinen Bruder Bruno hatte ich 23 Jahre nicht gesehen, meine Schwester Vali zehn Jahre. Freunde aus der Jugend, die ich nicht mehr erkannte, streckten mir die Hände entgegen. Noch am Tag meiner Ankunft wollte ich die Stätten meiner Jugend sehen, und meine Familie lachte über meine Sentimentalität. Ich bat sie, mich nicht zu begleiten, denn ich wollte allein sein beim Wiedersehen mit den Häusern, in denen ich gelebt, mit der Schule, zu der ich als Zwölfjährige mein Fahrrad hinaufschob. Häuser und Schule standen noch am gleichen Fleck, etwas eingeschrumpfter als ich sie in Erinnerung hatte, als schämten sie sich vor den »Sky Scrapers«, die das wachsende Johannesburg in die Lüfte türmte. Ich habe mir stets das raunende Geflüster zu erklären versucht, das sein leises Orchester anstimmt, wenn ich der Vergangenheit begegne. Es ist tatsächlich so, als schwirrten Geister um mich; ich verliere das Gefühl des Körperlichen, die Umwelt wird transzendental. Ich versuche dagegen anzukämpfen, meine Vernunft sagt mir, daß es unfruchtbar sei und gefährlich, aber ein Duft, ja, sogar eine Speise kann eine Kette von Assoziationen heraufbeschwören, dann werden die Geister so wach und lebendig in mir, daß der lauteste Gegenwartslärm sie nicht verscheuchen kann. Südafrika gab mir eine solche Fülle dieser »Geister«, daß ich vollauf zu tun hatte, sie mit der sehr betonten Wirklichkeit meines Aufenthaltes in Einklang zu bringen. Ich spürte, daß ich meine innere Welt ummauern mußte, damit kein Einbruch von Außen ihr etwas anhaben könnte. Denn dieses Außen summte nicht wie das Innen, es sprach laut und deutlich. Die Firma wollte gute Einnahmen, es mußte intensivst geprobt werden, die

Zeitungen wollten Interviews, ja, selbst die Familie verlangte konkrete Gegenwart. Nachdem der erste Rausch des Wiedersehens verflogen war, entstanden manchmal tote Pausen des Nichtmehrzueinanderfindens, die ich mit aller Macht zu bauen suchte, denn ich liebte meine Angehörigen, ich liebte sie innigst, ich hatte in den Jahren immer mehr gelernt, daß es zuinnerst wenig ausmacht, ob man gleiche Interessen, gleiche Atmosphäre hat, Blut und gemeinsame Kindheit sprechen stärker. Langweile, Familien-Konvention und bürgerliche Enge, was bedeuten sie neben diesem Gefühl der Zugehörigkeit? Die Güte, Liebe und Herzlichkeit, die mir meine Familie im Laufe eines Lebens gegeben, obgleich unsere Erfahrungen und unsere Veranlagungen uns so ganz verschiedene Wege geführt, wogen schwerer als Geistesverwandtschaften und interessante Freundschaften.

Die beiden Stücke »Children in Uniform« und »Nine till Six« wurden große Erfolge. Besonders »Children«, seine unmittelbar zu Herzen gehende Echtheit und Frische versagten auch in Südafrika nicht, obgleich dieses Land von allen Ländern, die ich kenne, das theater- und kunstärmste ist. (Dies und folgendes sind Eindrücke aus dem Jahr 1933!). Kulturell hatte sich in all den Jahren wenig gebessert, es sei denn, daß man dauernden Hunger nach dem »Kino« als Kultur ansehen kann. Afrikaans (das südafrikanische »Dutch«) und Englisch gibt keine gute Mischung. Zwei grundverschiedene Temperamente stehen sich gegenüber: aus dem bäurischen Eigensinn der Afrikaaner und dem kulturellen Phlegma der englischen Südafrikaner erwächst kein künstlerischer Samen. Die Afrikaanse Bevölkerung verteidigt zäh eine politische Macht, zu der vor allem die Sprache gehört, und so dient ihr auch das Theater als Mittel zum Zweck. Dieses steckt jedoch noch ganz in den Kinderschuhen des Dilettantismus und vorläufig sind wenig Anzeichen, daß etwas wirklich Großes daraus erwachsen könnte. Vor allem fehlt es an Dramatikern, während es in der lyrischen Dichtung (wie man mir sagt) hervorragende Talente gibt. Das Drama neigt zum Melodrama, im Stoff noch immer magnetisch angezogen vom Burenkrieg, das allgemeine Interesse an Theater und Kunst ist unter den Afrikanern äußerst begrenzt und ihre Mitbürger englischer Herkunft befriedigen ihre künstlerischen Bedürfnisse an den schalen Aufgüssen europäischer Kultur. Es fehlt ihnen die schöpferische Kraft zur Eigenproduktion. Das Drama kann nur dort gedeihen, wo das Leben in die Tiefe geht, und die gutgenährte weiße Bevölkerung Südafrikas lebt einstweilen in der Flachheit »allgemeiner Bildung«, »allgemeiner Zivilisation«, »allgemeinen Wohlbefindens«. Individuelle, revolutionäre Geister sind nicht gern gesehen, der Fortschritt liegt im Kommerziellen, in dem guten Leben – sofern es die weiße Bevölkerung betrifft. Der erste Eindruck des Landes ist ein bestrickender, denn die Natur ist herrlich und die Menschen gastfreundlich, erst wenn man länger bleibt, spürt man die Leere und Schalheit, die das Denken beengt und die Seele unbeweglich macht. In den drei Monaten, die bei meinem ersten Besuch nach so langen Jahren zwischen Beruf und Privatleben an mir vorbeirauschten, war ich noch zu aufgeregt, um solche Zweifel aufkommen zu lassen. Die erwachten erst in späteren Jahren.

Wir waren ein Ensemble von 32 Frauen (23 hatte ich im Lande selbst für die kleineren Rollen engagiert) und bereisten die größeren Städte. Ich war vollkommen glücklich. Die tausend Meilen Landschaft, durch die unsere Züge rollten, machten mein Herz weit und dankbar; die Natur war geblieben, wie ich sie in meiner Kindheit liebte. Meine »Mädchen« genossen die Freuden, die man Ihnen bot. Ihre reizenden Erscheinungen, ihre englische Frische und Natürlichkeit trugen viel zu unserem Triumphzuge bei.

Ich beobachtete bei dieser Tournee, wie wichtig menschlicher Zusammenhang für schauspielerisches

Wirken ist. Dadurch, daß ich ihre Leistungen jeden Abend vor Augen hatte, ein Übertreiben oder Lässigwerden sogleich feststellen konnte, behielten die Vorstellungen ihre ursprüngliche Ausgeglichenheit. Die langen Bahnfahrten gaben mir Gelegenheit, mich den Kolleginnen näher anzuschließen, hinter ihre Kulissen zu schauen, wo Echtes und Theatergerümpel bunt durcheinander lag. Meine Rolle der Lehrerin in »Children in Uniform«, das Fräulein von Bernburg, löste sich aus der Hülle der Darstellerin und übte ihre eigene Wirkung aus. Briefe kamen, zwar an mich adressiert, doch eigentlich an das Fräulein von Bernburg gerichtet. Die jungen Seelenbeschwerten holten sich bei ihr Rat. »I am twenty years old and so terribly lonely. I live with my parents and have a happy home but there is a longing in me for something beyond that. I can`t control it and I don't know what to do about it. May I come and talk to you about myself?« Ein anderes mal kam ein Brief, hastig hingekritzelt auf den Briefbogen eines Touristenbüros, um so die Identifizierung des Absenders zu vermeiden. »...auch ich fühle mich zu Frauen mehr hingezogen als zu Männern, ich leide unsagbar unter der Liebe, mein Mund ist versiegelt, ich schäme mich, es ihr einzugestehen. Und sie muß es doch merken, obgleich ich mit äußerster Anspannung aller Kräfte meine Gefühle unterdrücke. Wenn ich nur Mut hätte Schluß zu machen, denn nach jeder Begegnung bohre ich mir den Schmerz tiefer in die Brust.«

Nein, Jugend ist nicht unkompliziert, nicht einmal in Südafrika. Peter Altenberg, der österreichische Dichter, sagt irgendwo: »Jeder Mensch, so bescheiden nichtig er auch sei und sich sogar fühle als nullste Null dieses Daseins, will irgend etwas trotzdem im Leben vorstellen und bedeuten. Über sich selbst hinaus, obzwar er es oben nicht vermag.«

Die drei Monate meines Aufenthaltes gingen zu Ende. Kapstadt war die letzte Station: »17. August 1933... Noch einen Tag und dann goodbye South Africa. Mein Kopf nimmt es nicht auf. Immer nach Ferien, wenn ich einen Ort, den ich liebte, verlassen mußte, um zurück in das gewöhnliche Leben zu fahren, konnte ich es nie recht fassen, daß ich wirklich fort sollte. (…) Diesmal war es soviel mehr als ein Ferienaufenthalt, hier war es ein Stück Leben, wiedergegebenes Leben, das ich nun zurückgeben muß. Immer wieder flattert der Gedanke durch den Kopf: noch bist Du hier, noch liegt nicht der Ozean zwischen hier und dort, lauf, lauf! Aber die Konvention, die Feigheit, meine gehemmte und so wenig kühne Natur treiben mich zum Zwang des Films, des Arbeitsuchens zurück. Immer wieder und wieder ist es die Magie der Natur hier, die mich hält und zieht. Die Schönheit der Unberührtheit im Vergleich zur Überlaufenheit Europas. Nicht die leiseste Enttäuschung im Zurückkehren nach 23 Jahren. Daß ich Erfolg hatte, war mir fast gleichgültig, aber daß der Kreis zwischen Vergangenheit und Gegenwart sich wieder schloß, daß dieses rotbraune weite Veld, und dieser stahlblaue Himmel mir dasselbe Glücksgefühl und meine Phantasie belebten wie einst, da ich mir meiner selbst noch so wenig bewußt war, das war die Ernte dieser Monate.«

Mit solchen Gefühlen im Herzen wurde die Heimfahrt schwer, aber ich hatte mir vorgenommen, meine Arbeitskräfte in Zukunft zu verzehnfachen, jeden Unsinn der notgedrungen zu jedem Beruf gehört, mitzumachen, wenn ich nur mich und meinen Mann schließlich eines Tages in das Asyl eines harmonischeren Lebens retten könnte. Die stillen Stunden auf dem Schiff halfen mir zur Ruhe. Freilich vermochten sie nicht die alte Sorge Zukunft zu bannen.

Mein Mann hatte inzwischen Berlin verlassen und wartete auf mich in England, wo er versuchen wollte, eine neue Existenz aufzubauen. Einer unter Tausenden der aus ihrem Lebensberuf Vertriebenen. Bei der Schiffsankunft in

Southampton erblickte ich ihn unter den Gesichtern der Wartenden. Die langsame Einfahrt des Dampfers verlängert die Wiedersehensfreude, man hat die geliebte Gestalt vor Augen lange ehe man zueinander gelangt. Zum Abschiednehmen eignet sich der rasch aus der Station dampfende Zug, in ihm entflieht man dem tränenfeuchten Blick. Ich hätte mir einbilden können, wie zu früheren Zeiten von einer Gastspielreise zurückgekehrt zu sein, mein Mann, wie immer, mich erwartend, um mir mit gewohnter Zärtlichkeit und Rücksicht die Mühe mit dem Gepäck abzunehmen. Zu Hause würde Mama schon ungeduldig meiner harren, der Tisch würde gedeckt und mit meinen Lieblingsspeisen beladen und überall würden Blumen sein. So war es aber diesmal nicht. Er und ich fuhren in zwei möblierte Zimmer in der Stadt London und wir redeten uns mit gutem Humor ein, wieder jung zu sein und das Leben von vorne zu beginnen.

Neue Arbeit kam: Der Erstling einer jungen Schriftstellerin, Jolyffe Metcalfe, deren Komödie »Finished Abroad« eine Art Gegenstück zu »Mädchen in Uniform« war, aber von einem völlig anderen Blickpunkt gesehen und von einem anderen Temperament empfunden. Satirisch, witzig und ohne Gnade für die französisch-schweizerischen Ausbildungsinstitute für junge Damen.

Die Autorin hatte ebenso wie Christa Winsloe ihr eigenes Erlebnis dramatisiert. Ein völlig unverdorbenes englisches junges Mädchen wird nach Lausanne geschickt zu einer renommierten Erziehungsmeisterin und erlebt dort überraschende Offenbarungen. Die »Meisterin« ist eine hartgesottene Beutelschneiderin; die Mehrzahl der internationalen Zöglinge sind grundverdorben und zumeist stupide und das Lehrsystem ist nur dazu da, um den reichen Mädchen einen oberflächlichen Schliff zu geben. Der einzig anständige Mensch ist ein Mann, ein italienischer Graf, zu dem die kleine Nancy Drew eines Nachts flüchtet, getrieben von der hypnotischen Beeinflußung einer

Kollegin. Dieser an sich harmlose nächtliche Besuch kommt der Vorsteherin zu Ohren und die kleine Nancy, die einzig Unschuldige in der ganzen Schülerinnenbande, wird mit Schimpf und Schande zu ihren Eltern nach England zurückgeschickt.

Das Stück gefiel mir; es war mutig und originell. Jolyffe Metcalfe schrieb einen brillanten Dialog, allein der Aufbau der Szenen war schwach, da sollte ich mit meiner Bühnenerfahrung helfen. Wir arbeiteten darauf los, ohne zu wissen, ob sich ein Theatermanager dafür finden würde. Geprobt wurde in dem großen Arbeitszimmer der Autorin zu jeder Tages- und Nachtzeit; zeigte es sich, daß gewisse Szenen nicht mundgerecht waren, d.h. daß die Schauspielerinnen sie nicht sprechen konnten, weil der zu literarische Stil sich der lebendigen Wirklichkeit nicht anpassen wollte, so wurden die getippten Bogen in den Papierkorb geworfen oder Jolyffes großem Hund zu fressen gegeben, der eine Leidenschaft für papierne Kost hatte. Andere, bessere Szenen wurden entworfen und in die Maschine diktiert.

Endlich waren wir zur Aufführung bereit. Der inzwischen so berühmt gewordene Filmschauspieler Robert Newton brachten das Stück an seinem Vorstadttheater, das den passenden Namen Shilling Theatre führte, zur Aufführung heraus. Es erregte großen Sturm des Für und Wider. Die Tagespresse war empört und behauptete: »So etwas gäbe es nicht unter englischen Mädchen.« Das literarisch-künstlerisch eingestellte Publikum des ersten Abends amüsierte sich über die frechen Zynismen der jugendlichen Sünderinnen; an späteren Abenden, an denen eine mehr bürgerliche Zuschauermenge zugegen war, gab es oft Krach.

All dies bewies, was das Stück an Leben in sich hatte. Und trotzdem fand sich ein kühner »Backer«, der es nach einem West End Theater verpflanzen wollte. Nach monatelangem Verhandeln und Feilschen eröffneten wir damit im Frühjahr des darauffolgenden Jahres im Savoy Theatre am Strand. Diesmal zeigte die Presse ihre Zähne gründlich.

In der Obskurität des Shilling Theatres konnte man eventuell die närrischen Experimentierer dulden, aber das Stück gegen den Willen der Presse in das geheiligte West End zu bringen, das war ein Sakrileg.

Wir hielten wacker drei Monate aus und es gab immer unter den Zuschauern solche, denen das Salz dieser Komödie lieber war als der Zucker der Salonstücke.

Shakespeare in Oxford

Im Savoy Theatre kam eines Abends ein junger Mann zu mir, der sich als gegenwärtiger Präsident der Oxford University Dramatic Society vorstellte: Peter Glenville (heute anerkannter Regisseur und Schauspieler im West End). Seine Society hätte ihn beauftragt, mich zu fragen, ob ich bereit wäre, in der alljährlichen Folge ihrer Shakespeare Aufführungen die nächste Inszenierung zu übernehmen. Die Wahl des Stückes sollte mir überlassen bleiben, ebenso die der Schauspielerinnen, die traditionsgemäß professionelle sein sollten. Der lebhafte, intelligente Peter Glenville gefiel mir, aber ich war sehr im Zweifel, ob ich das Angebot annehmen sollte. Von dem Ruhm der »Mädchen in Uniform« zur Arbeit mit »Schülern« herunterzusteigen, erschien mir doch zu krass. Ich wußte damals nicht, daß es als eine große Ehre angesehen wurde, von den »OUDS« zu einer Inszenierung in Oxford eingeladen zu werden und daß sich unter den Regisseuren vor mir berühmte Namen befanden. Ich sprach mit meinem Mann darüber und obgleich auch er von dieser gesellschaftlichen Auszeichnung keine Kenntnis hatte, war er sofort dafür, daß ich es tun sollte.

»Nichts dürfte Dir willkommener sein, als endlich aus diesen Mädchenstücken lesbischer Färbung herauszukommen und Deine Kräfte an einer großen Arbeit zu erproben.«

»Aber mit Dilettanten?«

»Es sind Akademiker, sie werden Shakespeare vielleicht besser verstehen als so manche Schauspieler. Außerdem verlangt niemand von ihnen historische Vollkommenheiten, dagegen kannst Du beweisen, wieviel Du aus ihnen herauszuholen vermagst und wie weit Deine Begabung geht, in einen großen Dichter einzudringen.«

Ich kann nicht behaupten, daß die weisen Sprüche meines Mannes mich besonders überzeugt hätten. Es grauste mir vor der Arbeit mit Amateuren. Das war nicht Fisch noch Fleisch. Und obendrein ein Shakespeare-Stück. Welches sollte ich wählen? Die Studenten schlugen eines der Lustspiele vor, aber mein Herz war immer mehr bei den Tragödien und, dachte ich, wenn ich mich schon auf ein solches Wagnis einlasse, dann will ich wenigstens meine Freude daran haben.

Und so schlug ich »Richard III.« vor. Peter Glenville stimmte begeistert zu, denn er selbst wählte sich natürlich die Titelrolle. Die ursprüngliche Idee zu »Richard« kam mir aus visueller Anregung. Von einem Besuch in Oxford erinnerte ich mich an die superbe Steintreppe des Hauptgebäudes, die zu dem kleinen Kreuzgang des Christ Church College führt. Auf dieser uralten, breitgestuften Plattform müßte der erste Auftritt Richards grandios wirken. Im offenen Viereck des Kreuzgangs konnte das Publikum sitzen und in den gotisch verschnörkelten Kreuzgängen sollten die Kämpfe stattfinden, die dem Zuschauer mehr akustisch als sichtbar bewußt werden würden. Nun hieß es also, die Erlaubnis zur Benutzung der »Small Cloisters« zu erlangen. Diesmal gab es aber nicht viele Schwierigkeiten, die OUDS und Shakespeare gehörten zur Oxforder Universität, es wurde im Gegenteil das größte Interesse für diese Inszenierung gezeigt.

Wir wurden nur gewarnt, nicht zu viel Lärm zu machen, da der Domherr der Universität über dem Kreuzgang seine Wohnung hatte und wir seine ziemlich zahlreiche Kinderschar nicht im Schlafe stören durften.

Da die Probezeit begrenzt war und ich mich natürlich nach den Studenten richten mußte, beschloß ich, mir für zwei Monate ein Zimmer zu nehmen und jede freie Stunde für Proben auszunützen. Zwischen zwei und drei Uhr mittags durften wir im Collegegang des Klosters Proben abhalten. Dies war eine besondere Begünstigung der Behörden, die ich mir voll zu Nutze machen wollte. Wenn es galt, Konzentration in eine Probe zu bringen, durften äußere Rücksichten keine Rolle mehr spielen, und so ließ ich denn den Klosterhof von allen Seiten bewachen, damit kein Unbefugter ihn während der Probenzeit beträte. Einmal wollte ein Dienstmädchen mit einem Kinderwagen und zwei kleinen Kindern an der Hand unsere »Bühne« als Durchgang zur Straße benützen. Sie wurde von meinen Spähern energisch zurückgewiesen. Einige Minuten später schnaubte ein wütender Herr auf mich zu und forderte Durchgang für seine Kinder. »Wer sind Sie?« fragte ich hochmütig, denn meine Zugehörigkeit zu Oxford war mir zu Kopf gestiegen. »Ich bin der Domherr von Christ Church und verlange Durchgang für meine Kinder.« Zwischen meinem Entsetzen und den Lachkrämpfen der Studenten fanden wir die Mitte zu einem guten Verständnis mit dem hohen Herrn, der sich nach dem ersten Zornesausbruch als ein liebevoller Mensch entpuppte. Aber nicht jede Situation löste sich so einfach. Mein »Richard« war begabt, aber ungebärdig, das Studentenpersonal mußte in Schach gehalten werden, wenn sie nach allen Richtungen zu Sport und Filmen auseinanderstieben wollten.

Es war nicht immer leicht, ihnen begreiflich zu machen, daß Theater viel Arbeit bedeutet, wenn es als künstlerisches Spiel wirken soll. Außerdem kamen meine

Berufsschauspielerinnen aus London, deren Erscheinen bei den Proben von gutem Willen, Zugverbindungen und Wetterverhältnissen abhing. Fügte sich alles zum Guten und sie trafen pünktlichst ein, dann wurde ich für mein Hangen und Bangen entschädigt, denn es waren glänzende Schauspielerinnen der Londoner Bühnen. An Sonntagen hatte ich das ganze Ensemble zusammen und es wurde von früh bis abends geprobt, an Wochentagen zwischen acht und zwölf Uhr nachts im Klosterhof. Mit dem Fortschreiten der Proben und der Beherrschung des Textes wuchs das Interesse der Studenten, und mir selbst wurden die Proben in der geheimnisvollen Stille der Klostergänge zu einem wirklichen Erlebnis.

Hier war Romantik im besten Sinne Tradition. Mein Theater war noch älter als Shakespeare selbst und meine jungen Spieler standen gleichsam am Gegenwartsende einer historischen Kette. Die jungen Stimmen hallten durch die uralten Mauern. Es geschieht nicht oft, daß mich eine eigene Inszenierung am Abend der Premiere wirklich befriedigt. Zumeist ist man mit seinen Nerven so herunter, daß man gar nicht mehr aufnahmefähig ist und in blöder Feigheit Fatalist wird. Aber als an einem warmen Maiabend auf der königlichen Steintreppe des Klostergangs die unheimlich schiefe Gestalt Richard des Dritten erschien und seinen Monolog in das Dunkel der geweihten Stätte hinaussprach, wo die uralten Gebeine von Mönchen bestattet waren, da wurde mir wahrhaft feierlich zu Mute und ich vergaß allen Ärger und alle Mühen, die ich durch zwei Monate gehabt hatte, und kannte nur Dankbarkeit, daß ich diesen Abend erleben durfte. Der Zufall schien es damals ganz besonders gut mit uns zu meinen, denn als »Clarence« aus der kleinen Türe des Gefängnisturms trat und die Worte sprach:

Oh, ich hatt' eine jämmerliche Nacht,
Voll banger Träume, scheußlicher Gesichte!
So wahr als ich ein frommer, gläubiger Christ,

Ich brächte nicht noch eine Nacht so zu,
Gelt' es auch eine Welt beglückter Tage:
So voll von grausem Schrecken war die Zeit.

Da schlug die Turmuhr neun sonore Schläge. Durch das Publikum ging ein Flüstern der Ergriffenheit. Die Kampfszenen hatten den Effekt, den ich mir erhofft, man hörte das Anschlagen des Stahls und sah das Blitzen der Waffen zwischen dem Netzwerk der gotischen Bögen. Aus London kamen Kritiker, Schauspieler und Zuschauer und ich hatte also auch noch diesen Vorteil, daß die Aufführung zur Reklame für mich wurde. Später wurde die Inszenierung von dem Direktor des Freilichttheaters des Regent's Park in London übernommen. Die Studenten fühlten sich durch die Einladung Sydney Carols sehr geehrt, ich selbst hätte gewünscht, daß die Aufführung nie aus ihrer ursprünglichen Umgebung herausgenommen worden wäre. Sie war in das geschlossene Viereck des Klostergangs hinein komponiert und paßte nicht auf die offenen Rasenflächen des Regent Park.

Viele lustige Erinnerungen bleiben mir haften aus den Oxforder Tagen. Nancy Price ist eine ebenso große wie eigenwillige Künstlerin. Sie schmetterte an einer Sonntagsnachmittagsprobe »Margarets Fluch« über die Plantagenets von der königlichen Treppe herunter. Neben ihr saß still und bescheiden ihr angebeteter kleiner Hund, den sie aus London mitgebracht hatte. Da erschien hinter ihr, in der Öffnung des Portals ein Herr und wartete höflich, bis sie fertig »geflucht« hatte. Dann trat er ebenso höflich auf sie zu und machte sie darauf aufmerksam, daß Hunde in dem Gehege des College nicht erlaubt seien. Nun wiederholte sich eine ähnliche Szene wie die zwischen mir und dem Domherr. Sie fuhr ihn mit der Stimme der Tragödin an: »Wer sind Sie?«, und er antwortete bescheiden: »Der Dekan von Christ Church.« Aber von ihrem Hund wollte sie sich trotzdem nicht trennen, sie hob ihn auf, verbarg ihn unter ihrem linken Arm und erklärte, daß er nun ein Teil von ihr sei und wo sie wäre, sei auch ihr Hund.

An einer Samstag-Nachmittagsvorstellung merkte ich, daß meine Studenten-Schauspieler zerstreut waren und hinter der Szene in kleinen Gruppen flüsterten. Ich erkundigte mich, was geschehen ist. Die »Athletes« hätten sich vorgenommen, die Vorstellung zu sabotieren. Warum? Weil sie die OUDS nicht leiden mochten, sie seien »feminin-ästhetisch«. Aus der Nähe hörte man, während die Vorstellung in Gang war, Gitarrengeklimper und Singen. Es wurden Wachen aufgestellt, um ernste Störungen zu vermeiden. Ein besonders beliebter Streich der feindlichen Partei war, die Abflußkette des Klosetts zu ziehen, das sich im Turm des »Clarence« befand, und nach der Häufigkeit des Geräusches zu schließen, schien die Gesamtheit der »Athletes« diesen Aufenthalt jedem anderen vorzuziehen. Die Vorstellung kam zum Ende und wie mir mitgeteilt wurde, sollte der Spaß nun erst losgehen. Am Ausgang des College hätten die athletischen Studenten Aufstellung genommen, um die ästhetischen zu verhauen. Der Anführer der Athleten, ein junger Lord, der seinen 21. Geburtstag feierte, versprach sich davon ein besonderes Fest. Uns Frauen wurde geraten, durch einen anderen Ausgang zu verschwinden. Als ich über den großen Hof ging, sah ich zwei Professoren im Gespräch miteinander. Ich ging auf sie zu und fragte um Rat, was man tun sollte, denn ich war um die Abendvorstellung besorgt. Sie lachten, zuckten die Schultern und sagten: »Let them settle it among themselves.« Oh, herrliches freies England! Und so geschah es auch; meine ästhetischen Studenten gingen jedoch als die stärkeren aus dem Turnier hervor und auf dem Kampfplatz blieb ein Zahn des Geburtstagslords, den ihm »Richard« ausgeschlagen hatte.

Auf der Probe in einer sehr kalten und verregneten Mainacht zwischen zehn und elf Uhr sah ich im Dunkel des Kloster viereck s einen Herrn in einem voluminösen

Wintermantel, wie ihn die Amerikaner auf Reisen tragen. Ich haßte Nichtdazugehörige auf den Proben, aber da ich selbst gleich in meiner eigenen Szene (ich spielte »Lady Anne«) aufzuwarten hatte, wollte ich mich nicht ablenken lassen. Während einer Pause kam Peter Glenville auf mich zu und flüsterte mir sehr aufgeregt ins Ohr, daß George Cukor, der große Filmregisseur aus Hollywood, der Probe beiwohne und mich kennenzulernen wünsche. Ich war wütend. Mein »Richard« war nicht umsonst ein Theaterkind, er hatte das Talent und die Reklamesucht seiner Ahnen im Blute. Es blieb mir vorerst nichts übrig, als die Hand des inzwischen herbeigekommenen Mr. Cukor freundlich zu schütteln. Es entspann sich folgendes Gespräch, natürlich in englischer Sprache:

»Ich beobachtete mit viel Vergnügen Ihre Probe, trotz der Gefahr einer Lungenentzündung, die man sich in diesem englischen Maimonat holen kann. Ihre Regieideen machten mir Eindruck. Warum kommen Sie nicht nach Hollywood?«

»Weil mich noch niemand dazu aufgefordert hat.«

»Würden Sie kommen, wenn man Sie aufforderte?«

Ich grinste verlegen, denn die Sache kam mir unwahrscheinlich vor. Solche Zufälle kommen nur im Film vor.

»Mr. Selznick ist momentan in London, ich werde ihn auf Sie aufmerksam machen.«

Drei Tage später erhielt ich einen Brief des Londoner Bureaus von Metro Goldwyn Mayer mit der Aufforderung, dort vorzusprechen, sobald es meine Zeit erlaube. Meine Zeit erlaubte es mir gleich am folgenden Tag, und ich saß dem gewaltigen Selznick an einem gewaltigen Schreibtisch gegenüber. Er sagte mir einige anerkennende Worte über »Mädchen in Uniform«, erklärte mir aber, daß ich natürlich noch viel Erfahrung sammeln müsse und daß er mir daher nur einen optionellen Vertrag auf drei Monate mit einer verhältnismäßig kleinen Gage anbieten könne. Die Reise erster Klasse würde mir natürlich bezahlt. Würde ich unter diesen Bedingungen abschließen?

Wie weise wäre es gewesen, wenn man mir in meiner frühen Jugend die Romantik etwas ausgetrieben und mir anstatt dessen etwas mehr praktischen Verstand beigebracht hätte. Nun war es zu spät. Bei diesem Antrag des Mr. Selznick dachte ich zu allererst an die Fahrt über den Ozean, an neue Landschaften, an neue Abenteuer. Und so helfe mir Gott, ich dachte nicht daran, daß mein Film »Mädchen in Uniform« inzwischen einen Welterfolg erzielt hatte, daß ich als Bühnenregisseurin in London mir rasch einen großen Namen erworben, daß ich also in der Lage gewesen wäre, Anspruch auf eine höhere Gage oder wenigstens auf größere Zugeständnisse in der Frage der Beschäftigung zu machen. Denn über diese wurde nichts Bindendes zwischen Mr. Selznick und mir vereinbart. »Wenn der Mann es sich nur nicht wieder überlegt«, dachte ich bei mir, »denn so eine Gelegenheit, wieder in die Welt hinauszufahren, bietet sich nicht so bald wieder.« Und ich schwenkte meinem Mann den Vertrag entgegen, als er mich in Oxford besuchte. Es war nicht Egoismus dieses uneigennützigsten aller Menschen, wenn er zögernd einwandte: »Hältst Du es für gut, so rasch wieder von London fortzugehen, wo Du eben beginnst, Fuß zu fassen?« »Aber bedenke doch – Hollywood – was für eine Chance das für mich ist!« (das ich vor allem wieder reisen wollte, getraute ich mich nicht einzugestehen). »Hollywood entgeht Dir nicht, wenn Du hier noch mehr Erfolg gehabt hast. Für Hollywood kann es nie zu spät sein, aber es kann zu früh sein.« Gleichwohl – ich unterschrieb den Vertrag. Und da er erst gegen Ende des Jahres in Kraft treten sollte, beruhigte ich mein inneres Unbehagen damit, daß bis dahin noch viel geschehen könne.

Mit »Murder in Mayfair«
durch die englische Provinz

Es war ausnahmsweise ein sonniger Nachmittag, als wir mit »Regents Park« während der Pause einer Nachmittagsvorstellung von »Richard dem Dritten« unter den Bäumen unseren Tee tranken. Ein Diener kam auf mich zu und meldete, daß Mr. Ivor Novello und Mr. Hugh Beaumont mich zu sprechen wünschten. Ich wußte, daß Mr. Novello ein berühmter Operettenkomponist, Schriftsteller und Schauspieler des West End sei, von Mr. Beaumont wußte ich nichts. Am allerwenigsten wußte ich, was die Herren von mir wünschten. Der Diener führte sie zu mir. Die außerordentliche Schönheit Novellos machte mich sprachlos, aber als er in seiner schuljungenhaften, übersprudelnden Art zu reden begann, glaubte ich ihn seit Jahren zu kennen. Er fragte mich, ob ich je von ihm gehört hätte. Das war natürlich nur so im Spaß gesagt, denn Novello war berühmt wie der König von England.

»Lief nicht vor kurzem ein Stück …?« begann ich zögernd.

»Um Gotteswillen, nicht davon sprechen« rief er aus, »das war ein furchtbarer Reinfall. Die Leute sagen, daß ich ein schlechter Schauspieler sei, aber ich glaube es nicht«, lachte er.

Wenn er lachte, war er noch schöner:

»Achtung, Achtung«, warnte ich mich, »so schön kann kein guter Schauspieler sein.«

»Und was führt Sie zu mir?« fragte ich.

»Ich möchte, daß Sie mein nächstes Stück inszenieren ›Murder in Mayfair‹. Ich glaube, wir werden einander verstehen. Ich verfolge Sie schon lange, ich habe Ihre Inszenierungen gesehen, ›Finished Abroad‹ gefiel mir ausgezeichnet und ›Richard III‹ in Oxford war super.«

»Sie haben ›Finished Abroad‹ gesehen?« fragte ich ungläubig, »Und Sie kamen nach Oxford?«

Nun ergriff der zarte Mr. Beaumont das Wort. »Binkie« hieß er mit dem Vornamen, wie mir Novello gleich mitteilte. »Das nächste Stück Ivors kommt unter meinem Management heraus, und wir beide sähen es gerne, wenn Sie die Regie übernähmen. Können wir uns irgendwo in den nächsten Tagen zu einer geschäftlichen Zusammenkunft treffen?«

Und so begann meine langjährige Zusammenarbeit mit Novello. Unsere zweite Begegnung fand in seinem Landhaus »Red Roofs« statt. Er hatte mich gebeten, zur weiteren Besprechung des Stücks herauszukommen. Eine junge Südafrikanerin fuhr mich in ihrem Wagen hin. Meine junge Begleiterin war sehr hübsch und sehr theaterlüstern. Als wir die Gartentüre aufmachten und Novello uns braun wie ein indischer Prinz, in terrakottafarbigen kurzen Hosen, den Oberkörper nackt, entgegen kam, hörte ich sie atemlos »God, how marvellous« flüstern. Er hatte diesen Sonntag »gästerein« gehalten, damit er sich ungestört mit mir unterhalten könne. Wir saßen in dem herrlichen Garten, und er erzählte mir den Inhalt seines Stückes »Murder in Mayfair«. Für die Frauenrollen wollte er die drei »Stars« Fay Compton, Edna Best und Zena Dare haben. Ob ich sie auf der Bühne gesehen hätte? Ich mußte beschämt verneinen.

Es gehörte zu meinem Verhängnis, daß, wann immer ich gefragt wurde, ob ich einen »Star« gesehen hätte, ich stets nein sagen mußte oder nicht wußte, daß der »Star« ein »Star« sei. Novello schien meine kontinentale Unkenntnis der englischen Bühnengrößen enorm zu amüsieren. Da er hinter seiner Liebenswürdigkeit einen guten Teil Ironie verbarg, war auch eine gewisse Schadenfreude dabei über die Relativität der Berühmtheit. Er beschrieb mir nun die drei Künstlerinnen, nein, er gab mir eine vollendete Illustration von Ihnen. Er »spielte« sie. Fay Compton sei wunderschön und sentimentaler Natur, in den Jahren, in denen Frauen zu Wutanfällen neigen. Ihre

»Ophelia« brachte sie auf den Markt des Theaters. »Eine herrliche Schauspielerin.« Edna Best sei trotzig und verschlossen, sie hätte nach ihrer »Constant Nymph« keinen weitern großen Erfolg mehr gehabt und das hätte sie nach Amerika getrieben, von wo sie aber der ungetreue Herbert Marshall wieder zurück treibe und sie würde in einigen Wochen in England ankommen. Sie sei die interessanteste der jungen englischen Schauspielerinnen.

»Für die hysterische Auriol Crannock in meinem Stück wie geschaffen. Ich schrieb die Rolle für sie, ich schreibe immer meinen Schauspielerinnen die Rollen auf den Leib, das erspart Ihnen und mir viel Kopfzerbrechen.«

»Und die dritte, Zena Dare?« fragte ich.

»Zena Dare!« Hier blitzten Ivors dunkle Augen und er hob die Hände begeistert zum Himmel. »Sie ist bezaubernd. Sie werden sie lieben. Ein nervöses Temperament. Kann sich leider den Takt ihrer Rollen nie merken, bringt einen zur Verzweiflung, aber sie ist noch immer schön. Sie und ihre Schwester Phyllis waren vor dreißig Jahren die berühmtesten Schönheiten der englischen Bühne. Sie werden sich glänzend mit allen verstehen. Üben Sie nur Takt!«

Takt? Das beunruhigte mich etwas. Seitdem ich in England lebte, stolperte ich oft über dieses kleine Wort. War Takt gleichbedeutend mit Kompromiss? Konnte man taktvoll und gleichzeitig aufrichtig sein? Wie soll man einem Schauspieler »taktvoll« erklären, daß er miserabel in seiner Rolle sei? Wie soll man die Zeit für liebenswürdige Ausflüchte finden, wenn man innerlich brennt, die Wahrheit einer Gestalt herauszuholen? Aber wahrscheinlich haben diese liebenswürdigen Engländer recht, man muß sich die kontinentale Gründlichkeit abgewöhnen, man muß die psychologischen Operationen in der Schauspielkunst den Deutschen und den Russen überlassen.

»Und die Männer«, fragte ich. »Die Hauptrolle spiele natürlich ich«, sprach Novello lebhaft weiter. »Es ist ein ausländischer Komponist, Jaque Clavel, heißt er, er spielt ausgezeichnet Klavier – ich spiele nämlich selbst ausgezeichnet Klavier«, fügte er mit einem Schulbubenlachen hinzu. »Ich möchte, daß Sie sich mit mir in dieser Rolle besonders beschäftigen, ich habe immer soviel mit dem Stück und den Theatergeschäften zu tun, daß ich mich um meine eigene Rolle nur wenig kümmern kann, ich brauche jemanden, der mich hart anpackt und mir sagt, wo meine Fehler stecken.«

»Beim harten Anpacken werden Sie mich überzeugender finden als beim Takt«, erwiderte ich ihm. »Haben Sie bereits alle Rollen besetzt?«

»So ziemlich. Sehen Sie, es ist einfacher so, man erspart dem Regisseur viel Mühe. Mein Freund Bobbie spielt die zweite Männerrolle, sie ist natürlich nicht so gut wie meine, aber vielleicht können wir sie im Laufe der Proben vergrößern. Bobbie ist ein prachtvoller Mensch, aber er spielt immer schlechte Rollen. Er hat sich daran gewöhnt.«

»Haben Sie auch die Nebenrollen bereits besetzt?«

»Es sind alles liebe Freunde von mir, prachtvolle Menschen, es geht ihnen pekuniär nicht gut, den armen Teufeln, ich wäre froh, sie in meinem Stück unterzubringen. Sie müssen die Leute bald kennenlernen.«

»Was für eine Art Rollen sind es?«

»Es ist eine Cocktailparty in Mayfair – in allen englischen Stücken sind Cocktailparties, das ist Tradition, früher waren es Teeparties. Diese spielt in einem der kleinen Boheme-Häuser, wo Edna Best ihr luxuriöses Appartement hat, dort geschieht auch der Mord.«

»Ah, ein Mord.«

»Ja, natürlich, das Publikum liebt Morde auf der Bühne. Die Gäste sind Typen attraktiver Nichtstuer, jung und lebenslustig.« Er blickte auf meine blonde Freundin. »Kann sie Theater spielen? Sie wäre ein guter Typ.«

Luise fuhr auf wie elektrisiert. Sie hatte in »Mädchen in Uniform« in Südafrika eine kleine Rolle gespielt, in der sie ausgezeichnet war. So sehr war sie vom Theaterteufel gepackt, daß sie ihren Mann in Johannesburg ließ und nach London gekommen war, in der Hoffnung zur Bühne zu gehen. Sie schnappte wie ein Fisch nach dem Köder. Novello lachte ihr zu und es war um sie geschehen.

»Wann und wo werden Sie eröffnen?«

»Wir werden nach vier Wochen Proben in Glasgow eröffnen, dann die Provinzen bereisen und Ende September im Globe Theatre in London eröffnen. Ich möchte gerne, daß Sie uns auf der Tournee begleiten, denn ich will an dem Stück weiter arbeiten, ehe es nach London kommt. Die Tournee gibt eine gute Gelegenheit, das Publikum zu beobachten und das Stück danach zu erweitern oder zu kürzen.«

Noch eine Frage lag mir schwer auf dem Herzen. »Werde ich alleinige Kontrolle über die Inszenierung haben oder führen Sie mit Regie?«

»Ich – Regie? Nein, dazu habe ich keine Geduld. Es genügt mir, meine Stücke zu schreiben und die Hauptrollen darin zu spielen.«

Ein Stein fiel mir vom Herzen. Wenngleich all das, was er mir im Verlaufe unserer Konversation erzählte, meiner bisherigen Theatererfahrung gänzlich neu war, so fühlte ich doch, daß wir einander gut verstehen werden. Ich wurde eingeladen, das nächste Weekend bei ihm zu verbringen, damit er mir das Stück vorlesen und wir alles durchsprechen könnten.

Bei den ersten Proben, einen Monat später, lernte ich dann auch die »Stars« kennen. Novello hatte sie so wahrheitsgetreu imitiert, daß mir seine Darstellung zu einem glänzenden Wegweiser wurde. Übrigens waren diese Frauen wirklich bezaubernd. Ich hätte die Stars in Deutschland sehen mögen, die sich mit so selbstverständlicher Disziplin einem weiblichen Regisseur ausgeliefert hätten.

»Takt« wurde einem bei ihnen nicht schwer gemacht. Etwas verwundert war ich, als die Cocktailgesellschaft der alten Freunde erschien. Hatte Novello nicht gesagt, sie sollten junge, anziehende Menschen vorstellen? Hier waren ältere, vom Leben hart mitgenommene Mimen, die nichts mit der Unbekümmertheit West-End'scher Nichtstuer gemein hatten. Da war ich also auf die erste »Taktprobe« gestellt. Ich erwähnte vorsichtig vor Novello, daß ich diese Besetzungen nicht richtig fände. »Aber sie brauchen das Geld so notwendig, und es sind so liebe anhängliche Menschen.«

Jedesmal, wenn es zu der Gesellschaftsszene kam, scheute ich wie ein störrisches Pferd. Ich zerbrach mir den Kopf, was ich tun sollte. Da tauchte einmal im dunklen Zuschauerraum »Bobbie«, Novellos bester Freund, neben mir auf und flüsterte mir zu: »Leo, bestehen Sie auf einer anderen Besetzung. Ivor läßt sich immer von seinem guten Herzen verführen und wenn es schlecht ausgeht, ärgert er sich. Nehmen Sie ihm den Entschluß ab und erklären Sie einfach als Regisseur, daß sie andere Leute haben müssen.« Und so geschah es auch. Ich bekam jüngere und anziehendere »Cocktailers« und darunter auch meine hübsche Freundin Luise Brown. Der gute, kluge Bobbie! Wie oft sollte er mir als Berater und Helfer zu Seite stehen!

Dafür wurde denn auch seine Rolle bedeutend erweitert, nicht nur aus Dankbarkeit für diplomatische Dienste, sondern weil er sich als ein ausgezeichneter Schauspieler erwies und das Stück durch die größere Bedeutung dieses Charakters an dramatischer Spannung gewann. Novellos Theaterstücke (und dies gilt auch für die Handlungen seiner späteren großen, anspruchsvollen Operetten, die ich für ihn inszenierte) sind mehr oder weniger impressionistische Skizzen, die im Verlaufe der Proben zu einem romantischen Panorama ausgearbeitet werden. Blitzartige Einfälle des Autors, des Regisseurs und der Schauspieler werden dem Manuskript organisch einverleibt. Dadurch entsteht eine intensiv fortschreitende Arbeit, die wie elektrische Massage wirkt. Man kommt auf die Proben voll Spannung, was sich ereignen wird, ob eine neue Szene hinzukommen oder eine frühere gestrichen werden soll. Die Atmosphäre, in der sich solche Operationen vollzogen, verlor jedoch nichts an Heiterkeit, denn es liegt im Wesen der Engländer, sich selbst und andere mit Humor zu betrachten. Die deutschen Protagonisten auf der englischen Bühne machten sich dadurch unbeliebt, daß sie ihre Tätigkeit zu wichtig nahmen. Seinen Willen durch erhöhte Nervosität oder gar Grobheit durchsetzen zu wollen, wird als »schlechte Manieren« angesehen, oder, was noch schlimmer ist, belacht. Als eine berühmte deutsche Schauspielerin bei ihrer Inszenierung von »Nora« eine heftige Auseinandersetzung mit einem ungeschickten Beleuchter hatte, ging diese Geschichte wie ein Lauffeuer durch die Konversationszimmer. Freilich betrachtete man die ausländischen Kräfte kritischer als die einheimischen.

Die Tournee mit »Murder in Mayfair« war mein erster Besuch in der englischen Provinz und in Schottland. Unsere Künstler hielten sich tagsüber in ihren Hotelzimmern auf, ich vertrieb mir die Zeit mit meiner alten Neigung, durch die Straßen zu wandern. Ich hätte besser getan, dem Beispiel meiner Kollegen zu folgen, denn eine Stadt sah aus wie die andere. Überall lange Straßen, deren Hauptakzente »Woolworth« und »Marks & Spencer« (die englischen Verwandten der ehemaligen Wertheims und Tietz) sind, die in ihren Wiederholungen vernichtend auf die Phantasie wirken. Die gleiche Atmosphäre der Langeweile verbreiten die sich aufs Haar gleichenden »Tea Rooms«. Nichts öderes als solche Großstädte, die den Stempel der Utilität tragen. Die Viertel der ganz Armen, die ich oft durchstreifte, waren weniger banal als die innere Stadt, man sah dort Gestalten, die in ihrer grotesken Häßlichkeit fast bildhaft wirkten. Der kulissenhafte Hintergrund von zerbröckelten Fassaden mit schmutziger Wäsche, staubigen, künstlichen Blumen hinter trüben

Fensterscheiben war ebenso unwirklich wie der Glanz Novellos und seiner Künstler, zu denen ich nach solchen Eskapaden zurückkehrte.

Die Kollegialität unter den englischen Schauspielern ist viel herzlicher als bei den Deutschen. Dort geht nach der Abendvorstellung jeder zumeist seiner Wege. Novellos Kreis schloß sich dann erst eng zusammen. Meine eigene Neigung, mich auf mein Zimmer zurückzuziehen und meine jeweilige gute oder schlechte Laune über eine gute oder schlechte Vorstellung allein zu überwinden, gab ich diesem guten Beispiel folgend auf und merkte bald, wieviel besser und vorteilhafter es ist, gemeinsam das Spiel des Abends zu besprechen und Für- und Gegenrede zu hören. Daraus kondensierte sich die endgültige Fassung des Stückes und wir konnten beruhigt »Murder in Mayfair« nach London bringen. Wenn ich beruhigt sage, so meine ich, insoweit Novellos Instinkt und seine Kenntnis des Publikums einen Erfolg voraussspürte. Er gehörte zu den wenigen Künstlern, denen auch eine schlechte Kritik nichts anhaben konnte, denn sein Publikum liebte ihn. Es liebte ihn mit einer intimen Herzlichkeit, die mehr seiner liebenswürdigen Persönlichkeit galt als seinen schauspielerischen oder schriftstellerischen Fähigkeiten. Er selbst wußte sehr genau den Wert oder die Wertlosigkeit einer Kritik abzuschätzen, aber sein Ehrgeiz strebte mehr nach der Wärme des Publikums als nach der Kälte literarischer Anerkennung. Er war verliebt in seine Arbeit, hatte aber wenig Geduld, den Gestalten seiner Stücke wahrheitsgetreu auf den Leib zu rücken. Er neckte mich mit meiner Gründlichkeit und sagte einmal zu mir, ich sähe in den Charakteren seiner Stücke mehr als er selbst beabsichtige. Und doch wußte ich, daß er gerade das an mir schätzte, daß ich ihn ernst nahm. Trotz der spielerischen Leichtigkeit, die ihm seine Begabung verlieh, trennte er sich nie endgültig von einer Arbeit, selbst wenn sein Stück monatelang erfolgreich gelaufen war. Er beobachtete Inszenierung und Schauspieler bei jeder Aufführung und war immer bereit, Verbesserungen vorzunehmen. In seinem Ensemble bestand eine musterhafte Disziplin, die lediglich der Loyalität der Schauspieler zu verdanken war.

Eine Woche nach der erfolgreichen Londoner Premiere von »Murder in Mayfair« reiste ich nach New York ab, um von dort weiter nach Hollywood zu fahren. Die junge Südafrikanerin, Luise Brown, begleitete mich. Wieder stand mein Mann am Hafendamm in Southampton und sah dem ausfahrenden Schiff mit traurigen Augen nach. Für ihn war eine harte Prüfungszeit angebrochen. Von seinem Verlag in Berlin, den er von bescheidenen Anfängen zu einem wichtigen Unternehmen aufgebaut hatte, war er losgerissen, Jahrzehnte von Streben und Erfahrungen auf den Kehrrichthaufen geworfen! Seine schriftstellerische Tätigkeit, die ihm zum zweiten Beruf wurde, konnte er in der fremden Sprache nicht ausüben. Vorerst war es ihm ganz unmöglich, einen Erwerb in England zu finden. Von all diesen Enttäuschungen und den Sorgen um seine alte Mutter in Wien war er schwer bedrückt. Meine Fahrt in die weite Welt schien mir daher nicht mehr so verheißungsvoll, wie ich's mir zuerst vorgestellt hatte, da ich ihn in solcher Stimmung zurücklassen mußte. Meine Mutter war inzwischen nach Südafrika zurückgereist. Unser Abschied fiel gerade in meine Proben, und ich war dankbar, daß mir wenig Zeit übrig blieb, meinen Gedanken nachzugrübeln. Einige Tage vor ihrer Abreise feierten wir ihren 80. Geburtstag. In einer kurzen Ansprache an ihre Gäste verblüffte sie uns mit der Bemerkung, daß die Jahre zwischen 70 und 80 ihre schönsten und reichsten gewesen seien. Das Alter hätte keine Schrecken, wenn man Herz und Augen offen behielt und sich dem Leben vertrauensvoll hingäbe. Wie beneidete ich die alte Frau um ihren Mut! Für mich hatten die Turmuhrschläge der unbarmherzigen Gebieterin Zeit nur Angsterregendes.

Erlebnis New York

Meine Reise mit der Freundin auf dem luxuriösen Dampfer »Majestic« war enttäuschend. Das Schiff schaukelte betrunken auf den zornigen Wogen und die leidige Seekrankheit machte einen zum Menschenfeind. In den Gesichtern der amerikanischen Passagiere vermochte ich mich nicht zurechtzufinden. Ihrem Aussehen und ihrem Gebaren nach erschienen sie mir wie reichgewordene Kurzwarenhändler. Wer vermochte hinter diese glatte, selbstbewußte Fassade zu blicken? Ich war noch ganz angewiesen auf meine Kenntnis der Physiognomien Europas. Dort hatten die Menschen durch die Jahrhunderte Zeit gehabt, eine mehr individuelle Prägung ihrer Züge zu gewinnen. Im Übrigen kümmerte sich keiner um keinen und die sechs Tage Ozeanfahrt für den erschütternden Betrag von 500 Dollars waren ereignislos wie eine Drei-Penny-Fahrt mit der Untergrundbahn.

Aber dann kam New York! Meinen unmittelbaren Eindruck gleich nach der Ankunft zwängte ich in ein paar Zeilen an meinen Mann. »Wenn es nicht so verführerisch wäre, nichts anderes zu tun als zu schauen und zu hören, auf Omnibussen zu sitzen oder aus den Fenstern der Stadtbahn mitten in das Treiben von Millionen von Menschen hineinzublicken, durch unzählige Avenuen und Straßen zu wandern, bis einem die Füße platt getreten sind und die Augen brennen vor Gier alles aufzunehmen, dann, ja dann, könnte ich vielleicht einen zusammenhängenden langen Brief schreiben.«

Luise und ich wurden von New York besoffen. Es war kein leichter, fröhlicher Champagnerrausch, eher ein Schnapsrausch, wild und ungebärdig. Auf die Skyscrapers wollten wir klettern, in die Menge des Broadway wollten wir uns stürzen, in das Lichtmeer der Fifth Avenue von unseren Hotelfenstern hinunterspringen. Wie und wo packt man einen Zipfel dieser menschenfressenden Göttin? Wo Erleuchtung finden in diesem Chaos? Bei den Menschen selbst? Soweit ich einzelne Individuen aus der sich ewig bewegenden Masse erhaschen konnte, stießen mich ihre Gesichter und ihre Bewegungen ab. Ich konnte sie nicht fixieren, weder in österreichische Grazie, in deutsche Gestrafftheit, noch in englische Gelassenheit. Wie verschieden war dieses New York von Wien, Paris, Rom, London! Dort teilte sich selbst dem flüchtigen Touristen sofort eine Atmosphäre mit, die von der Vergangenheit kommt, von den stillen Plätzen mit spielenden Kindern inmitten modernen Verkehrs, von den verwitterten Häusern, von dem Tausenderlei »Unmodernen«, das sich zwischen Warenhäuser, Paläste, Garagen zwängt. New York war wie ein Berggipfel, seine Atmosphäre hatte nichts Geistiges, sondern etwas Elementares, man fühlte sich abgeschnitten von der Blutwärme des Gewohnten, man wurde hineingestoßen als winziges Atom in das All. Mit den Millionen anderer Atome war man lediglich durch Automobile, Omnibusse und elektrische Hochbahnen verbunden, aber durch nichts Menschliches.

Wie oft hatte ich in London in der Gegend von Elephant and Castle Gestalten gesehen, die schlichtweg aus den Bildern Hogarths hätten herausgestiegen sein können, und im Wiener Prater konnte man an einem Sonntag eine lebendige Bildergalerie des 19. Jahrhunderts treffen. Solche individuellen Gestalten in der indifferenten erbarmungslos strömenden Menge einer Großstadt brechen wie Lichtstrahlen aus einem drohenden Himmel hervor. Ich suchte nach ihnen in den Straßen New Yorks, aber noch hatte ich nicht die Fähigkeit, sie zu unterscheiden.

Diese vorbei rasenden Passanten multiplizierten sich in Gleichheit. Manche besser, manche schlechter angezogen, aber alle hatten sie die gleichen hastigen Schritte, dieselben unpersönlichen Mienen. In den Kinos, in den eleganten und in den kleinen billigen, im Zuschauerraum und auf der Leinwand, fanden wir sie wieder, die kräftigen

Männer mit den unterschiedlichen Gesichtern, die Frauen mit den schönen harten Zügen. Bewegung, Bewegung, Bewegung schnaubte die Maschine in ihnen. Ich war mir bewußt, daß dieses New York nur die äußere Hülle sein konnte, aber zum Inneren zu gelangen, fehlte die Gelegenheit. Wozu auch? War dies nicht im wahrsten Sinne die »neue Welt«, menschliches Dasein ins Riesenhafte umgesetzt? Tausende und Tausende aneinander vorbeijagend, woher, wohin? Jeder eingefangen in seinen eigenen Kampf. Nicht einmal Kaffeehäuser oder Restaurants konnten zur Planke in diesem tobenden Meer werden, denn auch dort stießen sich die Gejagten. Luise und ich flüchteten uns manchmal in Angst auf unsere Zimmer im 30. Stock, zu denen das Brausen sanfter hinauf klang. Erschöpft sehen wir einander an. Waren wir noch Menschen oder bereits Dämonen? Sich dieser bezwingenden Gewalt auszuliefern, war ein Genuß, wie man ihn beim Tosen und Krachen eines Gewitters empfindet. »Hier müssen wir länger bleiben«, sagte ich zu meiner Freundin. »Ich muß endlich ins Bureau der Metro-Goldwyn-Mayer gehen und mich dort vorstellen, bei der Gelegenheit will ich versuchen, meine Reise nach Hollywood für ein paar Tage hinauszuschieben.« (Oh Unschuld vom Lande, die ich war, ich bildete mir ein, daß man meine Ankunft oder mein Fernbleiben überhaupt bemerkt hatte.)

Mr. Ruben, der Generaldirektor der New Yorker Abteilung, empfing mich freundlich (ich fürchtete mich stets so sehr vor Theater- und Filmdirektoren, daß ich schon ganz glücklich war, wenn sie mich überhaupt empfingen). Noch ehe ich schüchtern meine Bitte vorbringen konnte, ein paar Tage länger in New York bleiben zu dürfen – auf eigene Kosten natürlich – sagte er: »Beeilen Sie sich nicht, nach ›dem Westen‹ zu fahren, bleiben Sie einige Zeit in New York und sehen Sie sich um, schicken Sie die Aufstellung Ihrer Spesen an meine Sekretärin.«

Wo bin ich? Ist dies Tausend-und-eine-Nacht? Wird der Stuhl, auf dem ich sitze, unter mir versinken und Tartarus mich verschlingen? Doch nein, der Lift führte mich ordnungsgemäß wieder auf die Erde und eine gewöhnliche Straßenbahn brachte mich zurück ins Hotel. Dort, in meinem Zimmer, erzählte ich Luise, unter hysterischem Gelächter, was sich ereignet hatte.

Zurück in die alte bekannte Welt führte mich eines Tages eine Rotte Reporter. Wieder wurden die »Mädchen in Uniform« aus der Mottenkiste geholt. Da die Herren mit den gezückten Bleistiften, sprungbereit sich auf eine Berühmtheit zu stürzen, vor diesem Film nie etwas von meiner Existenz gehört hatten, beäugten sie mich mißtrauisch und fragten, ob ich den Film wirklich selbst gemacht hätte. Der Zweifel an meiner Urheberschaft war übrigens die erste Taube aus dem Studio des Carl Froelich. Ein Jahr später, als ich wieder in New York war, ging ich an einem kleinen Kino vorbei, vor dem ein großes Plakat hing: Carl Froelichs »Mädchen in Uniform«.

In den drei Wochen, die wir in New York blieben, kümmerte sich niemand der Firma um meinen Lebenswandel, und als ich wieder ins Bureau ging, um meine Fahrkarte nach Los Angeles abzuholen, war man nicht erstaunt, daß ich noch immer da sei, und wünschte mir eine glückliche Reise. »Was für edle Menschen, diese Metro-Goldwyn-Mayer doch sind«, sagte ich zu meiner Freundin, die es bestätigte, denn sie reiste umsonst als meine Begleiterin auf dem 500 Dollar Billett, das für zwei Personen gültig war, nach Hollywood.

Die Dreieinhalb-Tage-Fahrt nach Kalifornien war ein wunderbares Ausruhen nach den Anstrengungen New Yorks. Wir waren vollkommen zufrieden in unserem viereckigen Kasten, der uns über Berge, Flüsse und Wüste trug. Wir gingen nicht einmal in den Speisewagen, sondern ließen uns die Mahlzeiten in unserem Coupé servieren, schliefen, lasen und sahen zum Fenster hinaus.

Einmal sagte Luise unvermittelt: »Hast Du eigentlich schon irgendwelche Filmpläne?«

»Wie kannst Du nur so roh sein, mich an den Zweck dieser Reise zu erinnern«, rief ich empört aus.

»Wir haben noch nicht ein einziges Mal von Hollywood und Deinem Engagement gesprochen, es ist Zeit, daß Du Dich erinnerst, warum Du hinfährst.«

»Luise, ich will Dir ein Geheimnis anvertrauen. Ich fahre hin, um mir auf Kosten der Filmgesellschaft das Land anzuschauen. Ich sehe darin eine Vergeltung für erlittene Leiden. Es ist mir völlig egal, ob ich einen Film dort drehe oder nicht, denn ich bin überzeugt davon, daß die Filmbonzen mich nur engagiert haben, weil ich zufällig im Scheinwerferlicht stand. Im übrigen liegt ihnen verdammt wenig daran, wer ich bin, was meine künstlerischen Eigenschaften sind, ja, ob ich überhaupt welche habe. Ich soll ›ausprobiert‹ werden, wie hundert andere vor und nach mir, die dann wieder ihres Weges geschickt werden; ohne Spur von einer geistigen Beziehung. Der schwelende Ehrgeiz macht solche geschäftlichen Transaktionen begehrenswert, aber ich bin diesmal entschlossen, meinem Ehrgeiz den Garaus zu machen und die paar Monate auf meine eigene Art zu genießen. Dies ist eine rein persönliche Einstellung. Vielleicht bin ich zu sehr vom Theater, um mich den Machinationen des Films anpassen zu können.«

»Du läßt Dich stets von momentanen Stimmungen leiten, bist Du erst in der Arbeit drin, so frißt sie Dich auf.«

»Eben darum. Ich will mich von diesem Moloch nicht mehr verschlingen lassen. Ich muß einen Wall um mich aufbauen gegen Enttäuschungen, Gemeinheiten und Demütigungen. Wenn ich mir nachgebe und mich wieder mit dieser fanatischen Wut in die Arbeit stürze, komme ich bestimmt zertreten daraus hervor. Soviel ist mir der Film nicht wert.«

»Und das Theater? Sind dort Kämpfe und Enttäuschungen weniger schmerzhaft?«

»Im Theater darf ich jede Lebenserfahrung und jeden Schmerz künstlerisch verwerten, wenn ich als Schauspielerin mich einer Rolle bis zum letzten hingebe, wenn ich bei einer Regiearbeit alle geistigen Kräfte anspanne, dann gehe ich als Mensch reicher daraus hervor, aber im vorgezeichneten Kreis der Filmarbeit bin ich der Mechanik unterworfen, den Launen meiner Vorgesetzten, tausend unvorhergesehenen Zufällen – dazu langt meine Kraft nicht aus.«

»Aber im Theater mußt Du doch auch mit anderen zusammenarbeiten?«

»Ja, aber die anderen sind der Dichter und die Schauspieler, eine geschlossene Dreieinheit des gleichen Bluts. Eine Inszenierung baut sich organisch auf, sie lebt, sie atmet, sie wächst von der ersten Probe bis zur letzten, wir haben sie stets lebendig vor uns, wir können verbessern, wo wir Fehler erblicken, wir können durch eigene Erlebnisse Tiefe in unsere Arbeit instillieren, sie ist mit uns verwachsen. Ich hatte Glück mit dem Film ›Mädchen in Uniform‹, er entstand unter günstigen Verhältnissen, aber selbst dort erschien mir die Arbeit mehr wie ein faszinierendes Spielzeug. Die Lichter brennen, die Mechanik schnurrt, die Lebensillusion ist täuschend, aber das wahre künstlerische Schaffen liegt im Theater.«

Meine Freundin beschwor mich, solche Anschauungen für mich zu behalten und mir meine Chancen in Hollywood nicht durch Mißtrauen und Abseitsstehen zu verderben. Ihre Warnung war unnötig, denn ich hatte nicht die Absicht, im Heiligtum des Films den Apostel des Theaters zu spielen. Im Übrigen war ich ebenso neugierig wie sie, diese gewaltige Schaubude kennen zu lernen.

Mißerfolg Hollywood

In Culver City, bei Metro-Goldwyn-Mayer, im Selznick Unit, wies man mir ein lichtes, freundliches Bureau im ersten Stock an, mit Blick auf die Straßen der Filmstadt und die angrenzenden Studios. Auf dem polierten Schreibtisch lagen symmetrisch aneinander gereiht Bleistifte aller Größen und Farben, Briefpapierkästen enthielten säuberlich geordnet große und kleine Schreibbögen für »geschäftliche« und »private« Benützung, im Nebenzimmer saß ein schmuckes Schreibmaschinenfräulein, bereit, geschäftlich oder privat auf ihrer Maschine flink niederzuschreiben, was ich diktieren würde. Leider hatte ich vorerst nichts zu diktieren und meine Privatbriefe schrieb ich selbst. Ich wurde von allen Seiten herzlichst begrüßt, als Frauenregisseurin neugierig betrachtet, und es wurde mir versichert, daß man große Dinge von mir erwarte. Ob man sie erwartete, weil ich einen guten Film gemacht, oder sie anzweifelte, weil ich nur eine Frau war, konnte ich in meiner Laufbahn als Regisseurin nie sicher feststellen.

Es kommt mir vor, als wenn die Emanzipation der Frau, besonders auch beim Film, noch nicht recht durchgedrungen ist. Ich hatte mich seinerzeit in Deutschland und in England mit Frauenärztinnen, Advokatinnen und Journalistinnen darüber unterhalten, und sie alle gaben zu, daß noch immer eine Schranke zwischen ihnen und den Berufs-Männern stand. Eine unsichtbare Schranke, die sich jedoch bei Arbeitsverteilung bemerkbar macht. Wenn es gilt, eine verantwortungsvolle Stellung zu vergeben, wird der Mann vorgezogen, gleichgültig ob er der Berufenere dafür ist oder nicht. Im Beruf des Theaters wird die Frau als Schauspielerin natürlich voll und ganz anerkannt, aber die Frau als Regisseurin bleibt noch immer ein Kuriosum.

Zu David Selznick, meinem Vorgesetzen, hatte ich ein spontanes Vertrauen, weil seine Bureautüre stets offen

stand, gleichviel ob er arbeitete oder sich die Nägel mani-
küren ließ, und weil seine Jovialität aufrichtig erschien. Er
riet mir bei unserer ersten Unterredung, recht viel Bücher
zu lesen und daraus ein interessantes Filmsujet zu finden.
Famos dachte ich, oder auf amerikanisch o.k. Bücher
lesen war keine Strafe und sich daraus ein Thema zu-
rechtzulegen, es aufzubauen, die Charaktere aus dem
Abstrakten in die konkrete Form des Films umzuschaf-
fen, das versprach anregende Beschäftigung. Ich machte
mich sogleich an sie heran. Auf dem Notizblock meines
eleganten Schreibtisches reihte sich allmählich eine lange
Liste von »Sujets«. Von Zeit zu Zeit klopfte ich an die offene Türe meines Chefs David Selznick und legte sie ihm
zur Begutachtung vor.

»Interessant ... aber noch nicht das Richtige ... weiter-
lesen ... sich Filme im Projektionsraum vorführen lassen
... Interviews mit Zeitungsreportern halten etc. etc.« So
las ich denn wacker weiter, wozu mir die vorzügliche
Filmbibliothek in Culver City beste Gelegenheit bot, und
mit den Zeitungsreportern sprach ich von Dingen, die
mich interessierten, aber als ich diese Interviews nachher
in den Spalten ihrer Blätter wiederlas, mußte ich zu meiner Verwunderung bemerken, daß *meine* Interessen um-
gemünzt waren in *ihre* Interessen. Die guten Leute wußten besser Bescheid über Hollywood als ich. Reklame
jeder Art, auch der plumpsten, war nötig zum Erfolg.
Hatte man den sicher in Händen, dann wurde man in
Dollars und in Zeitungsruhm gewickelt, hatte man ihn
aber nicht, wurde man den Geiern zum Fraße vorgeworfen. Vorerst wäre es mir allerdings lieber gewesen, eine
Arbeit erfolgreich zu vollenden und dann die Reklame
einzuheimsen.

Die fruchtlose Spielerei des Romanelesens und der
Besichtigung von Filmen wurde mir allmählich langweilig und ich kürzte meine Bureaustunden ab und unternahm mit Luise Autofahrten in die Umgebung oder wir

saßen still in unserem entzückenden Häuschen draußen in Beverly Hills. Seine Nummer war eintausendsechshundertzweiunddreißig, also weit entfernt von dem dröhnenden Verkehr der Boulevards, in unmittelbarer Nähe einer verwilderten Landschaft enger Täler und rostbrauner Hügel. Fern, aber doch erreichbar, in beglückender Gewißheit, war das Meer. Unser kleines, im spanischen Stil gebautes Haus hatte einen Innenhof, in dem ein großer Olivenbaum Schatten gab, und einen Dachgarten, von dem man in den blühenden Orangenhain blickte. Natur, Freiheit, ein gewisser Komfort – wie dankbar war ich, allen »Nacht am Rhein« entkommen zu sein.

Die amerikanischen Bekannten vom Film lächelten über meine Naturbegeisterung und meine Freude an unserem Heim, das in ihren Augen höchst bescheiden war, und die englischen Filmleute konnten schon gar nicht begreifen, warum ich mich so freudig in dieser unordentlichen Landschaft umhertrieb, denn sie liebten Kalifornien nicht, es war ihnen zu aufdringlich, zu üppig, wie seine Lebensformen überhaupt. Man kam nach Hollywood, um Geld und Ruhm zu erwerben, aber das Herz blieb in England. Obgleich auch ich Kalifornien nie als Heimat hätte empfinden können, entzückte mich die Landschaft doch sehr. Die allumfassende Klarheit des Lichts im dramatischen Wechselspiel mit tiefen Schatten, die Vielfalt der Farben, das weiche Klima, sie schufen ein Landschaftsbild, das die üppige Vegetation in einen Schleier ätherischer Schönheit hüllte.

In besonderer Erinnerung bleibt mir ein Spätnachmittag, an dem ich das Licht über einer violetten Bergkette verblassen sah, in geisterhafter Stille vom Ozean her stiegen milchweiße Nebel höher und höher, sie umhüllten alle realen Formen und erschufen ein Nirvana. Die Kontraste der Natur wirkten überwältigend. Ein paar Stunden Autofahrt brachten uns von der azurnen Bläue des Meers und dem belebten Strand in die nackte Grelle der

Wüste um Palm Springs. Das luxuriöse Leben in diesem ›Pompeji‹ von Hollywood hatte auch seine Reize, wenngleich ich es vorzog, in die Einsamkeit hinauszureiten. Zumeist fuhren wir einfach darauf los, ohne Ziel, verfolgten eine Richtung, gespannt, was wir am anderen Ende finden würden.

Einmal überließ uns ein englischer Filmschauspieler, den ich von London her kannte, seine Yacht samt Steuermann, und Luise und ich segelten nach Santa Barbara. Unvergeßlich bleiben mir jene Stunden des Dahinschwebens und Schaukelns, die Wellen dem hingestreckten Körper so nahe, als wären wir Najaden. Öfter und öfter zog es uns von Hollywood fort und unsere »Wochenenden« wurden immer ausgedehnter. Zuweilen rüttelte mich mein Gewissen und ich erschien wieder in David Selznicks Bureau, um ihm meinen guten Willen zur Arbeitsleistung zu beweisen. Sein offenes, freundliches Gesicht stimmte mich immer wieder optimistisch, und ich zog mich nach solchen Zusammenkünften wiederum für ein paar Wochen mit Büchern und Filmmagazinen auf mein Bureau zurück.

Eines Tages telefonierte er zu mir herauf, ich möchte zu ihm kommen; er hätte einen passenden Stoff für mich. Würde ich mich für »Florence Nightingale« interessieren? Ich war ehrlich begeistert und sogleich einverstanden. Aus der reichen Studiobibliothek ließ ich mir dicke Folianten bringen, Biographien, Tagebücher und Briefe, ich verzichtete auf Weekend-Fahrten und verbrachte meine Zeit ausschließlich mit der englischen Heldin. Mr. Mordaunt Shairp, der Verfasser des erfolgreichen Stückes »The Green Bay Tree«, der sich zur Zeit in Hollywood befand, wurde mir als Mitarbeiter zugeteilt. Es war mir eine große Freude, mit diesem feinen, gebildeten Mann zusammen zu arbeiten, er hatte bisher ebenso wie ich seine Zeit zwecklos in Hollywood verbracht, und wir waren beide froh, endlich von dem unfreiwilligen Müßiggang erlöst zu sein. Wir entwarfen gemeinsam einen großangelegten Plan der »story« und arbeiteten in intensivster Abgeschlossenheit. Endlich dienten mein Bureau und das Schreibfräulein einem Zweck. Nachdem einige Wochen vergangen und wir nichts weiter von Selznick gehört hatten, stiegen beunruhigende Zweifel in mir auf und ich schlug meinem Mitarbeiter vor, unseren Entwurf Selznick zur Begutachtung vorzulegen. Wie stets hörte er auch diesmal mit derselben liebenswürdigen Aufmerksamkeit zu, nahm die beschriebenen Blätter entgegen, warf einen zerstreuten Blick auf sie und sagte schließlich ganz betrübt: »Wie schade, daß wir ihre Arbeit nicht verwerten können; würde den ›Florence Nithingale‹ Film nun doch nicht drehen, da Universal Films das Sujet bereits erworben und man könne doch nicht zwei Filme des gleichen Themas machen«.

»Seit wann ist dieser Beschluß gefaßt worden?« fragte Mordaunt Shairp.

»Vor einigen Wochen. Man hat vergessen, es Ihnen beiden mitzuteilen.«

Diese entnervende Mitteilung wurde durch die pünktlich ausgezahlten wöchentlichen Cheques gemildert, und auch sonst hatte Hollywood manches Reizvolle zu bieten, darunter pittoreske kleine Restaurants auf den Boulevards, wo man kulinarische Genüsse aller Nationen auf der Speisekarte fand. Dort konnte man auch zur Mittagsstunde die »Stars« zu Gesicht bekommen. Meine Freundin ärgerte sich, daß ich nicht Gelegenheit nahm, diese persönlich kennen zu lernen. Aber ich zog es vor, sie von weitem zu betrachten und als ein Teil der Hollywood-Sehenswürdigkeiten mitzugenießen. Eine einzige nähere Bekanntschaft schloß ich mit der Schriftstellerin Zoe Akins, die mir mit solcher Herzlichkeit entgegenkam, daß ich nicht anders konnte, als sie sofort gern zu haben. In dieser dicken, bürgerlich aussehenden Frau lebte eine Künstlerseele, die sich an der Hollywood-Routine wund rieb. Aber da man ihre »Scenarios« gut bezahlte und ihr damit die Möglichkeit schuf, sich ein herrliches Heim in Pasadena zu halten, vergrub sie ihren Idealismus in Theaterstücken, die sie in ihren Mußestunden schrieb. Zwei von diesen inszenierte ich selbst in dem drauffolgenden Jahr. Das erste erlebte einen sensationellen Reinfall in New York, das zweite eine befristete Lebensdauer auf Tournee in England. Von beiden will ich später noch erzählen.

Das Leben und Treiben in den Filmstudios machte auf einen Neuling, wie ich es war, einen gewaltigen Eindruck. Um neun Uhr morgens fuhr eine Kavalkade von Autos durch das große Einfahrtstor von Culver City und auf dem riesigen Platz und den darauf auslaufenden Straßen entfaltete sich bereits ein reges Leben. Arbeiter schoben hochbeladene Lastwagen mit Kulissen vor sich her. Kameras und Beleuchtungsapparate, auf Räder montiert, wurden in die Studios gerollt. Eine Schar von tadellos gekleideten Tippfräuleins trippelte zu den Arbeitsstätten, die, zwischen Palmen und grünen Rasen verstreut, eher erträumten Sommerhäuschen glichen als nüchternen Administrationsgebäuden. Statisten in fantastischen Verkleidungen saßen im grellen Sonnenlicht, das ihre geschminkten Gesichter wie Bildnisse surrealistischer Malerei erscheinen ließ. Hier in Culver City schufen Tausende von Angestellten mit an der Erstellung fiktiver Menschen und wild fiktiver Schicksale, die in Zelluloid verdichtet und in Blechdosen sorgfältigst verlötet in die Welt hinausgeschickt wurden zur Unterhaltung und Beglückung aller Völker. Solch' grandioser Aufwand nahm grandiose Bedeutung an. Ich empfand dabei Ähnliches wie seinerzeit bei einem Besuch in den Tiefen der Minen des Witwatersrands, wo gleichfalls ein Heer von Menschen im Schweiße ihres Angesichts einem fiktiven Wert dienen – dem verführerischen, traumlüsternen Golde. Die Filmstars sah man außerhalb ihrer Garderoben und Studios nur selten.

Ab und zu erhaschte man ein bekanntes Gesicht hinter den Scheiben ihrer prächtigen Autos. Einmal erblickte ich von meinem Bureaufenster aus die »göttliche« Garbo, als sie zu Fuß die Straße überquerte; eine frei schreitende, hohe Gestalt, deren Schönheit im Leben noch mehr beeindruckte als auf der Leinwand. Zwischen Tür und Angel erspähte ich auch Norma Shearer, deren nüchternes Aussehen nicht ahnen ließ, welche Verwandlungen solch ein magischer Apparat wie die »Kamera« zuwege bringen kann. Clark Gable, der Liebling des technischen Personals und der Bureaufräuleins, trieb sich unbekümmert umher, die gleiche Persönlichkeit des »hail-fellow well met with everybody«, die ihm auf der Leinwand so gut zu Gesicht stand, auch im Leben bewahrend.

Den Zeitungsreportern und Lesern der Filmmagazine war es inzwischen aufgefallen, daß die so laut angekündigte Regisseurin der »Mädchen in Uniform« noch immer im Verborgenen blühte und keinerlei Gelegenheit gab, sie reklamemäßig zu verwerten. So mag es denn auch Mr. Selznick eingefallen sein, daß ich den mir wöchentlich ausgezahlten Cheque für Nichtstun erhielt, denn er forderte mich eines Tages auf, Mr. Cukor, dem Regisseur des »David Copperfield«, zu assistieren. Cukor, mein ursprünglicher Entdecker in Oxford, war mit Arbeit so überhäuft, daß der Produktionsplan in Rückstand geraten war. In einer wie stets freundlichen Aussprache, fragte mich Selznick, ob ich bereit wäre, einige Aufnahmen zu übernehmen.

Es würde durchaus keine Herabsetzung meines Renommees bedeuten, wenn ich vorläufig nicht als selbständige Regisseurin arbeite, denn auch andere Regisseure, Fritz Lang z. B., würden bei dem Film mithelfen. Als ich diesen einige Tage später darüber befragte, lachte er und meinte, es fiele ihm gar nicht ein, da mitzumachen, aber vielleicht wäre es für mich ratsam, erstmal »reinzukommen«, im übrigen sei ja doch alles wurscht in diesem Narrenhaus.

Ich willigte also ein, einige Szenen des »David Copperfield« zu übernehmen, obgleich ich durchaus nicht begeistert von diesem Vorschlag war. Cukor und ich kannten einander nur flüchtig, und ich konnte mir nicht vorstellen, wie unter diesen Umständen eine geteilte Arbeit einen einheitlichen Stil zustande bringen könne. Man teilte mir einen bestimmten Abschnitt des Films zu, den Anfang des zweiten Teils, in dem David bereits erwachsen ist. Frank Lawton, Madge Evans, Roland Young und Lewis Stone waren meine Darsteller. Da ich nun eine bestimmte Arbeit vor mir hatte, war ich mit Leib und Seele dabei. Meine Freundin Luise lächelte spöttisch und meinte, ich sei wie ein Schlachtroß, das mit den Füßen scharrt, wenn es die Trompeten hört. Tatsächlich war etwas von dem alten Kampfgeist in mir erwacht. Von früh bis in die Nacht war ich im Studio. Die Arbeit ging gut von statten, die Schauspieler behandelten mich mit Respekt. Mein Selbstvertrauen wurde durch einen mir überbrachten Zettel von David Selznick bestärkt, auf dem fünf Worte standen: »I like your work. David.« Jedoch waren noch nicht 14 Tage vergangen, als meine Arbeit an dem Film plötzlich stoppte, ohne weitere Erklärung, ich stand einfach nicht mehr auf dem Tagesplan der Aufnahmen.

Ich hatte Blut geleckt und wollte nicht so rasch in die Idylle meines Nichtstuns zurückkehren. Von den drei Monaten meines Kontraktes waren nur noch einige Wochen übrig. Würde meine Option aufgenommen werden? Ich hatte noch nichts geleistet, aber auf welchen Schleichwegen könnte ich dazu kommen, etwas zu leisten? Es waren geheimnisvolle Mächte, die man nicht am Rockzipfel packen konnte. Ich wollte Hollywood nicht verlassen, ehe ich mich nicht selbst erprobt hatte. So sah ich mich um und lernte einen Filmdirektor der Universal kennen, an dessen Namen ich mich nicht mehr erinnere. Wir sprachen über Ibsen, was an und für sich eine Überraschung für mich war, denn nicht viele der Hollywoodianer wußten etwas über dessen Werke. Ich erwähnte, daß ich »Nora, ein Puppenheim« für einen guten Filmstoff halte, und er stimmte mir enthusiastisch zu. Er schlug mir vor, einen Entwurf auszuarbeiten, seine Frau, die Filmschauspielerin sei, würde furchtbar gerne die Nora spielen. Mit Selznick sei er befreundet, vielleicht ließe sich zusammen mit ihm etwas machen. Also setzte ich mich wieder an meinen Schreibtisch und beschrieb Blatt um Blatt des schönen weißen Papiers. Diesmal glaubte ich, in meinem Element zu sein, denn »Nora« kannte ich gründlichst und Einfälle und Gedanken zur Filmerweiterung des Bühnenstoffes kamen mir leicht und mühelos. Mehrfache Begegnungen mit dem Direktor und dessen Frau bei vielfarbigen Cocktails erweckten Hoffnungen, aber schließlich folgte die »Nora« der »Florence Nightingale« in das Land der Vergessenheit.

Es war knapp vor Weihnachten und in wenigen Tagen sollte meine Option ablaufen. Selznick äußerte sich in keiner Weise darüber, ob er die Absicht habe, mich für sein inzwischen neugegründetes Unternehmen weiter zu engagieren, oder ob M.G.M. mich übernehmen würde. Meine Nerven waren ziemlich mitgenommen von dieser Unsicherheit, und ich mußte beschämt erkennen, daß mein anfänglicher Zynismus, mit dem ich Hollywood zu neutralisieren dachte, mich doch im Stich gelassen hatte.

Da kam am letzten Tag, wie das unwahrscheinliche »Happy End«, ein Kabel aus London der Firma Tennent Ltd. Derselben, für die ich Novellos Stück »Murder in Mayfair« inszeniert hatte, mit der Anfrage, ob ich zurückkehren und weitere Inszenierungen übernehmen würde. Hier war also der Fingerzeig des Schicksals. Trotzdem zögerte ich zuerst, so tatenlos von Hollywood abzuziehen. Oder waren es die bequemeren Lebensverhältnisse, der Komfort und das Klima, die verlockend wirkten? Bei meiner Freundin Luise hatte das Gift bereits gewirkt. Sie beschloß, in Kalifornien zu bleiben. Sie wollte weder nach

Afrika zu ihrem Mann noch nach England zurückkehren. All mein Reden und Bitten half nichts. Noch überlegte ich: wenn ich *einen* großen Filmerfolg hier hätte, würde dies eine Umwälzung in meinem und meines Mannes Leben bedeuten. Eine Unterbrechung der finanziellen Sorgen und eine wohlig-warme Existenz in einem herrlichen Klima. Mit Schrecken dachte ich an den Nebel und die Kälte Londons, wo wir immer an Katharren litten. Aber stünde es dafür, solcher Gründe wegen den Beruf, in und um den man jahrzehntelang gekämpft, aufzugeben? Ist mir der Film ein unbedingtes Lebensbedürfnis, wie es das Theater ist? Und werde ich mich je in dieser chaotischen Welt von Direktoren, Vorständen, Sekretärinnen, Reportern, Cocktail-Parties und tausenderlei verführenden Abwegen zurecht finden? Ist es nicht besser, ich packe meine Koffer, gestehe mir ein, daß Hollywood für mich eine Pleite war, daß ich aber dankbar für drei in Sorglosigkeit gelebte Monate zu sein habe? Ja, zu der Überzeugung kam ich schließlich. Ein weiteres Kabel von Ivor Novello, ob ich »Glamorous Night« im Drury Lane Theater für ihn inszenieren wolle, fand mich bereit. Und hier der letzte Abschnitt in meinem Tagebuch:

1. Januar 1935. »In 1632 North Beverley Drive, California: Im Patio unseres kleinen Hauses, früh halb neun Uhr. Die Sonne scheint mir ins Gesicht, es ist still und schön. Heute Nachmittag fliege ich nach New York und dann zurück nach London. Der Kampf beginnt von Neuem. Dank für das vergangene Jahr, für alles Genossene. Dank vor allem für das Leben meiner Geliebten, Addio Hollywood: Du bist eine schöne Attrappe!«

Zurück in London

Als mein Zug in Waterloo Station einfuhr, sah ich einen dichten Knäuel Menschen, aus dem mir hochgereckte Arme zuwinkten. Ich erkannte darunter meinen Mann. Ich sprang aus dem Coupé und lief ihm entgegen und schon klickten von allen Seiten die fotografischen Apparate. Da erst merkte ich, daß auch Novello, Harry Tennent und Binkie Beaumont, die beiden Direktoren, und eine Anzahl Zeitungsreporter zu meinem Empfang erschienen waren. »Komisch«, sauste es mir durch den Kopf, »nach meiner ruhmlosen Abfahrt in Hollywood steige ich nun, bei meiner Ankunft in London, wie ein Phönix aus der Asche!«

Schon am nächsten Tag fing der Rummel an. Novello konnte nicht erwarten, mir die Musik vorzuspielen, die Modelle zu zeigen und mir von diesem Riesenabenteuer einer Musical-Show im historischen Drury Lane Theater zu erzählen. Auch er zog zum ersten Mal dort ein. Dieser gänzliche Mangel an Blasiertheit bei ihm war eine seiner reizvollsten Eigenschaften. Er freute sich wie ein Kind über sein Stück, seine Schauspieler, seine Dekorationen und, wie es sich so oft zu meinem Glück erwies, über seine Regisseurin. Das Manuskript zu »Glamorous Night« hatte er mir nach New York vorausgeschickt, damit ich es während der Schiffsfahrt studiere. Zuerst fürchtete ich mich vor dem dicken eingeschriebenen Paket. Es lag auf dem Tisch in meiner Kabine und tanzte bereits zum Orchester der stürmischen See auf und ab. Mir war durchaus nicht »Glamorous« zumute. Endlich öffnete ich es, trank mir mit einem großen Cognac Mut zu und begann zu lesen.

Der Schauplatz im Vorspiel war England; in der Haupthandlung Ungarn und Dalmatien. Die letzteren bezauberten mich gleich, denn beide Länder kannte ich gut, in Ungarn war ich sogar geboren, das war allerdings lange her, aber das Leben in der österreichisch-ungarischen

Monarchie, zu der auch Dalmatien einst gehört hatte, war mir so vertraut wie das Leben in Südafrika. Also Dank meiner zweifachen Heimat! Überhaupt gab diese Geschichte eines englischen Radioingenieurs und einer ungarischen Zigeunerin Gelegenheit, wieder einmal in Europa, wenn auch nur in der Phantasie, herumzufahren. Ein Akt spielte auf einem Luxusdampfer. Großes Konzert (Gelegenheit für die Sänger und Tänzer), anschließender Schiffbruch (Gelegenheit für den Regisseur und die Schauspieler). Hallo! Hier war ja überhaupt Gelegenheit zu richtigem Theaterspielen, es wurde nicht nur auf dem hohen C geritten und auf flinken Beinen gehüpft. In dieser »Glamorous Night« war eine Zigeunerhochzeit, die man zu einem Furor von Farbe und Bewegung hochreißen konnte, da waren anmutige Szenen im Palast der Zigeunercourtesane Militza. Es kribbelte mir bereits in den Fingern, all die bunten Gestalten auf die Bühne zu bringen. Waren sie echt? So echt wie sie in einer Musical Show sein dürfen. Wären sie zu echt, so entstünde eine Anomalie. Den Nörglern werden wir es ja doch nicht recht machen können, also daran sei besser gar nicht gedacht. Die von der »Literatur« werden sich über alles ärgern, über den Schauplatz Balkan, den melodramatischen Schiffbruch, die fiktive Zigeunerrevolution, den herzbrechenden Abschied zwischen Mary Ellis, der Zigeunerin, und Ivor Novello, dem Helden. An literarische Werte darf ich nicht denken, versicherte ich mir, meine Aufgabe ist es, diese wirbelnde Geschichte geordnet und glaubwürdig auf die Bühne zu stellen. Dabei werden mir mein Temperament, meine Bühnenerfahrung und meine Leidenschaft für Gruppierung und Farbe helfen. Werde ich es können? Ich glaube ja, sagte ich mir und trank noch einen Cognac.

Wir hatten vorerst viele Wochen mit Stück und Vorbereitungen zu tun, ehe wir mit den Proben beginnen konnten. Die Hauptdarstellerin Mary Ellis filmte noch in Hollywood und konnte vor März nicht erwartet werden.

Außerdem »tobte« ein Kampf zwischen dem Drury Lane Theater und der Equity (englische Bühnengenossenschaft), so daß mit dem endgültigen Engagement des Personals gezögert wurde. Aber ich brauchte mich über mangelnde Beschäftigung nicht zu beklagen. Bis weit über die achte Bureaustunde hinaus saß ich vor meinen Modellen, von der Größe eines anständigen Marionettentheaters. Wenn es still im Drury Lane wurde und nur der Wächter und ich im Hause waren, arbeitete es sich umso besser. Intensivste Konzentration schlürft sich wie Absinth, die Alltagswelt verdunstet, Wärme dehnt die Brust, tick, tick, tick hämmern die Gedanken. Der tüchtige Mr. Abingdon, Bühnenleiter am Drury Lane seit 25 Jahren, hatte kein Detail in den reizvollen Modellen vergessen. Aber nicht um mit einem Puppentheater zu spielen, hatte ich sie vor mir auf dem Tisch, das Regisseurauge mußte diese kleinen Bühnen in hundertfacher Größe sehen und wirkliche Menschen darauf handeln lassen.

Model I war eine Straße in irgendeinem der kleinbürgerlichen Distrikte in London. Ein Haus aus der Reihe hundert gleichgebauter Häuser. Kinder spielen davor, Mütter kommen vom Einkauf, Väter und Brüder kehren heim von der »City2«, den traditionellen »Bowler Hat« auf dem Kopf und den nicht minder traditionellen Regenschirm unter dem Arm, die Zeitung »Evening Standard« in der Hand. Das ist doch Wirklichkeit, wenngleich der Rhythmus der Musik sie beschwingt? Das hatte man doch unzählige Male in den Vorstädten Londons, in Clapham, in Brixton, in Camdentown beobachtet? Diese kleinbürgerliche Atmosphäre gilt nur als Auftakt, sozusagen als Gruß an das Galeriepublikum. Der Vorhang senkt sich bald darüber und wenn er wieder hochrauscht, sind wir weit weg von London.

Model II in dem weißen Palast der Zigeunercourtesane Militza, der Geliebten des Königs Peter, Herrscher eines der mysteriösen Balkanländer, die sich so gut für Operetten eignen, weil sie immer Schuld an allem Unfug tragen. Politik mengt sich mit Liebe. Diese Mischung im Teig erzeugt gute Gärung. König Peter ist ein feiner, kultivierter Mann, aber er hält die Zügel der Regierung zu locker und erlaubt seinem Minister ein Intrigenspiel gegen den Souverän und dessen vergötterte Geliebte Militza. Operettenstimmung wird schwer bedroht von ernster Situation. Der zarte elegante König wird bald in eine heftige aber malerische Revolution verwickelt werden. Vor dem festlichen Opernhaus in Dubrovnik flutet die Menge wie auf dem Korso der Ringstraße meines geliebten Wien. Nur bunter, östlicher. Weite Bauernröcke und grelle Zigeunertücher im Gedränge der Wartenden. Die letzten Klänge der Musik tönen aus dem weitgeöffneten Tor, in dem die blendend schöne Militza am Arm des in weißer Generalsuniform gekleideten Königs Peter erscheint. Das Volk jubelt. Eine von zwei Schimmeln gezogene Equipage fährt vor. (Die Größe der Drury Lane Bühne erlaubt all dies und noch mehr.) Militza und Peter steigen ein, lächeln, winken. Das Orchester rauscht und braust. Da fällt ein Schuß. Die Menge ballt und knäult sich, aus hochgerecktem Arm wird eine Waffe jäh weggestoßen, der Attentäter entkommt, grenzenlose Verwirrung. (Ein Fressen für den Regisseur.) Militza, die Zigeunerin, die Königsgeliebte, steht aufrecht im Wagen und beruhigt das Volk. Sie weiß, daß der Schuß gegen sie gerichtet war, von den Feinden des Königs. Sie hält seine Hand: »Wir alle wollen nur Einem treu sein, König Peter I.« Ungeheurer Jubel der Menge. Die Equipage rattert davon, selbst die Schimmel wissen den Moment zu würdigen, der Vorhang rauscht theaterschicksalsschwer herab. Solche von heißer Melodramatik erfüllte Szenen gab die Operette »Glamorous Night« in Fülle, die gewaltigste stand am Ende des ersten Aktes, die Schiffskatastrophe. Auf einem tatsächlich durch einige Sekunden lang sinkenden Dampfer (drei mächtige Hydrauliken waren am

Werk) taumeln die verzweifelten Passagiere umher, der tapfere Kapitän brüllt seine Kommandorufe von der Brücke herunter, Matrosen heben Rettungsbote aus. Weinen, Schreien, Aneinanderklammern, das Schiff sinkt, sinkt, sinkt, während der Vorhang auf und nieder rauscht. Nur eine Operette, aber heissa, was für eine Aufgabe für einen Regisseur.

Während der Vorbereitungsarbeiten schlich ich manchmal durch das leere Theater in die oberen Ränge und blickte hinunter auf das große Loch der Bühne. Spärliche Sicherheit. Lampen verstärkten den Eindruck des Unheimlichen. Von jeher hatte ein dunkles leeres Theater meine Phantasie mehr erregt als der gefüllte Zuschauerraum. Die Geister der Vergangenheit kommen aus allen Winkeln und füllen lautlos die Plätze.

Und hier im Drury Lane Theater (erbaut 1663, nach Brand neugebaut 1674) war Historie noch blutwarm. Dort in der Mitte der Bühne, auf die ich blicke, steht David Garrick (berühmter englischer Schauspieler, 1742), sein Hamlet erspäht den Geist des Vaters. »Die Knie wanken unter ihm, seine Finger spreizen sich, die Augen bohren sich in das graue Phantom. Es winkt ihm, es schleicht ab, Garrick stürzt ihm nach in die rechte Kulisse« – so beschrieb ihn der deutsche Schriftsteller Georg Christoph Lichtenberg in seinen Londoner Theatereindrücken. Auch Sarah Siddons spielte Jahre hindurch auf dieser Bühne, in denselben Raum flüsterte sie ihre Schlafwandelszene der Lady Macbeth. Stundenlang hätte man der Vergangenheit nachträumen können. Und in diesem Zauberkreis war ich selbst verstrickt – die erste Frauenregisseurin des berühmtesten Theaters Englands.

Der Tag verlangte Wachheit. Ungefähr 500 Kostüme würden benötigt werden, der Hauptteil davon ungarische und slowakische Bauern- und Zigeunertrachten. Die Kostenvoranschläge wuchsen ins Gigantische. Da schlug ich vor, mich nach Budapest zu schicken und die Kostüme dort einzukaufen. Ich kannte die Stadt und würde bestimmt alles viel billiger beschaffen können. Mein Vorschlag wurde angenommen.

Der berühmte Oliver Messel, unser Szeniker, sollte mich begleiten. Er war zuerst gegen Originaltrachten. Bühne sei nicht Leben, auch das Kostüm müsse malerisch verstärkt werden. Ich stimmte ihm völlig zu, aber ich wußte, wie malerisch die ungarische und slowakische Tracht ist. Da konnte in Vielfalt, Material und Farbe keine Theaterwerkstätte konkurrieren. Hatte ich sie doch unzählige Male als Kind gesehen, wenn wir mit dem Schlitten in die Dörfer der Karpaten fuhren. So reisten Messel und ich also ab.

Es war Vorfrühling. In Budapest standen vor den Kaffeehäusern bereits die Tische und Stühle auf den Trottoiren. In offenen Mänteln flanierten Herren und Damen auf der Donaupromenade. Das Kreuz des »Heiligen Gellért«, drüben in Budapest-Ofen, reckte sich in einen tiefblauen Himmel. Welch eine Stadt: Es machte mich ganz stolz, daß ich in ihr geboren war, obgleich ich nur ein Jahr zählte, als man mich mit dem Hausgerät nach Wien übersiedelte. Die Lebensfreude der Ungarn war trotz das verlorenen Krieges, trotz Zerstücklung des Landes überall zu spüren. Aus ihren starkknochigen Gesichtern blitzten lachende Augen, Frauen und Männer schritten elastisch zur Arbeit und zum Vergnügen. Ihnen in den Restaurants beim Essen zuzusehen, war an sich schon eine Studie konzentriertesten Lebensgefühls. Diese herrlichen Rahmschnitzel, diese fetten Gulaschs, die delikaten Mehlspeisen wurden mit einer Andacht verspeist, die volle Würdigung eines überaus köstlichen Lebensinhaltes ausdrückte. Und gar erst der Wein! Überall feurig, aber besonders in den Beiseln auf der anderen Seite der Donau, in Budapest-Ofen, wo die Zigeuner bis in den frühen Morgen ihre Violinen zittern, schluchzen, jubeln lassen. Dem Blasierten mag dies alles als »Kitsch« erschienen sein, aber ich war nichts weniger als blasiert und Oliver Messel war vierundzwanzig Stunden nach unserer Ankunft in der Stadt Budapest untergetaucht und für mich verschollen. Ich sah ihn erst wieder, als ich ihm ein S.O.S. wegen einer großen Kostümbestellung unter seine Hotelzimmertüre schob.

Ich selbst mußte mich losreißen von den Verführungen der Stadt und von früh bis abends Kleidern, Westen, Tüchern, Hüten, Blumen und Bändern und hunderterlei anderem nachjagen. Ich kam mir bei dem ewigen Umrechnen von Pengös in englische Pfund kolossal tüchtig vor, obgleich Zahlen und Ziffern nie meine stärkste Seite waren. Man sah die herrlichsten Museumsstücke zu unerschwinglichen Preisen, man sah aber auch bezaubernde Trachten, echt und solide, für ein Drittel des Preises, der die Herstellung in England gekostet hätte. Es hieß, geschickt sein auf der Suche und keinen Weg zu scheuen. Wie hätte ich Wege scheuen sollen, da ich doch hier den Boden der Vergangenheit meiner Eltern unter meinen Füssen spürte. Die »Andrassy Ut«, die »Margerethen Insel«, Jausen bei »Gerbaud«, ich kannte sie alle durch Erzählungen meiner Mutter. Noch immer trank man bei »Gerbaud« die beste Schokolade Europas und beobachtete in den großen Spiegelscheiben Frauen und Männer der ungarischen Aristokratie.

Apropos Aristokratie: Oliver, der vielgereiste, kannte natürlich auch manche der Glanzvollen der Budapester Gesellschaft. Zu ungewöhnlicher Stunde erschien er einmal in meinem Hotelzimmer und teilte mir mit, daß morgen um acht Uhr früh Graf Batthyány, der Enkelsohn des großen Andrassy, und Graf Szapari uns per Auto nach Mezökövesd mitnehmen würden, wo wir die apartesten und bühnenwirksamsten Kostüme aller Komitate zu sehen bekämen. Wir flogen mit 80 Kilometer Geschwindigkeit durch den Vorfrühling. Wasserlachen spritzten zu beiden Seiten bis zu den offenen Fenstern hinauf, man sah im Fluge an den schwarzen kahlen Baumzweigen die gelben »Kätzchen«. Ein kleines Schloß huschte vorbei. »Das ist Gödöllö« macht uns Graf Batthyány aufmerksam. Ich fahre elektrisiert auf. »Gödöllö, das Jagdschloß der Kaiserin Elisabeth von Österreich?« Der Graf blickt mich etwas böse an. »Das Jagdschloß der Königin von Ungarn«, betonte er. Wie abgöttisch wurde doch diese Frau von den Ungarn geliebt. Über ihren Tod und den Verfall des Hauses Habsburgs hinaus, lebt noch immer das Bild der wunderschönen Herrscherin in den Herzen der Magyaren.

In Mezökövesd kamen wir gerade zurecht zum Kirchgang. Die weißgetünchte Dorfkirche grellte gegen einen stahlblauen Himmel und um den Platz schwenkten die bauschigen kurzen Röcke der Bäuerinnen, in allen Farben von orange bis grün. Über den gestickten weißen Blusen kreuzten sich die langbefransten Schultertücher, auf den Köpfen türmten sich die hohen barbarischen Wollmützen, die genau so aussahen wie die Turbane der Senegalnegerinnen an der Westküste Afrikas.

Die Gesichter, die darunter hervor blickten, waren allerdings nichts weniger als negerinnenhaft; es waren runde weiß-rosa Porzellangesichter. Die Männer stapften auf hohen schwarzen Stiefeln neben ihnen her, reichbestickte Hemden steckten in schwarzen Hosen, Schürzen von bunter Stickerei hingen über die Knie, auf den Köpfen balancierten sie kleine Clownhütchen mit langer Feder. Trotz all dieser Maskerade wirkten die Männer höchst »männlich«. Die alten Frauen, mit großen schwarzen Hauben angetan, standen wie riesige schwarze Vögel auf den Kirchentreppen.

Oliver riß sein Skizzenbuch hervor, ich selbst verlor mich im Schauen. Hier war alles, was ich mir für meine Drury Lane Bauern wünschen konnte. Der Schwung der Röcke, der an sich schon Tanz ausdrückte, die Farbenkontraste zwischen den Frauen- und Männertrachten, das grelle Weiß der Kirchenmauern, davor die schwarzen

Trachten und Hauben der alten Weiber. Das war herrlich, das war echt und zugleich bildhaftes Theater. Die Glocken begannen zu läuten, bald lag der Platz leer und von der Kirche her kam verklingender Gesang.

Wir gingen einstweilen ins Wirtshaus und warteten dort auf die Burschen und Mägde, die von Graf Batthyány eingeladen waren, nach dem Gottesdienst zum Wein zu kommen. Um elf Uhr strömten sie herein, zuerst verlegen und scheu, aber der erste Schnaps löste bald die Schüchternheit. Zur Musik der Dorfkapelle, die aus ein paar Zigeunern bestand, eröffnete der hohe schlanke Aristokrat mit einer schmucken Bauerndirne den Czardas, langsam und zögernd zuerst, wie es zum Charakter dieses faszinierenden Nationaltanzes gehört, sodann beschleunigt im anschwellenden Tempo bis zum rasenden Wirbel, in den sich nun auch die anderen Paare stürzten und die Bretterbude erfüllt war von fliegenden Zöpfen, Bändern und flatternden Tüchern. Der englische Oliver Messel wurde von feurigem Ungarblut bis zur Erschöpfung herumgeschwungen, aber ihm gefiel's. Nach diesem verbrüdernden Auftakt saßen wir zusammen an langen Tischen und tranken und lachten einander zu, bis Graf Batthyány an sein Glas klopfte und in die plötzliche Stille unseren Freunden erklärte, warum Oliver und ich die weite Reise von England nach Ungarn gemacht hatten. Wir seien auf der Suche nach Nationaltrachten. Da sprangen die Mädels von ihren Stühlen auf. »Nehmt unsere Kleider, wir haben noch viele zu Hause in den Truhen, auch die könnt Ihr haben, wir werden uns neue machen.« Die Burschen schwenkten begeistert ihre Clownhütchen und boten uns alles an, was sie auf dem Leibe trugen. So zogen wir denn mit ihnen los, eine bunte Prozession durch die Dorfstraße, besuchten ihre Häuschen und Hütten und sahen all die Herrlichkeiten, die sie aus den großen buntbemalten Truhen hervorholten. Der Handel wurde bald abgeschlossen und durch weitere Schnäpse besiegelt.

Als wir nach drei Wochen in London ankamen, begannen die Proben. Jeder Winkel des riesigen Drury Lane Theaters wurde zu diesem Zwecke ausgenützt. Ich probte im Foyer mit den Schauspielern, der Tanzmeister Ralph Reader beschlagnahmte die Souterrainräume, der Kapellmeister George Prentice bezog die Musikzimmer im obersten Stockwerk, auf der Bühne selbst wurde hinter dem eisernen Vorhang gehämmert und gezimmert. Wir probten bis spät in die Nacht, oft bis in den dämmernden Morgen. So besessen von der Arbeit waren wir alle, daß wir noch herum hockten, wenn uns totmüde die Augen zufielen. Oft geschah es, daß gleichzeitig, wenn ich lang nach Mitternacht die Türe meiner Wohnung aufschloß, das Telefon schrillte. Es war Novello, ihm sei soeben etwas Großartiges eingefallen, er müsse es mir sofort mitteilen. Oder Mary Ellis rief an, sie könne nicht schlafen, ob sie mit mir plaudern dürfe. In solchen Zeiten pulsierenden Lebens möchte man nichts anderes sein als »Theatermensch«. Nicht einmal die geliebte Natur lockt zu sich, kein Buch, kein anderes Theaterstück, nichts und keiner, der nicht zum engsten Kreis der Gemeinsamkeit gehört. So muß es sein während der Arbeit, wenn man die Magie nicht durchbrechen will.

In der fünften Probenwoche treffen sich die verschiedenen Komponenten auf der nun geräumten Bühne. Für den Regisseur beginnt die künstlerische Organisation, aus den Teilen ein Ganzes zu schaffen, den schauspielerischen Dialog der Musik anzugleichen, zu streichen, wo sich Längen zeigen, hinzutun, wo Szenen zu knapp erscheinen. In der sechsten Probenwoche tritt das Orchester an. Woche der größten Erregung, der höchsten Spannung. Das gesamte Personal sitzt auf der Bühne, Novello und ich im Zuschauerraum, hinter uns die Direktoren, verstreut im Dunkel des Zuschauerraums nächste Freunde des Autors. Der Tag gehört dem Kapellmeister, George Prentice, der zum ersten Mal nach vielmonatlicher Arbeit vollendete Instrumentierung hören läßt. Die Musik rauscht zu den leeren Logen, den unteren und oberen Rängen bis zur Galerie herauf. Ab und zu tritt Mary Ellis an den Rand der Bühne, summt ihre Gesangsnummern vor sich hin und plötzlich ermutigt, losbrechend in der Fülle ihrer herrlichen Stimme. Das Personal jubelt, Novello umarmt Prentice, die Musiker lachen, nur Mr. Abingdon, der Finanzkontrolleur, berechnet, was dieser »Gemütsausbruch« an Zeit- und Lichtverschwendung, wartenden Bühnenarbeitern etc. kostet. In der siebenten Probewoche wird das ganze Stück vom Anfang bis zum Ende durchgenommen: Schauspiel, Gesang, Tanz, Orchester und Dekoration. Die Glieder der Kette greifen ineinander, manchmal reißt und zerrt es noch irgendwo, man bricht ab und beginnt von Neuem. In den Nächten probt man mit Mr. Abingdon und seinen Assistenten die Beleuchtung. Man beginnt um 10 Uhr abends und torkelt um 4 Uhr früh nach Hause. Aber es sind mit die besten Stunden in dem Zaubertheater, ohne temperamentvolle Künstler, nur mit den gemütlichen, biederen Beleuchtern, Bühnenarbeitern und dem Stage-Manager, mit denen zusammen man unzählige Tassen Tee trinkt, während der und jener mitunter recht unanständige Geschichten erzählt. Es ist aber auch eine Freude festzustellen, wieviel mehr diese Leute vom Theater verstehen als manche »berufsmäßigen« und wieviel Liebe und Begeisterung in ihnen lebt. Endlich, in der achten Woche, beginnen die Generalproben. Die nehmen überhaupt kein Ende. Schlaf gibt es nicht mehr. Sandwiches, Kaffee und Tee werden ins Theater geschickt. Das Haus wimmelt von Schneiderinnen, Friseuren, Schustern und Lieferanten. Verzweifelte Choristinnen schreien nach Garderobenfrauen, halbangezogene Balletteusen flitzen über die Treppen, Novellos Diener trägt zum xten Mal starken Kaffee in die Star-Garderobe, im Orchester die Musiker, der Kapellmeister in Hemdsärmeln kritzelt Verbesserungen in seine Partitur, Harry Tennent, der Direktor des Theaters, bleibt allein der Ruhigste, obgleich Tausende von Pfunden auf dem Spiele stehen; immer gleich reserviert, gleich liebenswürdig, sitzt er gelassen im Parkett. Gäbe es das Wort »gentleman« noch nicht, für ihn müßte man es erfinden. Auch er weilt nicht mehr unter den Lebenden.

Nach fünf bis sechs Generalproben folgt die öffentliche Generalprobe, die ungestört, wie eine Vorstellung, ihren Lauf nimmt. Das Haus ist gepackt voll, ein schlichtes, freudiges »Volkspublikum«. Streng wird darauf geachtet, daß Literaten, Schauspieler und sonstige Nörgler sich nicht unter ihnen befinden. Die werden früh genug erscheinen, man weiß schon im vorhinein, was die Zeitungen schreiben werden. Novello improvisiert die Kritik einer Sonntagszeitung: »Mr. Novello can wade through tosh with the straightest face... both as actor and author he can pursue adventure too preposterous even for the films and do it with that solemn fixity of purpose which romantic drama innexorably demands... Did the shareholders hand Mr. Novello a list of Drury Lane essentials?« Er machte sich nichts aus solchen literarischen Urteilen, er wußte, daß endgültig für den Erfolg eines Stückes im Drury Lane Theater das Urteil der Allgemeinheit bleibt; Stück, Musik, Tanz, Dekorationen müssen einen volkshaften Charakter haben. Der Humor muß aus dem englischen Boden wachsen. Für diesen sorgte Minnie Rayner, ›Novello's mascot‹ und Liebling des Publikums. Er stellte diese kleine putzige alte Frau mit der Cockney-Sprache zwischen die romantischen Charaktere und erzielte mit dem Kontrast Salven des Gelächters. Er, Novello selbst, befriedigte das Glanzbedürfnis des volkshaften Publikums, aber gleichzeitig kitzelte er ihre Lachmuskeln durch einen köstlichen Sinn für das exzentrisch Lächerliche. Die Engländer haben einen ausgeprägten Sinn für Exzentrizität, der einem deutschen Publikum unverständlich erschiene. Ich führte deutsche Bekannte, die

Englisch vollkommen und ohne Schwierigkeit verstanden, zu einer Novello-Aufführung und sah sie zwischen lachenden Gesichtern mit unbewegten Mienen sitzen. Durch eine Geste, eine hingeworfene Bemerkung machte sich Novello zum Belachten seiner Mitspieler und des Publikums oder zum schadenfroh Lachenden über beide. Das echt Lausbubenhafte seines Wesens durchbrach allen Krimskram falscher Romantik. Dies war das Geheimnis seines Erfolgs. Man wußte, daß er kein großer Schauspieler war, aber man liebte ihn. In dieser persönlichen Zuneigung beruhte seine größere Popularität über Noël Coward. Mary Ellis, seine Partnerin in »Glamorous Night«, war von anderem Schlage. Sie hatte den Ernst ihrer kontinentalen Abstammung, gehämmert und geschweißt in der harten Schule Amerikas. Es war eine Lust, mit ihr zu arbeiten. Müdigkeit kannte sie nicht, oder besser, erkannte sie nicht an. Ehe sie eine Szene, eine Arie, eine Nuance bis zur Vollendung herausgearbeitet hatte, gab sie nicht nach. Sie, die O'Neills »Strange Interlude«, Ibsen und Strindberg auf New Yorks ersten Bühnen gespielt, kannte kein Vorurteil gegen die anfechtbare Realität einer »Musical Show«. Sie arbeitete mit demselben Ernst an einer Operetten-Liebeszene wie an der eines literarischen Schauspiels. Sie sang irgendeine Schlagernummer und stellte doch einen Menschen auf die Bühne, ebenso wie es die unvergeßliche Fritzi Massary getan.

Eine Persönlichkeit von typisch englischer Solidität war der bereits erwähnte Mr. Abingdon. Seit 25 Jahren, wenn nicht länger, hat er am Drury Lane Theater Erfolge und Mißerfolge aus der Taufe gehoben. Es gibt nichts im Bereich des Theaters, das er nicht kennt und versteht. Er ist der Beschwörer der Arbeitsgeister, wo er erscheint, wird gehämmert, gezimmert und poliert. Dabei kein lautes Wort. Was er verspricht, hält er. Als er mir in »Glamorous Night« nach langem Bitten einen in die Höhe schnellenden Bureauthron zusagte, erhielt ich ihn auch, obgleich die Herstellung des komplizierten Möbelstückes Wochen in Anspruch nahm und es beim Ausprobieren dreimal zusammenbrach. Als aber die Lachsalven des Publikums diesen Thron eines größenwahnsinnigen Filmdirektors rechtfertigten, freute sich niemand mehr darüber als Mr. Abingdon. Seine Anerkennung macht stolzer als die beste Kritik. Er ist streng, aber er versteht das Theater von Grund auf. Er blickt über vier Jahrzehnte Theater zurück, sagt aber nie: »Das war zu meiner Zeit besser.«

Am Morgen der Premiere von »Glamorous Night« strichen wir ruhelos durch das Theater. Keinen duldete es zu Hause. Novello sagte: »Ich wünschte, wir könnten von vorne anfangen.« Und so fühlten wir alle. Es war eine glückliche Zeit. Für das Theaterpersonal ist eine Premiere der Anfang, für den Regisseur bedeutet sie den Schluß. Er löst sich von seiner Arbeit wie die Schale von der Frucht, und wenn auch nicht in demselben drastischen Sinne des Wegwerfens der Schale, so ist es doch stets ein trauriges Gefühl, als Nichtdazugehöriger auszuscheiden. Aber bald nimmt einen das äußere Leben wieder auf, nur zu bald bohrt der Wurm Ehrgeiz wieder und verlangt nach Neuem. Ich kehrte zurück zu meinem Mann und zu meiner Häuslichkeit.

Ausflug nach Tirol

In jeder Lebenslage, ob himmelhoch jauchzend oder zu Tode betrübt, ob glühend vor Begeisterung oder ausgelöscht vor Ekel vor dem Theater, ob zu Hause oder auf Gastspielen, in meinem Mann fand ich stets den unbeirrbaren Berater, den Wegweiser zurück zum Gleichgewicht. Große Erfolge beeinflußten ihn ebenso wenig wie Mißerfolge. Nach den zum Himmel schießenden Erfolgsraketen von »Glamorous Night«, als ich wieder anfangen wollte, mich nach neuer Arbeit umzusehen, war seine erste Mahnung: »Fahr' nach Deiner geliebten Alm.«

Meine geliebte Alm war eine Berghütte in Nordtirol, 1899 Meter hoch gelegen, zu der ich von Deutschland aus drei Jahre hintereinander gepilgert war. Vier Stunden von der Bahnstation entfernt, stieg man entweder zu Fuß hinauf oder ritt auf einem Maultier. Ich tat das erstere. Es gab kein wirkungsvolleres Gegengift für die Infektion des Theaters als die Bergeinsamkeit meiner Alm. Was ich in der Theaterwelt an Ruhm, an Leid, an chaotischen Gefühlen erlebt, zerstob dort oben zu Nichts, löste sich auf in dem Schneegestöber, zerknallte in den Strahlen der Gletschersonne. Saß ich in einer Julinacht in der Wirtsstube, vom Kachelofen warm durchheizt, oder gar wenn vor den Fenstern weiß die Schneeflocken vorbeihuschten, fragte ich mich:»Bist Du dieselbe, die noch vor wenigen Tagen glaubte, Regie sei eine Lebensaufgabe? Bist Du es, die sich ärgerte, die lobte, die schimpfte, die, was immer sie tat oder empfand, als wichtig ansah? Hier in dieser beschneiten Einsamkeit war nichts von Wichtigkeit, am allerwenigsten ich selbst. Den mächtigen Bergen um mich herum war es gänzlich gleichgültig, ob ich gute oder schlechte Kritiken hatte, auch die Kritiker selbst waren ihnen gleichgültig, ja die ganze Menschheit. Die Magd, die so schmackhafte Tiroler Knödel kocht, weiß von mir nur, daß ich wieder eine so verrückte ›Stadtperson‹ bin, die bei jedem Wetter in den Bergen herumkraxelt. Den Rindern und den Ziegen, die in der Früh bei herrlichem Sonnenschein oder im Schneegestöber vor meinen Fenstern weiden, bin ich gleichgültig wie den Londonern. Ja, es tat gut, nach der schwülen Fiktion die kalte klare Luft der Wirklichkeit einzuatmen.

Mit schwerem Rucksack zog ich von meiner Alm nach vier Wochen herunter. In Innsbruck, in einem der billigen Gasthöfe am Fluß, lud ich ihn ab. Dann ging's vor allem auf die Maria-Theresienstraße, wo man sich beim Auf-

und Abschlendern immer auf jene Richtung freut, von wo einem die Nordkette in die Augen leuchtet. Eine Straße wie tausend andere, rechts und links Geschäfte, Kaffeehäuser, Zeitungskioske, aber: hebst du den Blick einen Zentimeter hoch, so blickst du in Schnee und Eis, in Regionen, wo der Tod zuhause ist. Das Gruseln erhöht das Gefühl des Lebendigseins. Von Innsbruck zog ich weiter nach Meran. Dort war's im August ganz menschenleer, außerdem hatte die zunehmende Freundschaft zwischen Mussolini und Hitler dem englischen und amerikanischen Fremdenverkehr den Garaus gemacht. Auf der Höhe der Fragsburg, in der kleinen Pension, in der ich wohnte, machten sich einige Reichsdeutsche durch ostentatives Selbstbewußtsein unangenehm bemerkbar. Aber ein Narr, der sich um Menschen schert in dieser paradiesischen Natur, im Jahre 1935 konnte man sich solchen Luxus noch erlauben.

Auf einem Spaziergang kam ich mit einer jungen Meranerin ins Gespräch. Ich deutete auf eine im blauen Dunst des Horizontes liegende Bergkette und fragte, wie weit das wohl sein mag. Sie erzählte mir von den sieben Spronzer Seen, die dort lagen, einer über dem anderen, aber wie weit es sei, konnte sie nicht sagen. Inzwischen hatten die Deutschen auf der Fragsburg mich doch in ein Hotel in Meran vertrieben und nichts konnte mir erwünschter sein, als durch eine große Fußwanderung die lieben Menschlein zu vergessen. Ich bat den Portier, mich am nächsten Morgen um fünf Uhr früh zu wecken, da ich zu den »Sieben Seen« ginge. »Allein?« glotzte er. »Wollen Sie mitkommen«, fragte ich zurück. Er grinste, schüttelte den Kopf über das merkwürdige Frauenzimmer, das österreichischen Dialekt sprach, einen tschechischen Paß hatte und in London domiziliert war. Auch er konnte mir nicht sagen, wie weit die Seen seien. Am nächsten Morgen, um halb sechs Uhr, zog ich los, einfach der Richtung nach, denn zum Lesen einer Karte fehlte mir der Verstand

und die Geduld. In einer solch herrlichen Morgen-
stimmung ist es ja auch ganz gleichgültig, wo man
schließlich landen wird. »Schloß Tirol« zu finden war
nicht schwer, daran ging ich vorbei, grüßte hinüber und
versprach ein andermal die historischen Denkwürdig-
keiten zu besichtigen. Sicherlich waren auf einer Karte die
Kastanien-, Buchen- und Tannenwälder verzeichnet,
durch die ich zog. Auch die steilen Felsen, über die ich
kraxelte und die Gebirgsbäche, über die ich sprang, die
Namen würde ich heute ja doch vergessen haben, aber
nie vergesse ich die weinumrankte Alm, zu der ich nach
sechsstündiger Wanderung gelangte, und wo ich auf
blankgescheuertem Tisch Brot und Käse und einen hal-
ben Liter »Roten« vorgesetzt bekam. Ein paar Bauern
saßen unter den Tannen und rauchten ihre Pfeifen.

»Woher kommst?« fragten sie mich.

»Aus London«, erwiderte ich prompt.

»Aus London, aus Britannien?«

Ihr großes Erstaunen machte mich ganz beschämt. Und
nun mußte ich erzählen, was man in Großbritanien von
der Weltlage halte. Sie argumentierten, es sei eine Schande, daß man das kerndeutsche Südtirol dem Mussolini
gegeben habe, daß ihre Kinder in italienische Schulen
gehen mußten und die Muttersprache verlernten. Ihre
Söhne dienten im Militär irgendwo in Sizilien, schrieben
italienische Briefe nach Hause, die die Eltern nicht lesen
konnten. Sie waren voller Bitterkeit, diese südtiroler
Bauern, aber über Hitler sagten sie noch nichts. – Politik
auf Bergeshöhen? Pfui Teufel, nein, ich ging lieber weiter.

Die Sonne stand im Mittag und ich war noch nicht einmal beim ersten See. Im Wald begegnete ich einer Polizei-
Patrouille, die mich kurios beäugte, weil ich mir den Rock
bis zu den Hüften hinaufgeschürzt hatte und darunter
die Hosen hervorguckten. »Was denkt man so, wenn man
mutterseelenallein, schweißtriefend in den Bergen her-
umsteigt?« fragen mich oft Leute, die es vorziehen, in der

Lounge eines Berghotels zu sitzen und sich die Berge von unten zu betrachten. »Ich denke nicht, ich freue mich nur«, antworte ich ihnen. Manchmal fällt mir ein Gedicht ein, manchmal eine Melodie, aber Gottlob, nie das Theater. Um vier begann es zu regnen, um fünf war ich beim ersten See, um halb sechs beim zweiten, um sechs beim dritten. Der lag wie ein Gestade der Toten, tiefschwarz zwischen Tausend Meter hohen Felsen, kein Laut, kein Vogel, nicht einmal »Geister«. Ich warf Steine ins Wasser, um mich zum Leben zurückzurufen. Langsam schlich Kälte und Angst in die Glieder. War's vielleicht doch besser, zur Alm und ihren Politikern zurückzukehren oder gar nach Meran in den Schutz des Hotels? Ich tat's und zwar schleunigst, sprang mehr als ich ging über felsige Pfade und erschien dort in dunkler Nacht. Dem Hotelportier mußte ich beschämt gestehen, daß ich von sieben Seen nur drei bezwungen.

Auf meiner Rückfahrt nach Innsbruck fand ich auf der Post ein Telegramm vor, ich möchte nach London zurückkehren, man wollte mich für eine Inszenierung haben. Ich reiste sogleich ab. Das Stück, um das es sich handelte, war »Two Share a Dwelling«, in dem, wie ich bereits erwähnte, Grete Mosheim eine weibliche Jekyll und Dr. Hyde-Rolle spielte und auf der englischen Tournee, vor Eröffnung in London, einen außergewöhnlich großen Erfolg hatte. Jedoch nach Eröffnung im St. James Theater drehte der gefürchtete Kritiker der Sunday Times, James Agate, der Mosheim (das Stück interessierte ihn überhaupt nicht) den Kragen um. Seine Gründe waren im Hinblick auf die Einstellung des Londoner Theaters zu deutschen Emigrantenschauspielerinnen genügend interessant, um sie hier wiederzugeben:

»Two points strike me very forcibly in connection with this production. The first is that the fact of having to play in a strange language imposes upon foreign actresses a certain similarity which it is quite impossible that they do not possess in their own country. What I am getting at is that if you were to hear Miss Bergner, Miss Mannheim and Miss Grete Mosheim, the newcomer, on the stage and all behind screens, and get them to say the sentence in turn, it would be very difficult to tell instantly which actress was speaking. I maintain that the same thing would not apply to English actresses speaking the same sentence in English. Put Miss Edith Evans, Miss Flora Robson and Miss Athene Seyler behind screens and you could not possibly fail to tell t'other from which even before the sentence was well begun. Another odd thing about these German, or if you like Austrian actresses is the similarity of their voices, which have all the same pitch. Then, again, our visitors all look alike, and I swear that, so far as I am concerned, if Miss Bergner, Miss Mosheim, and Miss Mannheim were to appear in the same play they would – at least as to the first two – have to wear different-coloured ribbons to distinguish them. Or shall I put it that, while they are as like as peas in a pod, English actresses playing in their native tongue are each a different vegetable?«

Mißerfolge im Theater sind unvermeidlich, man muß sie hinnehmen und weiter schreiten. Psychologisch interessant war mir dabei die Einstellung der deutschen Schauspielerin im Vergleich zu den englischen. Die Mosheim nahm den Verriß so tragisch, daß sie in den drei Wochen Frist, die ihr im St. James Theatre verblieben, nicht ein Zehntel von dem gab, was sie nach den Erfolgen in den Provinzstädten gegeben hatte. Sie war so entmutigt, daß sie ihre Rolle gleichgültig herunterspielte. Dieselbe Erfahrung machten andere Regisseure mit kontinentalen Schauspielerinnen »im Exil«. Sie haben nicht den Sportsgeist der Engländer. Sie werden apathisch oder böse. Die englischen Kollegen hingegen tun, als wenn nichts geschehen und spielen am letzten Abend genau so wie am ersten.

Ein Angebot aus New York

Ich selbst hätte vielleicht auch schwerer an dem Mißerfolg geschluckt, wenn ich nicht bereits ein Angebot aus
New York gehabt hätte, an das Empire Theatre, um dort
ein Stück der amerikanischen Autorin Zoe Akins (der
Freundin aus Hollywood-Tagen) zu inszenieren. Es trug
den Titel »Oh, Evening Star« und sollte zum »Unlucky
Star« werden. Der Vertrag war per Kabel abgeschlossen
und meine Abreise festgesetzt, die Direktion kabelte, daß
sie das Stück früher herausbringen müßte und sie daher
auf meine Dienste verzichtete etc. etc. Da ich aber bereits
meine Dispositionen getroffen hatte, bestand ich auf Ein-
haltung des Kontraktes und reise am 20. November, mit
dem Manuskript im Koffer, nach Amerika ab. Das durchaus amerikanische Milieu darin gab mir zu denken. Ich,
die ich an Amerika kaum gerochen. Vielleicht hätte ich
dem Wink des Schicksals doch folgen und auf die
Inszenierung verzichten sollen? Die Überfahrt auf der
»Aquitania« bereitete mich auf manches Üble vor. Alles
flog durch die Kabine: Tisch, Stühle, Vasen rückten mir an
den Leib und zogen sich im kritischen Moment wieder
zurück. Im Speisesaal drückten die Wellen zwei Fenster
ein und stürzten sich in boshafter Absicht über den Tisch
des Kapitäns, an dem zu sitzen ich die Ehre hatte. Zusammen mit der Seekrankheit überkam mich furchtbare
Angst vor meiner bevorstehenden Arbeit. Ich wußte, daß
man bereits zehn Tage vor meiner Ankunft mit den
Proben begonnen hatte, das Stück sollte unbedingt zu
Weihnachten herauskommen. Mit Ausnahme der Verfasserin kannte ich keinen Menschen in New York, auch
nicht die Direktion des Theaters. Alles war sehr beunruhigend.

Um neun Uhr früh wurden wir ausgedockt. Zoe Akins
war beim Schiff. Während der Zollabfertigung flüsterte sie
mir aufgeregt zu, daß ich sofort ins Theaterbureau müßte,

mein Gepäck würde ins Hotel vorausgeschickt werden. Wir fuhren also direkt ins Empire Theatre auf dem Broadway. Dort fand ich den Direktor Mr. Moses samt Gattin vor, die mir gleich in den ersten zehn Minuten mitteilte, daß sie die Autorin Zoe Akins nicht ausstehen könne, sowie den Dekorationsmaler mit einem Berg von Skizzen, Schneiderinnen mit Schachteln von Materialproben, den Reklamechef und den Stage Manager, der mich vor den »Verbänden der Bühnenarbeiter« eindringlichst warnte. Um drei Uhr stand ich noch immer gebeugt über Skizzen und Stoffmustern, die »Mahlzeit« wurde aus dem »Drug Store« in Pappkartons heraufgeschickt. Um fünf Uhr erschienen die Hauptdarsteller. Man bat mich, sogleich einige Szenen mit ihnen zu proben, um festzustellen, wer engagiert werden sollte und wer nicht, da ihre Verträge ausgeschrieben werden müßten. Zwischendurch kamen auch einige Zeitungsreporter ins Bureau, um den »ungeduldig« wartenden New Yorkern mitzuteilen, daß ich mit der Arbeit bereits begonnen habe. Um sieben Uhr schickte der liebenswürdige »drug store« eine weitere Ladung von Sandwiches und Kaffee herauf. Um acht Uhr saßen wir um den Konferenztisch und nach Mitternacht betrat ich endlich mein Hotelzimmer.

New York war genau so faszinierend wie im vorhergehenden Jahr auf der Durchreise nach Hollywood. Diesmal sogar noch erregender, denn die gewaltige Stadt schloß nun auch mich als Arbeitende ein. Eine kristallklare Kälte pumpte immer wieder neue Kräfte ins Blut, wenn Erschöpfung zuweilen drohte, einem das Gleichgewicht zu rauben. In diesem Chaos des Theaterbetriebs die Ruhe zu behalten, war nicht so einfach. Das Stück hatte viele kleine Rollen.

Von jeher erschien es mir äußerst wichtig, auch die kleinsten Rollen mit guten Schauspielern zu besetzen, darauf begründete sich zum großen Teil der Erfolg von »Mädchen in Uniform«. Dem Direktor des Empire Theatre jedoch erschienen die kleinen Rollen nicht wichtig genug, um viel Zeit auf die Auswahl der Schauspieler zu verwenden. Wer gerade kam und Glück hatte, wurde von der Direktion engagiert. War ich unzufrieden und bat um besseres Material, so wurde eine neue Ladung derselben Qualität ins Bureau befördert. Die Hauptsache war, kleine Gagen! Die Zeit drängte, Weihnachten und der Premierentermin rückten immer näher, man bat mich, weniger kritisch zu sein »and to get on with it«. Die Proben wurden jeden Tag in einem anderen Lokal abgehalten, denn das Empire Theatre, in dem das Stück schließlich aufgeführt werden sollte, war aus finanziellen Gründen nicht zu haben. Nebst vieler pedantischer Eigenschaften besitze ich auch jene, möglichst bald mit Requisiten zu proben, damit die Schauspieler sich rascher an die Handhabung gewöhnen und ihre ganze Aufmerksamkeit auf die geistige Ausarbeitung ihrer Rollen wenden können. Aber die Beförderung von Requisiten (deren Zahl unendlich war) war bei dem Umherziehen von Platz zu Platz zu umständlich. Außerdem bestand ein Gesetz des Bühnenarbeiter-Verbands, daß die Handhabung von Requisiten nur den berufsmäßigen Requisiteuren überlassen werden müsse. Diese wurden aber erst von der Generalprobe an engagiert, um Löhne zu sparen.

Als ich einmal in meiner Verzweiflung selbst ein Möbelstück packte und es an seinen Platz stellte, gab es darüber große Aufregung. Auf meine Frage, ob es in anderen Theatern ebenso zugehe, antwortete man mir lakonisch: »Man muß sich an solche demokratische Maßnahmen gewöhnen.« Andere Mißhelligkeiten folgten: das Ensemble war in zwei Parteien gespalten. Wie ich bereits erwähnte, konnten Frau Direktor Moses und die Autorin Zoe Akins einander nicht leiden. Jede hatte ihre Gefolgschaft. Das chaotische Zankorchester erreichte seinen Höhepunkt in der Dissonanz der Hauptrolle. Für die war eine Schauspielerin engagiert worden, die über 25 Jahre nicht mehr auf der Bühne erschienen und inzwischen im Schatten ihres einstigen Ruhms gelebt hatte, eines der schönsten »Ziegfeld Girls« gewesen zu sein. Jobina Howland war eine tragische Erscheinung im Leben und auf der Bühne; eine schauspielerische Ruine, in der ein menschliches Herz zuckte. Mit dem Herzen wußte sie, wie die Rolle zu spielen sei, aber der Kopf versagte. Sie konnte sich den Text nicht merken. Es war qualvoll, diese arme alte Frau bei der Arbeit zu beobachten. Zoe Akins hing mit treuer Liebe an ihr und hatte die Rolle für sie geschrieben, um die Freundin auf den Broadway zurückzubringen. Man versprach sich davon eine Sensation. Aber es war ein Irrtum. Das Stück, das ganz auf dieser Gestalt aufgebaut war, brach zusammen. Zoe hatte überdies zu lange im Film gearbeitet und die Fähigkeit verloren, einen inhaltsvollen Dialog zu schreiben. Bühnendialog ist so verschieden vom Filmdialog wie Wirklichkeit von der Fotografie. Was im Film angedeutet ist, muß auf der Bühne verdichtet und plastisch sein. »Magere« Szenen mögen, wenn von großen Künstlern gespielt, Fleisch ansetzen, aber in meinem Ensemble waren solche Persönlichkeiten nicht vorhanden. Für einen Regisseur gibt es keine größere Freude, als Persönlichkeiten unter seinen Spielern zu haben. Dann erst ist die Arbeit ein wahrer künstlerischer Austausch. Alles andere ist Abrichterei.

Ich erinnere mich eines Gesprächs, das ich vor Jahren mit einem führenden Regisseur Berlins, Jürgen Fehling, hatte. Ich war sehr jung und warf ihm vor, daß er immer nur die ausgeprobten Künstler beschäftige und sich keine Mühe mit den Anfängern gäbe. »Man verliert zuviel kostbare Zeit«, sagte er, »das Werk ist mir wichtiger.« Der Mann hatte recht. Anfänger müssen sich erst auf kleinen Bühnen erproben, ehe sie in großen Theatern losgelassen werden. Schritt für Schritt müssen sie sich entwickeln und sich der ungeheuren Verantwortung ihres Berufs bewußt werden. So war es in der guten alten Zeit des Repertoiretheaters, aber heute in der Zeit des Serienstückes, der Sensationserfolge, holt man sich Schauspieler vom Film, vom Radio, vom Ballet, von der Varietébühne und steckt sie als »Typ« in eine Rolle, zu der sie allenfalls äußere Qualifikationen haben. Der glückliche Zufall mag sie begünstigen, daß sie in einer solchen Rolle Erfolg haben, aber schon bei der zweiten und dritten Aufgabe versagen sie und der natürliche Lauf ihrer Entwicklung ist unterbrochen. Für den Regisseur, der mit unerfahrenen oder mittelmäßigen Darstellern arbeitet, besteht die Gefahr allzu großer Bemühung. In dem Wunsch, den Spielern den eigenen Atem einzublasen, dramatisiert er sich selbst und übersieht, daß seine Schauspieler nur von erborgter Persönlichkeit leben.

Während der Produktion von »Oh, Evening Star« arbeitete ich 16 bis 18 Stunden Tag und Nacht und hatte es nur dem Elixier New York zu verdanken, daß ich es leisten konnte. Sich geistig und körperlich bis zum letzten zu verbrauchen, gehörte zum Rhythmus der Stadt. Um mir nur ja nichts von dem wahnsinnigen Fieberpulsschlag New Yorks entgehen zu lassen, frühstückte ich anstatt in der Stille meines Hotelzimmers in den Tea Rooms der Griechen, Syrier oder Juden. Auch sie waren ein Stück Amerika und man lernte dort die Vielfalt des Alltags kennen. Unübersehbare Aspekte bot diese Gigantenstadt, und es erschien mir sündhafte Zeitverschwendung, mich mit Schauspielern abzuplagen anstatt auf Forschungsexpeditionen zu gehen. Aber wer weiß, sagte ich mir, vielleicht liegt gerade in diesen täglichen Hoffnungen und Enttäuschungen, die ich durchmache, das eigentliche Erlebnis? War ich dadurch nicht vielmehr ein Teil des Ganzen, der Wirklichkeit soviel näher, als wenn ich als elegante Touristin bei Cocktails in den Hotels gesessen hätte?

Wir eröffneten vorerst in Philadelphia. In der Weihnachtsnacht probten wir bis drei Uhr früh. Um ein Uhr nachts gab mir die Sekretärin einen Brief, den sie vergessen hatte. Er war von meiner Mutter aus Südafrika und vier Wochen alt. »Mein geliebtes Kind, behalte Dein Selbstbewußtsein, behalte Deinen Humor, sei vergnügt.« Das Ahnungsvermögen einer Mutter! Aber ich wußte bereits vor der Premiere, daß ich einen hoffnungslosen Kampf kämpfte. Die überraschend guten Kritiken in Philadelphia änderten nichts daran. Ich zermarterte mir den Kopf darüber, warum ich das Stück nicht von Anfang an mit den selben Augen gesehen, wie ich es jetzt, nach vier Wochen Proben, sah. Lag es an meiner fehlerhaften Regie, lag es an den mittelmäßigen Schauspielern, an einer Verkettung von unberechenbaren Dingen? Wie ungeheuer viel gehört dazu, ein Stück zum Erfolg zu bringen? Wie unheimlich und wie faszinierend ist es, im Laufe der Proben zu beobachten, wie sich die Charaktere des Stückes verdichten oder wie Spreu verflattern? Man geht an eine Inszenierung mit bestimmten klaren Ideen heran, scharf umrissen stehen die Menschen vor dem innern Auge, plastisch baut sich die Handlung auf. Da, allmählich breitet sich leise und kaum merkbar ein Nebel über das Ganze, Konturen verschwimmen, Charaktere verändern sich, die Handlung wird schief und das gesamte Bild entrückt sich dem Brennpunkt. So erging es mir mit dem »Oh, Evening Star«.

Wir blieben 14 Tage in Philadelphia und spielten vor einem verschlafenen Publikum. Dann fuhren wir nach New York. Am 8. Januar 1936 eröffneten wir im Empire Theatre. Unter dem Premierenpublikum waren auch Ivor Novello und Bobbie Andrews, die über Weihnachten herüber gekommen waren. Als der Vorhang fiel, schoß ich zu ihnen und fragte nach ihrem Urteil. »Arme Jobina«, sagte Ivor. Er hatte recht. Der Verfall dieser Frau war tragischer als der Mißerfolg des Stücks. Am nächsten Tag ging ich mit Novello und Andrews in die Metropolitan zu »Tristan und Isolde«, wo Melchior und die Flagstaff sangen. Es war eine Nachmittagsvorstellung.

Benommen von der Herrlichkeit der Musik kam ich nach Schluß der Opernvorstellung zu uns ins Theater und las alle Kritiken über »Oh, Evening Star«. »Oh, süßer Tod!« sang es mir in den Ohren. Nach vier Tagen wurde das Stück abgesetzt. Wir schlossen die letzte Vorstellung mit wiederholten Vorhängen, Blumen, vor einem enthusiastischen Publikum. Was bedeutete es? Wer kennt sich aus? Oh, Theater!

Zoe raste und tobte gegen die Kritiker. Es ließ sich nicht leugnen, daß sie bei ihnen nicht beliebt war, auch ihr vom Pulitzer-Preis gekröntes Stück »The Old Maid«, das im vorhergegangenen Jahr aufgeführt worden war, hatte nicht den Segen der Presse empfangen. Dem Publikum hingegen gefiel es. Es lief fast ein Jahr in New York und monatelang in der Provinz.

Wiederholten Mißerfolgen eine eiserne Stirne entgegenzuhalten, ist verdammt schwer. In erster Linie steht die Angst, das Selbstvertrauen zu verlieren, in zweiter, das Vertrauen der anderen einzubüßen. In der Gesamtsumme des Lebens bedeuten Mißerfolge soviel oder so wenig wie Erfolge, aber in der Zeit, da sie einem widerfahren, unterminieren sie den Intellekt. Man bildet sich ein, daß der Händedruck der Freunde schwächer geworden sei, man glaubt in ihren Augen ein verlegenes Abrücken zu lesen. Eigensinnig kreisen die Gedanken um das eine Erleben und schnüren das Hirn in seiner Funktion ein. Darin liegt das Demütigende des Mißerfolgs, daß man sich anzweifelt, daß man sich vor sich selbst erniedrigt. Erniedrigt mit Überdruß, Ekel und Langweile. Man muß höllisch aufpassen, daß einem dabei Wesentlichkeit nicht durch die Finger rinnt, daß man nicht die Augen zudrückt vor dem großen, nie stillstehenden Strom des Lebens selbst. Aber die menschliche Natur ist eine unermüdliche Helferin. Nach jeder Stauung brechen die Kräfte erneut los, die abgestorbenen Zweige am Baum halten den Saft, der im Stamme ist, nicht auf. Noch betäubt von dem Schock der Enttäuschung, sah ich mich nach einem Rettungsanker um. Denn ich durfte nicht untergehen, ich war nicht jung genug um »abzuwarten«, ich mußte arbeiten und konnte es nur, wenn ich mich kampfbereit erhielt.

Zoe Akins' Stück »The Old Maid« erschien mir geeignet für England. Seine von innen heraus bewegte Handlung mit sentimentaler Färbung müßte den konservativen Engländern zusagen, vor allem den Frauen, jungen und alten, die den Erfolg der »Matineen« ausmachen. Trotz des großen Erfolges, den das Stück in Amerika hatte, war es noch von keinem Direktor für London erworben. Ich sprach zu Zoe darüber. Sie war begeistert. England war ihr ein Kriterium alles dessen, was Tradition, Geschmack und Vornehmheit bedeutet. Ihr verstorbener Mann war aus einer englischen aristokratischen Familie gekommen und den Besitz ihres englischen Passes empfand sie wie eine Gloriole. Nach dem Mißerfolg des »Oh, Evening Star« in New York würde der Erfolg eines ihrer Stücke auf einer Londoner Bühne eine süße Rache an den verhaßten Kritikern bedeuten. Die Furcht der Theaterleute, Autoren, Manager, Regisseure und Schauspieler vor der Kritik ist für mein Gefühl eines der häßlichsten Kapitel des Berufs. Der Schauspieler ist naturgemäß der verwundbarste. Die allgemeine Überschätzung der Theaterkritik stößt ihn immer tiefer in die Sucht, sich zu plakatieren, denn er muß sich irgendwie schützen, und Reklame ist ein gutes Bollwerk. Seine Schaffenszeit ist kurz befristet, der kommerzielle Theatermanager steht mit der Peitsche hinter ihm: »Erfolg, Erfolg, Erfolg!« brüllt er ihm zu. »Spring über die Hürde!« Plumpst er hin, einmal, zweimal, so ist er aus dem Rennen. Die Zeiten sind vorbei, da der Schauspieler aus der Sicherheit eines langjährigen Kontraktes die Rezension als Ansporn betrachten konnte. Heute schwingt er sie entweder als Fahne vor sich her, um Manager und

Publikum zu beweisen, was für ein großer Schauspieler er sei, oder er wickelt sich in sie wie in ein Leichentuch und verkommt im Winkel der Engagementslosigkeit. Es ist ein einseitiger Kampf zwischen dem Kritiker und dem Schauspieler. Dieser kann sich nur durch eine neue, gute Rolle verteidigen, der Kritiker darf weiterschreiben.

Zoe Akins und ich saßen bei der Premiere von »Victoria Regina«, und ich sah einige Reihen vor mir ein Frauengesicht, das mich entzückte. Schmal, durchsichtig, mit einem Zug des Leidens. Ich fragte Zoe, wer das sei. »Das ist Lilian Gish«, flüsterte sie. »Sie muß die Charlotte in ›The Old Maid‹ spielen«, flüsterte ich zurück. Wir fuhren fort zu flüstern, zum Ärger unserer Nachbarn. Was auf der Bühne vor sich ging in dem Stück »Victoria Regina« erregte uns nicht sonderlich, so sehr ich die virtuose Leistung der Helen Haye bewunderte. Wir gingen also vor Schluß weg und besprachen unseren Plan, »The Old Maid« mit Lilian Gish nach England zu exportieren. Ich schickte noch in der Nacht ein Kabel an Binkie Beaumont ab, der inzwischen Mit-Direktor der großen Theaterfirma Tennent Ltd. geworden und bekam am nächsten Tag die Antwort, man sei von der Idee begeistert. Alles weitere geschah mit der üblichen Theaterhast. Lilian wurde engagiert (sie gefiel mir bei persönlicher Bekanntschaft noch besser) und wir drei Frauen reisten auf der »Washington« nach England. Größere Kontraste konnte der Zufall nicht zusammenführen. Die zarte Lilian hatte noch immer die Aschenbrödelromantik von »Broken Blossoms«, einer der ersten großen Filme, der sie berühmt gemacht hatte. Oder täuschten die Augen, das zarte Gesichtchen, der zerbrechliche Körper? Diese Amerikanerinnen sahen oft äußerlich anders aus als sie innerlich waren. Zoe Akins z.B. war außen schwammig und innen stählern. Sie lag immer im Bett, ließ sich von allen Seiten bedienen, aß die erlesensten Leckerbissen und arbeitete dabei unentwegt an Manuskripten, an Geschäftsbriefen, an Reklameartikeln.

Ihr Gehirn arbeitete ruhelos, während ihr Körper faulenzte. Sie vereinte Materialismus und Idealismus in amüsanter Mischung. Dies ist überhaupt eine markante Eigenschaft der Amerikaner. Wenn es ihnen beliebt, idealistisch zu sein, treiben sie dies bis zur naivsten Sentimentalität, ebenso wie sie die Verfolgung ihrer materialistischen Interessen bis zum brutalsten Realismus treiben. Als »Outsider« macht man in der Beurteilung viele Fehler. Dies passiert einem auch im Theater. Glaubt man nach »Tobacco Road« und »Dead End« und »Porgy« ein Urteil über das amerikanische Theaterpublikum fällen zu können, so muß man verwirrt zugeben, daß man sich getäuscht habe, wenn man die riesigen Erfolge von »Victoria Regina« und »Pride and Prejudice« (Erfolgsstücke der damaligen Saison) feststellt. Im allgemeinen gilt das Gesetz: Was in London ein großer Erfolg, ist in New York ein Mißerfolg. Warum? Weil der New Yorker eine schärfere Kost liebt als der Londoner. Aber diese Unterschiede haben sich in den letzten Jahren ziemlich ausgeglichen, denn der Londoner Theaterspielplan paßt sich dem New Yorker immer mehr an.

Der Existenzkampf unter den Schauspielern ist in Amerika ein viel grimmigerer als in England. In den Theatergegenden New Yorks laufen engagementslose Schauspieler das Pflaster ab, von Agent zu Agent, wie sie es zu meiner Zeit in der Friedrichsstraße und Dorotheenstraße in Berlin taten. In London leben die armen Komödianten außerhalb in einem winzigen Cottage oder in einem Zimmer im Grünen der Peripherie, wenn die Engagementslosen »zum Vorsprechen« in die Stadt kommen, sind sie nett gekleidet, sehen aus wie andere Leute und das Gespenst enttäuschter Hoffnungen starrt ihnen nicht aus den Augen.

In der New Yorker Aufführung der »Old Maid« ragte die berühmte Judith Anderson in der Rolle der Delia hervor. Es sind viele Jahre her und ich habe Momente ihres

Spiels in unvergeßlicher Erinnerung. »Chatty« wurde von Helen Menkin gespielt. Es war die Titelrolle, die in England mit Lilian Gish besetzt war. Nach der oberflächlichen, gesellschaftlichen Bekanntschaft auf dem Schiff lernte ich dieses sonderbare Wesen nun von einer anderen Seite kennen. Mein Eindruck, der sich im Laufe meiner Regietätigkeit immer mehr bestärkte, war: Lilian Gish ist sentimental und hat den Eigensinn einer passiven Natur. Die Passiven sind ja bekanntlich immer zäher als die aktiven. Sie schweigt und errichtet eine Mauer zwischen sich und ihrer Umgebung. Von früher Jugend an hatte sie sentimentale, rührende Leidensmenschen gespielt, nun packt sie die Rolle der »Chatty« von der gleichen Seite an.

»Chatty« ist ein junges Mädchen der New Yorker Gesellschaft in den achtziger Jahren, sie hat ein illegitimes Kind, das sie heimlich in dem von ihr geleiteten Kindergarten aufzieht. Lovell liebt die Cousine, sie liebt ihn, er weiß nichts von dem unehelichen Sprößling und wünscht, gesellschaftlichen Rücksichten folgend, daß Chatty den Kindergarten aufgibt. Dies würde aber Trennung von ihrem eigenen Kinde bedeuten und sie weigert sich eigensinnig, es zu tun. Es kommt zu Zerwürfnissen zwischen den beiden Liebenden. Chatty vertraut sich der Cousine Delia an und bittet sie um Hilfe. Diese erfährt bei der Gelegenheit, daß das uneheliche Kind von dem Manne sei, den sie selbst vor ihrer Heirat geliebt und den zu lieben sie nie aufgehört. Ihre innere Härte und Kälte kehrt sich gegen Chatty, sie überredet sie, auf die Heirat zu verzichten, verspricht ihr aber, sie und das Kind zu sich zu nehmen und ihr damit Gelegenheit zu schaffen, es immer um sich zu haben. Was wie Güte aussieht, ist nichts anderes als Rache. Das Kind wächst heran und liebt die adoptierte Mutter (Delia) ebenso leidenschaftlich, wie es die eigene (Chatty) fürchtet. Chatty lebt durch die Jahre im Hause Delias ein verbittertes freudloses Dasein, was einstens Liebe und Güte in ihr war, wandelt sich zu altjungferlicher Verbissenheit und Eifersucht. Es ist die Tragik dieser Frau, daß sie ihrer Mutterrechte beraubt wurde, daß sie ihre Jugend geopfert hat, um ein Geheimnis zu hüten.

Lilian Gish wollte nicht einsehen, daß ihr Schicksal umso erschütternder erscheinen würde, je härter und unversöhnlicher sie selbst wirke. Anstatt einen sich innerlich aufbäumenden Menschen darzustellen, spielte sie einen zertretenen. Dieser Unterschied in der Auffassung war ein stetes Argument zwischen uns, in ihrem passiven Eigensinn blieb sie Siegerin über meine aktive Ungeduld. Ihre Weichheit wehrte sich gegen meine Härte, und ich konnte die sentimentalen Überreste des »stillen Films« nur schwer verdauen. Stück und Aufführung bekamen auf der üblichen »Try-Out«-Tournee in der Provinz ausgezeichnete Presse, aber der Besuch war schlecht. Es stellte sich heraus, daß der einstige Filmstar nicht die Kassenanziehung hatte, die das Management erhofft hatte. Die jüngere Generation wußte kaum, wer Lilian Gish war. Ihr Stolz war verletzt und als der Londoner Premierentermin näher rückte, erklärte sie, daß sie lieber heimkehren möchte und darauf verzichtete, in London zu spielen. Die Verfasserin Zoe Akins legte sich krank zu Bett, die herrlichen Kostüme und Dekorationen wanderten ins Depot. Die Schauspieler packten ihre Schminkkoffer zusammen. Vorbei unnützer Verbrauch an Energien, Arbeit, Gefühlen! Der Schauspieler braucht die Elastizität eines Gummimenschen. Durch eine Reihe von Monaten lebt er unter Hochdruck, angespannt in Geist und Körper, mit einem Male, von einem Abend zum anderen, schnappt dieser Zustand ab und er stürzt in ein Vakuum. Aber wehe wenn er sich nicht baldigst herausrappelt und sich von neuem ankurbelt. Vielleicht ist diese Elastizität mit ein Grund, warum Schauspieler sich länger jung erhalten als bürgerliche Menschen, sie leben unter dauernder seelischer Massage.

Was mich selbst anbetraf, so fand ich, daß ich etwas reichlich von dieser Massage in der letzten Zeit abbekommen hatte. Mein Lebensthermometer sank wieder einmal unter Null. Einmal hatte mir eine Jahrmarktswahrsagerin geraten, bei einer Serie von Pech das Schicksal nicht zu forcieren, sondern mich ins Bett zu legen. Ich fürchtete, daß dies zu langwierig werden könnte und beschloß etwas anderes – ich fuhr nach Südafrika. Innerhalb 14 Tagen hatte ich das Notwendigste erledigt und ich atmete wieder freier. Welt! Welt! Welt! Theater erschien mir lächerlich dagegen. 20 Tage auf See, sich freuen können auf Kapstadt, auf die Fahrt durch die Karoo, auf die herzklopfenden Erregungen, die ich so unwillig hinter mir ließ, als ich vor drei Jahren weg fuhr. Aber nicht nur eine Vergnügungsfahrt sollte diese Reise werden, sie sollte mir dazu verhelfen, zu einem vitalen Beschluss zu gelangen, mein Leben von Grund auf zu ändern. Ich redete mir ein, daß ich mit einer mutigen Gebärde den ganzen Theaterkrempel über den Haufen werfen könne. Ich fühlte, so konnte es nicht weitergehen. Lieber wollte ich mir draußen eine Schule errichten, meine Karriere aufgeben, aber in Klarheit leben, ohne dieses Auf und Ab von Demütigungen und Enttäuschungen. Sogar ein Theater draußen zu begründen, stand in meiner Absicht, das ich nur mit dem Verstand leiten wollte, wie ein Warenhaus, ganz ohne Gefühlsverschwendung.

Am 23. Juni kam ich in Johannesburg an. Die Freude, meine Familie wiederzusehen, war grenzenlos. Drei Tage später wurde ich ins Hospital geschafft mit einer Blinddarmentzündung. Dort blieb ich drei Wochen. Auf dem Nachttisch neben meinem Bett lag seit Tagen ein Kabel von Novello, ich möchte sofort zurückkommen und »Careless Rapture« im Drury Lane Theater inszenieren. Es war seine zweite große »Musicalshow«. Nachdem ich zurückgekabelt, daß ich käme, weinte und weinte ich. In dem stillen, sonnigen Hospitalzimmer erfüllte mich eine grenzenlose Niedergeschlagenheit, eine verzehrende Sehnsucht nach diesem Land, das ich so rasch wieder verlassen mußte. Ich hatte den kindischen Wunsch, das Londoner Engagement möge sich zerschlagen, damit ich hier bleiben könnte. Vielleicht hätte ich Afrika außerhalb meines Krankenzimmers nie so geliebt, nie so die Fürsorge meiner Familie empfunden. Die schlaflosen Nächte, in denen man auf die Stille horcht und auf das erste Dämmern des Tages wartet, hinterlassen tiefere Eindrücke in der Seele als Wochen der Gesundheit, die innigen Stunden mit meiner Mutter, der ich in Zeiten der Krankheit stets näher rückte als je. Ich konnte mir nicht vorstellen, wie ich die kommende Arbeit bewältigen würde, ich fühlte mich schwach, fürchtete mich vor dem Abschied von meiner Mutter, meinen Geschwistern, sah mich hineingerissen in Unentrinnbares.

Alles ging so rasch, zu der Klarheit, die ich mir schaffen wollte, gelangte ich nicht. Was versprach ich mir auch davon? Welches Ziel lockte mich? In Johannesburg dramatischen Unterricht zu erteilen? Mit Amateuren Theater zu spielen? Oder auf einer kleinen Farm mühsam zu wirtschaften in einer harten Natur, ohne Kenntnis des Bodens, nur von einem vielleicht eingebildeten Gefühl geleitet? Wie sollte ich Antwort finden auf diese Fragen? Da lag ich auf Deck in der Äquatorhitze und versuchte, das Novello-Manuskript zu lesen. Es erschien mir so unwichtig, wozu tue ich dies alles, fragte ich mich. Was haben diese verlogenen Operetten mit mir zu tun? Und doch, gaben sie mir nicht Gelegenheit, Phantasie und Regiebegabung zu zeigen? War mein Unmut nicht gekränkte Eitelkeit, weil die literarischen Kritiker mich nicht ernst nahmen? In England sonderte man die Gattungen der Stücke streng von einander ab und nach »Mädchen in Uniform« hatte man wichtigere Arbeit von mir erwartet. Aber ich war ja froh gewesen, daß ich dem psychologischen Mädchendrama entfliehen konnte und Novello dankbar dafür, daß er mich zum allgemeinen Unterhaltungsstück zurückgeführt hatte. Seine Bilderbuchromantik war allerdings für mich gefährlich, zu leicht konnte sie mich von dem Wesentlichen meines Berufes abbringen, man mußte stets auf der Lauer sein, nicht Verräter an sich selbst zu werden. Die Exotik der Novello'schen Sujets hatte etwas Verführerisches. Diesmal war es das unentdeckte China, das er sich gewählt. In den wollüstig heißen Stunden auf See begann das Opiat seiner Romantik bereits zu wirken, ich las weiter in »Careless Rapture« und die Angst vor der kommenden Arbeit fiel von mir ab, ich freute mich sogar auf sie.

Wieder eine Musical-Show

Als ich dann vor den Modellen im vertrauten Bureau im Drury Lane stand, war die afrikanische Seele ausgelöscht und das alte Theaterschlachtroß wieherte wie einst. Die Handlung spielte zum Teil in der Wildnis Chinas. Londons erster Theaterdekorateur hatte uns eine grandiose Landschaft dazu geliefert. Farben und Form erinnerten mich an den Norden des Transvaal, ich fragte ihn, woher ihm die Inspiration gekommen, er sagte, daß er dieses besondere Braun und die scharfen Konturen in Palästina gesehen und ich wiederum wußte, daß die palästinische Landschaft zum Teil der afrikanischen verwandt ist. So steuerte jeder etwas von seinen Reiseerfahrungen bei, und das Komische war, daß Novello selbst, der uns diese Länder darbot, am wenigsten gereist war. Wieder war mir Gelegenheit gegeben, »in Massen« zu arbeiten. Darin hatte ich mir bereits einen gewissen Ruhm erworben. Eine der Glanzszenen war ein Fest für die Göttin des Mondes, das durch ein Erdbeben einen dramatischen Abschluß erfährt. Die verblüffende Realität der Theaterdekoration und die Bewegtheit der Handlung wirkten geradezu überzeugend. Das Drury Lane Theater ist für den Regisseur ein Paradies. Die Bühne ist so groß, daß er die Massen nach Belieben gliedern und gruppieren kann, aber man vermag ihr auch die Intimität eines Kammerspielhauses geben. Wir hatten ein ungeheures Buddha-Standbild auf der Bühne, der Gott war so groß, daß Dorothy Dickson, unsere »Leading Lady«, in seinen Handflächen liegen konnte (dieser Effekt gehörte zur Handlung). In einem Akt war Hampstead Heath aufgebaut. Als das riesige Karussell, vollbepackt mit lachenden, gestikulierenden Menschen, sich zu drehen begann, tobte die schaulustige Menge. Das Publikum ging mit, wohin wir es auch führten: vom unbekannten China zu den allbekannten Stätten Londons. Mit verblüffender Geschicklichkeit schlängelte sich die Handlung durch diese Zauberwelt, nie Gefahr laufend, von der Maschinerie übertrumpft zu werden (wie es bei Piscator in Berlin so oft der Fall war). Unter den Statisten waren dreißig echte Chinesen. Mit denen arbeitete ich stundenlang separat, denn sie konnten den Rhythmus europäischer Musik durchaus nicht erfassen. Ihr Unvermögen, zum Takt einer gewissen Musik zu schreiten, brachte mich zur Verzweiflung. Ich nahm sie bei den Händen und schritt mit ihnen, ich stellte ihre Füße in Positur, ich klatschte in die Hände, ich zählte – nichts half, immer wieder fielen sie aus dem Schritt und hüpften oder zogen die Beine nach. Novello sah mir bei dieser Arbeit manchmal zu und lachte so sehr, daß ich ihn bat wegzugehen, weil ich fürchtete, meine Autorität bei den Chinesen zu verlieren. Ich erfuhr durch den Stage Manager, daß sie mich »The White She-Devil« nannten.

Nach den exotischen Begebnissen von »Careless Rapture«, das ein ebenso großer Erfolg wie »Glamorous Night« war, holte ich Atem in meinem geliebten Wien. Es war im September 1936. Die Reise führte mich durch Nürnberg. Ich glaubte mich zurückversetzt in das Jahr 1914, den Ausbruch des Weltkriegs. Hunderte von Soldaten auf dem Bahnhof, und als der Zug aus der Halle fuhr, sah man durchs Fenster in den Straßen Kanonen auffahren. In Wien war Ruhe vor dem Sturm. Als hätte ich geahnt, daß es mein letzter Besuch sein würde, überließ ich mich ganz dem Zauber vergangener Zeiten.

Vor dem letzten Krieg gehörte Wien zu jenen beruhigenden Städten, wo sich äußerlich wenig durch die Jahre geändert hat. Man war zu arm dort, um zu bauen. So standen die alten Häuser unbelästigt in den alten Straßen, ein bißchen verwitterter, ein bißchen trauriger, umso inniger. Die intime Gemütlichkeit des Straßenlebens rührte mich unendlich nach der geräuschvollen Hastigkeit New Yorks, Londons, selbst Johannesburgs. In dem warmen Herbstwetter gingen Frauen und Mädchen in ihren Dirndlkleidern, die Männer in Tirolerjoppen, wie sie gerade von ihrem Sommeraufenthalt zurückgekehrt waren. Niemand wunderte sich darüber. In der Nähe der kleinen Gasthäuser roch es nach Gulasch und vor den Bäckerläden nach frischem Brot. Selbst in der inneren Stadt sausten die Autos nicht toll an einem vorbei und es gab tatsächlich noch Wagen, die von Pferden gezogen wurden. Eine heitere, stille Provinzstadt, die zur Kulturmetropole hoch rückte, wenn man abends in die Oper ging, wo man das beste Orchester und die besten Sänger und Sängerinnen hören konnte. Trotz Armut der Stadt, Geschmack und Schönheit auf der Bühne und im Zuschauerraum. Um halb elf, nach dem Theater, schlenderte man dann über den Ring an den Kaffeehäusern vorbei. Bettler drängen sich an einen heran, abgelumpte junge Frauen, mit dem Säugling im Arm, hohläugige Männer im zerfetzten Soldatenrock.

Die Kaffeehausbesucher an den kleinen Marmortischchen auf dem Trottoir sehen nicht so heiter und unbekümmert aus wie seinerzeit in meinen Backfischjahren. Müde Resignation prägt sich in ihren Zügen aus. Man erhascht Fetzen des Gespräches: »Werden die Nazis Österreich überfallen? Was geschieht mit den Juden?

Wird Schuschnigg standhalten?« Man trifft Bekannte, ein sorgloserer Ton wird angeschlagen: »Haben Sie schon die Theaterausstellung in der Hofbibliothek gesehen?«… »Nein«… »Oh, da müssen Sie hingehen, sie ist hochinteressant.« In dem schweren politischen Gewölk erstrahlt den Wienern immer noch das Theater.

Ich betrete den herrlichen Raum der Hofbibliothek am Josefsplatz. Ich bin so überwältigt von der Schönheit Habsburgischer Pracht, daß ich gar nicht nach den Dekorationsmodellen hinblicken mag, die aus allen Ländern geschickt wurden, die Entwicklung des europäischen Theaters zu zeigen. Am meisten zieht es mich zum »Alten Burgtheater« und zu den Kostümen seiner einstigen Größen, über die ich gelesen oder von den Lippen meiner Mutter gehört. Ich berühre ehrfürchtig die brüchige Seide des »Adelheidkostüms« der Charlotte Wolter, der größten Tragödin ihrer Zeit. Ihr Todesschrei im »Götz von Berlichigen« verblieb im Volksmund als der »Wolterschrei«. Ich selbst hatte ihn in meinem Pensionszimmer in Frankfurt am Main geübt im Jahre 1917, als wir begeistert Theater spielten und uns von Rüben ernährten. In den Modellen und Kostümen steht die gute alte Zeit wieder auf, die Glanzzeit des Wiener Burgtheaters, mit Sonnenthal, Mitterwurzer, Gabillon, Josef Kainz. Von Zeit zu Zeit nehme ich mir immer wieder Ludwig Speidels Bücher vor, um in ihnen über diese Heroen des Theaters zu lesen.

Ruhelos ging ich durch die Straßen, suchte vertraute Kaffeehäuser auf, um die Zeitungen zu lesen, mit wachsender Angst im Herzen, wie lange die geliebte Stadt noch in Frieden gelassen werden würde. Wird sich Wien unter der Knute der Reichsdeutschen ändern? Vielleicht, aber die Landschaft, diese österreichische Landschaft, kann sich nie, nie ändern. Die sanften grünen Linien vom Kahlenberg hinunter zur Donau, diese beseelten Waldwege, auf denen Beethoven, Schubert, Grillparzer gewandelt, nein, nein, das muß so bleiben bis in alle Ewigkeit! Man stand oben beim Kloster des Leopoldsbergs, sah hinunter zur Stadt, hinüber über das Marchfeld, das so viele blutige Kämpfe erlebt, und betete: Gott erhalte Österreich!

Ein sonderbarer Zufall wollte es, daß meine Londoner Inszenierungen stets in Epochen großer politischer Ereignisse fielen. »Crest of the Wave«, Novellos dritte Musicalshow im Drury Lane, wurde im Jubiläumsjahr Königs Georg VII. herausgebracht. »Balaleika« stand im Zeichen der aufregenden Tage der Abdankung Edwards VIII.; eine verkrachte Arbeit, »Paprika« während der Septemberkrise, »The Dancing Years« während der nervenaufpeitschenden Märzwochen 1939, in denen die Gefahr eines Krieges bereits ganz nahe rückte. Diese weltpolitischen Ereignisse ließen die Produktionen von »Musicalshows« höchst belanglos erscheinen, denn nicht allein war die finanzielle Existenz des Theaters bedroht, auch ihre künstlerische Notwendigkeit erschien nichtig in Zeiten, da das Welttheater selbst in Flammen aufzugehen drohte.

Wir waren in den letzten Proben zu »Balalaika«, die Arbeit brannte mir unter den Fingern und der Tag war nicht lang genug für die Fülle des zu Erledigenden. Ich bat das Ensemble um sieben Uhr abends ins Adelphi Theater zurückzukommen, um weiter zu proben. Ich war eben dabei, den Schauspielern mein Arrangement der »Revolutionsszene« des zweiten Aktschlusses zu erklären, als aus dem Hintergrund der Bühne das Radio schnarrte. Gänzlich gefangen genommen in meiner Arbeit, rief ich ungeduldig in die Kulissen, den Lärm abzustellen. Ich blickte auf und sah bleiche Gesichter um mich herum, und wie unter einem elektrischen Schlag erkannte ich die Stimme im Radio: Edward VIII. hielt seine letzte Rede an die Völker des Empire. Totenstill saßen wir und lauschten, vielen liefen die Tränen über die Wangen. Noch lange nachher, als seine Stimme verklungen, verblieben wir in derselben Stellung, niemand konnte sich entschließen, die Arbeit wieder aufzunehmen. Es erschien sinnlos, eine »Operetten-Revolution« zu mimen in Stunden solch tief und weithin wirkender Begebnisse.

»Balaleika« mußte auch sonst Krisen überdauern, ehe das Stück ins breite Fahrwasser des »long run« hinaussegelte. Als der leichtsinnige Eric Maschwitz, der Verfasser des Libretto, und der phlegmatische Impresario Jack Davies in meinem Wohnzimmer saßen und mit mir die Regie besprachen, dachte keiner von uns, daß uns eine »Krise« bevorstünde. Sie erzählten mir, daß eine Operette »The Gay Hussar« vor einem Jahr erfolglos in der Provinz gelaufen sei. Trotzdem seien sie beide überzeugt, daß Stoff und Musik ein besseres Los verdienten und daß eine Neubearbeitung Aussicht auf Erfolg hätte. Ein unternehmungslustiger Finanzmann hätte die Operette irgendwo gesehen und sich bereit erklärt, eine Neueinstudierung zu finanzieren. Mir erschien dies alles recht phantastisch und wenig vertrauenerweckend, aber ich hatte inzwischen gelernt, »Theater« nicht als ein vom Staat subventioniertes Kulturinstitut zu betrachten. Eine Zusammenkunft mit dem Finanzmann wurde verabredet. Im Bureau des Impresario traf ich einen großen, robust aussehenden Mann lebhaften Temperamentes, der Theaterbegeisterung mit schlauem Geschäftssinn zu vereinigen schien. Es gefiel mir, daß er sich für im West End unbekannte Künstler einsetzte, für Luriel Angelus und Roger Treville, die er irgendwann gehört und zu deren künstlerischen Begabung er Vertrauen hatte. Das war selten genug im West End, wo verbriefte und patentierte Berühmtheit im vorhinein für jede Besetzung verlangt wurde. Der Mann war originell in seinem Gehabe und erinnerte mich an die Glücksritter der »Early Days« in Südafrika. Das Geld flog ihm aus den Händen, in den eleganten Restaurants, in die er mich mitnahm, kannten ihn alle Kellner, und die Art, wie er zerknitterte fünf Pfund Noten aus der Hosentasche heraus fischte und sie dem Oberkellner zur freundlichen Bedienung hinhielt, hatte etwas abenteuerliches, das mich amüsierte und gleichzeitig verlegen machte. Die Atmosphäre dieser Mayfair Restaurants war ziemlich neu für mich, und wenn ich die hektischen, leichtlebigen Menschen dort beobachtete, mit Erstaunen die teure Speisekarte studierte und von den teuren Weinen trank, kam mir alles noch immer wie ein Roman vor. Die Wirklichkeit solcher Dinge drang gleichsam nicht in mein Bewußtsein ein. In Hollywood war es mir ähnlich ergangen, die unbändigen Trinkgelage, die scheinbar unbegrenzten Geldmittel, über die so viele verfügten, das alles war für mich wie eine grelle Theaterkulisse.

Unser Finanzmann liebte das Theater und Schauspieler. Stundenlang saß er bei den Proben, und ich wunderte mich oft, wann er seinen eigentlichen Geschäften nachginge. Er hatte ein angeborenes Verständnis für »Qualität«, aber er war völlig primitiv und kindlich in seiner Auffassung von künstlerischer Disziplin und Ordnung auf der Bühne. Einmal fand ich ihn während einer großen Ensembleszene mitten auf der Bühne sitzen, umringt von hübschen Tänzerinnen, lachend und schnatternd, ohne Rücksicht darauf, daß eine Szene gespielt wurde. Ich war wütend und schrie ihn an, die Bühne sofort zu verlassen, die sei kein Tanzlokal, worauf er wie ein gescholtener Schuljunge in der Kulisse verschwand. Später entschuldigte er sich demütigst bei mir, ohne zu seiner Verteidigung anzuführen, daß er 12.000 Pfund für diese Produktion bezahle. Ich mochte diesen kuriosen Mann gern, hinter dessen verrücktem Hochstaplertum ein warmer Mensch verborgen war.

Bei keinem der »Musicals«, die ich inszenierte, war die Stimmung auf den Proben so elektrisierend und ungewöhnlich wie bei »Balaleika«. Eric Maschwitz' Temperament ist wie eine Dynamomaschine, die Tag und Nacht rattert. Damals war er noch bei der British Broadcasting Corporation engagiert, und wir trafen uns fast täglich in einem kleinen Café gegenüber, zur Besprechung des Stücks. Er zog dann aus allen Taschen Papierfetzen heraus, auf die er Einfälle und Gesangstexte gekritzelt hatte. Zwischendurch raste er zurück in sein Bureau, um sein Musikprogramm zu beenden, erschien aber bald wieder, abgehetzt und gestikulierend, lachend, fluchend und begeistert. Maschwitz war zu jener Zeit der Typ des Bohemien (wie er heute ist, weiß ich nicht, denn er gehört seither zu den »Arrivierten«), disziplinlos, heute in die, morgen in jene verliebt, beeinflußbar wie ein Kind, aber auch kindlich in seiner Natürlichkeit und Begeisterung.

Er gestand mir sofort, daß er von der Konstruktion eines Stückes nicht viel verstünde, er hätte keine Geduld dazu, dabei würde er sich völlig auf mich verlassen, hingegen pries er mit witziger Prahlerei seinen ausgezeichneten Dialog und seine Gesangstexte. Der englische George Posford und der Wiener Bernhard Grün waren die Komponisten. Letzteren hatte Maschwitz in Wien kennengelernt und sofort nach London gebracht.

Der große Chor der Balaleika-Sänger bestand zumeist aus Exilrussen, die in London lebten. Die russische Handlung und die Musik riefen herzklopfende Erinnerungen in ihnen wach. Mit melancholischem Heimweh versenkten sie sich in eine fiktive Welt, um Duft und Farbe der Vergangenheit zu erhaschen. Ich erinnere mich an die erste Ensembleprobe in einer scheußlichen Halle in Holbourne. Von der Straße her drang der Lärm der Omnibusse und Autos, in einer Ecke stand ein altes Klavier, auf dem unser Chormeister die Nummern hämmerte. Wir probten den Schluß des ersten Aktes: zwischen Rußland und Deutschland ist Krieg erklärt, die jungen galanten Offiziere, die schönen Balletmädel, der dicke Wirt, alle auf der Bühne, die ein elegantes Vergnügungslokal außerhalb Petersburgs darstellt, bleiben wie erstarrt in dem Entsetzen dieser Nachricht und brechen endlich spontan in die russische Nationalhymne aus. Dies war die Anordnung im »Regiebuch«, über welches ich gebeugt saß. Ich rief unserem Chormeister zu, das schreckliche Klavier nicht weiter zu maltraitieren, denn die russische Nationalhymne würden die Leute wohl auch ohne Klavierbegleitung singen können. In diesem Augenblick stürzten bereits die Stimmen der Russen wie eine aufschäumende Woge in den kahlen Probenraum, die Gesichter waren kreidebleich, die Frauen schluchzten. Dies alles kam so plötzlich und unerwartet, daß wir anderen sie fassungslos anstarrten, Maschwitz saß zusammengekauert auf seinem Stuhl, den Kopf in den Händen vergraben, mir war die Kehle wie zugeschnürt, die englischen Künstler standen verlegen, mit niedergeschlagenen Augen taktvoll im Hintergrund. Es war ein einmaliges Erleben. Nie wieder konnte dieser Augenblick in gleicher Erregung zurückkehren, trotz aller Erfolge späterer Aufführungen.

Als wir in der sechsten Woche der Proben waren, spürte ich bei Maschwitz und dem Impresario Davies eine geheimnisvolle Unruhe, die sie mir nicht erklären wollten. Unser Finanzmann erschien nicht mehr so oft im Theater, und als ich nach dem Grund fragte, gab Maschwitz verworrene Antworten und bat mich, mir keine Sorgen zu machen und mich lediglich auf die Inszenierung zu konzentrieren. Es kam zur ersten Kostümprobe. Vierzig Paar Stiefel und Schuhe für die Tänzer waren nicht geliefert worden, obgleich wir sie Wochen vorher bestellt hatten. Ich schlug Krach und man versprach mir im Theaterbureau, daß sie am nächsten Tag geliefert werden würden. Am nächsten Tag waren sie noch immer nicht zur Stelle, ebenso wenig wie die Balletkostüme. In einer Woche sollte die Premiere sein, aber die Dekorationen erschienen nur stückweise, die Schauspieler und Sänger wurden nervös, Gerüchte drangen zu mir, daß die Orchesterleute für die Proben nicht bezahlt worden seien und drohten, nicht mehr zu kommen. Endlich bestürmte ich Maschwitz, mir zu sagen, was eigentlich vorginge. Er gestand, daß kein Geld vorhanden sei und daß die Lieferanten die bereits fertiggestellten Kostüme und Dekorationen nicht eher aus der Hand geben würden, bis der volle Betrag erlegt worden sei. Maschwitz sah aus wie ein Gespenst und war kaum mehr im Theater zu sehen, denn er lief herum, um Geld aufzutreiben. Mittlerweile war es meine Aufgabe, die Künstler zu beruhigen und den Atem ihrer Begeisterung nicht verfliegen zu lassen. Eines Tages tauchte die Sekretärin unseres Finanzmannes im Dunkel des Zuschauerraums neben mir auf, griff nach meiner Hand und flüsterte aufgeregt: »All right, we've got it.« Nach der Probe stürzte ich ins Bureau, dort lagen tatsächlich 5000 Pfund auf dem Tisch zur Begleichung der Kosten. Und schon strömten Stiefel, Schuhe, Kostüme, Requisiten und Dekorationen ins Theater, die Musiker legten sich ins Zeug und wir probten die Nächte durch.

Am 22. Dezember 1936 eröffneten wir im Adelphi Theater. Der große Erfolg beim Publikum und bei der Presse ließ uns auf gute Geschäfte hoffen, aber unsere Erwartungen wurden getäuscht. Die Abdankung des Königs beschattete das Gemüt der Londoner, sie waren nicht in der Stimmung, ins Theater zu gehen, die Geschäfte waren in allen Theatern miserabel. Nach 14 Tagen geisterten neue Gerüchte durch die Garderoben, daß wir aus dem Adelphi Theater raus müssen, da die wöchentlichen Einnahmen unter der Ziffer des mit den Eigentümern des Hauses abgeschlossenen Vertrages blieben. Wie eine riesige schwarze Wolke legte sich die Depression über die Künstler. Nach all der Arbeit, nach all der Begeisterung ein so jähes Ende. Mr. Charles B. Chochran, der große Impresario des Londoner Theaters, erschien bereits wie der Geier auf dem Leichenfeld und die Kulissen für seine neue Revue wurden ins Theater gebracht. Seine eigene viel umstrittene Produktion »Boy David«, das letzte Stück von dem Dramatiker Sir James Barrie für Elisabeth Bergner geschrieben, lief im »His Majesty's

Theatre« und, wie die bösen Zungen flüsterten, wären ihre Tage gezählt. Als ich eines Morgens auf dem Weg ins Theater aus der Untergrundbahn am Strand ausstieg, starrten mir große Plakate entgegen: »Boy David ends at His Majesty's Theatre.« Blitzartig durchfuhr es mich: das Majesty Theatre wird frei, ein ideales Theater für »Balaleika«. Ich nahm ein Taxi und jagte ins Bureau zu Jack Davies und traf dort Maschwitz bereits in Besprechungen darüber, die »Adelphi Show« in His Majesty's zu übersiedeln. Und so kam es, daß wir zwei Monate später neu eröffneten und 18 Monate im West End liefen. Leider blieb unser mutiger Finanzmann auf der Strecke. Am Abend der Premiere war er verschwunden. Schwindelgeschäfte hatten ihm den Boden zu heiß gemacht. Monate später stellte er sich selbst der Polizei. Von einer fünfjährigen Gefängnishaft wurden ihm drei Jahre erlassen. Er erschien wieder im West End wie der Phoenix aus der Asche, aber endlich erlag er doch seinem aufregenden Leben und starb an einem Herzschlag.

London hatte in all der Zeit nie aufgehört, mich zu faszinieren, ich liebte die Stadt und ihren sphynxhaften Reiz, der nie Übersättigung oder Langweile erlaubte. Im Mai 1937 war die Jubiläumsfeier Königs George VI. Millionen von Menschen wälzten sich durch die Straßen. Die Stadt wirkte wie ein ungeheures Jahrmarktsfest, mit ihren Flaggen und Tribünen, den dekorierten Häusern und der Stimmung von Festlichkeit. Die Macht und der Reichtum des Empire berauschten Patrioten und Zuschauer. Ich beneidete diese leuchtende, aufgeregte Menge, die ihrem Herrscherhause zujubelte, etwas so natürlich Gewachsenes sprach aus ihrer Begeisterung, keine Hysterie des Augenblicks, sondern tiefes Verwachsensein mit ihrem Lande, ihrem König, ihren Sitten von Vergangenheit und Gegenwart. All ihre mittelalterlichen Gebräuche, ihr unwandelbares Festhalten an der Tradition wirken nicht künstlich aufgepfropft, sondern wie ein mächtiger vielverzweigter Baum, dessen kleinster Ast noch Nahrung aus den mächtigen Wurzeln zieht. Wir vom Kontinent sind sensibel für diesen starken Strom von Einigkeit, der besonders den Juden mit Neid erfüllen muß. Die Tragik des modernen Juden ist die innere Spaltung zwischen Europa und Orient, die Doppelrolle des Einheimischen und Außenseiters zugleich.

Am Jubiläumstag standen mein Mann und ich um fünf Uhr früh auf, wir durchqueren den bereits belebten St. James Park und erreichten nach vielem Drängen und Stoßen unsere Plätze auf der Tribüne gegenüber von Buckingham Palace. Für mich hatte der wundervolle Festzug mit seiner Farbenpracht und dem Rhythmus der Bewegung auch eine erzieherische Bedeutung. Da ich von Natur aus keine Freundin großer Menschenansammlungen bin, wäre ich ein paar Jahre früher zu einem solchen Schauspiel wahrscheinlich gar nicht gegangen, ich hätte es vorgezogen, aufs Land zu fahren und mich im Wald zu verkriechen. Aber England und englisches Wesen hatten mich bereits beeinflußt, mich sozial gerechter, gewissermaßen entgegenkommender gegenüber der Allgemeinheit gemacht. Diesem erzieherischen Einfluß kann man sich nicht entziehen, wenn man im Lande lebt. Ich merkte es auch sonst an manchen Kleinigkeiten. Eine meiner schlimmsten Eigenschaften ist Ungeduld beim Warten auf Omnibusse, Untergrundbahnen etc. In Deutschland war ich eine unter Tausenden, die puffte, stieß und schimpfte. Als ich aus alter Gewohnheit das gleiche am Piccadilly Circus tat, sah man mich erstaunt an, lächelte und sagte »Sorry«. Ich schämte mich so, daß es mir zur guten Lehre wurde. Seine äußeren Manieren zu bessern, war an sich nicht so schwer, schwerer war es, eine innere brennende Ungeduld auf neue künstlerische Betätigung zu zügeln. Meine Nerven klirrten wie Glasscherben und wieder war es Novello, der mich zu neuer Arbeit berief. Die Energie dieses Mannes war bewunderungswert. Er trug Stücke und Musik in seinem Kopf herum, wo immer er ging. Dieser hechelnde, heitere Mensch, der stets den Eindruck gab, als würde er bloß den Luxus und die Lässigkeit des Wohllebens kennen, ward stählern in seinem Willen zur Arbeit. Diesmal waren es die Melodien zu dem Jubiläumsmusical »Crest of the Wave«, die er uns Freunden in seinem Landhaus Red Roofs vorspielte. Zwischendurch erzählte er uns den Inhalt des Stücks. Da es das »Krönungsjahr« sei, würde er einige patriotische Zutaten einfügen. »Aha«, dachte ich und stählte mich, aber selbst meine Erwartungen wurden übertroffen, als er in gewohnter Lausbubenart, die Zigarette im Mund, erklärte, daß der Luxusdampfer nach Südamerika sich im gegebenen Moment in ein Kriegsschiff verwandeln würde und daß am Ende des Aktes der ganze Chor als Matrosen verkleidet in Reih und Glied stehen und die Schlagernummer »Nautical« zur Verherrlichung der englischen Flotte singen würde. Drei große Kanonen würden gegen den Zuschauerraum gerichtet sein und auf der Kommandobrücke der »Union Jack« triumphieren.

»Wie, um Himmelswillen, soll diese rasche Verwandlung vor sich gehen?« rief ich fassungslos. »Alles wird gehen, wir überlassen es meinem Bühnenchef Mr. Abingdon.« (Und es ging!)

Novello musizierte weiter, und da war plötzlich eine Melodie, die mir besonders gefiel. »Wo gehört diese entzückende Melodie hin?«, fragte ich.

»Darling, ich wußte, daß sie Dir gefallen würde. Es ist das Lied der Gantrys. Gantry ist mein altes Familienschloß; ich bin nämlich ein verarmter Graf, mußt Du wissen … Leider muß ich mein wundervolles Schloß verkaufen, an eine gräßliche amerikanische Millionärin … eine Gemeinheit, was? Am Vorabend meiner Abreise besuchen mich alle Geister und Gespenster meiner Ahnen und führen einen Geistertanz auf … Apropos, wußtest Du, daß ich von Heinrich VIII. abstamme?«

»Nein, ich dachte Du seiest Welsh!«

»Oh Darling, ja - im Privatleben, aber für die nächsten neun Monate oder hoffentlich für noch länger, so lange als ›Crest of the Wave‹ läuft, werde ich eine lange Reihe von Ahnen haben, und Du wirst ihr Geisterballet inszenieren.«

»Herrlich!« schrie ich.

Sonst wurden die choreographischen Nummern stets von einem oder dem anderen berühmten Balletmeister inszeniert, aber, sagte Ivor, in diesem Geisterballet sei soviel Schauspielerisches, daß er wünschte, ich selbst sollte es übernehmen. Ich war beglückt. Dies war es ja, was mich an »Musicals« fesselte, die singenden, tanzenden, flüchtigen Gestalten festzuhalten in einem Ring des Beseelten und Künstlerischen, die Verbindung von Musik, Bewegung und schauspielerischem Erleben. In »Crest of the Wave« erfuhr ich zum ersten Mal, wie beseelt selbst eine sensationelle Kulissenverwandlung wirken kann, wenn sie künstlerisch in das Ganze hineinkomponiert ist. Von der riesigen Bühne des Drury Lane war ein langer schmaler Teil für die Galerie eines Schloßraums abgetrennt worden. Novello, als Duke of Cheviot, und Marie Löhr, seine Schwester, blicken über die Brüstung in einen dem Zuschauer unsichtbaren Ahnensaal hinunter und beklagen ihren finanziellen Zusammenbruch, der sie nötigt, das Schloß der Väter zu verkaufen und die Heimat zu verlassen. Allmählich verklingen ihre Stimmen, das Licht verdämmert, ein dumpfes Rauschen wird vernehmbar und aus der Tiefe steigt der riesige Ahnensaal empor. Huschend und lautlos erscheinen die grauen Gestalten darin, herbeigelockt von der silbernen Fanfare eines Hellebardiers, der regungslos inmitten des Raumes steht. Heinrich VIII. und seine Frauen, mittelalterliche Ritter, Königin Elisabeth, die graziösen Damen und Herren des 18. Jahrhunderts, die vertrauten Silhouetten aus der Zeit der Königin Viktoria schreiten, gleiten und tänzeln über die Bühne, ein endloser Geisterzug, die grünlich-bleichen Gesichter unbewegt. Hier war eine transzendentale Stimmung in Bewegung und Licht ausgedrückt, die das Publikum ebenso im Bann hielt wie die gröberen Effekte, zu denen eine Zugentgleisung mit allem Melodrama der Wirklichkeit dazu gehörte. Sie war Novellos »Piece de Resistance«, seine besondere Gabe an die »Gallery Fans«, die eine Drury Lane Show ohne traditionelle Drury Lane Sensation nicht akzeptierten. Diesmal war es die naturgetreue Imitation eines dahinsausenden Expresszuges, 120 Fuß lang und 20 Tonnen schwer, drehende Räder, rasende Geschwindigkeit. Plötzlich ein gewaltiger Ruck, ein Beben und das Gekreisch der Bremse und vor den Augen des Publikums stürzen die Waggons über die Brüstung.

Trotz all des Spielzeugzaubers, den solche Überraschungen auch auf mich ausübten, konnte ich die Idee des Eisenbahnunglücks (bei dem jedoch niemand umkam) nur schwer verdauen und versuchte sie Novello auszureden. Ich wurde dabei von seinen nächsten Freunden sehr unterstützt, auch sie fanden diese Drury Lane Konzession übertrieben. Wenige Tage vor der Generalprobe wurde er selbst wankend, und es schien, als würde er nachgeben, aber die Rücksicht auf Mr. Abingdon, den technischen Gestalter dieses Hokuspokus, hielt ihn doch zurück. Nach der Premiere waren wir und die meisten der West End »Stars« zum Supper im Novello Flat in Aldwych. Während sich die Gäste bei Champagner und erlesenem Buffet in den Gesellschaftsräumen unterhielten, saßen Novello, ich und ein paar Intime in seinem Schlafzimmer, müde, pessimistisch, in Katerstimmung, wie dies zumeist nach einer Premiere der Fall ist. Wir redeten uns immer mehr in unheilschwangere Ahnungen hinein, gingen die Szenen immer wieder durch, kritisierten Stück und Darstellung, vor allem aber wurde die Eisenbahnkatastrophe von allen Seiten verurteilt und verdammt, bis sie zu einer wahrhaftigen Theaterkatastrophe anwuchs. Ivor war vollkommen erschöpft und gab endlich nach. Er versprach die Szene am folgenden Abend wegzulassen. So saßen und lagen wir herum, bis 6 Uhr früh, als sein Sekretär mit einem Packen Morgenblätter ins Zimmer stürzte.

Gierige Hände griffen nach ihnen, zerflatterten die Seiten, nach den Kritiken suchend. Da stand in fetten Lettern: »Fabelhafter Effekt auf der Drury Lane Bühne. (…) amerikanischer Expresszug stürzt über die Böschung. (…) Meistersensation Novellos. (…) Drury Lane übertrifft sich diesmal in grandiosem Effekt.« usw. Die Zeitungen fielen aus unsern Händen, Novello, nach ein paar Sekunden Verblüffung, sank aufs Bett zurück und schrie vor Lachen, wir, die Vorsichtigen, die Vertreter von »Kunst« blickten einander beschämt an und zogen die Segel ein. Theater!

Mein unseliger Hang, nicht zu rasten, zog mich in eine neue Arbeit, die in der Erinnerung viel Komisches birgt, zur Zeit aber fast einen Nervenzusammenbruch bei mir verursachte. Carl Brisson, der vergötterte Liebling der Provinz, suchte mich auf und bat mich, die Operette »Venus in Silk« für ihn zu inszenieren. Die feurige Musik war von Emmerich Kalman, dem Komponisten der Csardasfürstin und der Gräfin Maritza, wer den blödsinnigen Text dazu verfaßt hatte, erinnere ich mich nicht mehr. Man warnte mich vor Brisson, aber ich fühlte mich nun so sicher in dem Metier der »Musical Comedies«, daß ich glaubte, es würde mir gelingen, mittels Einfällen und Kenntnis des Lokalkolorits (Ungarn) die Seifenblase zum Schillern zu bringen. Carl Brisson hatte eine Atmosphäre von Circus um sich, die nach der Vornehmheit des Drury Lane amüsante Abwechslung Versprach. Außer mir arbeitete ein bekannter englischer Schriftsteller an der Adaption des Stückes, und ein in Theaterkreisen angesehener »Lyric Writer« schrieb die »Nummern«. Kalman schickte aus Paris neue Musikeinlagen, und Brisson ließ sich alles, Stück, Nummern, Musik auf seinen wohlgebauten Leib schreiben und komponieren. Dies war der erste Schritt zu unseren Streitigkeiten. Von Novello her gewohnt, eine »Musical-show« als Ganzes zu betrachten, mit guten Rollen für jedermann, architektonisch gegliedert und proportioniert, sträubte ich mich gegen eine »One Man Show«. In der Perspektive der Vergangenheit ist es mir interessant, den »Fall Brisson« zu betrachten, denn er wirft ein Licht auf den Operetten-Protagonisten von früher. In meiner Lauf-bahn war ich diesem Typ nie persönlich begegnet, aber ich hatte genug gehört über den schamlosen Egoismus, die manische Eitelkeit der großen Operetten-Helden, über ihren scheinbaren Charme, der wie eine Wasserleitung auf- und abgedreht werden konnte, über dieses fantasti-sche Produkt des Theaters von anno dazumal. Theore-tisch also war mir der Typ nicht unbekannt, und doch hätte ich es nicht für möglich gehalten, daß ein Mann so sehr sei-nen Launen unterliegen kann, ja, ein erwachsener starker Mann, denn – köstliche Ironie – es war eben Brissons äuße-re Männlichkeit, sein Brustkasten, seine Muskeln, seine federnde Kraft, die ihn den Frauen so reizvoll machte. Es scheint ein Gesetz zu sein, daß, je männlicher Schauspieler sind, umso mehr verfallen sie dem Teufel der Eitelkeit und Empfindlichkeit, je weniger sind sie imstande, sich selbst objektiv zu betrachten. Eine »Frauenregisseurin« muß da notgedrungen wie Dynamit wirken. Die Spezies »Mann« mit Muskeln, breitem Brustkorb und Säulenschenkeln hatte für mich immer etwas Peinliches, besonders unter Kollegen. Und ich selbst erfreute mich bei ihnen keinerlei Sympathie. Sie warfen mir Intellektualität (als Schimpf-wort), Arroganz und Maskulinität wie faule Eier an den Kopf. Brisson war eigentlich ein lieber Kerl, aber seine Mannesherrlichkeit erschien mir lächerlich, und ich hatte noch immer den Wahn, von einer Operette Menschen-darstellung zu verlangen. Als ich ihn einmal auf der Probe bei einer Liebesszene bat, seine Partnerin nicht so selbstge-fällig zu umarmen, verließ er auf der Stelle die Bühne und ging in sein Hotel. Als ich dort später anrief, sagte mir sein Sekretär, Herr Brisson hätte eine Herzattacke. Aber ich gebe zu, er war grandios, wenn er mit seiner Schwester Tilly seine oft erprobten Tanznummern aufführte. Er riß seine Tänzerin hoch, er schleuderte sie zu Boden, er schwang sie um sich selbst, umschlang sie wie ein Gott und ließ sie schließlich – ein schwaches Weibchen – in seine Arme zurückfallen. Diese Nummer mußte er immer wiederholen, sein Frauenpublikum raste und tobte vor Begeisterung. Es machte mir Spaß, in den Zuschauerraum zu gehen und die leuchtenden Frauengesichter, jung und alt, und die etwas verdrossenen Mienen der Männer zu beobachten. An der Bühnentüre stand nach Schluß der Vorstellung eine lange Schlange von Weiblichkeiten mit hochgereckten Armen, um ein Autogramm bettelnd. Da wurde mir klar, daß ich als kritische Regisseurin unter meinen Geschlechtsgenossinnen nichts zu suchen hatte. Wir machten die übliche Tournee durch die großen Städte der Provinz. Brissons Stellungen auf der Bühne rückten immer mehr in den Vordergrund und die seiner Kollegen in den Hintergrund. Plötzlich erklärte er, er wolle neue Nummern singen, man müsse solche sofort beschaffen. Der englische Schriftsteller und der angesehene »Lyric Writer« wurden telegrafisch herbeigerufen, und wir saßen nächtelang in den öden Hallen der Midlands Hotels und »dichteten«. Wenn unser Gehirn eintrocknete, verfielen wir in Schlaf oder in melancholische Gespräche über Shakespeare. Breitschultrig und strahlend kam Brisson mitten in der Nacht hereingeschneit, bestellte eine Runde Cognac und gab uns seine Vorschläge. Aber selbst erneute Runden von Cognac konnten unsere Geister nicht beleben und wir schusterten irgend etwas zusammen, für jede Stadt einen neuen Blödsinn. Schließlich verließ der englische Schriftsteller das sinkende Schiff und reiste nach London ab, der »Lyric Writer« suchte Erholung an der französischen Riviera, ich hielt es noch ein paar Tage aus, aber dann strich auch ich die Segel und verschwand. Wir hörten später, daß Brisson sich einen neuen Regisseur, eine neue Primadonna, einen neuen Komiker und weitere neue Nummern kommen ließ und frohgemut durch die Provinz tourte zur Begeisterung der Frauen und Mädchen. Es kümmerte mich wenig, denn bald danach war ich wieder auf einem Schiff, das mich nach Südafrika führte, diesmal zusammen mit meinem Mann. Schon in den ersten Tagen verfiel ich von neuem dem Zauber dieses Landes.

Ich glaubte, wieder zu spüren, daß hier mein eigentliches Leben wäre, in dem ich glücklich und ich selbst sein, in dem ich all die Schlacken meines Wesens abwerfen könnte. Ich überlegte, ob ich nicht doch endlich meine Kräfte daran setzen sollte, etwas aufzubauen, auf ein Ziel loszusteuern, Opfer zu bringen, um dauernd in dem Lande zu bleiben. Ich verbrachte Wochen in den kleinsten Dörfern in wunschloser Glückseligkeit. Ich ging in heißer Sonne am Fluß entlang, legte mich auf die warmen Steine, warf mich ins Gras, ging weiter, blieb stehen, nicht zur Ruhe kommend vor Behagen, endlich »zu Hause« zu sein. Diese Landschaft war mir Heimat. Hier hörte das Nagen auf, das stetige Weiterwollen, hier fühlte ich mich am Ziel. Ganz still und bescheiden wollte ich mich hier verkriechen und auf meine Art leben, um mich zu prüfen, ob dies mein Schicksal sei.

Meine fernen Kindheitserinnerungen erlitten nicht die geringste Enttäuschung, solange ich den Städten fernblieb. So waren die dornigen Akazien, so waren die rätselvollen Hügel in violetten Tönungen, so die Hütten der Schwarzen und die davor spielenden »Piccanins«. Die 35 Jahre waren ausgelöscht. Wieder war ich das Kind, das von der Sphynx Afrika fasziniert wurde. Ich erwog, was ich unternehmen könnte, um mir hier eine Existenz zu schaffen.

Vielleicht durch Unterricht geben? Aber dies würde bedingen, daß ich in den Städten leben müßte, mich abfinden mit der engen Konvention der kolonialen Bewohner, die nichts von der atemlosen Dynamik der Bewohner Londons oder von Paris haben. Würde dies nicht meine Liebe zu dem Lande schließlich zerstören? Sollte ich nicht lieber warten, bis es mir eines Tages möglich sein würde, hier so zu leben, wie ich es wirklich wünschte? Mein Mann liebte Südafrika nicht, aber er versuchte nicht, mich zu beeinflussen, meine Familie belächelte meine Begeisterung. Sie alle sehnten sich nach europäischen Zerstreuungen, sie begriffen nicht, was mich so sehr an dieses herbe Land fesselte. Und doch lag mir die Liebe zu dem Land wie ein eiserner Ring ums Herz. Was war es? Das Licht? Die grenzenlose Weite? Unter einem von mächtigen Wolken geballtem Himmel ein paar braune Hütten, davor die Silhouetten spielender Kaffernkinder? Über goldenem, endlosen Veld einsame Gestalten, wandernd, sich in der Ferne verlierend. Und so unendlich schweifen die Augen, daß man kaum zur eigenen Wirklichkeit zurückfindet. Landschaft wird Seele. Und noch etwas! Die Angst vor dem Tode verschwindet, indem man in die Landschaft versinkt, versinkt man gleichzeitig in Gott. Wie gemein, eng und häßlich erscheinen dagegen die Städte. Der Friede auf den Bergen und auf dem Veld Südafrikas ist unendlicher als jener europäischer Landschaften, denn hier ist man dem Uranfang noch näher, man wird ein Teil der Allmacht Natur.

Und doch kehrte ich nach England zurück. Hinter der Stirn verblieben die Bilder der goldenen Tage und der Nächte in tiefster Stille. In London fing ich gleich mit der Arbeit zu einer neuerlichen Maschwitz-Operette an – »Paprika«. In die Wochen der hektischsten Proben fiel die Krankheit meines Mannes. Er lag zwischen Leben und Tod im Guys Hospital. Des morgens, vor Beginn der Arbeit und abends nach Schluß der Proben, fuhr ich zu ihm hinaus. Auf der Bühne war Lachen, Tanz und Liebesromantik, draußen im Guys Hospital war unbarmherzige, unsentimentale Realität. Ich war oft zu müde und verzweifelt, um beides fassen zu können. Es hatte sogar seine komisch-grotesken Seiten. Einmal kam ich aus dem Spital zurück zur Probe und inszenierte eine Szene, in welcher Liszts »Liebeswalzer« gespielt wurde. Die Musik erschütterte meine Nerven und ich brach in Schluchzen aus. Maschwitz kam zu mir ins Parkett, strahlend darüber, daß die Szene so gut gelungen sei, daß selbst ich als Regisseurin davon gerührt war, wie würde da erst das Publikum reagieren! Ich war hin und hergerissen zwischen der Angst um meinen Mann und dem Zweifel am Erfolg des Stücks. Im Hospital sagte man mir, daß der Zustand meines Mannes sehr ernst sei, im Theater spürte ich immer mehr die kommende Katastrophe. Das Stück, welches uns im Manuskript entzückte, schien zu zerfallen. Die Krankheit meines Mannes machte es umso notweniger, daß ich verdiente, wenn das Stück ein Mißerfolg wurde, konnte es wieder Monate dauern, bis ich neue Arbeit fände. Aus Deutschland und Österreich drangen immer grauenhaftere Nachrichten über die Judenverfolgung, viele meiner Angehörigen waren bereits davon betroffen, und sogar aus Südafrika schrieben meine Leute, daß der Antisemitismus dort erschreckend zunehme. Wohin also, wenn der Erfolg nicht künftige Arbeit in England sichere? Unerbittlich ging die Routine des Tages weiter. Das bleiche Gesicht meines Mannes und seine traurigen Augen blieben mit mir, wenn ich in der Untergrundbahn zur Stadt zurückfuhr. In solch herzwehen Stunden scheint das Gehirn wie eine photographische Platte zu funktionieren und die Außenwelt zu absorbieren, unabhängig von einem selbst und jetzt in der Erinnerung entwickeln sich die Schatten zu Bildern und bewegen sich, als sähe ich durch ein Kaleidoskop.

Ich sehe die Krankenschwestern in ihren rotgesäumten Krägen an mir vorbeieilen, geschäftig und heiter, als hätten sie nichts mit all dem Elend zu tun, dazwischen die

Halbgenesenen in Pyjamas mühsam auf dem Korridoren auf- und abgehend, ich sehe die bleichen fragenden Gesichter der Männer und Frauen, die warten, bis der Kranke, der zu ihnen gehört, vom Operationstisch zurückgebracht wird, im Schlaf der Narkose, sie warten auf sein Erwachen, sie warten auf das beruhigende oder vernichtende Wort des Arztes. Man steigt betäubt von dem Geruch von Jodoform und Lysol die Treppe hinunter und atmet befreit auf im Licht der Straße. Die dunkle Welt bleibt hinter einem und das Rattern der Omnibusse und das Hasten der Menschen, die ihre Glieder frei bewegen dürfen, die ein Ziel haben, die lachen und sprechen, Zeitungen ausrufen, in Autos vorbeisausen, die leben, leben, leben, erfüllt einen mit Dankbarkeit. In dem dahinrollenden Kerker der Untergrundbahn wird das Herz wieder bleiern vor Angst. Wird er am Leben bleiben? Auf dem Piccadilly Circus schwemmt mich die Menschenflut an die Straße des Haymarket und die photographische Platte registriert die Eleganten, die Sicheren, die so aussehen, als hätten sie nichts zu fürchten. Endlich schließt die kleine Bühnentüre die Außenwelt von mir ab und dann erst scheine ich zur Wirklichkeit zu erwachen. Die Kulissen, die Kostüme und die Scheinwelt der Operette »Paprika« sind meine Existenz. Nichts ist so real wie die Forderung des Broterwerbs.

»Paprika« war ein hundertprozentiger Mißerfolg, mein Mann wurde Gott sei Dank gesund und das politische Fieberthermometer stieg in jenen Septemberwochen 1938 zur höchsten Kurve. Wie weit der einzelne Mensch mit seinen eigenen privaten Gefühlen und Gedanken von einer verstörten Weltordnung beeinflußt wird, bleibt das Geheimnis des einzelnen, denn man ist meist zu feige einzugestehen, daß einem das Hemd näher ist als der Rock. Das Gewissen fordert, daß man in solchen Zeiten kein Recht zu sich selbst hat. Aber die menschliche Seele läßt sich viel weniger gebieten als der Körper. Das Ich steht einem näher als die Allgemeinheit, doch die Tatsache, daß man nebst seiner persönlichen seelischen Nöte wegen auch noch ein schlechtes soziales Gewissen hat, kompliziert die Sache noch mehr. Äußerlich war wenig von dem Fieberzustand der Stadt London zu merken. Die Gesichter der Engländer blickten freundlich wie immer und der Spielplan im Theater ging seinen friedlichen Gang. Die Zeitungsmänner schrien ihre letzten Neuigkeiten aus, aber der Strom der Menschen flutete unbekümmert weiter über die Straßen und Plätze der Riesenstadt, die Restaurants waren belebt wie immer und vor den Theatern saßen Männer und Frauen in langen Reihen auf ihren Stühlchen, geduldig wartend, bis die Kasse zu den billigeren Plätzen geöffnet würde. Die Männer waren versunken in die Tageszeitungen, die Frauen in ihre Romane. Im Theater selbst, auf der Bühne wurde noch eine Welt gespiegelt, die in Frieden lebte, die nur die dramatischen Vorgänge zwischen Mann und Frau, zwischen Familienmitgliedern und einer Gesellschaftsklasse darstellte, die noch nicht weggefegt war von dem Sturm der Ereignisse. Und die Zuschauer, mit dem Schrei der letzten politischen Neuigkeiten im Ohr, mit der Zeitung vor den Augen, ließen es sich gerne gefallen, getäuscht zu werden.

Die Silvesternacht von 1938/39 verlebte ich in Edinburgh mit Novello und seinem Kreis. Er hatte mich zu sich kommen lassen, um die neue Inszenierung seiner »The Dancing Years« zu besprechen. Es war eine heitere, glückliche Stimmung. Die schöne schottische Stadt, in dem dichten Schneegestöber, mit den dunklen Silhouetten der durch die Straßen eilenden Menschen, wirkte wie ein Kupferstich zu einem Roman von Sir Walter Scott. Ich fuhr nach Hollyrood hinaus und ging neugierig durch die Räume der Maria Stuart in Erinnerung an Schillers Maria Stuart, die ich einst gespielt. Spät abends, nach der Vorstellung des königlichen Jubiläumsstücks »Crest of the Wave«, auf Tournee in Edinburgh, als ich vor vollen Häusern spielte, improvisierte Novello aus seiner Musik der »Dancing Years«. Diesmal war es Wien, mein geliebtes Wien, das er sich auf seiner Operettenlandkarte ausgesucht. »The Dancing Years« waren in der Reihe der Novello-Musicals entschieden sein bestes und reifstes Werk. Aufgestört durch die politischen Ereignisse, die selbst in die Illusionswelt des Theaters eindrangen, hatte er sogar den Mut, das Unterhaltungsstück mit einer realistischen Naziszene zu beginnen und zu enden, und wich allen Überredungskünsten, diese Gefahr nicht zu riskieren, tapfer aus. Das Stück beginnt mit dem Naziverhör eines fiktiven berühmten Wiener jüdischen Komponisten und endet mit dessen Resignation in sein Schicksal, das Schicksal aller Juden in Österreich. Zwischendurch aber führt die Handlung durch das melodienvolle Österreich der guten alten Zeit, durch Grazie und Tanz und eine süß-wehmütige Liebesgeschichte. Novello wußte, daß ich Österreich nicht nur kannte, sondern auch zuinnerst erfühlte und er gab mir »Plein Pouvoir«, meine eigenen Einfälle nutzbar zu machen. Bis spät in die Nacht hinein saß er am Klavier, die Freunde waren schlafen gegangen, und ich erzählte vor dem Kaminfeuer meine Erinnerungen an Wien, wie ich es als Kind gekannt, später als junges Mädchen geliebt und zuletzt, als ich besuchsweise dorthin zurückgekehrt war, schmerzlichst seinen Verfall erlebt hatte. Aus der fernsten Vergangenheit klang mir die Stimme der dicken Blumenfrau in den Ohren, der stadtbekannten Type, die ihren Stand auf dem Graben hatte und je nach Laune, melodiös oder raunzig intonierte: »Kaufens a Sträusserl Veilchen, gnä Frau, zehn Groschen, zehn Groschen« … »Schöne Rosen, gnä Herr, kaufens welche für die gnä Frau, zwanzig Groschen, zwanzig Groschen, schöne Rosen, schöne Rosen!« An der Ecke der Kärntnerstraße und dem Opernring saß ja noch der Dienstmann mit der roten Mütze auf seinem Hocker und hielt pfiffig Umschau, ob es nicht einen raschen

Liebesbrief zu befördern gebe und um die kleinen Marmortischchen vor den Kaffeehäusern führten die flinken Kellner ihren Reigen auf, hochbeladene Tabletts wie Jongleure balancierend und die Ringstraße entlang auf- und abwallend der Korso. Im Traum gibt's ja keine Entfernungen und so huschte ich auf und ab zwischen der inneren Stadt und dem »Heurigen« in Grinzing und Sievering. Dann aber sprang die Erinnerung über zu dem Wien der letzten 20 Jahre, zu der Verarmung und der Korruption. Alte wohlvertraute Kaffeehäuser wichen protzigen Bankpalästen, die bunte Uniform der Offiziere war aus dem Straßenbild verschwunden, statt dessen hingen schäbige Militärmäntel um die Schultern alter Generale, die einfache Eleganz der Wiener Frauen war verschwunden, verschwunden alles, was einst war. Vorbei, vorbei der Glanz, die Heiterkeit, die alte Gemütlichkeit! Vielleicht, ja gewiß, waren Glanz, Heiterkeit und Gemütlichkeit nur eine oberflächliche Legende, gestülpt über eine jahrhundertealte Lüge. Und die Ironie wollte es, daß der Glanz der alten Kaiserstadt zum Aufputz so vieler Theaterstücke, hauptsächlich Operetten wurde. Aber ich erzählte Novello davon, zaghaft und zweifelnd, denn was hatte dieses sterbende Österreich mit dem reichen England zu tun? Aus Schweigen kam plötzlich Novellos Stimme: »Ich habe meine Geschichte geschrieben, wie ich sie sehe, aber Deine Erinnerungen gefallen mir; weißt du was wir machen können? Wir werden eine Art Rahmenhandlung in Form eines tanzenden Reigens einfügen, in der Wiener Leben und Wiener Charaktere zum Ausdruck kommen. Dieser Reigen wird die Szenen zusammenhalten und uns Zeit zu den Umbauten geben«, fügte er lachend hinzu. Und so entstanden die »Masques« zu den »Dancing Years«. Vor bezaubernden Kulissen, von dem Wiener Bühnenmaler Joseph Karl entworfen, entstand ein Tanz- und Pantomimenspiel, das sich wie eine bunte Girlande um die Haupthandlung schlang.

Die Silvesternacht 1938/39 wäre unvollständig gewesen ohne einen Telefonanruf meines Mannes, mir ein glückliches neues Jahr zu wünschen. Aber er hatte auch eine interessante Mitteilung für mich: ein Kabel vom Leiter des Universitätstheaters in Kapstadt, Professor Inskip, mit der Anfrage, ob ich bereit wäre, auf einige Monate hinzukommen, um dort und in Johannesburg für die Repertory Society zu inszenieren.

»Wirst Du böse sein, wenn ich annehme?«, fragte ich durchs Telefon.

»Böse oder nicht böse, fahren wirst Du ja doch.«

Als ich zu den anderen zurückkehrte, sah mich Novello scharf an und fragte: »Was gibts?«

»Nach Beendigung der Inszenierung von ›Dancing Years‹ im Druty Lane fahre ich wieder nach Afrika«, erwiderte ich.

»Schon wieder? Warum, um Himmelswillen?«

»Ich soll dort inszenieren.«

»Für wen?«

»Für Dilettanten«, brachte ich beschämt hervor.

»Leo, man sollte Dich in eine Irrenanstalt sperren«, lachte er und die anderen schüttelten die Köpfe. Sie konnten mich nicht verstehen. Ich verstand mich selber kaum.

Als ich »The Dancing Years« beendet hatte, packte ich also wieder meine Sachen und kaum ein volles Jahr, nachdem ich aus Südafrika nach London zurückgekehrt war, reiste ich am 13. April 1939 auf einem Union Castle Dampfer Touristenklasse wieder ab. Drohende Kriegsnachrichten folgten uns, wir hörten die politischen Nachrichten durchs Radio und fürchteten, daß der Krieg noch vor unserer Ankunft in Kapstadt erklärt werden würde.

Für ein lebendiges Theater in Südafrika

Ich wollte im Ganzen drei Monate wegbleiben, zwei Inszenierungen in Kapstadt und zwei in Johannesburg machen – es wurden vier Jahre. Das Little Theatre in Kapstadt kannte ich schon, ich hatte dort bei einem früheren Aufenthalt Shaws »The Doctor's Dilemma« inszeniert, und der große Erfolg, der sozusagen eine neue Ära im kulturellen Leben Kapstadts wachgerufen hatte, bewog wohl Professor Inskip, mich zu weiteren Inszenierungen einzuladen. Das kleine Universitätstheater und die Repertory Society in Johannesburg hatten sich zusammengetan, um die Spesen meiner Reise zu bestreiten. Das war aber auch alles, was ich materiell von der neuen Afrikafahrt erwarten konnte. Doch ich war so glücklich darüber, meine geliebte Mutter, meine Familie und das Land wiederzusehen, daß ich an die pekuniäre Seite der Sache gar nicht dachte. Seltsamerweise war dies das erste Mal, daß ich keine Pläne schmiedete, dauernd in Afrika zu bleiben. Mein Mann und meine Mutter respektierten meine tiefe Sehnsucht nach dem Leben in der Natur und begriffen, daß das Mühlrad meines Berufes mich innerlich zermürbte, aber sie waren doch dagegen, daß ich in verhältnismäßig jungen Jahren meine Laufbahn aufgeben sollte, die mich zwischen Auf und Ab doch immer wieder nach oben führte. Besonders mein Mann sah mit seinem klaren Verstand die Dinge in ihren richtigen Proportionen und prophezeite mir, daß ich auf die Dauer in dem konventionellen Milieu afrikanischer Städte, ohne die vorwärtsstoßende Peitsche meines Berufes nicht würde glücklich sein können. Ich hatte Gelegenheit, später oft an seine Warnungen zu denken.

Schon am Tage nach meiner Ankunft in Kapstadt fing ich mit den Proben zu »The Corn is Green« an. Emlyn Williams, den ich aus der Zeit meines Oxfordfilms persönlich kannte, hatte mir bereitwilligst das Aufführungsrecht für dieses große Erfolgsstück zugestanden. Das Little Theatre gehört der Universität und darf nicht für kommerzielle Unternehmungen benützt werden. Es ist eine Versuchsbühne für jene Studenten, die sich für Drama und Literatur interessieren. Die drei als Theater gebauten Häuser, die es in Südafrika gibt, gehören African Consolidated Theatres und sind in Wirklichkeit Kinos. Sie werden nur dann für Bühnenstücke benützt, wenn eine Truppe aus England kommt, die natürlich auch in Diensten von African Theatres steht. Ein professionelles Theater gibt es in Südafrika nicht. Der Film erstreckt sein riesiges Netz über das Land und erdrückt das Drama ganz und gar. Einige Amateurgesellschaften kämpfen mutig dagegen an, aber ihre Arbeit bleibt immer wieder im Dilettantischen stecken, da ihnen Schauspieler und finanzielle Mittel fehlen.

Kapstadt hat eine ältere Tradition als Johannesburg und das Little Theatre unter der Leitung Professor Inskips ist der Mittelpunkt der Intellektuellen. Es ist schwer, den Begriff »Intellektuelle« in südafrikanischen Städten zu definieren. Es ist kein Sammelbegriff wie in Europa, wo die intellektuelle Klasse eine gemeinsame Sprache und gemeinsame Interessen hat. Südafrika ist zehntausend Meilen von den kulturellen Zentren Europas entfernt und die Interessen der Intellektuellen hier sind zerstreut und dem Zufall ausgeliefert. Die vermögenden Leute fahren alle paar Jahre übers Meer und bringen sich von drüben Eindrücke zurück, an denen sie bis zu ihrem nächsten Besuch zehren. Aber es gibt Tausende, die nie über die Grenzen ihres Landes hinaus waren, die nie Museen, Bildergalerien und Theater gesehen haben. Die Schulen und Universitäten geben ihnen europäische Bildung, aber zwischen ihnen und allgemeiner Kultur liegen stets die 10.000 Meilen. Man merkt dies vor allem an den jungen Leuten, die in Unkenntnis ästhetischer Werte aufwachsen und in der Behaglichkeit eines herrlichen Klimas und der

Zerstreuungen, die vor allem der Sport bietet, kein Verlangen nach geistigen Dingen haben. Bei Männern und Frauen reiferen Alters findet man mehr Verständnis für Kunst und Literatur, doch der Einfluß der älteren Generation auf die jüngere ist nicht stark genug, um eine Tradition zu schaffen, und die Schulen absorbieren die Kinder mehr als das Elternhaus. In den Schulen wird vor allem Wert auf die Examina gelegt. Die Anzahl von »Marks«, die ein guter Schüler im Laufe des Semesters anhäuft, bestimmen seine Laufbahn. Es überrascht mich immer wieder, wie wenig junge Leute zwischen 15 und 20 Jahren lesen. Ihre Lektüre beschränkt sich zumeist auf Detektivromane und Magazine. Und ihr Gott ist natürlich das Kino. An Samstagnachmittagen werden sie in Scharen dort hineingetrieben. Die Jugend Südafrikas wächst in solch prachtvoller Gesundheit und körperlicher Befriedigung auf, daß ihre Phantasie dabei verkümmert. Alle handgreiflichen Dinge, jede moderne Mechanik und Maschine erfassen die jungen Leute mit Intelligenz und Tatkraft, Politik interessiert sie nicht sonderlich, mit Ausnahme der national eingestellten, also lediglich Parteipolitik, über das Leben im besonderen, über die Menschheit als verantwortliche Trägerin unserer Weltordnung zerbrechen sie sich weiter nicht die Köpfe. Nicht einmal das Problem der Schwarzen, das vor ihrer Türschwelle hockt, berührt die allgemeine Jugend. Es gibt natürlich immer Ausnahmen, und diese Ausnahmen haben erfreulicherweise in den letzten Jahren zugenommen. Die Kinder wachsen in der Gewohnheit ihrer Eltern auf, daß der Schwarze dazu da sei, die niederen Arbeiten zu verrichten. Es scheint ihnen das Natürliche, daß er keine Rechte hat und daß es für ewige Zeiten so bleiben wird. Das Superioritätsgefühl der weißen Rasse ist in ihnen so stark, daß sie einen erstaunt ansehen, wenn man über Schwarze als Menschen spricht. Die südafrikanische Jugend zeigt eine gewisse Anhänglichkeit an die schwarzen Dienstboten, so etwa wie man sie den Haustieren zeigt. Ihre körperlichen Vorzüge, ihre Frische, ihre Naivität haben viel Reiz und nur wenn man als Künstler oder Schauspieler in diesem Lande lebt, entbehrt man die Subtilität und Feinnervigkeit, die man unter der gebildeten englischen Jugend findet und die ich bei deutschen und österreichischen jungen Leuten beobachtete, als ich in ihrem Lande lebte.

Ich bin mir wohl bewußt, daß ich hier ungerecht verallgemeinere, denn die jungen Menschen, die ich in Europa kannte, hatten in der Regel künstlerische Bestrebungen, die sie in einem dazu gehörigen Beruf zum Ausdruck bringen wollten, manche wollten Schauspieler werden und wahrscheinlich standen sie ebenso außerhalb ihres Gesellschaftskreises wie die einzelnen hier, welche »anders« sind. Die weiße Bevölkerung in Afrika ist gering an Zahl, und so sind die »Outsiders« eben auch eine entsprechende Minderheit. Auch unter ihnen gibt es solche, die den heißen Wunsch haben, zur Bühne zu gehen. Da es kein Berufstheater gibt, suchen sie ihre Sehnsucht als Amateure zu erfüllen. Das aber ist ein gefährlicher Sport, denn Amateurtheater kann leicht zu Selbstzufriedenheit und innerem Dilettantismus führen.

In den Jahren meiner Arbeit in Südafrika mit Amateurschauspielern habe ich viel gelernt. Vielleicht mehr als sie selbst. Mit Amateuren kann man nicht wie mit Professionellen vorgehen, die man, wenn sie sich für eine Rolle nicht eignen, einfach wieder fortschickt. Hier muß man gesellschaftliche Stellung, persönliche Eitelkeiten und andere Gefühle der Mitglieder berücksichtigen, man darf die Leute vorerst nicht allzu hart anpacken, weil sie sonst wie eine Herde aufgescheuchter Vögel davon fliegen. Ich mußte also lernen, ihrem menschlichen Kern näher zu kommen, vorsichtig tastend ihre Kräfte wachzurufen, die unter einer dicken Schicht von Scheu, Verlegenheit und Eitelkeit vergraben liegen, und vor allem mußte ich Geduld erlernen. Die Amateure haben nicht die

Zähigkeit zur Arbeit wie Berufsschauspieler, sie werden physisch und psychisch rasch müde. Für sie ist das Theaterspielen eine Zerstreuung nach der beruflichen Tagesarbeit. Und da ist es zu bewundern, daß alle diese Lehrer, Advokaten, Schreibmaschinedamen, Hausfrauen, Versicherungsagenten und Friseure Zeit und Lust dazu finden, um acht Uhr abends zu erscheinen und durch vier bis fünf Wochen jedes Mal bis elf Uhr und noch länger durchzuproben. In einem so gemischten Ensemble ist es wichtig, daß der Regisseur die gute Laune wach erhält, daß er anregt, ohne zu übermüden. Man muß höchste Anforderungen an sie stellen, darf aber über das Maß des ihnen Möglichen nicht hinausgehen, denn damit würde man sie zerstören. Die Arbeit des Dilettanten hört also meistens dort auf, wo sie beim Künstler erst anfängt.

Und doch gab mir das reiche Talent mancher dieser Leute zu denken, wie ganz grundlos die Arroganz so vieler Berufsschauspieler ist, die nicht um ein Jota mehr zu bieten haben als solche Amateure. Aber weil sie bezahlt werden, weil sie einer Gilde angehören, schauen sie mit Verachtung auf alle Nichtprofessionellen herab. Es ist für den Amateur weitaus schwieriger, sein privates Ich zu vergessen und sich in ein angenommenes Ich zu versenken, weil sein Ich an gesellschaftliche Vorurteile gebunden ist, weil der »Liebhaber-Schauspieler« sich leicht der Lächerlichkeit vor seinen Verwandten und Freunden aussetzt, die nicht vergessen können, daß sie den auf der Bühne ja im Privatleben kennen. Das Publikum will nicht an den Alltag erinnert werden. In meiner Aufführung von »Major Barbara« spielte ein junger Mann, der als Konzipist in einer großen Advokatenkanzlei angestellt war, den Undershaft. Sein Vorgesetzter, dessen Frau die Vorstellung besuchen wollte, äußerte, daß er keine Lust hätte, seinen Angestellten auf der Bühne zu sehen. Sie bestimmte ihn aber doch, mit ihr zu kommen, und er überzeugte sich, daß manche Talente in der menschlichen Brust schlummern, die, wenn sie erweckt, den Mitmenschen Freude geben können.

Ein allgemeines Interesse für das Theater besteht hierzulande überhaupt nicht. In den oberen Gesellschaftsschichten ignoriert man die Amateuraufführungen, soweit man überhaupt von ihrer Existenz etwas weiß, denn nur was von »Übersee« kommt, hat Bedeutung. Der »kleine Mann« hat keine Ahnung, was ein Theaterstück überhaupt ist, er und seine Frau kennen nur den Film. Als ich mit einer Truppe, die aus lokalen Talenten zusammengestellt, in Johannesburg »Spring Meeting« aufführte, wurde mir vom Kassier erzählt, daß eine Frau zur Kasse kam und zwei Karten kaufen wollte, als sie aber hörte, daß es ein Theaterstück sei, verlangte sie ihr Geld zurück. Ich habe mich oft gefragt, ob es wirklich einen künstlerischen und kulturellen Wert hat, unter so schwierigen Verhältnissen die Pflege des Theaters gewissermaßen zwangsweise aufrecht zu erhalten. Im Grunde genommen ist Amateurtheater doch ein Unding, denn wie gut immer es auch sein mag, es kann dem Drama nicht die letzte künstlerische Vollendung geben, auf die allein es ankommt. Es ist unmöglich, von Leuten, die tagsüber in anderen Berufen und Pflichten stecken, die völlige Hingabe zu verlangen, selbst wenn sie das Talent dazu hätten. Das Theater ist ein unerbittlicher Tyrann, es fordert Leib und Seele. Die Mitglieder müssen eine Gemeinschaft bilden, ihre Charaktere und Temperamente müssen sich ergänzen, ein Ensemble muß gegliedert sein wie ein architektonischer Bau. Dies kann nur durch gemeinsame Ziele und stetige Arbeit erreicht werden. Auch ist wahre Entwicklung unmöglich, wenn »irgendwelche« Schauspieler »irgendein« Stück spielen. Solche Zufallsvorstellungen können kein Publikum bilden und ein Stück kann nur zu wahrem Leben erwachen durch die Zuschauer. Seine Vitalität beruht auf der Aufnahmefähigkeit und dem Verständnis eines Publikums. Dann erst fügt es sich ein in die Gemeinschaft einer Gesellschaft, erweckt Gedanken, Gefühle und Idealismus, die den besseren Teil unseres Wesens ausmachen. Das Theater, richtig geleitet, könnte mehr als Zeitungsartikel und mechanische Propaganda es vermögen, dazu beitragen, Freundschaft und Verständnis zwischen divergierenden Rassen herbeizuführen. Lachen und Weinen löst das Herz. Das Theater hebt den Vorhang von Dingen, die sonst unausgesprochen bleiben, es regt die Fähigkeiten an, die zu demokratischem Denken führen. In Südafrika wäre dies mehr als anderswo nötig. Ein Drama spiegelt Kampf und Versöhnung, menschlichen Willen und Ideen wieder, es eröffnet Horizonte über den Alltag hinaus. Freilich muß die Wiedergabe künstlerisch befriedigen, denn ein Publikum, das Stücke von schlechten Schauspielern gespielt sieht, wird irregeführt und bekommt die Welt des Dramas in Verzerrung und Lächerlichkeit zu sehen. Darum kann die Auswahl derjenigen, die zum Theater gehen wollen, nicht streng genug sein. Schauspielerei ist ein ewiges Sterben und Neugeborenwerden, sie erfordert die physische Zähigkeit eines Maultieres und die Feinnervigkeit eines arabischen Vollblutpferdes. Freunde, die meine Anschauungen über den schauspielerischen Beruf kannten, pflegten mich zu fragen: »Wie ist es möglich, daß Sie mit Amateuren arbeiten können?«

Es war nicht immer leicht. Zuweilen glaubte ich, unter der Langeweile und dem Überdruß zusammenzuklappen. Aber mir blieb keine Wahl. Hier war ich nun einmal voraussichtlich für die Dauer des Krieges und arbeiten mußte ich; lieber sechs Wochen lang Amateure abrichten, als überhaupt keine Arbeit. Je trostloser manche Proben wurden, umso zäher bohrte ich mich in sie hinein. Aber es gab auch oft Kompensationen, plötzliches Erwachen eines Talentes nach 14 Tagen Dürre. Man hat verzweifelt jede Hoffnung aufgegeben, ist resigniert ob dieses Stotterns und sinnlosen Nachplapperns, man trainierte sich darauf, »nicht zuzuhören«, da, auf einmal kommt Farbe und Sinn in die Sätze, die krampfigen Bewegungen lösen sich, der junge Mann, der tagsüber mit Maschinenteilen handelt, wird, wie durch ein Wunder, zum »Morell in Candida«, er hat endlich erfaßt, um was es sich handelt. Er hat plötzlich den Mut zum Ausdruck und zur Gebärde. Ein Dankgebet zum Himmel! Aber schon bedrückt die Angst: wird er so bleiben, kann er die Erleuchtung beibehalten oder wird er morgen, übermorgen wie ein aufgeblasenes Schweinchen zusammenfallen? Aber nein, seine Darstellung wird besser und besser, er wächst mehr und mehr in seine Rolle hinein, wer ihn in den ersten 14 Tagen gesehen, würde nicht glauben, daß dies derselbe Mensch sei. So etwas kommt vor.

Dem Laien könnte eine solche Kunst, die so schnell erlernbar ist, leicht anrüchig erscheinen. Darum sagte ich vorher, die Kunst des großen Schauspielers fängt dort an, wo die des gewöhnlichen aufhört. Denn Persönlichkeit läßt sich nicht erlernen. Aber ob groß oder klein, nur derjenige ist berechtigt, auf den Brettern zu stehen, der innerlich etwas zu geben hat. Mit leerem Hirn und leerem Herzen kann auf der Bühne selbst »Die Suppe ist serviert« nicht überzeugend gesprochen werden.

Im zweiten Kriegsjahr gelang es mir, ein kleines Ensemble zusammenzustellen und mit den Emlyn Williams-Stücken »The Corn is Green« und »Night must Fall« auf Tournee zu gehen. Die Schauspieler rekrutierten sich fast ausschließlich aus der Johannesburg Repertory Society, ich selbst übernahm die Hauptrollen in beiden Stücken. Die Vorbereitungen zur Tournee und das Studium meiner eigenen Rollen gaben mir alle physischen und psychischen Kräfte wieder, die ich bereits glaubte verloren zu haben. Vor allem inspirierte es mich, wieder selbst zu spielen. Es war Jahre her, daß ich eine richtig große Rolle gespielt hatte, jedenfalls eine des Kalibers der »Miss Moffat« in »The Corn is Green«. Der Regisseur in mir beobachtete neugierig, welche künstlerische Entwicklung sich innerlich in den Jahren in mir vollzogen hat, denn ich war mir bewußt, daß mein Beruf nur dann einen Sinn gehabt haben kann, wenn er mich jetzt, in den Jahren meiner Reife, zur Erfüllung brächte. Ob das nun im West End in London oder in kleinen Städten in Südafrika war, spielte keine Rolle, ich selbst war mein Richter.

Keine Rolle konnte für eine solche Probe geeigneter sein als die Lehrerin in dem Williams'schen Stück. Ich fürchtete mich fast vor meinem Enthusiasmus, ich wollte mich nicht durch Emotionen in etwas hineinreden, das nicht im Tiefsten und Innersten begründet lag. In meine Freude, wieder Theater zu spielen, drang das prickelnde Gefühl, *hier* zu spielen, in diesem Lande, das mir durch die Kindheit und Jugendjahre so eng am Herzen lag.

Von dem Fenster meines Zimmers blickte ich wohl auf ein neues Johannesburg, aber eingezwängt zwischen den hohen Gebäuden entdeckte ich kleine Häuschen von früher, ich blickte auf Straßen und Wege, die ich als Kind und junges Mädchen gegangen. Überall begleitete und erregte mich dieses »früher«, dem ich nachspürte wie ein Jagdhund seiner Fährte. Unabhängig von den neuen Menschen und den neuen Häusern spann sich eine Magie von Luft und Farben, eine Stimmung von Geräuschen und Gerüchen, die transzendentale Vergangenheit wurden und sich in der Phantasie künstlerisch sublimierten. So stark war dieses Netz meiner Träume, daß das kleine häßliche Haus an der Ecke mit dem Blechdach, unter dem ich als 15-jähriges Mädchen gelebt, gelitten und geliebt hatte, mir durchaus nicht häßlich erschien. Und ich stand täglich davor und streichelte es liebkosend mit den Blicken, als würde es mich verstehen. In unbeobachteten Augenblicken schlüpfte ich durch den Hof und sah in das kleine Zimmer, in dem ich bei Kerzenlicht Zola und Tolstoi gelesen hatte, in steter Angst, dabei erwischt zu werden. Gegenwart und Vergangenheit wohnten Tür an Tür und ebenso nachbarlich lebten zwei Seelen in mir, die Seele der Schauspielerin, die sich in die neue Rolle versenkte, und die Seele der Heimgekehrten, die in die Vergangenheit stürzte wie in die Arme einer Mutter.

Die Arbeit für die Tournee ging gut. Die Leute waren mit Feuereifer dabei und arbeiteten angestrengt an ihren Rollen. Jene, die in anderen Berufen beschäftigt waren, hatten für drei Monate Urlaub genommen (manche sogar ihre Stellungen gekündigt), um ganz »Schauspieler« zu sein. Die Familientöchter bekämpften den Widerspruch ihrer Eltern, die jungen Männer gaben sogar ihr Krickett- und Fußballspiel auf. Wir waren elf Leute im Ensemble, jeder von verschiedenem Temperament, heitere und brummige, aufgeregte und sanfte Naturen, aber die Tournee vereinte uns alle, und für die Zeit ihrer Dauer schuf sie uns unsere eigene Welt. So sehr, daß sie die andere Welt, in der Kampf und Tod bereits begannen, fast gänzlich ausschloß. Die Ankunft in einer Stadt, Vorbereitung zur Vorstellung, Spiel und wiederum Abfahrt, nahmen solche Wichtigkeit an, daß sie uns nicht Zeit ließ, an Geschehnisse zu denken, die viele tausend Meilen von uns entfernt sich abspielten. Wir hier draußen waren ja noch ganz unberührt von den Schrecken, die in Europa herrschten. Das Klima in diesem Lande fördert Lässigkeit und Unbekümmertheit, es ist schwer, sich das Gräßliche in aller Körperlichkeit vorzustellen, wenn man jeden Morgen in einen Sonnentag aufwacht und die Größe und Heiterkeit der Natur, den Wahnsinn der Menschheit einfach negiert. Manchmal, während kurzer Intervalle, wenn ich in der Garderobe auf mein Stichwort wartete oder in langen Stunden der Bahnfahrt über das sonnengebackene Veld, erwachten Zweifel und Angst meines Gewissens: Konnte ich es innerlich verantworten, so gänzlich in meinem eigenen Wirkungskreis zu leben, war ich berechtigt, eine Theatertournee zu unternehmen, zu einer Zeit, da die ganze Welt in Trümmer ging? Solche Gewissensfragen beunruhigten mich zu Zeiten so sehr, daß ich sie an das Publikum selbst stellte, in kurzen Reden vor dem Vorhang nach der Vorstellung, aber spontaner Beifall und Zurufe sollten mir ausdrücken, daß wir ihm geholfen hatten, für zweieinhalb Stunden eben diese häßliche äußere Welt zu vergessen und daß unser Spiel eine Brücke geschlagen zwischen der glücklicheren Vergangenheit und der Hoffnung auf eine glücklichere Zukunft. Und übrigens, sagte ich mir, in England geht das Theater ja auch weiter. Unsere Tournee bestätigte mir wieder einmal, daß das Theater nur geben kann, wenn es als Gegengabe Wärme, Sympathie und Verständnis empfängt. Aber diese Tugenden müssen zuerst von den Schauspielern selbst ausgehen, wenn sie über die Rampe in den Zuschauerraum übergeleitet werden sollen. Die anscheinend selbstsüchtige Versunkenheit in seine eigene Welt wird beim Schauspieler Mittel zum Zweck. Wenn er nicht in seiner Rolle aufgeht, ungeachtet äußerer Begebenheiten, kann er sie nicht zum Leben erwecken. Wenn sich seine Gedanken und Wünsche nicht um seine Kunst drehen, kann er ihr nicht die Farbe und den Reichtum geben, die das Publikum mitreißen.

Zum ersten Mal durften meine Amateure sich voll ausleben. Wir kamen aus den Vorstellungen zurück ins Hotel, saßen bis tief in die Nacht zusammen und sprachen – Theater. Wir entdeckten Schlappheiten in gewissen Szenen und probten sie wieder, um ihnen erneute Straffheit zu geben. Mein junges Ensemble, das noch vor wenigen Wochen eine zufällig zusammengeworfene Schar aus verschiedenen Berufsklassen war, bildete sich um in eine Gemeinschaft und setzte ihren Stolz darein, ihre Rollen abendlich zu verbessern, die Gestalten von innen heraus zu erleben. In den Städten, in denen wir spielten und Gastfreundschaft genossen, identifizierte man uns mit unseren Rollen: das kommt auch anderswo vor, aber hier in Südafrika fiel es mir immer mehr auf als in anderen

Ländern, und es liegt wohl daran, daß dem Publikum, das selten oder nie Theater zu sehen bekommt, ein objektives Kunsturteil abgeht. Aber man erkannte, daß wir für eine »Idee« spielten, die Idee, eine lebendige Bühne für Südafrika zu schaffen, Zuschauer zu gewinnen, die den Kontakt mit der Kunst des Dramas verloren oder nie besessen hatten, und junge Leute dafür zu erobern, deren intellektuelle Disposition noch nicht durch Vorurteile beeinflußt war. Es ging nicht darum, klassisch oder modern zu erscheinen, Impressionismus oder Expressionismus auf die Bühne zu bringen, sondern das Theater als solches dem Zuschauer nahe zubringen. Meine Schauspieler waren so erfüllt von dieser Aufgabe, daß es ihnen nichts ausmachte, wenn Geräusche von der Straße ihre besten Szenen störten. Das gehörte mit dazu, denn wir spielten in allerhand Buden, kahlen Stadthallen und alten Kinos, so daß wir uns als Pioniere fühlten. Wenn man in England oder auf dem Kontinent auf Tournee geht, so weiß man, was einen erwartet. Überall sind große, technisch ausgestattete Theater, das Publikum variiert nicht wesentlich, denn auch die Theaterbesucher wissen, was sie zu erwarten haben und sind auf Theater eingestellt. Auch in den kleinsten Provinzstädten werden Londoner Zeitungen gelesen und machen die Namen von Schauspielern und Stücken bekannt, aber in Südafrika erscheint man immer wieder wie vom Himmel gefallen. Man kann in Johannesburg einen großen Erfolg gehabt haben, und niemand weiß etwas davon in Kapstadt oder in Durban. Die geistige Anteilnahme des Publikums ist ganz verschieden. Es gibt Leute, die nie ein Stück auf der Bühne gesehen haben, und andere, die auf Urlaubsreisen in England in einer Woche sieben Theater besucht haben. Manche Zuschauer lachen an den richtigen Stellen, andere sitzen wie Ölgötzen da und scheinen doch auf ihre eigene stumpfe Art sich zu unterhalten. Man spielt Matineen für Kinder, die oft erstaunlich gut mitgehen und deren spontanes Interesse für viele Enttäuschungen entschädigt. Die Stimmung wechselt dauernd und erlaubt einem, nicht mechanisch zu werden. In Queenstown erdröhnte eines Abends ein solches Gewitter über dem Blechdach der Stadthalle, daß unser Stück zur unfreiwilligen »Pantomime« wurde, man sah uns wohl die Lippen bewegen, hörte aber keine Worte, nach dem ersten Akt beruhigten sich die Elemente etwas, und ich ließ das Publikum fragen, ob es denselben Akt noch einmal hören wollte. Sie riefen einstimmig: »Ja«. Auf unserer Tournee passierte es auch manchmal, daß ein kleines Kind in den spannendsten Momenten zu quäken anfing und das Publikum in ein allgemeines »shshshsh« ausbrach, das wie ein Windstoß durch den Zuschauerraum fegte. Der Afrikaans Schauspieler Andre Huguenet hat klugerweise eingeführt, daß kleine Kinder zehn Shilling und sechs Pence bezahlen müssen, der teuerste Sitz im Hause. In Durban war eine solche Hitze, daß alle Türen und Fenster des Theaters offen gehalten werden mußten. Sie gingen auf die Straße hinaus und bald hatten wir draußen ein größeres Publikum als drinnen. Nachdem ich mich auf alle möglichen Geräusche eingestellt hatte wie Automobilhupen, Gesang der Schwarzen, Grammophonkonzerte, war ich eines Abends doch höchst überrascht, als ein volles Orchester von Grillen in meine beste Szene hineinzirpte.

Je kleiner die Städte, umso herzlicher die Gastfreundschaft. Man lernte dort unvermutet oft originelle Persönlichkeiten kennen, was umso überraschender war, als diese Nester so gänzlich verschlafen und abseits in der Sonne liegen. Kingwilliamstown hat ein interessantes Museum, das sich auf afrikanische Zoologie spezialisiert und von einem englischen Privatmann ins Leben gerufen wurde. Lange Jahre hatte er es aus eigener Tasche finanziert, bis die Regierung sich endlich entschloß, einen Zuschuß zu leisten. Sein kleines, strohgedecktes Häuschen war vollgestellt mit Kuriositäten aus aller Welt und bei einer Cocktailparty, die er uns zu Ehren gab, traf man die sonderlichsten Typen, die scheinbar so gar nicht in dieses stille Provinzstädtchen paßten. Sie hatten etwas hektisch Aufgeregtes, als wollten sie ihre unterdrückte Lebensgier in eine einzige Stunde hineinpressen. Die Konversation sprang von einem Thema zum anderen, fieberhaft nach Anregung haschend. Auf Grammophonplatten wurde modernste klassische Musik gespielt, die Whisky- und Cognacflaschen leerten sich erstaunlich rasch, schön hörte man grelles Lachen von einer sonst stillen jungen Frau und gewagte Reden von sonst sicherlich ehrbaren Bürgern. Die Konversation, die »intellektuell« begonnen, endete in bedeutungslosem Geplätscher, das schließlich in Ermüdung verstummte. Man brach auf. Draußen brannte ein loderndes Abendrot über den kahlen violetten Bergen, die Straßen waren leer, bis auf einzelne Kühe, die gemächlich ihre Stallungen aufsuchten, von irgendwo hörte man eine Ziehharmonika spielen und den langgezogenen Ruf eines Schwarzen.

In Grahamstown, der kleinen Universitätsstadt, fanden wir großen Enthusiasmus. Dort herrscht überhaupt eine reizvolle Atmosphäre, man spürt Studium und Jugend. Studenten sprachen mich auf der Straße an und wollten über das Theater in England und auf dem Kontinent erfahren. Grahamstown gehört zu den Pionierstädten Südafrikas. Es war dort, wo der große Burenführer Piet Retief sein Manifest an die Kapregierung erscheinen ließ, in dem er Freiheit und Gerechtigkeit für seine Landsleute forderte. Sein Aufruf war die Keimzelle zu dem großen »Trek« der Voortrekkers. Dieses Manifest ist prachtvoll in seiner Schlichtheit und klaren Zusammenfassung und hat nebstbei den Schwung einer grandiosen Abenteurergeschichte.

»We are now quitting the fruitful land of our birth, in which we have suffered enormous losses and continual vexation, and are entering a wild and dangerous territory;

but we go with a firm reliance on an all-seeing, just and merciful Being, whom it will be our endeavour to fear and humbly obey.«

Wir kehrten von der Tournee nach Johannesburg zurück und hofften, daß die allmächtige Firma African Consolidated Theatres uns als Ensemble engagieren würde und somit der Nucleus zu einem ständigen Theater geschaffen werden würde. Dies wäre eine aufbauende Arbeit für mich gewesen, in der ich latentes Talent verwerten und meine eigene Unruhe in Produktivität hätte umwerten können. Aber African Theatres hatten kein Interesse an einem ständigen Theater, das einen Teil der Filmkundschaft entziehen konnte, und ich hatte kein Kapital, um ein solches Unternehmen zu beginnen und so zerstob die Kollegenschaft wieder in alle Richtungen, die Männer gingen in die Armee, die anderen kehrten schweren Herzens zu ihren bürgerlichen Berufen zurück. Für mich entstand eine leere Zeit, die konzentrierte Energie, die mich auf der Tournee erfüllte, zerbröckelte, der rosige Schleier, durch den ich bisher meine Tätigkeit in Südafrika gesehen, zerriß und die Umwelt erschien mir in nackter Wirklichkeit. Krieg, Krieg, Krieg! Die Sorgen stürmten heran. Von meinem Mann kamen böse Nachrichten, kaum von schwerer Krankheit genesen, geriet er von einem Bombenangriff in den anderen. Ich machte mir Vorwürfe, daß ich ihn und England verlassen und wollte zurück. Aber er selbst riet mir dringend davon ab, und meine Mutter und meine Geschwister bestürmten mich, in Südafrika zu bleiben.

Die Angst um die Zukunft suchte ich zu bannen in dem selbstgewählten Leitspruch: arbeiten, leben, Gott lieben. Aber wo war die Arbeit? Meine Versuche, in diesem Lande Theater zur Entwicklung zu bringen, erschienen mir kindisch, Amateure abzurichten war nur ein kümmerlicher Ersatz für den Beruf, den ich 30 Jahre unter stetigem Hochdruck ausgeübt. Welches Ziel sollte ich verfolgen?

Und die zweite Devise »leben«? Ja, noch immer lebte ich am leidenschaftlichsten in der Natur, aber das war kein eigentlicher Lebenszweck, vor allem nicht in einer Zeit, wo jeder einzelne sich in den Dienst der Allgemeinheit stellte. Auf meinen täglichen Spaziergängen schaute und empfand ich Harmonie, Schönheit, Ruhe und Größe. Das Feilschen um Länder, um Nationen, der Haß der Völker, den Machtwahnsinn der Diktatoren – sie hatten keine Wirklichkeit in dieser großen Stille. Ich ging auf weichem, roten Sand der Kaffernpfade über Hügel und blickte in Täler, dort unten saßen die Schwarzen vor ihren Hütten, ihre Kinder spielten, Felder und Bäume glänzten in der Sonne, wie Winter und Sommer dieses glückliche Land beschien. Ging es dem Abend zu und die Schatten wurden länger, dann breitete sich eine leise mystische Stimmung über die Landschaft, sie streckte und dehnte sich wie mein Herz selbst. Sollte ich mich meiner Freiheit schämen? Nein, dies war mein einziges Besitztum, ich mußte es fest in mir verschließen, immer noch erzitterte ich in dem Glücksgefühl als freier Mensch zu leben. Wie lange noch? Mein Abseitsstehen quälte mich, aber als Ausländerin hatte ich kein Arbeitsfeld innerhalb des Kriegsapparates, und ich konnte mich nicht dazu entschließen, in Kantinen zu helfen, die von anderen, praktischeren Leuten soviel besser ausgeführt wurden. Praktische Hilfsbereitschaft war nie meine Stärke gewesen. Ein Beruf, der das eigene Ich in den Mittelpunkt allen Strebens stellt, macht egozentrisch und menschenscheu. Die Komitees so vieler tüchtiger streitbarer Damen, deren forschenden Blicken und Fragen ich mich hätte aussetzen müssen, ängstigten mich und versetzten mich in eine völlige Lethargie. Aber ich wußte, daß ich mich aus dieser feigen wohligen Atmosphäre herausretten mußte. Und dieser Wille zur Handlung erschien mir als der beste Weg zu der dritten Devise: »Gott zu lieben«. Immer habe ich gekämpft, aus diesen Kämpfen heraus schuf ich mir gewisse Werte, die ich ummünzte in meine Arbeit; wenn die Arbeit auch noch so bescheiden, noch so bedeutungslos, ich muß sie fortsetzen, bis meine Zeit der wichtigeren Aufgaben wieder kommt. Diese Atempause, die mir hier in beglückender Landschaft und in der Liebe meiner Familie gegönnt ist, muß ich benützen, um darüber nachzudenken, was meine Pflichten für das Theater nach dem Kriege sein werden. Denn in einer zerrissenen, unglücklichen Welt müssen die Künste an dem Aufbau helfen und ebenso wie die Menschen sich wieder auf geistige Wesenheiten werden besinnen müssen, so wird auch das Theater als kulturelle Mithelferin sich auf seine nobelsten Pflichten besinnen müssen und ein Repertoire pflegen, das nicht von kommerziellen Unternehmern, sondern von Dichtern, Schriftstellern und Künstlern beeinflußt wird.

Um mich zu beschäftigen, unterrichtete ich ein Jahr lang an dem Jan Hofmeyr College for Bantus. Diese Schule verdankte ihr Entstehen dem verstorbenen Kultusminister Jan Hofmeyr, ein Mann des weiten Blicks für das tragische Schicksal der schwarzen Bevölkerung. Mein neuer Wirkungskreis öffnete mir die Augen für die intellektuellen Möglichkeiten der Bantus und für das große Problem, das sie der »neuen Weltordnung« stellen würden. Die bisherigen Versuche, dem schwarzen Bruder eine menschenwürdige Existenz zu schaffen, stehen noch sehr am Anfang. Der Europäer kann sich nur höchst selten in die Mentalität des Schwarzen hineindenken und beurteilt ihn mit ungerechter Ungeduld. »Er ist dumm, er ist diebisch, er ist gleichgültig jedem Fortschritt gegenüber.« Er ist aber durchaus nicht dumm, nur sein Denken nimmt andere Formen an, er ist nicht diebisch von Natur aus, sondern ist es erst durch die ihm aufgedrungene Zivilisation geworden und seine Gleichgültigkeit dem modernen Fortschritt gegenüber wächst aus seiner Nichtachtung von Zeit und Raum heraus. In der Unbegrenztheit seines Landes spielt die Uhr und der Stundenplan keine

Rolle, ebenso wenig wie für das unendliche Veld und die unbeweglichen Berge. Der Schwarze gehört zur Natur wie das Veld und die Berge, und er wehrt sich vorerst noch dagegen, »nutzbar« gemacht zu werden. Die Hausfrauen klagen darüber, daß ihre schwarzen Dienstboten den Dienst plötzlich verlassen, manchmal ohne den ihnen noch zukommenden Lohn zu verlangen. Aber dies ist eben ihre Stärke, daß ihnen Freiheit wertvoller ist als die paar Schilling Verdienst. Sie verlassen ihre Dienststelle, wenn es ihnen zu langweilig wird, Geschirr aufzuwaschen, Speisen zu kochen, die sie selbst nicht essen, Zimmer aufzuräumen, deren bürgerliche Behaglichkeit ihnen nichts bedeutet. Sie wandern zurück zu ihren »Kraals«, sie brauchen keine Eisenbahn, keine Autos, sie wandern die erdbraunen Pfade, unbekümmert ob es tage- oder wochenlang dauert, bis sie zu ihrem Ziel gelangen. Besitztum im Sinne des Europäers bedeutet ihnen nichts. Das einzige Besitztum, das sie anerkennen, sind ihre Herden und ihre Frauen. Man wirft ihnen vor, daß sie sich nicht einmal um ihren eigenen Ackerboden kümmern und die Anregungen der landwirtschaftlichen Institute unbeachtet lassen. Es ist wahr, die Regierung gibt der schwarzen Bevölkerung in den an sie »zedierten« Territorien reichlich Hilfe und Rat, aber was nützen die Demonstrierungen von »Model Farms« und selbst die Subventionierung, wenn die jungen kräftigen Männer des Landes zu Hunderttausenden für die Goldminen rekrutiert werden? Auf meinen Wanderungen in Pondoland und Basutoland sah ich immer nur Frauen im Felde arbeiten. Es waren Heimstätten ohne Männer. Kehren diese für einige Zeit in ihre heimatlichen Kraals zurück, so sind sie bereits von den Giften der Zivilisation infiltriert. Das farbige »Blanket«, das ihnen Würde gibt, ist einer schäbigen Hose und einem zerrissenen Hemd gewichen. Das Geld, das sie in den Minen verdienen, verschleudern sie an unnützen Tand, den ihnen der Händler in den Städten nur zu gerne aufdrängt. Die kindliche Freude und Dankbarkeit für alles, was man ihnen gibt, sind die sympathischsten Eigenschaften der unzivilisierten Schwarzen.

In einer weltabgelegenen Hütte in Pondoland brachte ich einer Frau eine neue Bluse als Geschenk. Von früheren Besuchen hatte ich den Eindruck, daß die Armut, in der sie lebte, sie still und traurig gemacht hatte. Als ich mit meiner Weihnachtsgabe kam, saßen vor der Hütte Frauen und Kinder in lebhaftem Beisammensein. Ich gab der Frau die Bluse. Sie blickte mich einen Moment lang ungläubig an, dann riß sie mit einem Satz ihre Lumpen vom Körper, fuhr in die Ärmel und tanzte halbnackt einen eingeborenen »Schottischen«, zu dem die Freundinnen den Takt klatschten. Keiner von den anderen fiel es ein, mich anzubetteln. Unbekümmertheit und Freude am Dasein verlieren sich leider in den Städten. Dort drängt sich ihnen soviel Neues auf, daß der klare Spiegel ihres Inneren notgedrungen getrübt werden muß. Aber auch in den Städten fällt einem die Freiheit ihrer Bewegungen und die Ursprünglichkeit ihrer Temperamente auf. Oft beobachtete ich mit dem Entzücken des »Regisseurs« Frauen und Männer, die inmitten des Großstadtverkehrs, unbekümmert am Rand des Trottoirs saßen und mit lebendigen Gesten zueinander sprachen oder einfach ganz still saßen, wie in ihren Kraals auf den grünen Hügeln und das moderne Zeitalter spurlos an sich vorüber ziehen lassen. Zuweilen sieht man zwischen den hastig eilenden Europäern einen »Boy« lässig dahin schlendern, seine Gitarre oder Mundharmonika spielen und den prachtvollen Körper im Rhythmus dazu schwingen.

Das Interesse meiner schwarzen Schüler an dramatischer Kunst war lebhaft und aufrichtig. Die Schauspielerei in englischer Sprache fiel ihnen allerdings schwer, und es gehörte viel Geduld dazu, unter all den Hemmungen latentes Talent zu entdecken. Aber solches war entschieden vorhanden. Verglichen mit den weißen Amateuren war die Arbeit mit den Schwarzen wie ein erfrischender Trunk. Unter ihnen gab es keine Eitelkeit, keine Intrigen, keine »Komplexe«. Zu unseren Übungen gehörten improvisierte Themen, die ich ihnen selbst überließ, und dabei zeigte sich dann stets ihr Humor und spitzfindiges Denken. Der Schwarze liebt Sophismen und dreht und instruiert Argumente geschickt und schlau, um seinen Standpunkt zu behaupten. Da der Zweck meines Unterrichts nicht darin bestand, sie zu berufsmäßigen Schauspielern zu machen, sondern ihnen mittels des Dramas und seiner Ausdruckskraft einen weiteren Lebenshorizont zu geben und sie mit dem Ethos des Dichters und europäischer Denkweise bekannt zu machen, so quälte ich sie nicht allzu sehr mit dramatischem Unterricht, sondern las mit ihnen Stücke, in deren Helden und Handlung sie sich hineindenken konnten.

Soziale Themen interessierten sie mehr als emotionelle – der Schwarze ist rationell veranlagt – er findet sich leichter zu dem Gehirn des Europäers als zu seinem Gefühlsleben. Es ist ein Glück für ihn, denn ein sensitives, träumerisches Volk wäre schon längst unter der Herrschaft der Weißen zugrunde gegangen. Unter anderem lasen wir »The Silver Box« von John Galsworthy. Auf meine Frage, ob ihnen die sozialen Verhältnisse in dem Stück verständlich seien, antwortete mir ein Schüler:»Mir sind sie zum Teil verständlich, weil ich unter Europäern lebe, aber für mein Volk müssen sie unverständlich bleiben, denn wir kennen keine Klassenunterschiede.« Was mich immer wieder an diesen jungen wißbegierigen Schwarzen erfreute, war ihr Eifer, erworbenes Wissen nach Abschluß ihrer Lehrzeit den anderen Brüdern und Schwestern, denen die Gelegenheit dazu fehlt, mitzuteilen.

Einmal ließ ich meine Schüler einen kurzen Essay schreiben über die Frage:»How will you utilize the study

of drama in your own profession or livelihood?« Eine
27jährige schrieb:

> »In my profession as a teacher of social welfare I mean
> to help groups of amateur actors to try and interpret
> life. I mean to introduce reality also in photography,
> moving pictures, concert-parties, more especially with
> African music, which stresses rhythm and action. In
> my own life dramatic art will help me a lot to learn the
> feelings of other people, their reaction in different cir-
> cumstances. It will help me to have discretion in dea-
> ling with others, to have sympathy, to see another
> mans view, although it may differ from mine, because
> no two actors can act the same part alike. It will give
> me respect for all mankind, for even a fool or a clown
> has an important place in drama as well as in life.«

Es ist jammerschade, daß Mangel an Mitteln und Zeit diesen Eingeborenen nur eine oberflächliche Bildung gestattet. Wenn man bedenkt, daß es kaum hundert Jahre her
sind, daß ihre Stämme wild durch das Innere des Landes
schweiften, muß man sich zutiefst verwundern, daß diejenigen, welche zu der Zivilisation der Weißen durchge-
stoßen, so rasch Bildung absorbieren.

Auf den Bänken vor mir saßen Schwarze, in deren
Gesichtern noch die dumpfe Wildheit ihrer Väter brütete,
und es erschien mir fast lächerlich, ihre sorgfältig ge-
schriebenen Essays zu korrigieren. Als erstes Shakespeare-
Drama wählten sie sich »Hamlet«. In ihren Erläuterungen
zu dem Inhalt des Stückes zeigten sie mehr Interesse für
den historischen Hintergrund als für den Seelenzustand
des Hamlet. In jedem einzelnen Aufsatz vergaß keiner die
Rede des Claudius zu erwähnen, in der er von den Kämpfen des jungen Fortinbras um die Rückeroberung seiner
Länder von dem Norweger spricht, und die Warnungen
und Andeutungen des »Geistes« erweckten eine kindliche
Neugier in ihnen. Die Gestalt des Polonius sahen sie nicht
wie so viele europäische Schauspieler als einen senilen

Polichinell, sondern sie bewunderten seine politische Schlauheit und die weisen Ratschläge des hypokritischen Ministers an seinen Sohn Laertes verfolgten sie mit allergrößtem Verständnis. Schwerer fiel es ihnen in die dichterische Schönheit des Werkes einzudringen, dazu reichte ihre Kenntnis der englischen Sprache nicht aus. Unter meinen Schülern waren vierzehn verschiedene Stämme mit vierzehn verschiedenen Sprachen. Als ich vorschlug, einen amerikanischen Einakter, den wir einstudiert hatten, in ihre eigene Sprache zu übersetzen, war die Verwirrung groß, denn man wußte nicht in welche. Schließlich einigten wir uns auf Zulu und zwei Basuto-Mädchen lernten rasch Zulu, um sich in die Besetzung einzufügen. Dieser Einakter kam zu erstaunlichem Leben, als sie ihn in ihrer Bantusprache spielten, und merkwürdigerweise erschien nichts darin widersinnig. Nur das »Telephon« darin reizte meine schwarzen Schauspieler zu Lachausbrüchen. Wann immer einer von ihnen zu dem imaginären Telefon ging, um seine »Bank« anzurufen, grinste er übers ganze Gesicht und schüttelte ungläubig den Kopf. Ich fragte ihn, was er dabei so komisch fände und er brachte prustend heraus: die Idee, daß er in seinem Kraal mit seiner Bank telefonieren solle, sei gar zu blödsinnig. Sie haben einen scharfen Sinn für das Lächerliche. Humorvolle Stellen in den Stücken, die wir lasen, entgingen ihnen selten, hingegen konnte ich nicht viel Verständnis für tragische Konflikte bei ihnen entdecken, tragisch im Sinne des Seelischen. Ebenso wie bei den weißen Rassen, so sind es auch unter ihnen die Frauen, die instinkthaft Dinge erfassen, die den Männern entgehen. Da mein geistiges Verhältnis zu ihnen nur im Lichte des Dramas und der Schauspielkunst bemessen war, mußte mein Urteil natürlich ein bedingtes bleiben. Aber die schauspielerische Phantasie scheint bei den Frauen mehr entwickelt zu sein als bei den Männern. (Dies trifft auch bei meinen europäischen Amateurspielern zu.) Von einer jungen Schwarzen, die nie Theater gesehen, die »Hamlet« zum erstenmal las, muß folgende Beschreibung der äußeren Erscheinung des König Claudius erstaunen. »The King: I would choose a man with a moustache, turned up at the corners, with narrow fiendish eyes and an exaggerated smile, more of a grin. He should, in his talk, move his eyes from one person to another, trying to find out if they are impressed by his talk.«

In meiner ersten Unterrichtsstunde sprach ich zu ihnen über die Kunst des Schauspielers. Was ich ihnen in möglichst einfachen Worten zu erklären versuchte, ist in Wahrheit mein eigenes Bekenntnis zur Schauspielkunst.

»In dem Studium der Schauspielkunst muß man vor allem in die eigene Seele hineinblicken und auch in die der Mitmenschen. Man muß lernen, sich der Außenwelt anzupassen, ohne die eigene Persönlichkeit aufzugeben. Nichts ist gefährlicher, als die Richtung zu verlieren zwischen äußeren Eindrücken und eigener Phantasie. Immer muß der wache Verstand auf das Wesentliche gerichtet sein, immer muß man hinabtauchen in das eigene Gewissen und nach endgültiger Wahrheit forschen. Das Studium des Dramas und der Schauspielkunst eröffnet weitere Horizonte und befreit von den Sorgen und Banalitäten des Alltags. Und (so sprach ich zu ihnen) wenn ihr später Eure Brüder mit den Dramen großer Dichter bekannt macht, so werdet Ihr dazu beitragen, den Kreis ihres geistigen Lebens zu erweitern, was in dieser unserer unglücklichen Zeit so durchaus notwendig ist. Ihr wollt wissen, was ›Wahrheit‹ im Theater ist? Es ist der Appell an unser menschliches Gewissen, das Drama hält einen Spiegel vor die Augen der Gesellschaft, in dem sie sich erblickt, wie sie ist und wie sie sein möchte, es ist eine demokratische Kunst, weil sie alle Individuen umschließt, den kleinen Mann in seiner Werkstätte und den Helden auf dem Schlachtfeld. Das Ziel des Dichters ist stets, das Edle im Menschen an das Licht zu bringen, auch wenn es auf Umwegen von Verbrechen und Sünde geschieht. Das Drama und die Bühne sind Blutsverwandte des Lebens selbst, vielleicht sind sie ihm noch enger verbunden als die anderen Künste. An Stelle von Farben und Pinsel, Stein, Marmor oder Musikinstrumenten darf der Dramatiker seine Botschaft durch lebendige Menschen übertragen. Er darf zu seinem Publikum direkt sprechen. Innerhalb von drei Stunden Spielzeit hält er eine Gemeinde in dem Bann seines Geistes, er kann sie zum Guten oder zum Bösen beeinflussen. Ihr müßt aber nicht glauben, daß ein Stück ›gut‹ sei, weil darin ›gute‹ Menschen auftreten, oder ›schlecht‹, weil die Charaktere darin hartgesottene Bösewichte sind. Ein Stück muß ›wahr‹ sein im Sinne der ewigen Gesetze der menschlichen Natur, Gesetze, die im ›Göttlichen‹ verankert sind, welches endgültige Wahrheit im Menschen bedeutet. Shakespeare nahm seine Charaktere aus dem Leben und sein dichterisches Genie riß sie zu den Gipfeln symbolischer Bedeutung. Kunst bedeutet gesteigertes veredeltes Leben. Kunst errät die Instinkte des Schönen und Guten in uns und darum ist sie ›Wahrheit‹. Natur ist Wahrheit, darum muß Kunst stets der Natur nahe bleiben.«

In der gleichen Unterrichtsstunde improvisierten wir eine Szene, in der eine Frau von ihrem Manne verlassen wird und unmittelbar danach ihr Kind durch einen Unglücksfall verliert. Die meisten meiner schwarzen Schülerinnen waren zu scheu und zu verwirrt, um diesen Gefühlen Ausdruck zu geben, aber eine unter ihnen, eine junge lebhafte Person von 22 Jahren, spielte die Szene in folgender Weise: als der Mann droht, sie zu verlassen, weil er nach Johannesburg gehen will, brach sie in einen Schwall von Worten aus, begleitet von breiten Gesten, vollkommen unsentimental, ohne Weinen, ohne Flehen. Der Mann ging und sie bleibt allein zurück. Plötzlich bringen Nachbarsleute das inzwischen verunglückte Kind in die Hütte und legen den kleinen toten Körper zu ihren Füßen.

Die Mutter stand ganz still, fast unbeteiligt, dann beugte sie sich langsam zu dem imaginären Kind und hob es auf. Ihr Blick fixierte sich auf das Gesicht des Kindes, sie schüttelte den kleinen Körper, sie stellte ihn auf den Kopf und endlich begriff sie, daß das Kind tot sei. Sie legte es zurück auf den Boden und deckte es mit ihrem eigenen Körper zu, sie schluchzte in kurzen, tierischen Lauten. Aber es war die letzte Phase ihrer Ausdruckskraft, welche mich erschütterte, weil sie so durchaus für »Wahrheit« sprach. Die Frau richtete sich nach dem kurzen Schmerzensausbruch auf, erhob sich und ging in die andere Ecke des Schulraums und »markierte« das Reiben von Mealimehl und sang dazu die monotonen Melodien ihres Volkes.

Der Unterricht in der Jan Hofmeyr Bantu School gab mir selbst vielleicht noch entschiedenere Anregung als meinen schwarzen Schülern. Es war ein Zurücktauchen in jene Jahre, da einem die Dichter und das Theater eine neue Welt erschlossen hatten. Etwas von der ungebrochenen Kraft der Bantus, ihrer kindlichen Entdeckungsneugier ging auf mich über. Ideale, die im Laufe der Jahre rostig geworden, erhielten neuen Glanz. Dankbarkeit erfüllte mich, daß ich mittels des Dramas Licht in Dunkelheit bringen durfte.

In den Jahrzehnten, die mich an die Bühne banden, gab es oft genug Zeiten, wo mir die Schauspielkunst als eine Seifenblase erschien, eine grandiose Lüge vor sich selbst. Nach schweren Enttäuschungen raste ich gegen meinen Beruf an und sah in ihm nur ein Abenteurertum, von dem nichts übrig blieb als ein paar vergilbte Zeitungsausschnitte.

Mit jeder neuen Rolle erwachten neue Hoffnungen und nach jedem Mißerfolg stürzte die Welt zusammen. Allmählich habe ich gelernt, einen Zusammenhang in den abgerissenen Kapiteln meines Lebens zu entdecken und zu erkennen, daß es nicht auf die jeweiligen Erfolge ankommt, sondern auf die innere Entwicklung. Meine Jahre in Südafrika, fern von meinem eigentlichen Wirkungskreis, haben mich dem Theater zurückgegeben. Ich weiß nun, daß ich wieder dort anfangen muß, wo ich aufgehört habe. In jungen Jahren, wenn ich von meinen Theatermiseren bis zum Äußersten gereizt war, pflegte ich zu sagen: »Ich möchte mich innerlich vernichten und neu gebären.« Goethe hat es besser ausgedrückt: »Stirb und werde!«

Als ich diese Memoiren begann, war ich neugierig, wohin sie mich wohl führen werden, gleich den Charakteren in Dramen und Romanen, die zuweilen ihrem Schöpfer entschlüpfen und eigene Wege gehen, so ist auch dieses Buch seinen eigenen Weg gegangen. Es war als Theaterbuch gedacht und wurde ein Lebensbuch. Da mein Leben und das Theater unzertrennlich waren, mögen diese Konfessionen vielleicht doch den schwierigen Weg zur Wahrheit gefunden haben.

Anstatt als Motto an den Anfang setze ich als Rechtfertigung Worte Wilhelm Hauffs aus den »Phantasien im Bremer Ratskeller« an den Schluß:

»Meines Erachtens ist es keine üble Gewohnheit, nämlich hier und da Einschnitte zu machen in den Baum des Jahres und sinnend dabei zu verweilen. Wenn der Mensch nur Neujahr und Ostern, nur Christfest und Pfingsten feiert, so kommen ihm endlich diese Ruhepunkte in der Geschichte seines Lebens so alltäglich vor, daß er darüber hinweg gleitet, ohne Erinnerung. Und doch ist es gut, wenn die Seele, immer nach außen gerichtet, auch einmal auf ein paar Stunden einkehrt im eigenen Gasthof ihrer Brust, sich bewirtet an der langen Table d'hôte der Erinnerungen und nachher gewissenhaft die Rechnung at notam schreibt.«

Michael Eckardt

Leontine Sagan – Österreich im Blut, Afrika im Gemüt

»Österreich, die Heimat meiner Mutter, liegt mir im Gemüt, Afrika, das Schicksalsland meines Vaters, im Blut. Das instinkthafte Anschmiegen an eine große, mystische Natur gab mir früh die Neigung, allein zu sein, denn in dieser grenzenlosen Einsamkeit, die weder durch Wälder noch Bäche belebt war, wurde das Gefühl der Freiheit zum Rausch.«

1. Kurze Geschichte einer Wiederentdeckung

Fast scheint es so, als fände man zwei Personen des gleichen Namens, begibt man sich auf die Suche nach Leontine Sagan. Die erste, eine Filmregisseurin, die 1931 mit ihrem Debüt »Mädchen in Uniform« unerwartet zu Weltruhm gelangt und mit einem zweiten Film (»Men of Tomorrow«, 1932) spurlos aus der Kinogeschichte verschwindet. Die zweite Leontine Sagan ist jene, die 1910 ihre Karriere als professionelle Theaterschauspielerin beginnt, 1923 am Schauspielhaus der Stadt Frankfurt am Main erste Regieaufgaben übernimmt und schließlich jeweils als erste Frau bei der Oxford University Dramatic Society sowie am legendären Theatre Royal Drury Lane in London Regie führt. Beide eint eine Beziehung zu Südafrika: Die erste verbringt dort einen Teil ihrer Kindheit, die zweite bereist das Land in den 1930ern und während des Zweiten Weltkriegs, bis sie schließlich 1947 endgültig nach Südafrika auswandert und bis zu ihrem Tod im Jahre 1974 dort lebt.

So oder ähnlich stellt sich die recht dürftige Quellenlage dar, beide scheinen irgendwie zusammen zu gehören, wenngleich die biographischen Brüche und Fehlstellen erahnen lassen, worauf diese ungewöhnliche Konstellation zurückzuführen ist. Aus Sicht der deutschen Kinogeschichte verwundert es freilich nicht, dass Leontine Sagan nur im Zusammenhang mit »Mädchen in Uniform« erwähnt wird. Die Gesamtzahl von nur zwei Filmen – einer überaus erfolgreichen deutschen und einer durchschnittlichen britischen Produktion – stellt kein Oeuvre dar. Das Schlaglicht, welches mit »Mädchen in Uniform« auch auf die erfolgreiche Regisseurin fiel, sollte dadurch schon bald wieder verblassen, das Verlassen des angestammten Sprachraums und die spätere Ansiedlung in Afrika taten ein Übriges.

Damit zerfallen die Quellen zur Rekonstruktion von Leben und Werk Leontine Sagans in die hauptsächlich deutschsprachigen Aufzeichnungen vor 1932 und danach in die englischen bzw. im südafrikanischen Kontext auch auf Afrikaans verfassten Beiträge. Die geographische Entfernung, das Desinteresse an Afrika im Allgemeinen und die Isolation des Apartheitstaates Südafrika im Besonderen liefern zu einem Gutteil die Erklärung dafür, warum sowohl in der deutschen als auch der internationalen Literatur so wenig über Leontine Sagans Lebensweg nach »Mädchen in Uniform« bekannt ist. Konsultiert man die üblichen filmwissenschaftlichen Nachschlagewerke, fällt auf, dass sogar im »Cinegraph«, der als Loseblattsammlung stets aktualisierten Standardreferenz zum deutschen Kino, kein Beitrag zu Leontine Sagan enthalten ist. Das Gleiche gilt für »Das große Personenlexikon des Films« (Weniger 2001). Dass man mehr hätte wissen können, verrät ein Blick in den zwölften Band der »Standard Encyclopedia of Southern Africa«, wo – mit Ausnahme des ungenauen Geburtsdatums – in zwei knappen Spalten eine kondensierte Biographie zu finden ist, die fast alle zum damaligen Zeitpunkt bekannten Fakten zu Sagans Leben und Werk nennt (Gutsche 1979).

Die Entdeckung der autobiographischen Manuskripte von Leontine Sagan und die Veröffentlichung der englischen Fassung ist das Verdienst von Loren Kruger (Kruger 1996) und der aufmerksamen Mitarbeiterinnen des Historical Papers Room der William Cullen Library der University of the Witwatersrand in Johannesburg. Die »Leontine Sagan Papers« wurden der Bibliothek zwar bereits im Jahre 1974 übergeben (Eckardt 2006: 294), jedoch dauerte es offensichtlich noch mehr als zwanzig Jahre, bis dieser Schatz wirklich gehoben werden konnte. Bis zur tatsächlichen Veröffentlichung musste der Nachlass 1976 erst wiederentdeckt und dem Documentation Centre for the Performing Arts (Pretoria) in Erinnerung gebracht werden (Knight 1976). Erst die Existenz dieser Sammlung macht nachvollziehbar, auf welches Material sich der genannte Lexikonbeitrag von Thelma Gutsche stützen konnte. Untersucht man den umfangreichen Nachlass der Kulturhistorikerin (Eckardt 2005a), stößt man auf einen interessanten Briefwechsel aus dem Jahr 1964. Aus diesem geht hervor, dass Leontine Sagan ihr autobiographisches Manuskript an Gutsche mit der Bitte sandte, ihr in Sachen Lektorat und Verlagssuche behilflich zu sein (Eckardt 2004: 253). Darauf antwortete Gutsche u. a.:

>»I consider that the book would have a very wide reading public for many cold-blooded reasons – it would interest our vast emigré population, the theatre-loving public, the Africana fanatics and the large audience which loves biographies for their ›disclosures‹. I do not however consider that the manuscript would have much chance overseas though of course I am not qualified to say so.«[1]

---

1 Correspondence Gutsche-Sagan, 3.7.1964, p. 1; in: Thelma Gutsche Papers, University of Cape Town Library, Manuscripts and Archives Department, reference number BC 703, D 31–D 60.

Ob Gutsche mit ihrer Einschätzung richtig lag, sei einmal dahingestellt, nach mehr als 40 Jahren dürfte es allerdings an der Zeit sein, das Gegenteil zu beweisen. Seit der 1996 von Loren Kruger herausgegebenen englischen Fassung sollte es zumindest im englischen Sprachraum üblich sein, das Werk Leontine Sagans mit ihrer Autobiographie zu kontextualisieren. Immerhin existiert ein hoffnungsvoller Anfang, wenngleich das gewählte Periodikum – eine in Luxemburg verlegte Zeitschrift für Kulturpädagogik – den ansonsten lesenswerten Aufsatz über Leontine Sagan für die Fachwissenschaft unauffindbar macht (Zimmermann 2001). Die grundlegend verbesserte Quellenlage wurde in der deutschen Filmwissenschaft bisher jedoch nicht wahrgenommen (Gramann/Schlüpmann 2000, ferner Bubbel 2009).

2. Leontine Sagan: Stationen eines Lebens

Leontine Schlesinger wurde am 13. Februar 1889 in Budapest (Heuer 1999: 182) als viertes Kind der jüdischen Eheleute Isidor und Emma Schlesinger (geb. Fasal) geboren. Laut eines südafrikanischen Zeitungsbeitrages soll ihr Reisepass jedoch auf den Namen »Medi Schlesinger« ausgestellt gewesen sein:

> »Leontine Sagan (laut ihrem Paß ist ihr Name Fr. Medi Schlesinger) ist gestern Abend in Kapstadt mit einer Theatertruppe an Land gegangen. ›Leontine Sagan‹ ist ihr Künstlername, aber sie ist in Südafrika geboren (sic! ME) als Fräulein Schlesinger, die Tochter eines Goldgräbers aus Kimberley.«[2]

---

2 »Leontine Sagan (volgens haar pas is haar naam mej. Medi Schlesinger) het gister in Kaapstad met 'n toneelgeselskap aan wal gestap. ›Leontine Sagan‹ is haar toneelnaam, maar sy is in Suid-Afrika gebore as mej. Schlesinger, die dogter van 'n Kimberleyse pionier.« Die Burger 9.5.1933, 7.

Den Künstlernamen »Leontine Sagan« verwendete sie erst seit ihrem Eintritt in die Schauspielschule von Max Reinhardt um 1911 (Tucker 2006: 41). Im Alter von zehn Jahren übersiedelte die Familie – dem Vater folgend – von Wien nach Klerksdorp in Südafrika. In Johannesburg besuchte sie bis 1903 die Deutsche Schule, für ihren Schulabschluss (Börsenschule) kehrte sie nach Wien zurück. 1905 nahm sie die Stelle einer Sekretärin im Österreich-Ungarischen Konsulat in Johannesburg an, bis sie sich im Alter von 21 Jahren dazu entschied, in Berlin an der Reinhardtschen Schauspielschule eine Ausbildung zu absolvieren. Ihre professionelle Theaterlaufbahn begann am Stadttheater von Teplitz-Schönau (Böhmen), danach wechselte sie ans Albert-Theater in Dresden. Vom Herbst 1914 bis zum Herbst des Jahres 1916 spielte sie hauptsächlich für die Neuen Wiener Bühnen, danach bis 1928 in Frankfurt am Main, zuerst am Neuen Theater, ab 1923 am Schauspielhaus. 1918 heiratete Leontine Sagan den jüdischen Schriftsteller und Verleger Dr. Victor Fleischer. Dieser hatte sich mit Romanen und Dramen im bäuerlichen bzw. kleinbürgerlichen Milieu Deutsch-Böhmens einen Namen gemacht und wurde 1920 mit dem Bauerfeldpreis der österreichischen Regierung ausgezeichnet (Schoenfeld 1920 und Heuer 1999: 182).

In Frankfurt konnte sie an der dem Schauspielhaus angeschlossenen Theaterschule erste Lehrerfahrung sammeln, später führte sie dort Regie. Mittlerweile nach Berlin umgezogen, unternahm sie eine Bühnentournee mit Alexander Moissi. Es folgten Engagements am Berliner English Playhouse und verschiedene Regiearbeiten in ganz Deutschland. 1930 inszenierte sie zunächst »Gestern und heute« von Christa Winsloe für die Bühne, wenig später führte sie Regie bei der Verfilmung des Stückes unter dem Namen »Mädchen in Uniform« (1931). Durch den überwältigenden Erfolg des Films erhielt sie Einladungen nach Großbritannien, wo sie mit dem Bühnenstück »Children in Uniform« tourte. »Men of Tomorrow«, 1932 in Großbritannien gedreht und ihr zweiter Film, blieb hingegen weit hinter den Erwartungen zurück. 1933 von African Consolidated Theatres engagiert, gastierte sie mit »Children in Uniform« und »Nine till Six« in Südafrika. Zurück in Europa produzierte sie für die Oxford University Dramatic Society einige Stücke, danach begann die langjährige Zusammenarbeit mit dem Musicalstar Ivor Novello, die erst 1945 enden sollte. Diese Kooperation brachte Leontine Sagan als erste dort Regie führende Frau an Londons legendäres Theatre Royal Drury Lane. Zwischenzeitlich nahm sie ein kurzes und erfolgloses Film- bzw. Theater-Engagement in den USA an, mehrfach kehrte sie für Amateurproduktionen und eine Lehrtätigkeit am Jan Hofmeyr College for Bantus (Johannesburg) nach Südafrika zurück. Nach einer erfolgreichen Inszenierung von »Gay Rosalinda« und »The Dancing Years« in Australien arbeitete Leontine Sagan ab 1947 wieder in Südafrika. Als Mitglied des National Theatre Organisation Board (NTO) reiste sie unermüdlich als künstlerische Beraterin und aktive Regisseurin durchs Land. 1951 verstarb ihr Ehemann, im gleichen Jahr verließ Sagan das NTO-Board. Danach führte sie Regie bei verschiedenen Stücken, wie z. B. Heinrich Manns »Madame Legros« (1954), Strindbergs »Comrades« und Somerset Maughams »The Constant Wife« (beide 1956). In den folgenden Jahren langsam von der Bühne Abschied nehmend, trat sie 1963 letztmalig in einem deutschen Bühnenstück auf und setzte sich schließlich in Pretoria zur Ruhe, wo sie am 19. Mai 1974 verstarb.

In Kenntnis der vielen ganz persönlichen Passagen und Anekdoten ihrer Autobiographie kann und will das Obenstehende nur ein Extrakt des überreichen Künstlerlebens von Leontine Sagan sein. Im Alter von 70 Jahren stellte sie in einem Interview völlig zu Recht fest: »When I think of what I have lived through and experienced, it is like a tidal wave washing over me. There has been so much.« (Sachs 1959). Was dies alles war, kann der Leser mit der hier vorliegenden Autobiographie nun in seiner ganzen Breite entdecken. Da kein Zweifel daran besteht, dass die internationale Karriere Sagans mit der Verfilmung von »Mädchen in Uniform« ihren Anfang nahm, soll nachfolgend kurz auf den Film eingegangen werden.

3. »Mädchen in Uniform«

Der Film, mit dem Leontine Sagan Kinogeschichte schrieb, erzählt von der verwaisten Manuela, die in ein Mädchenstift für adlige Offiziers- und Soldatenkinder aufgenommen wird. Unter preußischer Zucht und Strenge droht das sensible Mädchen innerlich zu zerbrechen, bis es Hoffnung in der mütterlichen Zuneigung einer der Erzieherinnen erfährt. Im Überschwang ihrer Gefühle nach einem erfolgreichen Theaterstück und berauscht vom Alkohol, gesteht sie ihre von Pubertätsleidenschaft getragene Verehrung, was von der Stiftsoberin als ein Skandal angesehen wird. Angesichts der zu erwartenden drakonischen Strafen (Isolation) und des angedrohten Verweises der verständnisvollen Erzieherin unternimmt Manuela einen Selbstmordversuch, der durch ihre Mitschülerinnen vereitelt wird (Eckardt 2008: 198f.).

Beschäftigt man sich mit den zeitgenössischen Kritiken des Films, überraschen vor allem die lobenden Äußerungen wortgewaltiger ›Großkritiker‹ wie Siegfried Kracauer, Axel Eggebrecht, Rudolf Arnheim, Lotte Eisner, Herbert Jhering oder Hans Wollenberg (vgl. Prinzler 1983: 44–51 und Eggebrecht 1931):

Siegfried Kracauer:
»Frau Sagan hat diese saubere Handlung sauber inszeniert. Zum Lob ihrer handwerklich sicheren Regie-

leistung wüßte ich nichts Besseres zu sagen, als daß sie ein genaues Wissen um die Ausdrucksformen und ein feines Stilempfinden verrät. Während der Routinier ein solches Sujet bestimmt zur großen Karikatur verzerrt hätte, überschreitet Frau Sagan nirgends die von der Wirklichkeit gezogenen Grenzen.« (Kracauer 1931: 516f.).

Axel Eggebrecht:
»Nun ist der Film ›Mädchen in Uniform‹ herausgekommen und hat den stärksten Erfolg des Herbstes gehabt. Regie führt, wie auf dem Theater, die offenbar ungewöhnlich gescheite Leontine Sagan unter Carl Froelichs Oberleitung. [...] Erstaunlich, daß *Frauen* das Aufeinanderprallen zweier unversöhnlicher Welten mit so heftiger Entschiedenheit gestaltet haben. Das aber konnte vielleicht *nur* Frauen gelingen. Bei all diesen bitteren und peinigenden Vorgängen das Menschliche auch im Gegner, in den bösartigen Figuren der Bedrückerinnen, immer sichtbar und verständlich zu halten.« (Eggebrecht 1931: 10ff.).

Rudolf Arnheim:
»Der Mädchenfilm ›Mädchen in Uniform‹, hergestellt vom Fröhlichstudio, gehört zu den großen Ausnahmeleistungen des deutschen Films. Ohne zu verniedlichen, ohne durch billige Tendenzeffekte zu verschärfen, hat man die heikle Geschichte aus dem potsdamer Mädchenstift verfilmt. [...] Ein Film ohne Männer. Vor allem ohne Männer aus der Friedrichstraße. Ein Film, in den man vermittels Notverordnung alle Filmgegner treiben sollte.« (Arnheim in Prinzler 1983: 51).

Lotte Eisner:
»Das fast Unglaubliche, hier wird's Ereignis: ein Film, in dem nur Frauen agieren, packt, weil dieser Film alle angeht, weil er ein menschliches Thema sozial ausschöpft, unsentimental, über private Belange hinaus. [...] Junge Geschöpfe, hungrig, blutarm und von ersten

Sehnsüchten behaftet, bleiben sie wehrlos jener Tradition ausgeliefert, die von des Krieges Stahlbad lebt und für neue schwere Zeiten Heldenmütter zu zücht(ig)en vermeint. [...] Die unausbleiblichen Folgen der Internatsenge erweisen sich: die eine sucht die andere, aus Zusammenleiden wird Zusammenlieben in der Zeit des erwachenden Triebes. Pubertätswirren oder Gefühl zum gleichen Geschlecht – der Film läßt das offen, und das ist gut so, Imponderabilien werden nicht zerstört, dürfen im Reiche der Zwischentöne verbleiben.« (Eisner in Prinzler 1983: 44 f.)

Herbert Jhering:
»Einer der besten, saubersten, klarsten Filme des Jahres ist entstanden. [...] Die leicht lesbisch betonte Tragödie der Erzieherin Fräulein von Bernburg und der Schülerin Manuela von Meinhardis ist auch in anderem Milieu möglich, als in diesem Potsdamer Adelsstift. Wenn man aber davon absieht, so ist der Film mit einer verblüffenden Sicherheit und mit einer überzeugenden Werktreue gemacht. Das ist vielleicht das Entscheidende: die saubere Werkgesinnung. Manchmal, besonders in den Großaufnahmen, ist die Gefahr der sentimentalen Überbetonung nahe. Sonst aber ist alles: schlagend, knapp, leicht, lebendig.« (Jhering in Prinzler 1983: 48).

Hans Wollenberg:
»Leontine Sagan führte die Regie in bemerkenswertem Stil, der (immer Carl Froelich im Hintergrund) der bildmäßigen Entfaltung in den starkbewegten Gruppenszenen wie in der Einzel- und Großaufnahme nachdrückliche Impulse gab. Es ist eine überdurchschnittliche Leistung, wenn es somit gelang, den an sich diffizilen Stoff mit filmischen Mitteln höchst überzeugend und doch dezent zu gestalten: die unbewußt-erotische Atmosphäre des streng konservativen Töchter-Pensionats und die kaum ausdeutbaren Beziehungen einer Pensionärin zu einer Lehrerin, dieses ›Erwachen des Weibes‹

im seelisch-labilen Pubertäts-Stadium, das in rührender Unbewußtheit Richtung und Ziel helldunkler Gefühle selbst nicht kennt.« (Wollenberg in Prinzler 1983: 50).

Für diese Kritiker war »Mädchen in Uniform« einer der besten Filme des Jahres 1931. Laut einer Umfrage der Zeitung »Der Deutsche« hatte »Mädchen in Uniform« aber auch beim Publikum des Jahres 1931 den stärksten Eindruck hinterlassen:[3]

> »Es konnte ein Film das Rennen machen, der mit ganz geringen Mitteln auf Grund einer Beteiligungs-Gemeinschaft von Froelich geschaffen wurde, ein Film, der nicht einen einzigen Starnamen zeigt – und dennoch den stärksten Eindruck des Jahres hinterließ. Wenn man außerdem weiß, daß dieser Film, dem keine Riesenpropaganda zur Verfügung stand, überdies noch ein ausgezeichnetes Geschäft ist, so sind die praktischen Lehren für die Filmindustrie unschwer zu ziehen« (ebd.).

Der Export ins Ausland belegt zudem das kommerzielle Potential des Films, immerhin sprach man in den USA begeistert von einem der humansten Filme, der je gedreht wurde (Kracauer 1995: 239). Auf eine besondere Seite des Films wurde in der internationalen und vor allem der US-amerikanischen Presse gezielt hingewiesen:

> »If you have heard – that the film has Lesbian ›angles‹, and expect to see a Freudian analysis, you will be disappointed. Not by the most violent stretch of the imagination – can the relationship and attraction of Fräulein von Bernburg and Manuela be termed sexual. Also, there are no men in the picture and no clichés, to the relief of those – who are old enough to realize – that there are more potent and important problems in life – than how to win a girl – or lose your virginity in the manner - made fashionable by popular magazines – and motion pictures« (Rodriguez 1932: 11)

---

3 Lichtbildbühne 1. 1. 1932.

Innerhalb der Filmwissenschaft haben sich zwei Deutungsweisen des Filmes etabliert. Die »radikalere« liest aus der Kombination von subtilen psychologischen Porträts und scharfer Kritik am preußischen Autoritarismus sowie der komplett weiblichen Besetzung des Films heraus, dass damit die erste Beschreibung lesbischer Liebe auf der Leinwand gelungen sei (Hake 2004: 107). Die »klassische« Lesart betont im Gegensatz dazu, dass der Film als eine der vorzüglichsten Leistungen des frühen deutschen Tonfilms und zugleich ein seltenes Beispiel für weibliche Regie gelten könne: feinfühlig, psychologisiert, aufrichtig gespielt und präzise in der Milieuzeichnung. Weniger eine Anklage gegen Militarismus und Preußendrill, sondern schlechthin eine glaubwürdige Beschreibung seelischer Nöte in einer kritisch beobachteten Epoche (Koll et. al. 1995: 3571).

In Südafrika lasen sich die zeitgenössischen Reaktionen auf »Mädchen in Uniform« nüchterner, die Kinobetreiber erhofften sich zurecht einen großen kommerziellen Erfolg und betonten zunächst das Attraktionspotential des Films. Die in Durban erscheinende Tageszeitung »Natal Advertiser« berichtete begeistert im Telegrammstil:

»Note the following:
1. Was produced by a South African woman.
2. There are no men in the cast.
3. Was awarded First Place as the World's Best Film in 1932.
4. The Prince of Wales went specially to see it.
5. Has been running for: 32 weeks in New York, 36 weeks in Paris, 30 weeks in London and 12.000 saw it Johannesburg.«[4]

Neben der Darstellung der harten Disziplinierungsmethoden wurde die Verehrung Manuelas für ihre Erzie-

---

4 Natal Advertiser 30.3.1933: 8.

herin als die »emotionalen Tiefen eines sensiblen Kindes« umschrieben (ebd.). Ob das glückliche Ende des Films – im Gegensatz zum Bühnenstück – wirklich die beste Wahl war, ließ der Rezensent zwar offen, er war jedoch von der Zustimmung des Publikums überzeugt. Andere Kritiker sprachen hingegen von einer Verfälschung, die dem Stück die Wahrheit raube.[5] Die meisten Besprechungen erwähnten auch, dass das Darstellerensemble vollkommen ohne Männer auskomme, ebenso die Bedeutung der psychologischen Komponente: »The strength and beauty of the film depend upon its fidelity to the incalculable nuances of feminine psychology [...]«.[6]

Die direkte Erzählweise des Films ohne die Schockeffekte eines Pudowkin oder Fritz Lang[7] und die übliche Gefühlsduselei wurde honoriert,[8] ein Film ganz ohne Morde, Prügeleien und Unfälle,[9] der den Zuschauer durch seine starke Handlung und ausgezeichnete Photographie dennoch packe und festhalte.[10] Das Verbot des Films in einigen Ländern Europas erklärte man mit den psychologischen Aspekten der Handlung, gleichwohl sei nichts Anstößiges zu sehen gewesen.[11]

Hinter den ›psychologischen Aspekten‹ wird verdeckt auf die emotional aufgeladene Lehrer-Schüler Beziehung hingewiesen, die mit der Schilderung der ›stahlharten Strenge‹ des Alltages im Mädchenstift das zweite Hauptmotiv des Films bildet (Toeplitz 1985: 218f.). Der Film »Mädchen in Uniform« trage das Siegel der Ernsthaftigkeit und Kunstfertigkeit, da er auf hoher Ebene ein menschliches Problem behandele, welches die, die es

5 Natal Advertiser 3.4.1933: 9.
6 Sunday Times 26.3.1933: 5.
7 Cape Times 2.5.1933: 7.
8 Natal Advertiser 3.4.1933: 9.
9 Die Volksblad 21.4.1933: 7.
10 Die Burger 2.5.1933: 2.
11 Natal Mercury 3.4.1933: 7.

trifft, hochgradig aufwühle und jede Frau und jeden Mann mit menschlichen Gefühlen anspreche.[12] Den zeitgenössischen Kritikern blieb die Brisanz des persönlichen Verhältnisses eines weiblichen Zöglings mit dessen Lehrerin nicht verborgen, was folgende Stellungnahme belegt:

> »In a note on the programme, I notice, it is stated that Manuela [...] falls in love with the one humane mistress [...]. This is a crude way of expressing the actual human reaction. Love, as the authoress herself carefully points out, taken many forms and ›girls of that age and type need an object for their affection‹. Manuela turns to Fräulein von Bernburg as a flower towards the sun. It is a deep instinctive necessity of her being. The distinction is important for otherwise the true point of this memorable film is lost. That is why ›Mädchen in Uniform‹ has such a wide appeal in that it catches up something of the age-old war between rule by love and rule by force. This is far more than a study in adolescence. There is a very real human message in this story which the producer has treated with such tenderness and a rare delicacy of understanding.«[13]

In den wenigen Bemerkungen der südafrikanischen Filmkritiker, die über eine Inhaltsangabe und das Hervorheben der filmischen Qualität hinausgehen (Eckardt 2005b: 91ff.), fällt auf, dass das Hauptmotiv des emotionalen Leidens des Mädchens eher angesprochen wird als die gesellschaftliche Problematik des soldatischen Erziehungsideals der konservativen Kreise in Deutschland. Letztere wird allenfalls genannt »The picture portrays the effects, moral and mental, of stern, almost military discipline and repression upon girls of impressionable age«[14]. Eine weitere

---

12 Cape Times 2.5.1933: 7.
13 Natal Advertiser 3.4.1933: 9.
14 The Friend 21.4.1933: 9.

Problematisierung bleibt vollkommen aus. Die bildlich umgesetzte Anspielung auf die Kasernierung der Schülerinnen, z. B. durch die streng gestreifte uniformähnliche Kleidung der Mädchen, auf die der Titel anspielt, die Darstellung des Internats als eine Art Gefängnis, in der ›Zucht‹ herrscht und das Kommando einer Vorsteherin obliegt, die als »Friedrich der Große in Frauengestalt« (Siegfried Kracauer) versinnbildlicht wird, wurden von der südafrikanischen Kritik lediglich gestreift.

Aus den südafrikanischen Kritiken ließ sich keine aktive Wahrnehmung des Themas Homosexualität ableiten, da lediglich das menschliche Bedürfnis nach Zuneigung in einer als gefühllos empfundenen Umgebung aus Manuelas Verhalten geschlussfolgert wurde. Das Aufeinandertreffen der gegensätzlichen Disziplinierungsmaßnahmen ›Verständnis‹ vs. ›Zucht‹ wurden als »rule by love and rule by force«[15] umschrieben und nicht weiter problematisiert. Mögliche feministische Lesarten (z. B. Rich 1992) entsprechen nicht den vorgefundenen zeitgenössischen Rezeptionsdokumenten. Gleichwohl ist es bemerkenswert, wie zurückhaltend in einem ausschließlich mit Frauen besetzten Film mit Großaufnahmen von Beinen, Hüften oder anderen Körperteilen umgegangen wird.

Zur Kontextualisierung der konkurrierenden Deutungen von »Mädchen in Uniform« ist die nun endlich verfügbare deutschsprachige Fassung der Autobiographie Leontine Sagans zweifellos eine willkommene Hilfe. Die bisher fehlende systematische Analyse des Films kann und will sie hingegen nicht ersetzen.

---

15 Natal Advertiser 3. 4. 1933: 9.

Literatur

BUBBEL, T. (2009): Die frühen deutschen Filmregisseurinnen. Eine Spurensuche. Potsdam (HFF, Diplomarbeit).

ECKARDT, M. (2004): A privileged access to the history of popular culture in South Africa – The Thelma Gutsche Papers; in: South African Theatre Journal 18(2004), 250-254.

– (2005a): Pioneers in South African Film History: Thelma Gutsche's tribute to William Kennedy Laurie Dickson, the man who filmed the Boer-War; in: Historical Journal of Film, Radio and Television 25(2005)4, 637-646.

– (2005b): Film Criticism in Cape Town 1928-1930. Stellenbosch.

– (2006): The Leontine Sagan Papers as source of South African theatrical history; in: South African Theatre Journal 20(2006), 290-295.

– (2008): Zwischenspiele der Filmgeschichte. Zur Rezeption des Kinos der Weimarer Republik in Südafrika 1928-1933. Berlin.

EGGEBRECHT, A. (1931): Mädchen in Uniform; in: Filmtechnik 7(1931)26, 10-13.

FRIEDEN, S. et.al. (eds.) (1993): Gender and German Cinema. Feminist Interventions (Vol. II). Providence.

GRAMANN, K./SCHLÜPMANN, H. (2000): Momente erotischer Utopie – ästhetisierte Verdrängung; in: Frauen und Film 62(2000), 91-93.

GUTSCHE, T. (1972): The History and Social Significance of Motion Pictures in South Africa 1895-1940. Capetown.

– (1979): Leontine Sagan; in: Standard Encyclopedia of Southern Africa, Vol. XII, Capetown, 129.

HAKE, S. (2004): Film in Deutschland. Reinbek bei Hamburg.

HEUER, R. (Hg.)(1999): Lexikon deutsch-jüdischer Autoren (7. Bd.). München.

KNIGHT, N. (1976): Sagan documents recoverd; in: The Star, 25.9.1976.

KOLL, H.-P./LUX, S./MESSIAS, H./STROTMANN, P. (Hg.) (1995): Lexikon des internationalen Films (10 Bde.). Reinbek b. Hamburg.

KRACAUER, S. (1931): Revolte im Mädchenstift. Ein guter deutscher Film! [Frankfurter Zeitung 1.12.1931]; in: KRACAUER 1995: 514-518.

– (1995): Von Caligari zu Hitler. Frankfurt/M.

KRUGER, L. (1996): Lights & Shadows. The Autobiography of Leontine Sagan. Johannesburg.

PRINZLER, H.-H. (Red.)(1983): Hertha Thiele. Berlin.

RICH, R. (1992): From Repressive Tolerance to Erotic Liberation. Girls in Uniform (Mädchen in Uniform); in: FRIEDEN 1993: 61-92.

RODRIGUEZ, J. (1932): Maedchen in Uniform [Rob Wagner's Script 10.12.1932: 10-11]; in: SLIDE 1982: 103-106.

SACHS, B. (1959): Leontine Sagan: from Budapest to Pretoria; in: Southern African Jewish Times, 26.6.1959, 23.

SCHOENFELD, H. (1920): Victor Fleischer – ein Dichter Deutsch-Böhmens; in: Tägliche Rundschau, 31.5.1920, 113 (Unterhaltungsbeilage).

SLIDE, A. (ed.)(1982): Selected Film Criticism (1921-1930). Metuchen (NJ).

TOEPLITZ, J. (1985): Geschichte des Films (5 Bde.). Berlin.

TUCKER, P. (2006): Leontine Sagan – Iron willed cosmopolitan; in: Jewish Affairs 61(2006)4, 40-46.

WENIGER, K. (2001): Das große Personenlexikon des Films (8 Bde.). Berlin.

ZIMMERMANN, S. (2001): Leontine Sagan: eine frühe deutsche Regisseurin im Exil in England und Südafrika; in: Galerie. Revue culturelle et pédagogique 19(2001)4, 491-499.

»Mädchen in Uniform«, Deutschland 1931
REGIE: LEONTINE SAGAN

Personenregister

Danksagung

Das Zustandekommen dieses Bandes wäre ohne die Hilfe etlicher Kollegen, Freunde und der Angehörigen von Leontine Sagan kaum möglich gewesen. Stellvertretend für alle Mitwirkenden möchten wir uns bei Keith W. Kaye (Minneapolis), Rea-June und Tanya S. Gardy (Plettenberg Bay), Loren Kruger (Chicago) und Carol Archibald (Johannesburg), Temple Hauptfleisch und Edwin Hees (beide Stellenbosch), Karel Schoeman (Kimberley) und Sandy Pfeßdorf (Bonn) recht herzlich bedanken. Für ihre Unterstützung und Informationen danken wir zudem Heike Klapdor (Berlin), Peter Latta (Deutsche Kinemathek), Christian Schneeberger (Schweizerische Theatersammlung, Bern) und Wolfgang Theis (Deutsche Kinemathek).

Michael Eckardt (Hrsg.)
Wolfgang Jacobsen

Autoren

Dr. Michael Eckardt
geboren 1974, Lecturer Extraordinary am Journalism
Department der University of Stellenbosch.

Wolfgang Jacobsen
geboren 1953, verantwortet den Bereich Publikationen &
Forschung an der Deutschen Kinemathek. Veröffentlichungen
zu Film und Literatur.

Jüdische Miniaturen Band 74

Stephan Dörschel
Fritz Wisten
Bis zum letzten Augenblick – ein jüdisches Theaterleben

112 Seiten, 28 Abbildungen, Broschur,
ISBN 978-3-938485-85-9

Der Schauspieler Fritz Wisten, 1890 in Wien geboren, hatte 1933 seine glanzvolle Karriere am Stuttgarter Landestheater schon hinter sich. Nach der Vertreibung der Juden aus den deutschen Theatern bot nur noch der jüdische Kulturbund eine Beschäftigungsmöglichkeit. Fritz Wisten stieg bald zum Spielleiter und schließlich, nach dem Novemberpogrom 1938, auch zum künstlerischen Leiter des Jüdischen Kulturbundes auf. Nach der endgültigen Schließung des Kulturbundes 1941 überlebte Fritz Wisten nur durch die engagierte Hilfe seiner nichtjüdischen Frau Trude. Nach dem Krieg inszenierte Wisten »Nathan der Weise« als Eröffnungsstück des Deutschen Theaters. 1946 wurde er Intendant des Theaters am Schiffbauerdamm, später übernahm er die Leitung der Volksbühne am Rosa-Luxemburg-Platz in Berlin.

Jüdische Miniaturen Band 47

Klaus Völker

Fritz Kortner

Jude und Rebell gegen das Konventionelle

87 Seiten, 25 Abbildungen, Broschur
ISBN 978-3-938485-31-6

1892 in Wien geboren, wurde Kortner vom Hofschauspieler in Mannheim zum Prototypen des expressionistischen und republikanischen Schauspielers, dessen formende Sprachkraft und schöpferische Ausdrucksphantasie auf der Bühne und im Film den künftigen Regisseur schon ahnen ließen. Klaus Völker gelingt es, der erstaunlichen Rollenvielfalt Kortners in den verschiedenen Theatern Berlins die außerordentlichen darstellerischen Leistungen in den späten Stummfilmen und beim Tonfilm gleichgewichtig gegenüber zu stellen und vergessene Filmkunstwerke in Erinnerung zu rufen. Das Exil zwang Kortner in die Rolle des Stückeschreibers und Drehbuchautors. In den Nachkriegsjahren setzte er als Regisseur dem in Deutschland immer noch nachwirkenden hehren Staatstheaterklassizismus und dem wirklichkeitsfernen »Stil«-Theater seinen Realismus entgegen. Mit seiner Arbeitsweise, seinen schauspielerischen Eigenheiten und der politischen Klarsicht seiner Inszenierungen nimmt er einen festen Platz im Theater des 20. Jahrhunderts ein.

Hanns Brodnitz
Kino intim
Eine vergessene Biographie
Mit Beiträgen von Wolfgang Jacobson und Gero Gandert

252 Seiten, 20 Abbildungen, gebunden
ISBN 978-3-938485-06-4

Im Alter von rund 30 Jahren zog Hanns Brodnitz 1933 ein
Resümee seiner Karriere und verarbeitete seine Erinnerungen zu
einem Buch, das unter dem Titel »Kino intim« im Erich Reiss
Verlag erscheinen sollte. Die politischen Ereignisse verhinderten
die Publikation, aber die Druckfahnen überlebten. Brodnitz, geboren 1902, ermordet 1944 in Auschwitz, war Theaterkritiker, Dramaturg, vor allem aber Kinotheaterleiter, der dem Kino »Mozart-
saal« am Berliner Nollendorfplatz ein künstlerisch anspruchs-
volles Profil gab. Dort lief 1930 der Film »Im Westen nichts
Neues«, der von den Nazis heftig bekämpft wurde. Neben dem
Erstdruck des Brodnitz-Textes enthält der Band eine Biographie
sowie eine Bibliographie der Schriften von Brodnitz.